壹卷
YE BOOK

让思想流动起来

华中师范大学
中国近代史研究所专刊

曲折的抗争

近代上海商会的
社会活动与生存策略

朱英 著

四川人民出版社

目 录

绪 言 …………………………………………………… 001
第一章 上海总商会与全国商会联合会的创立 …………… 007
  一、华商联合会在清末的筹设 ……………………… 009
  二、清末筹设未果与民初继续筹备 ………………… 018
  三、中华全国商会联合会的正式成立 ……………… 029
  四、第一次全国代表大会的召开 …………………… 037

第二章 "二次革命"期间的上海总商会 ………………… 046
  一、反对"二次革命"函电出台经过 ……………… 048
  二、请求外国领事"维护商场" …………………… 055
  三、总商会协理王一亭辞职案 ……………………… 058
  四、力辞袁世凯政府所颁奖章 ……………………… 066

第三章 上海总商会议事厅的筹建与落成 ………………… 074
  一、总商会议事厅修建缘起 ………………………… 075
  二、议事厅建筑经费的筹措 ………………………… 086
  三、议事厅落成及其意义 …………………………… 099

第四章 五四运动期间上海总商会"佳电"风波 ……… 118
一、"佳电"风波的由来 ……………………………… 118
二、"佳电"风波引发的纷争 ………………………… 123
三、媚日卖国还是独特策略 …………………………… 127
四、"佳电"风波与上海总商会改组 ………………… 134

第五章 上海总商会与全国"商教联席会议" ……… 138
一、全国"商教联席会议"召开背景 ………………… 138
二、全国"商教联席会议"的举行 …………………… 150
三、全国"商教联席会议"的意义与影响 …………… 156

第六章 上海商民协会成立的一波三折 ……………… 165
一、上海商民协会的发轫 ……………………………… 166
二、筹建上海商民协会的纷争 ………………………… 169
三、上海商民协会筹备员的委任 ……………………… 175
四、上海商民协会的最终建立 ………………………… 181

第七章 商民运动期间上海店员工商界限之争 ……… 194
一、力主店员应归于商 ………………………………… 195
二、国民党中央的折中方案 …………………………… 202
三、国民党中央的政策调整 …………………………… 206

第八章 商民运动后期上海商会存废纷争 …………… 212
一、上海商民协会成立后所处困境 …………………… 213

二、上海商民协会力主取消商会 …………………… 217
　　三、国民党上海市党部的态度与行动 ……………… 225
　　四、围绕商会存废发生的激烈纷争 ………………… 235

第九章　上海总商会第一次换届改选纷争 …………… 253
　　一、任满会董被选举权争议 ………………………… 254
　　二、宋汉章资格引发派系纷争 ……………………… 264
　　三、纷争影响与会长选举 …………………………… 278

第十章　上海总商会第二次换届改选风潮 …………… 295
　　一、"以违法之人解决违法之事" …………………… 296
　　二、反傅派否认违法选举结果 ……………………… 302
　　三、官厅干预与反傅派无奈结局 …………………… 311

第十一章　抗战胜利后重建全国商会联合会 ………… 328
　　一、重建中华民国商联会筹备会的召开 …………… 329
　　二、中华民国商联会成立大会的举行 ……………… 337
　　三、重建中华民国商联会的意义与作用 …………… 357

附录一　"二十世纪中国商界第一伟人" ……………… 371
　　一、曾铸的家世与生平 ……………………………… 373
　　二、曾铸与抵制美货运动的发起 …………………… 377
　　三、曾铸及沪商与美国公使、总领事的交锋 ……… 389
　　四、曾铸发表《留别天下同胞书》及时人评价 …… 399

附录二 抗战期间一位上海商人的日常生活 …………… 413
 一、秦润卿其人及其日记 ………………………… 413
 二、抗战前期的忧愁、感叹与无奈 ……………… 418
 三、抗战前期的忙碌、应酬与悠闲 ……………… 428
 四、抗战后期的变化与消极应对 ………………… 441

后　记 ……………………………………………………… 453

绪　言

在近代中国商人与商会史研究中，上海商人与商会一直都是格外受到关注的重点研究对象。20世纪70年代末和80年代初，严谨的史学研究在中断10年之后很快得到恢复，中国近代史研究逐渐趋于活跃。海内外近代史学者对辛亥革命与资产阶级研究十分重视，取得了一批代表当时最高学术水平的研究成果，其中汪敬虞、章开沅、丁日初等著名学者论述上海商人及其商会组织的论著，尤其引人瞩目。特别是章开沅在相关论著中不仅对以上海工商业者为代表的江浙资产阶级进行了深入探讨，而且还多次呼吁要扩大研究视野，"除了企业家与企业集团以外，行帮、公所、会馆、商会、商团、码头、集镇等都应该列入我们的研究课题，也只有这样逐步弄清各个侧面，我们才能对于资产阶级在辛亥革命前后的政治动向作出更为深刻的科学的说明"①。

当时,对于开拓商会史研究的重要意义,章开沅也独具慧眼予以深刻阐述:"譬如商会,我们一向就研究甚少,其实这是从整体上考察资产阶级不可缺少的重要课题,1904年以后,各地相继成立的商会,逐渐把工商业者组织起来。在资本主义比较发展的地区,其势力不仅渗透到传统的社会组织——会馆、行帮、善堂等,而且更控制了新建立的各种社会团体——商团、体育会、救火会、市政工程机构、地方自治机构以至学校、教育会、文艺社团、医学团体等。从不少大中城市来说,几乎社会生活的各个主要方面,都可以感受到它的存在和影响。"因此,"如果多注意考察一些类似这样的社会'细胞',并且认真地加以剖析,将有助于我们对辛亥革命时期的资产阶级进行更确切的估量"②。可以说,章开沅是国内近代史学界大力倡导商会史研究的第一人。在其倡导和推动之下,商会史最初作为辛亥革命史研究中的一个新分支领域,一开始即普遍受到近代史学界的关注,随后商会史研究得到迅速发展,在理论、方法和问题意识等各方面不断推陈出新,又从辛亥革命史分支领域拓展成为中国近代史研究中的一个新领域,对于推动整个近代史研究的发展也不无积极影响。

在此发展进程中,上海商人和商会始终都是相关研究中的重点对象。海内外史学界第一部探讨近代商会史的专著,即是1991年

---

① 章开沅:《解放思想,实事求是,努力研究辛亥革命史》,《辛亥革命史丛刊》第1辑,中华书局1980年版,第10页。
② 章开沅:《辛亥革命史研究中的一个问题》,《历史研究》1981年第4期,第55页。

上海社会科学院出版社出版的徐鼎新、钱小明著《上海总商会史（1902—1929）》，后来又有台湾学者张恒忠1996年在台湾知书房出版社出版的《上海总商会研究（1902—1929）》，1991年笔者在中国人民大学出版社出版的《辛亥革命时期新式商人社团研究》，以及随后虞和平著《商会与中国早期现代化》等，后两本虽然并非专论上海商会的著作，但上海商会都占居了书中的绝大部分篇幅。除此之外，研究上海商会的论文在整个探讨近代商会史的论文中也为数甚多。

类似的情形似乎在中国近代史不同领域的研究中也或多或少地存在，以至于在不同的场合多次听到有学者指出，近代中国是地域辽阔、各地发展很不均衡的大国，不应只是主要注重于研究上海，应该将研究的视野更多地关注于其他地区。这一说法无论从哪个方面看，均不为错，而且确实是我们应该努力的方向。笔者也曾在如何进一步拓展商会史研究的文章中阐明除了上海、天津、苏州等城市之外，还需要对包括中小城镇在内的其他地区的商会开展研究，否则不仅无法掌握不同地区、不同层级商会的发展特点，而且也会影响我们对近代中国商会的整体认识。另外，不同地区的商会还应进行比较研究，其中包括沿海城市与内陆地区商会的比较，大城市与小城镇商会的比较，中国商会与外国商会的比较等。

但是，我们也要看到无论是上海史还是上海商会史，之所以更多地受到研究者的关注，是有其合理性和必然性的。众所周知，自开埠通商之后，上海的近代化发展最为迅速，不久之后即成为近代中国经济、文化与社会最发达的地区，研究近代中国的发展演变自然会首先关注上海。近代上海的商人，相较而言是全国最具开拓进取精神、实力最为雄厚、影响也最为显著的商人群体。上海商会则不仅是近代中国最早诞生的商会,而且也是号召力和影响力最大的商会,被誉为全国"第一商会"。中华全国商会联合会成立之后总处虽设在北京,但鉴于"上海为南北各省之总枢纽",上海商会为全国"第一商会",故又将全国商会联合会的总事务所附设于上海商会,各省、各侨埠设分事务所,由总事务所办理全国商联会的"会中一切事宜",上海商会地位之重要由此可见一斑。除了商会,近代中国其他一些新式商人社团最早也是诞生于上海。例如准军事商人组织——商团的前身,是各业商人组织的商办体育会,1905年最早建立的商办体育会即是上海的"五体育会",扩建为商团之后在辛亥革命上海光复过程中发挥了重要作用。同年上海商人创立的具有近代组织特征与功能影响的商办民间地方自治机构——上海城厢内外总工程局,也是近代最早诞生的商人地方自治组织。如果说清末民初出现了近代中国新型民间社会发展的"黄金时代",那么最具代表性和最具影响力的地区,毫无疑问应该首推上海。因此,学者们在研究相关问题时自然而然地也会特别重视上海。

不仅如此,上海保存下来可供学术研究的近代各类史料,与其他地区相比较也更加丰富完整,从而为研究者提供了极大便利,这也是研究上海地区的成果为数更多的一个重要客观原因。上海市档案馆馆藏的浩繁近代档案,涉及方方面面内容,是一个极为丰富的史料宝库。上海市图书馆、上海市博物馆以及上海各大学图书馆,包括上海社会科学院历史研究所和经济研究所,也都收藏了大量珍贵史料。近代上海还有多个发行于全国的大报,如《申报》《时报》《新闻报》《民国日报》等,另还有不计其数的各类小报以及著名的《东方杂志》《良友》等各类期刊。这些报刊所载内容丰富全面,是研究中国近代史不可或缺的重要史料来源,更是研究近代上海必不可少的参考文献。现在,学者们无论身在何处,都能够通过过去所没有的电子数据库,非常便利地检索和查阅这些档案和报刊,又推动了更多的相关研究成果问世。

长期以来,有关近代上海的研究成果确实非常多,上海商人和商会的研究也不例外,但这并不意味着上海史和上海商会史就没有再继续深化拓展的空间,不需要学者们再继续投入人力、财力和物力从事相关研究。由于并不十分了解上海史的其他研究领域,不敢随意妄言,仅就上海商会的研究来说,也还存在一些薄弱环节需要弥补,同时还有许多具体问题值得深入探讨。例如徐鼎新和张恒忠的两部专论上海商会的专著,下限都止于1929年。抗战时期上海沦陷,但商会仍然继续存在,在此特殊历史时期上海商会是如何组建的?发挥了怎样的功能与作用?我们至今仍然不是非常清楚。整体而言,史学界对抗战时期上海商会的研究仍比较薄弱,是上海商会史研究中需要弥补的一个明显缺陷。又如上海商会于清末诞生之初,就在章程中明文规定以"票举"方式选举总、协理和议董,是近代中国商会中率先制定投票选举领导人制度的商会,在当时产生了较为广泛的示范效应,许多商会在成立之后也模仿上海商会确定了这一制度。但我们不能仅限于对清末民初上海商会选举规章的条文分析,还需要进行实践层面的考察。上海商会在实施这一选举制度的过程中,于1924和1926年接连出现了两次在其他商会中少见的选举纷争,对此当应予以重视和研究。其实，对于近代中国商会的选举问题，甚至还可以列为专题进行全面深入的长时段探讨。

简要言之，笔者个人的看法是，上海史和上海商会史研究需要继续深化拓展，其他区域的研究也需要大力加强；上海史研究的深化需要"走出上海"，上海商会史研究的拓展也应该"跳出上海商会"，以更宽更广的宏观视野与对比视角进一步研究上海史和上海商会史。

第一章　上海总商会与全国商会联合会的创立

从清末至民初,近代中国商会的诞生就其表象而言似乎较为顺利,发展也十分迅速,但实则却经历了一个比较复杂的历史进程。首先是倡导成立各省商务总会、分会的言论,在19世纪末即开始见诸舆论呼吁,戊戌变法期间光绪帝甚至也曾下诏书谕饬设立商会,但却一直未能成为现实。直到20世纪初清政府大力推行"新政",实施奖励工商、振兴实业的新政策,各省商会才得以正式诞生。其次是全国商会联合会的成立也经历了一波三折。商会中的有识之士在清末就意识到仅限于各省设立商会,尚不足以联络全国各地的工商业者,遂开始酝酿筹设华商联合会,并曾两次借海内外商会代表齐聚上海出席商法讨论会之机,商议相关具体事项。但华商联合会在清末始终没能诞生,直至中华民国建立后才得以正式成立。

在近40年商会史研究的兴起、发展与深化的进程中,学术界不仅已经发表了为数众多的论文,而且出版了数量可观的专著,但令人有些不解的是探讨全国商会联合会的论著却寥寥无几，迄今为止只有虞和平先生发表过一篇相关论文《中华全国商会联合会的成立与中国资产阶级完整形态的形成》（《历史档案》1986年第4期），其所出版的专著《商会与中国早期现代化》（上海人民出版社1993年版）在第二章中也有所论及，除此之外未见有其他论述全国商会联合会的成果，这不能不说是近代商会史研究中的一个较大缺憾。

顾名思义，全国商会联合会是全国性的商会组织，也可以说是代表各地商会的全国最高层级的商会。在近代中国不同的历史时期，全国商会联合会的具体名称并非一成不变。1912年正式成立时初名中国商会联合会，但不久之后即改名为中华全国商会联合会。至1928年11月，又改名为中华民国全国商会联合会。抗战胜利后于1946年11月恢复重建的全国商会联合会，在最初一年多时间内名为中华民国商会联合会，到1948年1月奉国民政府社会部令，改名为中华民国商会全国联合会。需要说明的是，全国商会联合会的正式成立虽然是在民国初年，但其筹备却起始于清末，只不过当时筹建的全国性商会组织的名称为华商联合会。因此，论述全国商会联合会的创立需要从清末华商联合会的筹备开始谈起。而无论是清末华商联合会的筹设，还是民初全国商会联合会的正式创立，上海商会都发挥了不可或缺的作用与影响。

关于清末民初华商联合会和中华全国商会联合会筹设与成立的复杂过程，虞和平先生的论文和专著中虽已有所叙述，但较简略，本章拟对这一复杂进程以及上海商会在其中发挥的重要作用进行较详细的考察与探讨。

一、华商联合会在清末的筹设

自1904年以后各省商务总会、商务分会以及商务分所成立之后,在很大程度上实现了区域商人的联合,改变了以往各业商人之间互相隔绝、涣散不群的落后传统态势,整合成为一个相对统一的独立社会群体,这一变化在中国商人发展的历史上具有十分重要的意义与影响。从此之后,各地商会都肩负着所在区域各业商人共同领导机构之职责,不仅代表和维护广大商人的利益,而且带领商人开展了一系列社会活动。时人所称之商会登高一呼,众商皆应,可谓形象地揭示了商会在商界中的重要地位与显著能量。

但是,商会中的有识之士很快即意识到仅仅成立各省的商会,而无全国性的华商联合会,仍然存在着较大的缺陷。因此,不久之后华商联合会的筹设又提上了议事日程。值得注意的是,如前所述清末各地商会最终得以正式诞生,与清朝政府推行"新政"并实施重商新经济政策密切相关。换言之,商会的成立除了商人自身的努力之外,同时又得益于清朝政府的支持与倡导。与此不同的是,华商联合会的筹设则完全是出自于商人的主动行为,政府并未发挥任何作用与影响。

具体说来,华商联合会的筹设始于1907年底举行的第一次商法讨论会。清末"新政"期间,清朝政府为了振兴工商、奖励实业,于1903年在中央特设商部,随即经由商部开始实施一系列新经济政策，其中包括制定保护工商业发展的各项经济法规[①]。这些新经济法规的相继制定和颁行，受到广大工商业者的欢迎，但也存在若干局限。尤其是各项条例的制定完全由商部官员参照西方资本主义国家和日本的经济法规一手包办，商人未能参与其间，以致所定规章难免有诸多不合中国商情之处，在实施过程中给工商业者带来困扰。于是，1907年9月，上海商务总会、上海商学公会和预备立宪公会联合发起召开第一次商法讨论会，邀请海内外商会代表齐聚上海，共同讨论制定真正合乎中国商情的商法。其目的是"联合全国商民编成商法草案，要求政府奏准施行"，并说明在会议召开前"由各埠商会分任调查，以本国之惯习，参各国之法典，成一中国商法，庶足以资保护"[②]。

1907年11月，第一次商法讨论大会在上海如期举行。据天津商会档案记载："本年夏间，预备立宪公会发起编辑商法草案事，经上海商务总会、商学公会赞成，遂由商务总会致书海内外各埠商会，广征意见，请各举派代表来沪，共商办法。爰于十四、十五两日，特开大会于上海之寓园。连日会议，列席者、发起诸会会员暨各埠商会代表，以及本埠绅商学界诸来宾计数百人。其中远近各埠商会代表到会者，以分立之团体计，则有八十余商会；以所涉之省份计，则有一十四行省；以远来之道里区域计，则有东南两洋华商

[①] 有关清末经济法规制定和实施的详细情况，请参阅拙文《论清末的经济法规》，《历史研究》1993年第5期。
[②] 《全国及南洋八十余商会代表聚集上海参加商法讨论会情况并附各地代表名单》，1907年12月7日，天津市档案馆等编：《天津商会档案汇编（1903—1911）》上册，天津人民出版社1989年版，第284页。

侨寓之三大埠。是诚创举，亦盛举也。"①这是第一次全国商会以及海外中华商会代表难得的盛大聚会，会议除围绕主题商议商法草案的制定之外，还讨论了设立华商联合会这一重要事项。

嘉兴商会代表张右企在大会首日发言时，即率先提出筹设华商联合会的动议，其具体建议如下："（一）华商联合会，应由此次到会之八十余商会共同发起，通知各处。（二）商法一事，既为全国商民利益，亦应归入华商联合会，作为公共事务。其一切经费，亦应由通国各商会分别酌认协助，不宜专仰成于上海三大会，且众建则款足，得人多而成事较速。（三）创办一华商联合会报，以为各商会交通之邮，且于调查商习亦甚有益。"②由于这三条建议在当时均十分重要，并且切实可行，故"以上均经众赞成"。是日会议结束时，大会主席李云书提议："各代表如有意见，请于明晨投函商务总会，以便续议。"实际上，上海商务总会早有发起成立华商联合会的议案，而且草拟了《拟组织华商联合会意见书》（简称《意见书》），并在"是日会场已经分送"各位与会代表，所以李云书特别说明："华商联合会章程办法若何，请各拟订，明日再议。"③

由上海商务总会总理周金箴、协理李云书具名的《拟组织华

---

① 《全国及南洋八十余商会代表聚集上海参加商法讨论会情况并附各地代表名单》，1907年12月7日，天津市档案馆等编：《天津商会档案汇编（1903—1911）》上册，第283页。
② 《全国及南洋八十余商会代表聚集上海参加商法讨论会情况并附各地代表名单》，1907年12月7日，天津市档案馆等编：《天津商会档案汇编（1903—1911）》上册，第286页。
③ 《全国及南洋八十余商会代表聚集上海参加商法讨论会情况并附各地代表名单》，1907年12月7日，天津市档案馆等编：《天津商会档案汇编（1903—1911）》上册，第286—287页。

商联合会意见书》，从各方面详细阐述了成立华商联合会的重要性。首先，说明华商如果不能合群，仍处于涣散落后态势，将在竞争激烈之商业世界无立足之地。"吾国商人，病涣散久矣。甲与乙不相谋，此业与彼业不相浃，此埠与彼埠不相闻，情势日益暌，能力日益弱，受压于官吏，受制于外人，循是不改，莽莽尘球，无复我华商立足地矣。"其次，强调各埠虽已相继设立了商会，商法大会由此得以召开，但绝不能以此为满足，还必须在此基础上进一步实现联合全体华商合大群的目标。"比年以来，开明之士稍稍悟其非，翻然讲合群之理，海内外各埠，以次设立商会。今年十月，因上海商会之发起，召集各埠商会讨论商法，如期与会者四十余埠。呜呼！此吾国数千年来未有之盛举也。虽然，商法者，商业一部分之事也。今试问与会诸公，舍商法外，吾商人所应注意所应研究者，殆别无一事之可言乎？又试问诸公，自今日大会以往，将遂仍前涣散，从此不相闻问已乎？抑年一莅会，仆仆道途，仅商法一事而已足乎？诸公远来之目的，上海商界发起是会之本意，当不如是也。"很显然，上海商务总会发起召开商法讨论会的目的之一即是推动华商联合会的成立。再次，阐明在各埠商会建立之后还须成立华商联合会的具体原因。"商与商集合而成商会，其在今日明效大验，诸公既知之稔矣。若会与会联合而成大会，效力之大，必有十百于今日商会者。"具体而言，华商联合会的成立具有"积极"和"消极"两方面作用。"以积极言，则权利之请愿，实业之发达，力厚而事易举。以消极言，则外力之侵侮，官吏之压制，合谋而势不孤。"最后，《意见书》强烈呼吁："宜乘今日组织一华商联合会，为海内外各埠商会总机关，为我全体华商谋极大幸福，庶毋负诸公今日远来之盛意。"①由上可知，为使参加商法讨论会的各商会代表意识到成立华商联合会的重要意义，上海商务总会为撰写这份《意见书》可谓做了精心准备。全体与会代表对《拟组织华商联合会意见书》表示赞同，决定由上海商务总会和上海商学公会负责起草华商联合会章程，至于筹设华商联合会的具体事项，众议国内由上海商务总会担任，海外由新加坡中华商务总会负责。

不久之后，上海商务总会和上海商学公会即草拟了《华商联合会简章》（简称《简章》）16条。第1条指明："本会由海内外各埠商务总会、商务分会联合而成，故名为华商联合会。"第2条规定华商联合会的宗旨为："甲，为各埠商会交通总机关；乙，谋各埠商会办法之统一；丙，谋华商公共利益并去其阻碍。"此外，该《简章》还就入会资格、职员设置、经费与会期等做出了相关规定。凡海内外各埠已成立之总、分会，经商部认可者，皆得入会，总会举代表二人，分会举代表一人，"凡各大公司、各银行有法人资格者，亦可入会，所举代表人数及年纳会费，或照总会，或照分会，听其自愿"。各总会、分会所举代表人，均为联合会评议员，另设干事员若干名，由全体会员公举，分任会中诸务，"以能担任会中事务为合格，任期一年，连举连任"；在干事员中公推干事长一人，"统理会中事务，任期一年"。凡入会者均年纳会费，总会与分会缴纳会费之金额，应有所差异，具体数目待定。"有特别支款经全体会员议决后，由各会员分别担任。"联合会"每年开常会一次，召集全体会员会议"；"有特别重要事故开临时会，于一月

---

① 本段中的引文均引自《筹建全国华商联合会意见书及章程》，1907年12月，天津市档案馆等编：《天津商会档案汇编（1903—1911）》上册，第292页。

前函电通知";"常会会期由干事会定期召集,临时会由会员十人以上之请求,得干事长之认可,定期通知"①。

上海商务总会是近代中国最早正式成立的商会,诞生不久即以"伸中权而保商利"相号召,倡导并发起全国规模的抵制美货运动,由此产生了重要影响,赢得全国"第一商会"的誉称。此次又与上海商学公会、预备立宪公会联名发起召开堪称"盛举"的商法讨论大会,积极开展民间商业立法活动,并借此机会倡议成立华商联合会,确实不负"第一商会"之誉称。所拟《华商联合会简章》虽然只有16条,内容比较简略,但却贵在首创与发起,仍然值得重视和肯定。1909年3月,上海商务总会又根据第一次商法讨论会上嘉兴商会代表张右企的提议,创办了半月刊《华商联合报》,该刊既是全国商会乃至海外中华商会的舆论工具,也是筹设华商联合会的联络机关。

但在此之后的一段时间,由于受各方面因素影响,华商联合会的筹设一度陷于停顿。1909年12月,上海商务总会再次邀请海内外商会代表在沪举行第二次商法讨论会。本次会议主要讨论了商法草案第一编《公司法》和第二编《商法总则》,在第二日大会结束之前,李云书说明:"鄙人发起商法讨论会时,曾拟办华商联合会,现已陆续签名,请各代表将同人衔名寄交《华商联合报》,并请另订章程。"②在讨论中上海商务总会和新加坡中华商务总会均提出由于自身会务十分繁杂,无法一直兼顾筹设华商联合会的重任。大会经商议决定:"以此事责诸《华商联合报》馆办理",在馆内附

---

① 《筹建全国华商联合会意见书及章程》,1907年12月,天津市档案馆等编:《天津商会档案汇编(1903—1911)》上册,第292—294页。
② 《商法讨论会第二日会场纪事》,《申报》1919年12月23日,第1版。

设华商联合会办事处，作为联合会的正式筹备机构①。

1910年2月，《华商联合报》报馆为配合筹设华商联合会，决定将《华商联合报》改名为《华商联合会报》，并设立了华商联合会开办处。随后，该报馆布告海内外商会，说明"兹事体大，深惧不克，未敢直任"，办报原本艰难，如再"兼办会务，自必更难"，但考虑到"联合为当今要图，此会若成，则是合海内外商会以成会，团体既大，群智日进，其收效非但比诸本报一部分为大，必当比诸一部分各立商会之为大。且敝报之设，其初名曰华商联合，亦无非欲藉千虑之一得，达之尺简，以为海内外交通之总机关。宗旨既同，名称又同，则对于此事，揆情度理，均无可以旁贷，乃集议改敝报为《华商联合会报》，而于敝馆之内设华商联合会开办处"②。客观而言，《华商联合报》报馆的专职工作人员并不多，而且在当时办刊已面临诸多困难，于此情形下又兼任筹备华商联合会这一重任，确非易事。但该报馆人员却仍然接受了此项任务，其勇于担当的精神堪称难能可贵。

对于海内外华商而言，成立华商联合会无疑是一件大事，先前承担筹备工作的上海和新加坡两商会，"以事关公益，惟恐酿成私见"，决定"订立签名册一份，言明赞成各会，俟签名后盖有各本会关防，一律作为发起，并无先后分别。其详细章程，则须由各会公议，未便草率从事。盖当时办事诸人慎而又慎，其苦心孤诣，固当为知者之所共谅"。但华商联合会的成立并非一蹴而就，上海商会的现任总理周金箴和前任总理李云书在第二次商法讨论会上就筹

---

① 虞和平：《商会与中国早期现代化》，上海人民出版社1993年版，第105页。
② 《本报社为华商联合会事布告海内外未经签印各商会书》，《华商联合会报》第5期，宣统二年（1910）三月，"海内外通信"，第2页。

设华商联合会再次发出呼吁之后,"为时已久,而盖名签印者",南洋尚有泗水、巴达维亚、梭罗、日惹、三宝垄、缅甸、霹雳、小吕宋等十余个中华商务总会,而"内地除上海商会外,仅有汉口、烟台"等少数几个商会。面对这种情况,华商联合会开办处又将"从前华商联合会签名册照镌铜模上,连简章印订成书,名曰《华商联合会签名册》,分寄各商会,其已签印者,可藉此以昭信守,其未签印者,可照此一式办理",并向海内外各商会发出布告书,说明:"兹查贵会于前次上海商会寄奉简章后,尚未允同发起,特将此项签名册奉上,并附签名纸一张,以相上渎。如荷俯允,还希锡弁数言,照盖会章,迅赐寄示,俾可随到随印,续行分寄,以表同忱,而昭大信。至于简章中如有未合,亦希各抒所见,迅赐改正,俾可参决多数,将来应有详细章程,亦请各先筹拟示知,多至百条数百条,少至八九条或三四条均可,随便指示。敝馆同人,既任其责,自当勉为其难也。"布告书最后还做出解释,谓:"此次通信,以为敝馆接办华商联合会改作会报之始,先以华商联合会报具名,此后关于会务者,即由华商联合会开办处启事。如蒙复示,请寄上海四马路小花园三号可也。"①

在此之后,虽经华商联合会开办处尽力推动,联合会的筹设工作取得了一些进展,但在当年也仍未正式成立。开办处坚持不懈,发函催促,到1911年6月底签名赞成此举的海内外商会日益增多,遂决定于是年开会成立。据开办处透露:"敝会自光绪三十三年由上海总商会前李总理及新加坡总商会代表发起创办,刊有简章,载

---

① 本段引文均引自《本报社为华商联合会事布告海内外未经签印各商会书》,《华商联合会报》第5期,宣统二年(1910)三月,"海内外通信",第2—3页。

明宗旨为海内外华商交通总机关,唯当时除南洋、汉口十余商会外,未经通告,自宣统元年冬,敝处接办以来,广为征集,荷蒙海内外各商会同声赞成,现在入会签名者约得二百七十余处,今年拟开会成立。"①各商会均表示赞同。天津商会收到华商联合会开办处的专函之后,复函表示:"前奉惠函,敬悉种切。查前奉贵会简章,敝会逐一详查,极为妥善,久已公认赞成。兹读尊函,特将签名纸照章填写,并盖用关防奉呈,即希鉴照为荷。"②

华商联合会的筹设,自1907年11月由上海商会发出倡议,到1911年6月底已为时近三年之久,可见其筹备进程并非一帆风顺。及至华商联合会拟成立之际,仍有少数商会未签名盖章表示同意,开办处又向这些商会发出专函征求意见。天津商会档案中保存有一份华商联合会开办处的这一函件,函中说明:"查敝处接办时,贵会等处均发书通告,签名册亦陆续寄呈(现发至第五册,第六册亦随付印)贵会,亦屡蒙赐书,惟赞成敝会与否,迄未提及。伏念贵会诸公热忱公益,腾达海澨,用再肃函申请,祗候教言……盖此会成立之时,即敝同人责任告终之日,同人漫膺重寄,首尾三年,掷资千金,既非牟利,身居客位,又无事沽名,区区不尽之寓衷,尚幸鉴及,临颖无任主臣。"③从中不难看出,华商联合会开办处作为兼任筹备工作的机构,为华商联合会的筹设付出了诸多努力,不

---

① 《全国华商联合会致津商会函请速告是否参加全国华商联合会》,1911年6月30日,天津市档案馆等编:《天津商会档案汇编(1903—1911)》上册,第294页。
② 《复上海华商联合会函》,1911年7月16日,天津市档案馆等编:《天津商会档案汇编(1903—1911)》上册,第295页。
③ 《全国华商联合会致津商会函请速告是否参加全国华商联合会》,1911年6月30日,天津市档案馆等编:《天津商会档案汇编(1903—1911)》上册,第294页。

仅费时费力，而且"掷资千金"，所以非常希望联合会能够尽快成立，以便尽早完成这一重任而卸下负担。

二、清末筹设未果与民初继续筹备

好事多磨。就在华商联合会开办处加紧筹备召开联合会成立大会之际，震惊中外的武昌起义爆发，辛亥革命的烽火燎原迅速蔓延至全国范围，随之出现政局动荡、银根奇紧、经济恐慌、人心惶惶的局面。在此情况下，根本无法保障海内外商会代表聚集一堂举行华商联合会的成立大会，于是又被迫向后继续拖延。

在清末，全国各地商会的成立虽时间不一，但自1904年初清朝政府商部奏准劝办商会之后，于短短数年间即相继创立，其数量之多和普及之广可谓民间社团之前所未见，而华商联合会的筹设却历经数年，直至清朝灭亡也未能付之实现，其原因究竟何在？

虞和平先生认为华商联合会在清末之所以未能筹办成功，主要缘于以下两个方面："第一，绝大多数的国内商会对成立商联会缺少足够的认识，没有迅速而积极地响应"；"第二，政治斗争日趋激烈，经济风波层见叠出，各地商会或卷入其中，或受其影响，无暇顾及商联会之事"。华商联合会本拟于1911年下半年召开全国商会代表大会正式成立华商联合会，又因武昌起义爆发而未遂。相比较而言，"后一个原因是客观的，前一个原因是主观的，它反映出中国资产阶级对实行本阶级大联合有一个认同的过程"①。

---

① 虞和平：《商会与中国早期现代化》，上海人民出版社1993年版，第105页。

除上述两个方面的原因外，笔者认为华商联合会筹设数年而未能在清末得以正式成立，还受到另外几方面因素的影响。

其一是没有得到清朝政府来自行政渠道的支持与帮助。清末各地商会的成立，与清朝政府中央商部和地方各级官员的大力倡导与支持有着较为密切的关系。商部意识到"现在体察情形，力除隔阂，必先使各商有整齐划一之规，而后臣部可以尽保护维持之力。则今日当务之急，非设立商会不为功"①。因此，商部设立之后即将劝办商会作为振兴商务之第一策，鼎力倡导和推行。不仅如此，商部还要求地方各级官员主动与所辖区域的商董接洽，"亲行接见，面为晓谕，俾知举办商会，实为联络团体、挽回利权起见"②。许多地区的商董正是在地方官员"剀切劝谕，几于舌敝唇焦"的情况下，才联合起来成立了商会，有的商会甚至还得到官府划拨开办经费的支持。然而对于华商联合会的筹设，从初始创议到清朝灭亡，无论是中央商部还是地方各级官员，都始终没有表示予以支持，更没有提供具体帮助。由于在当时的历史条件下，民间团体只有获得官方的大力支持，才能较为顺利地成立和运行，并充分发挥其功能与作用，华商联合会的筹设既然没有得到来自官方行政渠道的支持，完全由商人自行办理，其效率也就不能不受到制约和影响。中华民国建立后，工商部对全国商会联合会的成立给予了支持，很快就使之成为现实。

其二是华商联合会的筹办者对此事十分认真和慎重，在得到

---

① 《商部奏劝办商会酌拟简明章程折》，《东方杂志》第1年（1904）第1期，"商务"，第1页。
② 《商部奏劝办京城商会并推广上海商会情形折》，《东方杂志》第1年（1904）第5期，"商务"，第58页。

海内外众多商会签名赞同之前，不愿贸然宣告成立，以免影响其地位与权威。华商联合会开办处曾向各商会明确指出："惟其事须公众洽商，各会之入会签名者，均经开会议决，敝会此次能否仰荷赞成，亦请诸公于公便会议时提议取决。敝会以商会为主体，一切进行手续尚期鼎力主持。"[①]由于各地商会成立之后，大都忙于应对本地发展工商业和保护商人利益等各项繁杂事务，加之签名赞同成立华商联合会既无官方督促，又无具体时间限定，故而常常容易拖延未办，但这并不意味着各地商会不赞同成立华商联合会，只是对此事未给予高度重视而作为必须立即办理的要务，民国元年中华全国商会联合会得以顺利成立即可证明这一点。

其三是以《华商联合会报》报馆作为承担筹设华商联合会重任的机关，并不是十分合适。前已提及，该报馆的专职工作人员很少，而且在当时的历史条件下仅维持《华商联合会报》的正常出版就已经十分艰难，甚至还常常陷于难以为继的困境。在清末全国许多商会都曾创办过报刊，同样普遍面临经费短绌、人员不足等困难，其中有不少即因此而中断。在此情况下，《华商联合会报》报馆的工作人员很难腾挪出更多的时间和精力，用于筹设华商联合会事宜。加之还需挪用报馆经费用于华商联合会的筹备事项，更增添了经济负担。平心而论，该报馆能够坚持不辍地兼任这一额外职责，已属难能可贵，但却无法保障其效率和进程。

华商联合会在清末经过数年筹设虽然未能顺利达到预期目标，但也并非没有积极意义和影响。例如在筹建华商联合会的过程中，

---

① 《全国华商联合会致津商会函请速告是否参加全国华商联合会》，1911年6月30日，天津市档案馆等编：《天津商会档案汇编（1903—1911）》上册，第294页。

直接推动了《华商联合报》的创办。该刊作为海内外商会的舆论工具与联络平台，以"联合商界，振兴商业"为宗旨，设有海外时事、社说、新闻、半月大事表、要电、通信、公牍、学务、商情、实业、调查丛录等栏目，受到商会与商人的欢迎，成为清末最有影响的商会刊物。华商联合会的筹设，同时也是各地商会和商人自我认同的"合群"观念进一步加强的过程。正如前引上海商务总会《拟组织华商联合会意见书》所言："若会与会联合而成大会，效力之大，必有十百于今日商会者。"《华商联合报》创立之后也大力宣传"合群"思想，第1期发表的《华商联合报序目》即曾指出："华商开会集议，或平日往来聚谈之间，彼此均以吾国人在海外者与同在海外者，在海内者与同在海内者，未能人人联合一气，为他人笑。而海内外相去较远，自不必说。拟发起一报，以为联合之机关。以上海为内外交通之地，议就上海择地设立报馆。"关于商界之联合有何作用与影响，该文也具体阐明各地各业之商人若能联合，则可"有利则同兴，有弊则同革，互相联合，以交换智识，则非特利害既明，联合自固，即一事一物，亦不至斤斤于个人之私利，拘拘于一方之私治，而国之富强亦即随之"①。因此，新创办的《华商联合报》大力倡导商界联合，在"海内外时事社言"栏目专门发表一系列专论"联合"的相关文章，从各方面阐述商界亟须改变行帮林立、涣散不群这种落后状态的紧迫性，说明华商只有各行各业合群合力，才能在日趋激烈的世界商战竞争中获得立足之地，进而致力于中国民族工商业的发展，最终使国家臻于富强。正

---

① 陈颐寿：《华商联合报序目》，《华商联合报》第1期，宣统元年（1909）二月十五日，"海内外时事社言"，第1、3页。

是由于"合群"观念的不断增强,签名盖章同意加入华商联合会的海内外商会才越来越多,从而为中华民国建立后全国商会联合会的正式诞生奠定了良好的基础。

华商联合会的成立大会因受武昌起义爆发的影响而未能如期举行,随后的中国又暂时处于南北分裂、政局动荡的一段特殊历史时期,也无法立即召开成立大会。但是,商界有识之士并未放弃成立全国商会联合会这一酝酿多年的计划,仍然继续进行相关筹备工作,等待时机使之付诸实现。而清朝灭亡和中华民国建立后,终于为全国商会联合会的正式成立创造了机遇。

据《上海总商会议事录》记载,1912年7月,上海总商会(1912年2月,上海商务总会和新成立的上海商务公所实现合并后改名为上海总商会)就在常会中讨论了再次发起成立全国商会联合会事项。起因是汉口商务总会的"宋伟(炜)臣、刘柏生二君来函,为汉会发起全国商会联合会请会赞同事"。上海商务总会在讨论时,"由坐办报告并由会拟订章程大纲,王(一亭)协理说明发起之理由,联合之利益,众赞成。议将拟订章程大纲通告各议董研究"①。半月之后,上海商务总会又再次在常会上商议此事,"由坐办报告商会联合会发起缘由及大纲十一条,并宣读致天津、奉天、重庆、广州电稿"。王一亭还特别说明:"向来各处商会不能联络,办事多阻,前曾组织,已经赞成者数十处,昨与汉口、通州诸员晤商,拟此电稿,为组织之发起,请众位将电稿及大纲先为研究,以便取决。"经过讨论,"众表决电稿照发,俟各埠回电赞同

---

① 上海市工商业联合会编:《上海总商会议事录》(一),上海古籍出版社2004年版,第6页。

后,再函寄组织大纲,一致进行"。①由上可知,中华民国建立后上海和汉口商会仍然是设立全国商会联合会的积极倡导者和推动者。《上海总商会议事录》中没有留存所议致天津等商会的电稿,其具体内容不得而知。但从《天津商会档案汇编》中查到天津商会回复上海商会的电文如下:"上海总商会鉴:马电悉。组织全国商会联合会,敝会极端赞成。此后一切进行手续,时赐教言为盼。津商会。沁。"②天津商会的积极支持态度,透过回电可一览无余。

辛亥革命肇建了中华民国,尽管袁世凯窃取革命的胜利果实,登上了民国大总统宝座,但民国建立开创了中国历史的新纪元,社会各界无不欢庆"民国成立,百日维新";"破坏告成,建设伊始"。在经济领域,出现了各界共谋实业振兴的局面,掀起了振兴实业的热潮,各种实业团体如雨后春笋般不断涌现。时人大为感慨:"所谓产业革命,今也其时矣。"③袁世凯就任民国大总统之后,为了笼络人心而巩固其统治地位,也采取一系列措施致力于社会经济的发展,并先后任命革命党人陈其美和刘揆一为民国政府工商部总长。如此种种,都为全国商会联合会的成立创造了更好的条件。

直接为全国商会联合会的成立创造机遇者,就是民国政府工商部。1912年8月,刘揆一出任工商总长之后,推出"选择基本产业""划定保育期间""解决资本问题"三大发展实业计划,为了广泛听取全国工商界人士的意见和建议,决定于当年底召开前所未

---

① 上海市工商业联合会编:《上海总商会议事录》(一),上海古籍出版社2004年版,第11页。
② 《津商会赞成组织全国商会联合会电》,1912年7月26日,天津市档案馆等编:《天津商会档案汇编(1903—1911)》上册,第295页。
③ 《工业建设会发起趣旨》,《临时政府公报》第12号,1912年2月10日,"附录",第4页。

有的大规模全国工商会议。出席会议的人员包括以下三类,其一是特邀代表,即由工商总长直接特邀之全国工商界著名代表性人物,共计24人;其二是官商代表,官方代表是各省实业司、劝业道选派该署行政官员各1人,商界代表为各工商团体遴选工商业者代表2至4人;其三是侨商代表,由各驻外领事或各埠中华商会各选派2人。在这三类与会人员中,工商团体的代表为数最多,尤其是商会的代表即有70余人,如果加上其他工商团体代表和工商总长特邀工商界代表,更占到整个150余名与会人员的80%。

很显然,这次临时工商会议虽由工商部出面召集举行,但却称得上是中华民国建立之后全国工商界代表的一次盛会。对于这次全国工商会议的召开,上海总商会十分重视。据《上海总商会议事录》记载,当年9月28日举行的总商会议董常会专门讨论了"江苏都督函电准工商部电开为振兴实业案",会上先由驻会坐办说明:工商部拟"在京师开工商会议,通电本会推举富有经验代表,限十月三号呈报,此事于实业对内问题关系尤巨,除广登各报,征集众见外,应如何发表意见,以及如何推举代表,请诸公发抒宏议"。经过讨论,"公议此事定九月二十九日特开大会,公众研究并推举代表"①。最后,上海总商会推荐协理王一亭和议董沈联芳、印锡璋三人作为代表出席全国工商会议。汉口商务总会的参会代表是宋炜臣、盛炳记。其中王、宋等人正是此前竭力促成建立全国商会联合会的代表性人物。于是,上海、汉口商会事先即草拟《全国商会联合会章程》初稿,商定在全国临时工商会议期间,召集各商会与

---

① 上海市工商业联合会编:《上海总商会议事录》(一),上海古籍出版社2004年版,第27—28页。

会代表举行延误多时的全国商会联合会成立大会。

1912年11月12日午后，全国商会联合会成立大会第一次会议如期召开。首先由"王一亭宣布发起之缘由，并请到会诸代表同为发起，众皆赞成签字。随将所拟草章分送各代表请为修正，再行定期开会通过章程"。接着，"汉口商务总会代表宋君渭润（炜臣）、盛君竹书相继演说，大旨谓：近年商业叠受摧败，商民困敝，可谓已甚。而各处商会势若散沙，不能群策群力以图自振，商务前途何堪设想！兹会发起将以联合商情，一致进行，先谋维持保护之方，进求发展振兴之效，务期实心实力，共底于成，庶我全国商务不致陷于失败"①。当日在会上对成立全国商会联合会表示赞成并签字者，共计有45个海内外商会。

全国临时工商会议的会期从11月1日至12月5日，长达一个多月，也使全国商会联合会的成立大会得以在此期间连续举行。11月12日举行了第一次成立大会之后，又议定于当月16日召开第二次会议，讨论和通过《全国商会联合会简章》并正式通过相关决议。据天津商务总会的与会代表郑虞裳（炳奎）、杨志青（万选）向该会报告的内容透露，在此期间与会代表尤其南省和北省商会的代表，就几个相关具体问题出现了不同的意见。其中争议比较大的一个问题，是关于全国商会联合会的总处究竟应设在何地为宜？上海和汉口商会初拟的章程草案中，原本计划在全国设立五个总处，但"联合会于十二日下午一点钟开会，讨论一切会章，其简章所载五总处全行推倒，名目改为'中华全国商会联合会'，其各省及北京改为

---

① 《全国商联会成立会议记录》，1912年11月13日，马敏等主编：《苏州商会档案丛编》第2辑，上册，华中师范大学出版社2012年第2版，第194页。

中华全国商会联合会某省事务所,总处设在上海"。实际上,北方商会代表大多并不赞同"总处设在上海",而认为应该设在北京。在第一次会上即有"北省人力争此节,无奈南省多数赞成,不得已遂假定通过。代表等仍拟于下次开会极端争竞,收效与否尚不易知"。北省商会代表虽承认"上海为南北各省之总枢纽,其交通便利之处,甲于天下",但又认为上海"总不如北京之为妙也"。因为"北京地处中央,凡有直接政府事件,就近地核办,似较远隔数千里之程途诸多便利"①。所述虽为事实,但多少也反映了南北商会不同帮派之间的权力和利益之争。全国商会联合会的总处设在何地商会之内,该商会即自然而然地拥有以全国商联会名义发号施令之权,其地位和影响无疑也更为突出。因此,北省商会对此争议不会轻易表示妥协。

全国商会联合会第二次筹备成立会议定于11月16日下午举行,时间紧迫,当日上午"北五省、东三省商界代表假京商会开茶话会,系议争联合会地点,均以北京为总处为决"②。眼看南北代表为全国商会联合会总处设立地点之争僵持不下,甚或影响到联合会的正式成立,上海总商会代表王一亭的态度有所变化。据郑虞裳向天津商会报告,王一亭被"问及总处在上海之理由"时,说明:"此事固由大家当场公为指定,而其所以然未经宣布,自去年上海民军起义,经王一亭曾与日美诸国订有条件,凡中外各货税归一律,本

---

① 《华商联合会天津郑虞裳杨志青报告全国华商联合会会议进行情况》,1912年11月13日,天津市档案馆等编:《天津商会档案汇编(1903—1911)》上册,第295—296页。
② 《华商联合会天津郑虞裳杨志青报告全国华商联合会会议进行情况》,1912年11月16日,天津市档案馆等编:《天津商会档案汇编(1903—1911)》上册,第298页。

为畅销货物起见。今总处设在上海,南人尽知其详,至于联合会成立后,北京设一总交通机关,派代表常川驻此,以便与政府交涉事宜。似此而论,即不必力争矣,徒伤南北感情,甚为无益。"①这实际上是一种妥协变通方案,较易为南北双方代表所接受。

由于会前已有沟通和交流,尤其是南方省份商会代表的态度有所转圜,第二次筹备会议的讨论和议决总体说来还算比较顺利。"至下午二点钟,南北省代表召集研究修正简章,至第五章第十五条纷纷争议,末后解决。北京设立总处,上海设立总事务所。第暂时牌子,上海是中华全国商会联合会总事务所,北京是中华全国商会联合会,各省是中华全国商会联合会某省事务所,其一定地点俟明年开大会时公同决定。所有各省事务所均附入各地总商会中。"②因有些省份的总商会不止一处,相互之间为商联会事务所设在何处也出现争议。例如直隶省事务所的所在地,保定商会代表认为应设于保定,因为保定系省城;天津商会代表则认为应设在天津,津城乃华北工商金融中心。与会代表经过讨论,确定各省事务所的设立地点,"总以交通便利,商埠繁盛之区为宜"③。

苏州市档案馆编辑的《中华全国商会联合会第一次代表大会(上)》也有对此次会议议决事项的如下记载:

---

① 《华商联合会天津郑虞裳杨志青报告全国华商联合会会议进行情况》,1912年11月13日,天津市档案馆等编:《天津商会档案汇编(1903—1911)》上册,第296—297页。
② 《华商联合会天津郑虞裳杨志青报告全国华商联合会会议进行情况》,1912年11月16日,天津市档案馆等编:《天津商会档案汇编(1903—1911)》上册,第298页。
③ 《华商联合会天津郑虞裳杨志青报告全国华商联合会会议进行情况》,1912年11月16日,天津市档案馆等编:《天津商会档案汇编(1903—1911)》上册,第298页。

一、公决会名曰：中华全国商会联合会。

一、公决本会设于北京，设总事务所于上海，分设事务所于各省、各侨埠。

一、公决各省事务所由各该省自行组织。

一、公决民国二年在上海举行第一次大会。

一、公决总事务所开办经费由上海总商会筹垫，俟开第一次大会时由各地认还。

云南商务总会代表胡君盈川将各代表对于草章之修正意见逐条宣布，当经公决将章程逐条通过。

上海总商会代表王君一亭谓：各省商会之未到会者，不知此次开会如何情形，应由到会之各代表担任将章程分致各该地商会，并托将各该地商会总、协理、议董姓名、地址等详细开明报告省事务所，由省事务所报告总事务所；各侨埠则直接报告总事务所，以便汇造名册。①

由上可知，这次会议不仅议定了全国商会的名称和设立地点，逐条讨论通过了全国商会的章程，还议决了总事务所开办经费、中华全国商会联合会召开第一次代表大会的时间与地点，以及其他相关具体问题。至此，成立全国商会联合会的全部事项均已圆满解决。第三次会议于11月20日举行，由于相关重要事项在第二次会议

---

① 《中华全国商会联合会发起会议纪要》，1912年11月13日，苏州市档案馆编：《中华全国商会联合会第一次代表大会》（上），《历史档案》1982年第4期，第42—43页。该档案中所记第二次会议召开的时间为1912年11月20日，但天津商务总会与会代表郑虞裳、杨志青的报告则系会议举行的当日晚上（即16日）所写，并注明了具体日期，应该更为准确。

已通过了决议,本次会议并未讨论具体问题。"午后三时,假劝工陈列所摄影,公决省事务所定明年阳历三四月间召集各该省商会开会,第一次大会定明年阳历八九月间在上海举行。"①

三、中华全国商会联合会的正式成立

为便于向海内外未派代表与会之各商会说明情况,同时也为呈报民国政府工商部批准成立做准备,全国商联会筹备成立大会还曾通过了由参会之各商会代表联合署名的《中华全国商会联合会缘起》这份重要文件。透过该文可以看出,当时绝大多数商会迫切要求成立全国商会之愿望,以及对全国商会作用的新认识。该文首先说明了各省商会成立的作用,"海通以前,我国商业幼稚殊甚,欧舶东南,一战而负,国人始知重商,商人始知谋所以自保。于是各省各侨埠相继有商会之设,聚一地之商家互相联络,共谋进行,甚盛事也"。但是,仅各地分设商会仍然存在较大局限,"顾吾人犹有虑者,对于国内无联络、讨论、统筹全局之方法,对于国外无群策群力出而争雄之能力,各从事于一区域间,不合而规其大者、远者"。因此,"仅此各地商会之分设,固不足以利我商业之进行,而支商战奋激之危局也"。在此情形下,无论对内对外成立全国商会联合会都显得格外重要和紧迫。对内而言,"我国幅员广大,各地商会往往因交通未便,声气难通,而物品之产额销路素无统

---

① 《全国商联会成立会议记录》,1912年11月13日,马敏等主编:《苏州商会档案丛编》第2辑,上册,第197页。

计,苟有全国商会联合机关,则商情可以联络,调查易于着手,至政府施行之商政,与议定之商法、商税、商约等项,其利害关系全国者,尤得广征意见,协力筹维,然后商人之障害可除,商业之振兴可望"。对外而论,"国际商业竞争近日趋于激烈,我国商人既同列于竞争之场,自当将外国商业之如何情形,我国输出之如何情形,详细调查,共同研究,以为竞争抵制之备。至若外力之侵侮,侨商之困害,尤非合力救正不易收效"。总而言之,"时至今日,无论对内、对外,皆决不可无全国商会联合之机关。盖有此机关则视线远大,规划周宏,一致进行,众擎易举"①。正是因为有了这样的共识,参加临时工商会议的各商会代表才会抓紧时间,利用这次聚会的机遇召开了全国商会联合会的筹备成立大会。尽管在筹议过程中,南北商会的代表一度因全国商联会的设立地点出现了小小的争议,但最后均能顾全大局,相互妥协让步,达成了一致意见。

成立大会通过的《中华全国商会联合会章程》(简称《章程》)分为总则、会员、职员、会期、会所、经费、附则等7章,共计25条。根据该章程的规定,中华全国商会联合会"以联合国内外商人所设之商务总、分会、所,协谋全国商务之发达,辅助中央商政之进行为宗旨";"设总事务所办理会中一切事宜,名曰:中华全国商会联合会总事务所,分设事务所于各省、各侨埠。各省事务所由各该省总、分会、所组织之,名曰:中华全国商会联合会某省事务所;各侨埠事务所由各侨埠商会组织之,名曰:中华全国商会联合会某侨埠事务所"。按照此一条文的规定,主要由设在上海

---

① 《中华全国商会联合会缘起》,1912年11月,马敏等主编:《苏州商会档案丛编》第2辑,上册,第187—188页。

的总事务所办理全国商会联合会的"会中一切事宜",实际上是全国商联会的中枢领导机关,拥有相当可观的权力,但同时也需要承担相应的责任和义务。

根据《章程》的规定,中华全国商会联合会设会长一员,主持会中一切事务;设副会长二员,协助会长处理会中事务,"均于大会由会员中选举,以二年为任期";另设评议员若干员,"由各地事务所各于会员中推定代表一人或二人,常川到会,评议应办各事,亦以二年为任期"。至于全国商会联合会的会员,按《章程》规定:"凡各地商会之职员、会员,经各该地之事务所将姓名、籍贯、年龄、住所、职业等项,列册报明本会者,均为本会会员。"另还说明:"凡年龄未满十八岁,及曾受破产宣告,或处有期徒以上之刑者,不得为本会会员。"

《章程》第4条"本会应行之事务范围"规定的具体内容最多,下分"关于编查商务事项""关于发展商业事项""关于振兴商学事项""关于维持商务事项""关于补助商政事项""关于裁判商事事项""关于竞赛商品事项""其他商务范围以内事项"等,每项之下又列明了多条具体内容。例如振兴商学事项有:"(甲)资送游学外国商科,(乙)筹设高等专科商业学校,(丙)推广中等、初等商业学校,(丁)推广商业补习学校。"另如裁判商事事项有:"(甲)商人有业经各总、分会所判定事件请求本会再判者,本会得按照将来司法部所颁商事公断处《章程》,酌核情节为之审理;(乙)凡商会间或商会与他机关间有事理上之争执时,未赴司法官厅起诉者,本会向两方评断或和解之;(丙)地方官厅、地方自治团体或其他机关,有苛捐害商或凌虐商民等事,经商会或商人之被害者报告本会,本会调查详情设法理处。"

中华全国商会联合会"每年开常年大会一次，先期二月应通告各地事务所。会期以四十日为限，但有重要事件尚未议决时，得酌量展会"。为使常年大会能够高效顺利进行，《章程》还规定："常年大会期前，各省事务所应召集各该省商会开大会一次，由总、分会、所各就会员中公举一人至三人与会。本会常年大会议员即可于各省开大会时公举代表，每省五人至十五人与会。各侨埠商会也得于常年大会期前开会公举代表，每处一人至三人与会。"如遇有紧要事务，"得由会长通告，或各省事务所之请求，或各侨埠事务所二处以上之请求，召集临时会议"①。

由以上简略介绍可知，该《章程》条目虽然并不多，总共只有25条，但有些条文的具体内容却十分丰富，有的一条之中实际又包含了数条乃至十余条具体内容。此外，其所涉及的范围也较为广泛，尤其对该会的职责与义务做了详细而又明确的规定。与清末拟订的《华商联合会简章》16条相比较，《中华全国商会联合会章程》显然更加完备和充实。

第二次筹备成立大会举行之后，仍由上海总商会的王一亭和汉口商务总会的宋炜臣、盛炳记领衔具名，向民国政府工商部递交呈文，请求批准成立中华全国商会联合会。呈文内容如下：

> 为组织全国商会联合会，拟具章程，呈请核准立案，并分别咨令知照事。
>
> 窃以振兴商务，当先联络商情，我国各地商会设立已多，但

---

① 以上引文均出自《中华全国商会联合会章程》，1912年11月，马敏等主编：《苏州商会档案丛编》第2辑，上册，第190—194页。

因地域辽阔,每虞声气难通,甲地商情与乙地互异,无通盘筹划之方,无合力进行之法,商业衰敝职此之由。而环观世界趋势,商战日激,我商人虽经失败于前时,自当争雄于后日。然苟无总集之机关,合群力以竞进,则商务既无发达之望,即商战难操胜利之权。言念前途,良堪为虑,再四筹维,惟有组织全国商会联合会。凡我国内商会暨各侨埠商会联为一体,协力图维,以期商务之日振。先经征求意见,各方均表同情。前月间各地商会代表应临时工商会议之召集,荟萃京师,实行组织,业已公拟章程,并拟定在上海商务总会设立总事务所,各省垣暨各侨埠商务总会设立分事务所,以资联洽而利进行。兹事体大,实为全国商务攸关,除将公拟章程另册呈明外,应请钧部核准立案,并分别咨令各地方官厅知照,实为公便。谨呈。①

这篇呈文向工商部阐明了成立全国商会联合会的缘由以及紧迫性,并且时逢工商部也欲振兴工商,奖励实业,刚刚召集全国工商界代表举行临时工商会议,共谋发展工商业之大计,因而对成立全国商会联合会予以鼎力支持。工商部的批文表示:"来呈暨章程均悉。该商等联合各省商会代表,组织全国商会联合会,拟设总事务所于上海,而于各省垣暨各侨埠设分事务所,以期遐迩一致,中外一家,合群策群力,以图商务之振兴。卓识热心,深堪嘉尚。所拟章程完密周详,俱尚妥洽,自应准予立案。"在批文中工商部还

---

① 《上海商务总会协理王震等致工商部呈》,1912年12月,苏州市档案馆编:《中华全国商会联合会第一次代表大会》(上),《历史档案》1982年第4期,第44页。该档案编辑者原注此件系抄件,时间为1912年11月,但从呈文中所称"前月间各地商会代表应临时工商会议之召集"一语,可知应为12月。

透露:"本部前次交出议案,本拟筹设全国商会联合会,嗣虑事实上或未易行,是以改作各省商会联合会,原为办理较便起见。兹该商等发斯巨愿,树此宏规,自能实力进行,扩充商业,本部实乐观厥成。至请分别咨令知照之处,此案本部业已核准。各该处设立事务所时,即录批径向各省地方官、各埠领事呈明立案可也。"①由此可知,民国元年之际成立全国商会联合会实乃官与商不谋而合的共同愿望,只是官厅略显保守,存有疑虑,担心"事实上或未易行",改为设立各省商会联合会之提议,而商界有识之士则对无全国商会联合会的弊端有着切肤之痛,意识到"无论对内、对外,皆决不可无全国商会联合之机关",并主动发起呈请工商部核准立案,最终促成全国商会联合会得以正式成立。

综上所述,民国元年中华全国商会联合会能够得以正式成立,首先是辛亥革命推翻清王朝,肇建了中华民国,为民族工商业发展创造了新的政治环境,激发了社会各界实业救国的信心与热情,各种实业团体蓬勃兴起,社会舆论也踊跃推波助澜,为全国商会联合会的诞生奠定了良好的客观环境和条件。其次是商界有识之士锲而不舍的主观努力,从清末开始即积极筹设华商联合会,尽管在有清一代未能付诸实现,但并不灰心丧气放弃这一宏图大愿,而是继续加紧筹备,不断争取海内外更多商会的赞同与支持,最终借助民国建立与全国临时工商会议的召开,实现了这一愿望。尤其是上海和汉口两地商务总会的领导人,在发起、倡导、联络、筹划等推动全国商会联合会成立的各个方面都发挥

---

① 《工商部批》,1912年12月,苏州市档案馆编:《中华全国商会联合会第一次代表大会》(上),《历史档案》1982年第4期,第46—47页。

了不可或缺的作用,产生了极其重要的影响。最后是民国政府工商部的支持,为商界人士自行筹设多年而未能实现的全国商会联合会正式成立提供了良好机遇。新建立的北京国民政府虽由袁世凯担任大总统,但在民主共和与"百日维新"氛围下,也推出了一系列革新举措,在经济方面实行了若干奖助实业的政策。工商部作为民国政府执掌实业的中央机构,还广泛听取全国工商界人士的意见和建议,于民国元年发起召开了全国临时工商会议。正是这次会议的举行,使全国工商界代表得以汇聚京师,同时也为全国商会联合会的正式成立提供了难得的机遇。各地商会的与会代表抓住这一机遇,在临时工商会议期间三次召开全国商联会筹备成立大会,随即呈请工商部核准立案,而工商部也很快予以批准,并分别咨令各地方官厅知照办理。由此可以说,工商部对全国商会联合会能够在民国元年正式成立也起到了一定的作用。

中华全国商会联合会成立之后,于次年在北京创办会刊《中国商会联合会会报》(后改名为《中华全国商会联合会会报》,以下简称《会报》),"以灌输商业智识,交通商界声气,藉促商务之发达为宗旨"[1]。工商部的批示称:"该会会报内容美备,论说亦平易浅显,适合现时商家之用,除批示外,合亟令行遵照劝导各商家购阅研究,以期普及常识,并及转知各分会一体遵照办理为要。"[2]该《会报》的创办,使海内外商会真正拥有了以商会命名的全国性刊物,亦即拥有了完全属于自己的全国性舆论工具,从

---

[1] 《会报简章》,《中国商会联合会会报》第1年(1914),第4号(原件未标页码)。
[2] 《工商部训令一二〇号》,《中国商会联合会会报》第1年(1914),第4号(原件未标页码)。

而为表达商会的利益诉求,组织和动员海内外商会共同开展各项行动,均提供了极大便利。

另外,中华全国商会联合会的成立不仅使近代中国商会的发展进入到一个全新的阶段,而且也是近代中国商人乃至资产阶级发展历程中的重要节点与标志性事件。如果说1904年以后各地商会的建立,是近代中国民族资产阶级初步形成一支独立阶级队伍的标志,那么,1912年中华全国商会联合会的成立,则使近代中国资产阶级的组织程度发展到一个更高层次,标志着中国资产阶级完整形态的最后形成。具体而言,清末的各地商会成立后,"将资产者以往的个人或行帮形象,转变为新式社团法人的姿态,从而使其得以极为活跃的政治风貌在晚清风云变幻的社会大舞台上,演出一幕又一幕的历史活剧"①。民国元年中华全国商会联合会的成立,"使中国资产阶级在经济上、政治上、组织上、思想上渐趋成熟,它标志着辛亥革命后,中国资产阶级为自己和国家的利益而奋斗的历史已进入到全国性的有领导、有组织、有纲领的最高阶段,中国资产阶级的完整形态才真正形成"②。当时的工商业者也意识到中华全国商会联合会成立的这一重要影响:"于是吾国商会始由局部的结合,进而为全体的结合;由各别的行动,进而为统一的行动。"③因此,中华全国商会联合会的诞生,对于商会和商人而言均具有不可忽视的重要作用与影响。

---

① 朱英:《从清末商会的诞生看资产阶级的初步形成》,《江汉论坛》1987年第8期,第67页。
② 虞和平:《中华全国商会联合会的成立与中国资产阶级完整形态的形成》,《历史档案》1986年第4期,第119页。
③ 《立宪国民会议行动敬告我商人》,《中华全国商会联合会会报》第3年(1916),第9、10合期,"社论",第17页。

四、第一次全国代表大会的召开

中华全国商会联合会第一次代表大会原定1913年召开,后因"二次革命"爆发而不得不延期至1914年3月举行。上海总商会暨总事务所意识到"是会乃商界第一次集合大会,振兴商业、交通商智、联络商情种种大问题,均有关系,其一切事宜,亟应筹备"①,遂予以高度重视,多次开会商议相关各具体事项,可以说为本次大会的筹备和举行付出了诸多努力,这也成为此阶段上海总商会最重要和最费力的一项工作。上海总商会原定当年3月初进行总、协理和议董改选,并已"知照各业推举代表"出席选举大会。但因筹备第一次全国代表大会事务繁杂,沈联芳议董提议:"以3月15日举行全国商会第一次联合大会,亟须筹备进行,事极繁重,适于此时实行本会第二任选举,无论总、协理、议董有无更动,深虑于联合会筹备精神未能一致进行,拟请改10月(应为4月之误——引者)18号为选举议董之期,4月25号为选举总、协理之期,仍以6月1号为任事期间。"总商会认为言之有理,提交议董常会讨论,公决:"沈议董所见极是,应照议改期。"②可见,上海总商会为更好地筹备全国商联会第一次代表大会,不惜将该会的换届改选这一重要会务工作也延后进行。

---

① 上海市工商业联合会编:《上海总商会议事录》(一),上海古籍出版社2004年版,第297页。
② 《1914年2月14日第三次常会议案摘录》,上海市工商业联合会等编:《上海总商会组织史资料汇编》上册,上海古籍出版社2004年版,第156页。

自1914年1月，上海总商会即加紧筹备商联会第一次全国代表大会的相关具体事项。关于大会会场，因上海总商会新建之议事厅尚未完工，"现有之议事厅地位狭小"，不敷使用，只能"另假宽大处所，以壮观瞻"。据预估本次大会会期约一个月，各省事务所共计20余处，以平均每省10名代表计，即有200余人，加上旁听席总计近400人。由于会期长，人数多，要寻找一个合适的会场并不容易。经过议董常会讨论，上海总商会认为可容纳700人开会的"纱业公所屋宇宽大，距离本会亦近，似最相宜"，但又担心"纱业公所能借如许之久否"？纱业总董、总商会议董印锡璋，也即当初代表上海总商会在临时工商会议上与王一亭全力推动成立全国商会联合会的代表人物，为打消总商会的疑虑而主动在常会上表示："纱业公所楼下议事厅容七百余座位，楼上尚有小议事厅，如在借用期内，本业或有应议事件，可在楼上集议。"①这样，大会会场难题得以顺利解决。

关于与会代表住宿，因绝大多数代表均来自外地，需要事先订妥住宿宾馆，而要使如此众多的代表均住得满意，且便于到达会场，也并非易事。为此，上海总商会同样通过议董常会进行了专门讨论。经过慎重商议和选择，"公决河南路宾乐公旅馆洁净轩爽，交通便利，与本会相离尚近，甚属合宜，似可即与商定，登报布告，作为总事务所指定之招待所"。与此同时，另说明"如来宾有欲自觅宿舍者，悉听其便"②。关于大会招待员，因各省代表到沪

---

① 上海市工商业联合会编：《上海总商会议事录》（一），上海古籍出版社2004年版，第298页。
② 上海市工商业联合会编：《上海总商会议事录》（一），上海古籍出版社2004年版，第298页。

后人生地不熟,"需派招待员以资导引"。有议董提出总商会"干事诸君平日担任义务,已属日不暇给,若再于会期内任为招待,必难周到。且大会议员全国俱到,口音一切各有不同,似宜分函旅沪各帮请其各派号友数人,代为招待,则宾主间自无隔膜,再由本事务所干事诸君临时招接,以昭慎重"。总商会经过讨论,最后"公决由总事务所预先函请各帮商号酌派二三人,开示姓名,俾于会期前邀集叙谈,将各省代表姓名知照各招待员接洽"①。关于大会速记员,考虑到"会场速记生为议事时重要职务,本会书记均非专家,断难胜任",上海总商会决定拨专款聘请速记高才生若干名。至于会场布置和监督,"公举沈联芳君、印锡璋君为会场主任员,钱新之君、谢蘅牕君为会场办理员"②。至此,经过上海总商会暨全国商联会总事务所历时一年多的艰苦努力,中华全国商会联合会第一次代表大会终于筹备就绪,等待盛大开幕。

然而,就在全国商会联合会代表大会筹备就绪即将召开前夕,又发生一个插曲险些使大会如期举行受到影响。1914年2月底,上海总商会的总、协理亦即总事务所的两位干事长周金箴、贝润生突然登报宣布辞职,这对全国代表大会的会前安排和召开势必会产生影响。其主动提出辞职的原因,一是此前应财政部要求由总商会出面为叶永承商号抵借公债票500万元作担保,此事总商会"曾经正式开会当众宣布,乃转折多时忽又反诘,事同儿戏",周、贝二人感到"外无以对银行,内无以对钱庄,抱愧无地";二是农商部颁

---

① 上海市工商业联合会编:《上海总商会议事录》(一),上海古籍出版社2004年版,第299页。
② 上海市工商业联合会编:《上海总商会议事录》(一),上海古籍出版社2004年版,第299页。

布新公文程式令，严重降低商会地位，全国商会都希望上海总商会"领衔力争"，周、贝身为总、协理似乎颇感为难，"争则开罪大部"，"不争则无以慰全国委托之望"；三是华商旅沪维持会为客帮与招商、怡和、太古、日清四公司发生水脚争议，总商会应邀力任调停，本已达成协议，后又因招商局与三公司续订营业合同，维持会认为侵犯其营业自由之权利，且总商会未应允转发交通部之电，被维持会"大加责备，且以'呜呼'字样辱及全体"①。即使是在日常情况下，总商会的总、协理突然双双提出辞职，也会导致各项会务无法正常运行，更何况时值全国商会联合会代表大会即将召开的前夕，其影响之大不言而喻。

于是，上海总商会不得不发出紧急通告，于1914年3月4日召开全体会员、会友临时大会。"本会关于总、协理辞职事特开临时全体大会，请三月四日午后三点钟驾临本会，事关紧要，务祈拨冗必到为要，除具书通告外，恐未周知，特再登报广告。"②在总商会召开的临时大会上，周金箴首先发言说明："既有以上三种理由，亟应引咎避嫌，不能再效微劳。但商会系法定团体，与其他社会团体不同，不可一日无主持之人，请全体会员、会友即日照章选举，或公推议董补任，以维大局。目前至要之事，则筹备三月十五号全国商会联合会及巴拿马万国赛会出品会两事，其余并无经手未完事件，议事厅房屋虽未竣工，此系全体负责之事，偏劳诸君子速谋完工为幸。"③可见，周、贝二人虽提出辞职，但也深知全国商会联合会代表大会召开在即，希望总商会尽快补选总、协理，以使之不

---

① 《总商会临时大会记》，《申报》1914年3月5日，第10版。
② 《总商会召开会员会友大会启事》，《申报》1914年3月2日，第1版。
③ 《总商会临时大会记》，《申报》1914年3月5日，第10版。

受影响。周金箴发言后与贝润生一起欲退出会场,经大会主持者提议和全体与会者要求,同意留在会场内旁听。随后,与会的议董、会员纷纷发言,表示"今日之会关系极大",有的指出农商部新公文程式令蔑视商会,我总商会应与全国商会一起予以抗争,并以全国商会联合会总事务所名义召集大会,商议对策;有的认为总、协理之所作所为并无明显过错,"辞职一事,应请总、协理暂行取消。……总、协理为我商界全体之领袖,无端受人侮辱,我全体岂能缄默?"最后,大会主持人提议:"总、协理辞职之三种理由今已表决,如诸君挽留总、协理留任者,请全体起立挽留。"表决结果为"全体起立,鞠躬挽留"①。

上海总商会会员、会友临时大会召开之后,周、贝二人仍未允留任。"商会各议董以总商会为各业公共机关,不可一日无人主持,公恳杨观察使电请农商部维持,一面赴周、贝二君寓所敦劝到会视事,以维会务"。观察使随后也致函周、贝二人,说明"上海为各省商货辐辏之区,总商会尤为各业所信仰,万不可一日无人主持。况全国商会联合会开会在即,各省商会选举代表到会,更不可乏人主持",希望二人"捐除小忿,即日到会任事,如有未满众意之处,统由弟于数日内调停妥善,当使商情允洽而后已"。同时,观察使还应总商会议董之请致电农商部,解释周、贝二人提出辞职而全体议董会员挽留之详情,并特别阐明:"现值全国商会联合会开会在即,会务无人主持,众商惶急,公请主持。查该总、协理办事向持大体,各代表亦极正当,拟请大部迅赐径电该会总、协理暨

---

① 上海市工商业联合会编:《上海总商会议事录》(一),上海古籍出版社2004年版,第307—308页。

各代表，务令力顾大局，联续担任。"①其后农商部和交通部也相继致电上海总商会，要求总、协理继续留任，妥善办理全国商会联合会代表大会和巴拿马万国赛会出品会等要务。据《时报》报道，"上海总商会总协理周金箴、贝润生君前日为华商旅沪维持会反对事，特开具理由电呈农商部辞职"。农商部致电慰留，电文称："该会总、协理等夙孚众望，务希力顾大局，勉为其难，勿遽辞职为盼。"②在各方面敦劝下，周金箴和贝润生二人最终应允继续留任，即将召开的全国商会联合会第一次代表大会也没有因此而受到明显影响。

1914年3月15日至4月11日，中华全国商会联合会第一次代表大会终于在上海举行，与会正式代表有来自全国19个省区商务总、分会的170人，会期原定20天，但因系首届大会，需要先讨论通过会议章程、选举章程以及审议全国商会联合会章程，加之各商会向大会提交的议案甚多，所以会议一再延期，长达26天。

这次大会的召开，不仅对于全国商会和商人具有重要意义，而且也受到报章舆论的关注。大会开幕之日，《申报》专门发表了评论，认为："今日关于政治上各种之会议已闻无所闻矣，而商界则有全国商会联合会之举，不可谓非商界之幸也。"该评论同时也指出："闻商人之知识者，曰学为商业之关键者，曰财供商界之驱使者，曰人才。中国商界人才之有无，我不敢知，而无学无财，则固无可讳言也。无学则知识常鄙陋，不能与各国日新之商业相竞争，无财则振兴无藉手，不能与长袖善舞之商家相竞争。兴学之

---

① 《商会总协理已允任事》，《申报》1914年3月13日，第10版。
② 《农商部慰留商会总、协理》，《时报》1914年3月19日，第7版。

法有种种，而以广设补习学校为要图，理财之法亦种种，尤以鼓励资本家为急务。与会者注全力于此二点而研究之，斯不虚此大会也已。"①由此可见，社会舆论对本次大会召开的祝贺与期望。

大会投票选举了第一届中华全国商会联合会正、副会长，周金箴当选为会长，向淑予（瑞琨）、贝润生当选为副会长。三人均甚谦虚，认为自己才疏学浅，难以胜任。周金箴首先表示："今日承诸代表不弃，推鄙人为正会长，鄙人自问才力薄弱，年又老迈，决难担任。"向淑予辞不就任的态度似乎更为坚决，他强调自己"学识才能阅历数层均不足以肩兹重任"，虽然"自游学外洋，即习商学，回国以后亦遂从事于商业，凡关于商事行政，亦无不注重"，但"历兹数载，无一事可以举办实行，即去年忝居工商次长之位，亦未有一事之成绩可睹"。另外，"去年在政府时自数次辞职准许后，即蒙派到各国调查商业之状况，兵船与随从人等俱已妥定，急待出发"，同时，还被推举为"约法会议议员"，辞而未允。"因几方面之责任均集于一身，万不能再担任本会副会长之职……有此种种原因，均非为个人起见，亦非有意放弃责任，当要求于诸公请辞去副会长之职而另行改选。"贝润生也表示："鄙人学问经验均不充足，前蒙上海商会推为协理，三年于兹，办理毫无成绩，兹又蒙各省代表公推为本会副会长，鄙人本不克胜任，兼之上海一隅不能举两会长，周先生既系上海举出，鄙人决计辞职，请另由他省举出一位，以昭公允。"②经全体与会代表一再盛情挽留，当选的三位正、副会长最终勉为其难地表示同意就任。随后，全国商联会

---

① 《杂评三》，《申报》1914年3月15日，第10版。
② 《中华全国商会联合会在上海开第一次大会纪事》，《中华全国商会联合会会报》第1年，第9号，1914年6月，"纪事"，第3—5页。

开具当选正、副会长履历呈请农商部及国务院各部、各省都督、民政长请为立案。呈文如下："为呈报事。窃照全国商会联合会于三月十五日在上海总事务所照章举行第一次大会,各埠及侨埠事务所公举会员代表到沪,于十五日开成立会,十六日开正、副会长选举会,照章选举会长一人,上海总事务所总干事周晋镳得票最多数当选,副会长二人,京师事务所代表向瑞琨、上海总事务所总干事贝仁元得票次多数当选,经农商部代表陈司长监督选举,正式就职。即于是日提出议案,先举审查员,修正会章及议事细则,于次日开始接续议事,再将会议事件随时呈报。所有大会成立及选举会长、副会长各情形,理合先行呈报,除分呈外伏乞俯赐立案,实为公便。"①

在上海总商会暨总事务所的努力之下,中华全国商会联合会第一次代表大会得以圆满举行。担任大会提案审查会审查长的汉口总商会代表盛炳纪在闭幕式上指出:"诸君子远道而来,群贤毕集,每日于会场之上发表崇论宏议,足以增进炳纪之智识者,实非浅鲜。……今观一切议事手续,灿然具备,皆诸君子对于此会各以实心行实事,始得收此良好之结果。"他同时还表示:"今日为闭会之期,马首同瞻,行将判决,天涯咫尺,后会方长,敢布私衷,惟诸君子爱察为幸。"②大会闭幕之际,上海国货维持会致函各与会代表云:"代表诸君伟鉴:素慕英才,时深怀思。想诸君子热心公

---

① 《全国商会联合会纪事》(五),《时报》1914年3月21日,第7版。4月11日,大会闭幕前收到农商部第454号批文,内称:"据呈报大会成立及选举正、副会长请察核立案等情,查会长周金箴等既由众商公举,自是商望素孚,应准备案,此批。"(《呈报举定会长之部批》,《时报》1914年4月12日,第7版)

② 《盛炳纪君演说词》,《中华全国商会联合会会报》第1年,第9号,1914年6月,"纪事",第181—182页。

益,远道赴会,为商界造幸福。……拜恳诸君子返省之后,热诚劝导各商界,注重国货营业,竭力提倡,挽回利权,以保国本,得能多兴一份国货,即为国家多留一线命脉。"①言辞之中反映出对与会代表的殷切期望。

① 《国货维持会之请维持国货》,《时报》1914年4月14日,第7版。

第二章 "二次革命"期间的上海总商会

商会是辛亥革命前新成立的重要商人团体,其与传统行会所明显不同的是具备了"登高一呼,众商皆应"的号召力,由此在经济、政治乃至社会生活的诸多领域都发挥了不可忽视的影响。在商会史研究初兴的20世纪80年代上半期,商会史只是附属于辛亥革命研究之下的一个新分支领域,尽管商会是一个经济团体,其主要职能也集中体现在经济方面,但当时对商会的探讨却是侧重于政治方面,所采用的也是较为单一的政治史分析框架,完全以商会反对还是支持革命作为唯一的评价标准。

现今回看商会史甚至是辛亥革命史研究的发展历程,可以说20世纪80年代商会史研究的兴起,对于回应台湾地区以及外国学者提出的清末是否存在一个资产阶级和对辛亥革命性质的疑问,弥补我们以往对资产阶级主体缺乏研究的不足,用大量一手商会档案文献论证辛亥革命前资产阶级已经形成一支独立的社会力量,辛亥革命是资产阶级性质的革命,无疑起到了一定的作用。但是,以单一的政治史研究范式考察商会明显存在着不小的缺陷，这样的研究无意中遮蔽了商会在经济和其他社会领域所发挥的重要作用，无法使我们了解近代商会的全貌，好在商会史研究者很快即意识到这一缺陷，随即从诸多方面对商会进行探讨，使商会史不再附属于辛亥革命史，发展成为中国近代史研究中的一个新兴领域。

但另一个至今仍被忽略的问题是，即使是在政治史范式下对商会的政治动向进行考察，也同样存在着不少问题，甚至有些基本史实也没有完全弄清楚，对商会的认识以及做出的评价也因此并不准确和全面。例如，从以往的大多数研究成果不难看出，武昌起义爆发之后，革命浪潮以无可阻挡之势迅速发展至全国各地，武汉、上海以及其他一些地区的商会、商团领导人随之改变政治态度，转而支持革命，不仅推动一些地区实现"和平光复"，而且在财政经济方面对新生的革命政权给予了宝贵支持。总体而言，武昌起义之后许多商会支持革命，发挥了值得肯定的积极作用。然而，对于"二次革命"期间全国商会的表现与作用，以往的论著几乎都给予了简单的全盘否定，包括笔者本人的著作同样也是如此。①尤其是对号称全国第一商会的上海总商会在"二次革命"期间的表现，不仅当年的革命党人即曾加以谴责，而且后来出版的研究论著也一致予以

---

① 相关论著请参阅章开沅、林增平主编：《辛亥革命史》下册，人民出版社1981年版，第465—467页；胡绳武、金冲及：《辛亥革命史稿》第4卷，上海人民出版社1991年版，第634—635页；徐鼎新、钱小明：《上海总商会史（1902—1929）》，上海社会科学院出版社1991年版，第171—173页；马敏主编：《中国近代商会通史》第2卷，社会科学文献出版社2015年版，第730—731页；虞和平：《资产阶级与中国近代社会转型》第3卷，中华工商联合出版社2015年版，第168—169页。另见拙著：《辛亥革命时期新式商人社团研究》，中国人民大学出版社1991年版，第319页；《转型时期的社会与国家——以近代中国商会为主体的历史透视》，华中师范大学出版社1997年版，第277—279页。

否定，但其背后还有哪些我们未曾提及也不清楚的史实，长期以来却一直很少有研究者通过挖掘相关史料进行全面深入的具体探究，以至于对一些相关具体史实也没有描述清楚。① 笔者通过细读《上海总商会议事录》之后，即感到在这方面尚有进一步厘清之必要。本章并非为上海总商会在"二次革命"中的政治表现做什么辩解，更不是什么翻案文章，只是想说明过去没有厘清或很少提及的"二次革命"期间上海总商会的若干重要史实，以帮助我们更加全面地认识"二次革命"时期的上海总商会。

一、反对"二次革命"函电出台经过

"二次革命"爆发后，1913年7月18日，陈其美予以响应，宣布上海独立，沪上讨袁战争处于一触即发之势。此前一直担心战事再起的上海总商会，随即于7月21日召开了一次特别会议，经过一番讨论之后，最后议定以总商会名义公开发出一函一电，成为上海总商会明确反对"二次革命"的铁证。这一函一电次日即在上海各大报章均有登载，而且多为相关论著摘录引用，此处照录全文如下：

---

① 在1915年北京政府农商部正式颁行《商会法》以及全国商会根据农商部部令实行改组之前，基本上仍沿袭清末的商务总会之称，极少用总商会之名。辛亥年上海光复之后，一部分商董认为原上海商务总会系清朝商部所设，不合时宜，报经沪军都督府批准成立了上海商务公所。1912年2月底，上海商务总会和上海商务公所实现合并，发布通告称："现在民国大定，政治统一，应即规定办法，于2月27日在商务公所邀集各商董会议，公定名称为上海总商会，以昭统一。"（《上海总商会第一广告》，《申报》1912年2月29日，第1版）于是，上海商会又成为在全国率先使用总商会名称的商会。

致南北两军公函

敬启者：赣省事起，风潮骤急，商界首当其困。本日喧传南北军在制造局将有战事，商民恐慌，要求设法维持。倾间全体开会决议，上海系中国商场，既非战地，制造局系民国公共之产，无南北军争持之必要，无论何先启衅端，是与人民为敌，人民即视为乱党。为特函告台端，约束麾下，勿与人民为敌，轻启衅端，众商感戴。

北京国务院、参众两院、各省商会均鉴：

赣省变起，商业受害，今日上海全体商界开会，均反对此次扰乱，除通电外，特闻。沪总商会。①

在"二次革命"终于爆发，讨袁义军迫切希望得到各界声援的紧要关头，全国各地商会都陷于恐慌并表示反对。尤其是作为全国第一商会的上海总商会，公开发出这样的一函一电，明确反对"二次革命"，并称之为"扰乱"，将讨袁的革命党人视为"乱党"，所产生的影响自然非同小可。上海的革命党人对此十分愤怒，在《民立报》上专门发表评论文章对总商会予以抨击："宋案起而市面凋敝，北军南下而金融停滞。请商会诸君想想，到底商家吃谁的苦来。不许上海有兵事，竭力调停可也，乃打电北京，竟称为此次

---

① 上海市工商业联合会编：《上海总商会议事录》（一），上海古籍出版社2004年版，第121—122页。另见《申报》1913年7月22日，第6版。总商会的这一公函之所以题为"致南北两军公函"，并称"南北军在制造局将有战事"，是因为上海江南制造局系一大型兵工厂和重要军事据点，当时由袁世凯政府所派北军驻守，上海革命党人组织的讨袁南军响应"二次革命"，首先需要攻占这一军事据点。因此，江南制造局当时也成为南北两军的必争之地。

扰乱,全体不赞成,这是什么意思?什么口气?请商会诸君,不要藏头露尾,说个明白来。中国银行钞票,故意留难,抬高贴水,钱庄银号,不许汇划,这明明是自己寻死路。请商会诸君,将眼前急应疏通之事,稍稍注意,不要学做政客,爱说空头话,反把头脑弄昏了。"①

从表面上看,上海总商会的这一表现似乎有些令人费解。因为上海商会和商团等新式商人团体,在此前不久的辛亥革命时期还曾支持革命党人光复上海,此后又有多名商界领袖在沪军都督府担任要职,上海商会还曾慷慨解囊,帮助解决沪军都督府的严重财政困难,但为时不久却又对革命党人讨袁的"二次革命"公开表示反对。之所以如此,以往的论著均指明这是作为工商业者代言人的商会害怕革命再起,影响工商业发展,使工商业者的经济利益遭受损失,其实质是资产阶级的妥协性和软弱性所致,但却并没有深入考察上海总商会这一函一电的具体出台经过以及何人为推手。而要了解相关具体情况,就目前所披露的史料而言,只有通过考察和分析总商会的议事录才能知其梗概。

据《上海总商会议事录》记载,7月21日召开的这次特别会议,集中讨论的是"驻守制造局南北两军有即刻开战之说,商市岌岌,公议设法维持案"。会议开始时由总商会总理周金箴说明召开本次特会的缘由:"北军来沪,保守制造局,人心甚静。自南京宣布独立后,即有南北两军将开战衅之谣。南市各商,已大受惊恐,北市地界毗连,唇齿相依。今晨各商至会,声称调停无效,战祸在即。本日各报纸登有县议会提议办法,拟请两军各自退出,将局归

---

① 《致商会》,《民立报》1913年7月22日,第10版。

公民保卫团暂管。事关商务大局，诸公有何高见？请公议。"①周金箴的这番说辞虽未明确表示对南北两军之具体态度，但认为袁世凯一方之北军进驻制造局时"人心甚静"，而革命党人在南京宣布独立后"即有南北两军将开战衅之谣"，这显然是将商民的恐慌归咎于"二次革命"的爆发，在很大程度上代表了当时上海商人和总商会多数议董的普遍认识。

不过，从随后的讨论中我们也可以发现上海商人和商会起初也并非完全只是针对沪上讨袁的南军，同时也对袁世凯政府所派驻守江南制造局的北军发出了呼吁和要求。据议董苏筠尚向会议报告："昨日在自来水公司与北军代表会议"，要求北军不得与南军开战，并撤出制造局。北军代表表示"系奉部令来守制造局，军人以服从命令为天职，如南军不来逼，则北军必不先开战衅"。但对于撤出制造局的要求，北军代表则声称："要我军撤退，只须有海陆军部命令，立可遵办，否则军律具在，实难遵命。"结果调停谈判"仍无结果"。在讨论上海县议会提议的将制造局交由地方保卫团暂为代管的办法时，周金箴认为："县议会所拟办法固属公允，特恐两军不允交付公团，将奈何？"议董叶明斋表示："共和时代，以民意为主体，公民保卫团为南北市公举，两军不能拒而不纳。"在当时的具体历史条件下，这样的说法就法理而言并不为错，但实际上却未免有些天真。因此苏筠尚马上指出："保卫团虽由四团体组合，然无军事实力，使之担任制造局，殊非所宜。"另一议董王子展也附议说："鄙人也不赞成此议。"于是对县议会提议的办法不再讨论。

---

① 上海市工商业联合会编：《上海总商会议事录》（一），上海古籍出版社2004年版，第120页。

随后又有与会者提出另外的应对办法。议董郁屏翰发言称："西商屡言伊等于此次之乱，均极痛恨，如中国商人有均不赞同之确证，则伊等即有办法。"总商会协理贝润生紧接着也说："顷间曾拟商请南北两军，彼此皆不得开战，由领事团居中签字作证。如此则战争可免，市面可安。"由此得知，上海总商会内部还曾有请外国领事团出面干预，以避免在沪发生战乱的动议。但在讨论中也有个别议董认为这一办法并不妥当，例如印锡璋指出："今次起事，系属内乱，若请领事团居中作证，恐于主权有碍。"由于印锡璋的发言强调此办法有碍国家主权，其他议董竟一时无言以对。

以上两种方案的讨论均无结果，似乎使会议陷入了僵局。此时，议董傅筱庵表示："现在时势已极急迫，我等在商言商，宜先筹保商为正办。"这种说法应该也是绝大多数与会议董的心声。另一议董夏粹芳则直截了当地提出："今日之事，必须先定宗旨，究竟南北众商，于此次独立，是否赞成？抑系反对？请即宣布，再议办法。"本次会议遂由此被引入至关重要的时刻。主持会议的总理周金箴提议："如不赞成此次乱事者，请举手起立。"结果与会者"全体举手起立"，上海总商会也因此而达成了反对"二次革命"的一致态度。苏筠尚进而还说："民国统一，已及两年，本无南北之分，如有先启战端，扰乱地方者，即视为乱党。"此说并未引发他人异议，为后来总商会致南北两军的公告函定下了基调。最后，本次会议"公决即照此意，分函南北两军军统约束麾下，幸勿轻开战衅。一面通电北京国务院、参众两院及各省商会，声明此次乱事，沪上商界均不赞同"。①

---

① 以上几段文字中的引文，均见上海市工商业联合会编：《上海总商会议事录》（一），上海古籍出版社2004年版，第121页。

以上就是上海总商会公开反对"二次革命"的一函一电酝酿出台经过，在此过程中总商会内部也有人提出过其他两种应对方案，但最后还是一致通过以一函一电的方式，代表全体上海商界公开表明其政治态度，作为总理的周金箴、议董苏筠尚、傅筱庵、夏粹芳等人在本次会议上产生了重要的引导作用。他们几人不像李平书、沈缦云、王一亭、杨信之等商董那样，在辛亥革命时期即与革命党人建立了或多或少的联系，所以反对"二次革命"的态度也更为坚决，他们是上海总商会出台反对"二次革命"一函一电的重要推手。

除此之外，上海各业商人尤其是若干重要行业商帮的强烈呼吁，对总商会最终形成这一决议也不无影响。透过《上海总商会议事录》不难发现，在总商会发出这一函一电之前，上海许多行业商帮都曾接连向总商会上书，要求总商会出面协调，向革命党人施加压力，尽量避免再起动乱，切实保护商人利益。①总商会在多次常会和特会中也不得不讨论这一问题，而且多数议董认为总商会应该顺从众商之意，这主要是因为当时的上海商人和总商会都将造成动乱与恐慌的根源，归咎于革命党人酝酿发动武力讨袁的"二次革命"，而无法像革命党人所指出的那样，意识到"当知使吾民感兵祸之痛楚者，其罪魁祸首者实为袁氏，袁氏甘心与人民开衅，岂能

---

① 例如洋货商业公会、绸业绪纶公所、洋布业振华堂公所、钱业、五金业、纱业、花业公所等，在"宋案"发生，革命党人积极筹备讨袁之役时，都曾接连呈文总商会，呼吁"贵会领袖群商，热忱素著，昔为他事筹款也，尚具电代请，昔为他事开会也，尚具名协助，至吾商界之被蹂躏，想必能首先维持，以尽天职。商等之所仰望于贵会者，眼将穿矣，乃延之至今，无声无臭，讵睹此现象，尚无动于衷耶？……祈速通电各当道，遍告全国，一面登报声明，商众断不附和其间，自取焚如，不使蓄心扰乱之徒，托名号召，利用无知，再呈乱象也"（上海市工商业联合会编：《上海总商会议事录》（一），上海古籍出版社2004年版，第94页）。

转责他人。呜呼！此可为商民之当头棒"①。《时报》发表的"时评"文章，则似乎对上海商人以及总商会的这种态度和行动颇能表示理解，认为"商界何以反对南方兵事？盖兵事一起，商人之损失无限。此不独中国商人然也，即外国商人，亦甚望贸易之国，处于平静之地位，安居乐业，勿复惊扰。且商业凋零，则人民均受其影响。故彼等之反对，亦有不得已之苦衷也"②。

与上海总商会态度有所不同的是在陈其美宣布上海独立之前新成立的上海保卫团。该保卫团由上海教育会、上海南商会、上海救火联合会、商团公会四团体组成，由商团公会的李平书担任团长③。上海总商会在7月17日的特别会议上曾讨论是否也加入保卫团，会员沈仲礼认为"保卫团如能将南北两方和平解决，不用武力，本会极应加入"。但当主持会议的协理王一亭提议"本会应否加入，请列席诸君举手表决"时，却只有少数人举手赞成，因此总商会并未成为保卫团的一员④。有关论著认为保卫团的成立也是上海商界反对"二次革命"的应对举措⑤，实际上保卫团与总商会在"二次革命"期间的态度并不完全一致。上海保卫团的设立虽然也是"一面维持内部治安，一面弭止战祸，务使我上海地方不遭兵火为目的"⑥，但其所采取的具体行动主要不是向武力讨袁的革命

---

① 《商民之当头棒》，《民立报》1913年7月23日，第2版。
② 《商界之反对》，《时报》1913年7月22日，第8版。
③ 《上海维持种种》，《时报》1913年7月18日，第7版。
④ 上海市工商业联合会编：《上海总商会议事录》（一），上海古籍出版社2004年版，第118页。
⑤ 徐鼎新、钱小明：《上海总商会史（1902—1929）》，上海社会科学院出版社1991年版，第173页。
⑥ 朱宗震编：《民初政争与二次革命》下编，上海人民出版社1983年版，第709页。

党人施加压力，也没有将讨袁的革命党人称为"乱党"公开表示反对，而是附和讨袁义军要求驻守制造局的北军撤出上海。7月19日李平书等人还代表保卫团前往制造局面见北军首领郑汝成，随后，李平书又曾约见北军数位将领，甚至还邀请陈其美也参与秘密磋商，提出"将该局军火一并封存，以待南北大局定夺之后，再行办理"①。李平书领导的保卫团虽然未达目的，但因其与上海总商会的不同态度，所以袁世凯在镇压了"二次革命"之后，即下令对上海总商会给予嘉奖，而对李平书则毫不留情地进行通缉抓捕。

二、请求外国领事"维护商场"

在前述7月21日上海总商会召开的特别会议上，有议董提出请外国领事团出面干预，以避免沪上发生战乱的方案，因没有达成一致意见而未果。但从后来的史实不难发现，上海总商会的许多议董并未因此而完全放弃该方案，依然认为这一方案有望实施，并进行了若干努力。7月22日总商会又再次召开特别会议，讨论"维护商场案"，实际上就是再次专门商议这一方案。有关这方面的情况，因以往的相关论著在考察"二次革命"期间的上海总商会时都很少提及，这里略作介绍。

据《上海总商会议事录》透露，总理周金箴在本次会议开始时特作如下说明："昨日特会散会后，有议董多人嘱鄙人与贝协理、

---

① 朱宗震编：《民初政争与二次革命》下编，上海人民出版社1983年版，第712页。

夏议董至领袖领事处，商量维护商场办法，并请领事团向南北两军协助和平解决。"这表明在21日的总商会特别会议上，只是因议董印锡璋指出请外国领事团出面干预"于主权有碍"，才没有再继续讨论并形成一致意见，但实际上不少议董对这一方案是表示支持的。由于关涉国家主权，他们在会上不便表明态度，而是在会后纷纷向总理和协理提出了这一要求。

在多名议董的要求下，由周金箴总理、贝润生协理和夏粹芳议董等人出面，代表总商会于当日即拜见了领袖领事。周金箴在会上也报告了这次见面商议的结果，"据领袖领事说，北政府可以电告，南军一方面各国不认为交际团，未便与商。惟保卫治安一节，自当协助，但须商会来函，方可与各领事妥议。"于是，总商会草拟了函稿，夏粹芳也另订了一稿，周金箴特别强调："此函关系重大……应请诸公细心商榷。"经查参加本次特会的人员名单，印锡璋虽也有出席，但或许是碍于众多议董和总协理的一致主张，在会上没有再次提出此举"于主权有碍"的意见。遂经过讨论，"公议会拟一稿，较为妥当，迅即缮送"。该函稿全文如下：

　　致荷兰领事兼领袖领事函（7月22日）
　　启者：江西事起，南京独立。沪南制造局本有北来军队驻守，近日南路军队云集，喧传将有战事，商民已极恐慌。或开战，南市固遭糜烂，租界即不得安宁。商民连日开会，均不愿目见战事。租界以内，诚知贵领事已防护周密，毋庸过虑，然南北毗连，一旦启衅，事所难料。应请事前如何消弭之处，务祈贵领事迅速筹商。商民公意，商场万不能作战场，庶商务、治安两有裨益。专此奉布,顺颂日祉。①

　　显而易见,上海总商会的这一行动,表明其领导人在当时的情况下,一心只希望避免战事发生,商场不能变成战场,商人不能遭受经济损失,为达此目的而不惜采取各种行动。在此之前的6月初,附设于上海总商会的全国商会联合会总事务所甚至还曾直接致函孙中山、黄兴、陈其美,要求"诸公通电各省,表明素志,其有谋为不轨者,一体严拿,尽法惩治,并恳电致北京贵党本部,以国家为前提,一致进行"②。孙、黄、陈三人署名的复函虽承认"影响所及,首在商界。来函所称,殊深扼腕",但同时也拒绝了全国商联会总事务所的要求,"至来函嘱通电各省及北京国民党本部一节,用意固佳,惟严诘奸宄,地方政府责无旁贷,谅无待鄙人等之谆嘱。国民党乃系政党,其政纲早经宣布,固已一致进行。此时大局稍定,若再以鄙人一二人之意通电全国,恐转滋歧惑耳"③。

　　上海总商会无论是致函孙中山、黄兴和陈其美,还是寄希望于借助驻沪外国领事,以避免战事发生,其实都不现实。革命党人显然不会应商会的要求停止武力讨袁的行动,外国领事也不会真心维护整个上海华商的利益,至多只是关注租界内的安全与治安。例如驻京公使团曾应驻沪领事团的请求,正式通告南北双方:"(一)无论南北,如欲在沪开战者,须离租界三十英里。(二)须各存金镑一千万镑,预备偿还各项损失。否则,即以违背《万国公法》

---

① 《总商会致领袖领事函》,《申报》1913年7月22日,第6版。
② 朱宗震编:《民初政争与二次革命》上编,上海人民出版社1983年版,第379—380页。
③ 朱宗震编:《民初政争与二次革命》上编,上海人民出版社1983年版,第380—381页。

论，定行干涉。"①对于上海华界及华商的安全，驻京公使团的通告只字未提。不难看出，上海总商会寄希望于驻沪外国领事对华商给予保护，只是一厢情愿不切实际的幻想，并没有产生实际作用。

其实，对于请求外国领事团出面干预，以图避免"二次革命"致使商场变为战场的舆论与行动，在此之前即有报纸发表文章认为此举实不可取。例如《时报》发表的"社论"即曾特别指出，国内政争应该"绝对不受外人干涉"，同时也"绝对不受外人扶助"。因为"一国之政争，由一国人自主之，虽甚纷扰，其结果亦不过楚弓楚得。若一有外国加入其间，大之恐扰乱世界之和平，小之亦不免如墨西哥之丧地。……既求外人为援助，则他日以权利交换，在所不免"②。然而，当时的上海商人和商会中除了印锡璋这样的个别人对此有所认识之外，其他人都只是希望保全自己的商业利益，根本无暇顾及其他，因而也不顾报刊舆论的忠告，依然幻想请求外国领事团出面干预，由此可以进一步证实上海商人和商会在面临政治追求与经济利益互相冲突时，首先考虑的是经济利益的得失。当然，这种表现也符合商人"在商言商"之品格特征，并不足为奇。

三、总商会协理王一亭辞职案

从《上海总商会议事录》中我们还可以发现在"二次革命"期间，上海总商会曾经发生过一场不大不小的王一亭辞职风波，从中

---

① 朱宗震编：《民初政争与二次革命》下编，上海人民出版社1983年版，第713页。
② 《论第二次革命》，《时报》1913年7月18日，第2版。

可以窥探上海总商会内部在"二次革命"中某些鲜为人知的内幕。而对于这场王一亭辞职风波,除个别之外以往的相关论著几乎均未提及①,因此很有必要予以介绍和说明。

王一亭,浙江吴兴人,早年曾任日清轮船公司买办,后作为主要股东参与投资创办大立面粉厂、申大面粉厂、上海内地电灯公司、华兴水火保险公司等民族资本企业,同时担任这些企业的董事,并曾出任上海信成商业储蓄银行的董事长。1912年,当选为上海总商会协理。据已故的丁日初先生考察,王一亭在辛亥革命前即与上海革命党人建立了密切的联系,曾资助于右任创办《民立报》,并参加了同盟会②,后来又成为国民党党员。

"二次革命"爆发后,上海也宣布独立,1912年7月23日,驻沪讨袁军总司令陈其美下令向北军开战,上海陷于战火之中。总商会先前为避免战事发生的所有努力,全部都化为了泡影。王一亭因其特殊身份,加之在"二次革命"爆发前后的表现,遭受外界诸多猜疑,报章也有披露,甚或连总商会的名声也因此受到某些连累。7月22日总商会特别会议曾议决在报上刊登一则广告,内容为"此次变起,商业受害,本总商会在商言商,迭次开会,全体议董会员,同一意旨,保护商业治安,并无要求独立之议。连日报载新闻,间有失实之处,恐多误会,合亟广告,惟祈公鉴"③。传闻总

---

① 虞和平的《资产阶级与中国近代社会转型》第3卷(中华工商联合出版社2015年版)的第4章第1节"商会在民初政争中的拥袁活动",对王一亭辞职案略有论及。
② 丁日初:《辛亥革命前的上海资本家阶级》,《纪念辛亥革命七十周年学术讨论会论文集》上册,中华书局1983年版,第316—317页。
③ 上海市工商业联合会编:《上海总商会议事录》(一),上海古籍出版社2004年版,第123—124页。《上海总商会广告》,《申报》1913年7月23日,第1版。

商会有要求独立之议，应该是王一亭、沈缦云等人的某些行动致使外界产生的印象，而总商会为消除这一传言及其影响，急于在报上刊登广告予以澄清。迫于各方面压力，王一亭于7月28日在报上刊登启事，声明已经辞去总商会协理一职，并退出了国民党。该启事及所附王一亭致国民党、总商会的函全文如下：

> 近日各报登载关于鄙人之事不一而足，蒙总商会分别函请各报更正，并登鄙人致各报主笔函，度邀公鉴。鄙人素性和平，从未稍涉非分。此次南北二军开战，南市因遭糜烂，而租界亦必大受影响，故一意主张要求双方免战。不意众商自兵燹之余，元气未复，一旦兵戎再见，愤恨无极。鄙人力求和平解决，转启群疑，奔走呼号，适成多事。茫茫四顾，难索解人，可胜浩叹！兹将七月二十三日鄙人致国民党、总商会函照录于后，以明此心之无他，知我罪我，听之而已。
>
> 附：1913年7月23日王一亭致国民党、总商会函
>
> 敬启者：鄙人生性拘谨，凡事悉主和平。此次赣省事起，宁沪相继独立。谣言初兴，尚思弭祸于事前，连日在南北商会集议磋商弭祸之法，曾将情形函登各报。盖深恐两军决裂，人民遭祸。旬日以来，竭力调停，苦口哀求，惟冀消弭祸端。虽牺牲名誉，伤失感情，四面受谤，皆所不惜。因置身商界，实受困难，徒以党籍所关，虽抱和平宗旨，区区之意，始终不能达到。至昨日求告既穷，目击大祸，窃自忿恨，无以对党员，无以对商界，惟有脱离国民党籍，告退商会协理，自引愆尤，不敢再赞一词。谨布下情，务祈见谅，至所感祷。[①]

---

① 上海市工商业联合会等编：《上海总商会组织史资料汇编》（上），上海古籍出版社2004年版，第142—143页。另见《申报》1913年7月28日，第6版。

从王一亭的启事与致国民党、总商会函可以看出,他认为自己性格一向温和,凡事悉主和平,在南北两军对峙,沪上形势日益紧张之际,其与商界人士的主张并无二致,即要求双方免战,防止商场沦为战场,并且竭尽全力,居间调停,结果因没有达到目的,反而遭受误解和指责。王一亭认为自己蒙受了极大的委屈,牺牲了名誉,反而落得如此下场;另一方面,若以其国民党员的政治身份而言,面对国民党组织的武力讨袁行动却力主免战,则似乎又是格格不入。于是,从表面上看王一亭既不能使商界满意,也没有尽到一个国民党员的职责,所以"四面受谤",只得声明退出国民党,辞去总商会协理一职。

其实,细加观察不难发现王一亭的主张和平与居间调停,与当时的商界乃至总商会多数人的言行还是有所不同的。总商会是将讨袁行动视为扰乱,将组织武力讨袁的国民党作为乱党,坚决予以反对,而李平书、王一亭乃至陈其美所主张的和平解决,是敦促驻守制造局的北军撤出,由讨袁军和平接收,或者由上海保卫团暂时接管。因而表面上虽然都强调"和平",实际上却有着本质区别。

1912年7月21日,上海总商会召开特别会议决定公开发布一函一电,表明反对"二次革命"的态度,作为协理的王一亭虽然也出席了这次会议,但从会议记录中却未看到他的发言,不过最后他肯定也是举手赞成的,因为《总商会议事录》写明的是与会者全体举手赞同。这或许是碍于众意,未便发表不同意见。然而,在此之前王一亭个人所参与的调停行动,主要是要求驻守制造局的北军撤出,似乎并不代表总商会多数议董的意愿。据上海多家报纸报道,7月18日,陈其美与李平书等人往见制造局督理陈洛书,希望敦促驻守制造局的北军主动撤退,由讨袁军和平接管。"后屡与北军商议,北军领袖坚不承认独立,且对于中立问题亦不赞同。"7月19日,李平书又"会同王一亭君,乘坐汽车,前赴制造局内,面商陈督理暨北军领袖郑中将汝成,告以上海刻下秩序不安,若再坚持,设有变端,商民生命财产,势必糜烂不堪,务请顾全大局等语。兹闻郑中将已有和平解决之希望,免动干戈,即日定可议决办法。言毕,李王二君遂于十二点出局"①。上海战事发生后,即有报纸发表的评论文章认为李平书和王一亭对此负有责任,并声称上海商团也因此蒙受了不白之冤②。前还曾提及,李平书在"二次革命"结束后受到袁世凯政府的通缉,与其联合行动的王一亭自然也会引人猜疑。据《时报》报道,上海租界工部局曾议决以所谓"乱党"名义,"将孙文、黄兴、陈其美、岑春煊、李平书、沈缦云、王一亭、杨信之八人,逐出租界"③。

非常耐人寻味的是,这8人中的后4人均为当时上海商界中的活跃人物,而且除李平书之外都曾在本届上海总商会中担任议董。据《申报》报道,上海宣布独立后,王一亭、沈缦云曾在总商会召集议董20余人,商议"请总商会劝告商界赞成独立",协理贝润生和议董严渔三坚决反对,并表示总商会"亦决不能以独立通告商

---

① 朱宗震编:《民初政争与二次革命》下编,上海人民出版社1983年版,第711页。1913年7月20日之《民立报》《时报》《申报》等,都有内容大致相同的报道。
② 1913年7月25日,《时报》第8版发表题为《商团蒙不白之冤》的时评,声称"上海商团上次光复时,非名誉素著者乎?……乃此次北军驻守制造局,忽有人藉商团名义组织上海保卫团,表同情于松军,又以保卫团名义商允北军,将松军移驻于沪南人烟稠密之处,卒至松军攻局,玉石俱焚。近日沪南人民之转徙流离,人亡家破,皆该团长之所赐也,而全体商团因此蒙不白之冤。鸣呼,李平书"。
③ 《本埠紧要新闻》,《时报》1913年7月24日,第2版。

界"。在场议董进行表决，赞成者举手，结果"只有王一亭、沈缦云、杨信之、顾馨一四人举手，遂少数不能通过而罢"①。尽管总商会后曾刊登广告，特别强调总商会内部"并无要求独立之议"，但结合王、沈等人的言行，以及上海租界工部局对8名"乱党"发出的驱逐令来看，即使《申报》的这一报道有不准确之处，但恐怕也并非完全是空穴来风②。种种迹象表明，"二次革命"期间上海总商会内部领导层的政治态度与有关言行并非完全一致，总商会声称的上海全体商界"均反对此次扰乱"也并不十分准确。另外，由上海南商会、商团公会、救火联合会等商人团体组成的上海保卫团，对待"二次革命"的态度和言行与上海总商会也有所不同，因而上海总商会在通电中所声称的"上海全体商界"严格说来并不确切。针对上海总商会的这一说法，《民立报》发表的文章也曾予以批驳，认为"上海商界同胞，亦不乏识时名达，岂尽甘作袁氏牛马者，奈何总商会竟动辄用'全体'二字，辱没尽净。……所谓'全体'者，假托也"③。

另一值得考察和分析的问题是上海总商会对待王一亭遭受外界非议的态度。王本人在启事中说"近日各报登载关于鄙人之事不一而足，蒙总商会分别函请各报更正"，这说明总商会仍在维护王一亭的名誉。在王一亭最初提出辞职时，总商会许多议董也表达了挽留之意。自7月22日的特别会议之后至8月30日，总商会有较长时

---

① 《商界对于独立之言论》，《申报》1913年7月22日，第6版。
② 虞和平曾在近年出版的相关论著中指出："'二次革命'前，王一亭和沈缦云既是上海总商会的协理和议董，也是国民党上海分部的正副部长，他们站在国民党的立场上，利用自己在上海总商会的地位，策动该会赞成独立，是完全符合情理的事情。"参见虞和平著《资产阶级与中国近代社会转型》第3卷，中华工商联合出版社2015年版，第171—172页。
③ 《上海商会诸公究何用心乎》，《民立报》1913年7月26日，第2版。

间没有召开常会。据《上海总商会议事录》中的说明,是由于"第十三四两次常会,因暑假停议,第十五次常会因无事停议"。8月30日总商会召开第十六次常会,但因到会议董不足法定人数,按规定只能"先开谈话会,将应议事件逐一研究后,然后再函未到会各议董追认定议"。会上所议之第一案,即为"本会王协理辞职案"。原案交议理由书说明"七月间特会王协理以辞职宣告,经众挽留。旋又函告本会,坚持引退,是王协理之去志已决,无可相求。……本会旧章,只设总理一人,协理一人,此次王协理辞职,是否暂阙不补,候新商会法颁行,再行遵办?"经过讨论,"公议今日到会议董既不足法定人数,且俟下次常会再议"。①

9月13日上海总商会召开第十七次常会,讨论的第一案仍是王一亭辞职案。总理周金箴首先发言,说明是日清晨王一亭"又以电话再三力辞,并亲至邵君琴涛处,详述此次沪乱以前,不惜牺牲一身,双方奔走,以求弭兵息战者,实冀免商埠之糜烂耳。不料事与愿违,苦求无效,而人言籍籍,莫谅苦心,自知浅弱,不敢再预外事,即使挽留,断不奉命,谆嘱邵君来会代达其意。是王协理去志已决,无可强留,应否允其告辞,抑阙不补,请公决"。据《总商会议事录》记载,经讨论之后,"公议王协理此次奔走呼吁,确为商民人等生命财产求免损失起见,心实无他。惟素性忠厚,易受人愚,遂致众口铄金,莫可辩白。当此危疑震撼之秋,似宜允其暂辞,阙而不补。会中一应事宜,目下暂从旧章,由周总理、贝协理二君偏劳"。这段文字中的"易受人愚"一句值得推敲,似乎是暗

---

① 上海市工商业联合会编:《上海总商会议事录》(一),上海古籍出版社2004年版,第125页。

示王一亭在南北双方奔走调停,虽然是出自保护商民人等生命财产的目的,但因其生性忠厚容易被人利用,所以造成了这样的后果。不过,上海总商会的多数议董不仅没有对王一亭落井下石,而且认为其行为并无出格之处。在该案讨论即将结束时,议董沈联芳提出上年总协理的选举结果曾报工商部备案,现王一亭协理自请辞职,似也应呈部查照。"鄙意如果报部,则王因公受谤情形,亦宜各为剖陈,以彰公道。"对这一提议众议董表示赞成,"公决于呈文中将王协理辞职缘由,约略叙述,则被诬一层,不辩自明矣"。至此,王一亭辞职案作为"二次革命"期间上海总商会内部发生的一个插曲遂告结束。

总体说来,上海总商会对待王一亭辞职案的态度还是较为平和的。虽然王一亭等人的言行给总商会带来了一些困扰,致使总商会不得不在报上登载广告加以澄清,但总商会却并没有对王一亭进行指责,并且认为王的行动"确为商民人等生命财产求免损失",这既保护了王一亭个人的名誉,同时也维护了总商会的声誉。另外,也表明王一亭确实是生性平和忠厚,平日之为人处事不错,很少树敌,因而遇事也没有被人推波助澜而陷于四面楚歌困境①。

---

① 王一亭还是虔诚的佛教徒、著名居士、海派书画家、公益慈善家。1938年11月,王一亭去世,次年1月举行隆重的追悼大会,上海各团体代表颜惠庆、施肇基、叶尔恺等联名发表《公祭王一亭先生文》一文,指出"我一亭大居士,凤禀慧根,广施仁术,内行敦笃,外相庄严。其于佛化,尤能超乎言象之表,而以救护众生为心。观其治己,则凡人世之爱憎嫉妒,攀缘驰逐之念,一扫而空。及其待人,则励私德,慎公务,孜孜焉忘寝食寒暑。凡有一毫之利于人者,行之必力,不以一己得失而生趋避,诚所谓解业缚而溥慈愿者矣"(《公祭王一亭先生文》,《佛学半月刊》1939年第8卷第4号,第5页)。这段祭文详细描述了王一亭的为人处世准则,也是其广结人缘,遇事能够得到同情和理解的重要原因之一。

四、力辞袁世凯政府所颁奖章

由于以上海总商会为首的全国各地商会在"二次革命"爆发后,几乎是无一例外地都公开表示反对,结果讨袁军没有得到商界在经济上的宝贵支持与援助,这虽然不能说是"二次革命"很快失败的主要原因,但多少也会产生一定的影响。而在袁世凯看来,商会有此行动就是对他本人及其政府的莫大支持。

因此,就在"二次革命"结束后不久,黎元洪即向政府和国会提出应对商会反对"乱党"的行为予以褒奖,尤其"沪粤两埠,通海最早,程度较优,故抗拒残暴亦最力。赣浔宁皖,商力较薄,曲从不甘,显拒不纳,卒因默示反对,使该党筹款无着,失其后盾。至如湘谋独立,亦因不获商会之赞同,故宣布最迟,取消亦最速"①。这一建议应该正合袁世凯之意,可作为进一步笼络商会和商人的手段。袁世凯随即亲自签发了奖励商会的通令,声称"各省商会,同心拒逆,实多深明大义之人,应由各该都督、民政长确切查明,分别呈请奖给勋章匾额"②。随后,各省官厅即遵令办理向

---

① 《致政府国会请褒嘉商会》,《黎大总统文牍类编》,上海会文堂1923年版,第151页。
② 徐有朋编:《袁大总统书牍汇编》第2卷,上海广益书局1914年版,第70页。实际上,早在1913年7月27日上海报章即披露了国务院嘉奖上海总商会电,内容如下:"上海商会为各埠领袖,此次徒倡乱,该商界集合团体,通电各埠,同心拒逆,实属深明大义,应由江苏民政长应德闳通令嘉奖。"(《国务院嘉奖商会电》,《时报》1913年7月27日,第8版)另据《上海总商会办事报告》透露,8月28日总商会还收到农商部文"颁给贝润生四等勋章",以及袁世凯以大总统名义向上海总商会颁发的"信义彪炳"匾额。

所在商会颁发奖章匾额事宜，代理工商总长向瑞琨也为此专门向各省商会发出了通告。上述黎元洪和袁世凯的这两段文字，在有关论著评价"二次革命"时期的商会时大多都会摘录引用，因而我们应该并不会感到陌生。但是，却绝少有论著提及上海总商会对袁世凯政府给予的这一褒奖持何种态度，究竟是满怀感激乐于接受，还是忸怩作态加以拒绝？

就一般情况而言，无论是民间社会团体还是个人，能够获得政府颁发的奖励勋章与匾额，都应该会感到十分荣幸，不仅会恭恭敬敬地接受，而且还会摆放在较为显眼的位置加以炫耀。当时，对于袁世凯政府颁发的勋章匾额，全国各地虽有部分商会欣然接受①，但被认为反对"二次革命"最有力的上海总商会，却出人意料地一再表示不愿意接受袁世凯政府颁发的奖章，这一表现似乎有些令人不解。

9月27日上海总商会召开第十八次常会兼特会，到会者包括总协理在内共有议董14人，会员也是14人，"政府拟给奖章案"被列为本次会议的第一案进行了讨论。原案理由书称："查前月沪上战事发生后，曾准前江苏民政长应（德闳）函开，奉国务院电开，奉大总统令：以上海商会通电全国，首先拒乱，实属深明大义，应将最为出力之人，择尤呈报，以凭奖励。"同时，京师商务总会、全国商会联合会京师总事务所也来电表示："以代理工商总长向瑞琨先

---

① 据农商部训令第312号载，当时获奖的商会为数甚多，包括保定、山海关、天津、河南、上海、南京、通崇海泰、武昌、汉口、甘肃、山东、正阳关、黑龙江、福州、厦门、广州、汕头、云南、吉林、杭州、宁波、陕西等商务总会，以及直隶商会联合会、天津商团、济南商埠商务分会、佛山商务分会、旅港华商总会、旅澳华商总会，共计28个商会。参见虞和平著《资产阶级与中国近代社会转型》第3卷，第179页。

生与吾商界关系素深,凡遇商人事件,无不乐予维持。此次呈请大总统,由工商部及各省都督查明拒乱异常出力者,颁授徽章匾额一节,尤为尽力,已见命令,望就近与地方官接洽,遵令办理,期无遗漏,以副大总统、向总长惠商之雅意。"对此,上海总商会的原案理由书则认为"此次通电,系特开大会公决,人心厌乱,全国一致,断无邀奖之理。应否具文呈谢,抑或如何办理,应请公议"。

总理周金箴首先在发言中强调总商会之所以向全国发布通电,只是顺从众商之意,维护商人利益,并无其他个人目的。"商人在商言商,惟以保持实业发达为唯一宗旨。三四月间,谣言蜂起,乱机隐伏,各商已心惊胆战,纷纷来会,要求发电,设法阻止。当时本会以人心易扰难靖,岂可先事张皇,故一以镇定为主。迨后乱事日迫,诘责纷至,特开大会,邀众公决。"结果因众商"反对之烈,全体一致,遂决议通电全国商会,以定人心。是反对乱事,既非一二人之私见,则政府虽有命令,亦难尽人嘉奖。如诸君赞同不受奖章,本会拟具呈辞谢,请公决"。议董傅筱庵认为政府仅颁发奖章并无实惠,应该拨发现款以恤商艰,故在发言中指出:"奖章万不能要,惟商务困难,金融阻滞,政府有保护维持之责。鄙意当于辞奖呈内,力请政府筹拨现款,设法维持,俾商界得沾实惠。"这显然是出于"在商言商"和维护商人切身经济利益的现实考虑。与会的总商会会员钱新之则表示:"吾商界此次拒乱,乃商人天职,决无受奖之理。"

针对傅筱庵的发言,周金箴提出了不同意见,认为"辞奖为一事,维持又为一事,不能牵混,况维持商业,乃政府分内所应办,即无此事,亦应设法,不能与辞奖并作一谈"。讨论过程中发言者均主张辞奖不受,随即进行公决,"不要奖者,请举手。全场皆举手。遂表决并分送辞奖呈稿，互相斟酌，定稿缮发"。表决之后，议董沈联芳又提出"前次大会时议董、会员中有多位非常激昂，今日皆不在座，应否将本日集议情形，分函告知？"周金箴表示"拒绝乱事，各业中均有激烈之人"。如欲函询，则须普及，未免太过繁琐。据《上海总商会记事录》记载，对是否函询一事，"公议商会为商人公共会所，非总协理私事。今日如此大会，到者不及十成之二，亦系自己放弃，只能作为默许。若议决之件，尚须函询，何必开会集议？"最后再次公决的结果是："不必函询，但将呈稿送登各报，俾未到诸君周知可耳。"①

上海总商会议决辞奖之后，即将其呈国务院文在报上公开发表，以广而告之。这封呈文的具体内容在《上海总商会议事录》中并无记录，从《申报》上查到全文如下：

> 窃本年六月赣省事起，扰乱东南大局，上海商界，全体反对，通电全国商会，一律同意。商人在商言商，自前年光复后，元气大伤，至今未复。当此民国初造，建设方殷，深望大局和平，商务发达，国家岁入增加，庶几种种建设，有所措手。人人心中所盼望者，既造民国，必求巩固，以尽人民之天职，别无宗旨于其间。乃迭蒙江苏民政长来函、工商部来电，转行大总统命令，以商会深明大义，将出力人员择尤开单，奖给勋章匾额，等因。奉聆之下，无任惶恐，于九月二十七日敝会本年第十八次议董常会改为全体会，咨询意见。各团体代表暨到会各员，佥称此

---

① 以上三段文字中的引文，均出自上海市工商业联合会编：《上海总商会议事录》（一），上海古籍出版社2004年版，第131—132页。

次反对扰乱,乃出于商界全体之同意,不特沪商一致相同,即全国商会亦与沪会相同,既非一二人之力所能致,自不得与行军前敌冲锋陷阵者,相提并论,政府固不能尽人而奖,商界亦实无邀奖之人。政体既改共和,政府与商民实为一体,当以保商恤商为根本,则商民受赐良多。恳请呈复国务院转呈大总统,俯察舆情等语。理合据情具呈,伏乞俯赐查核转呈,不胜感祷之至。①

此后,汉口商会也十分关注上海总商会的这一辞奖决定,曾致函询问是否有变?上海总商会回复告知:"本会前经具呈恳辞,并无变更。"②受上海总商会之影响,汉口和武昌商务总会也致函大总统、副总统、国务院和工商部,表示:"读九月十七日大总统命令,查请奖给各商会等因,至深感激。惟是此次商会抗乱保安,系商全体之力,非少数人奔走之劳,共容国民义务,岂敢上邀矜奖。……商会同人,实不敢受。谨布悃忱,惟祈垂鉴。"③南京总商会也曾向全国商会联合会京师事务所表达此意,并"电请代辞"④。

但是,我们从《上海总商会议事录》中却发现,上海总商会于1914年2月14日召开的第三次常会,又再次讨论了这一问题。据总理周金箴介绍,之所以不得不再次商议是否受奖,是因为尽管总

---

① 《总商会谢绝虚奖》,《申报》1913年9月30日,第10版。
② 上海市工商业联合会编:《上海总商会议事录》(一),上海古籍出版社2004年版,第280页。
③ 《武汉商会上大总统、副总统、国院、工商部电》,《中国商会联合会会报》第1年(1914年2月),第5期,"文牍",第10页。
④ 《南京总商会致京师事务所函》,《中国商会联合会会报》第1年(1914年3月),第6期,"文牍",第17页。

商会"一再函辞",但农商部、江苏省长公署、上海县知事仍要求总商会上报受奖人员名单,尤其"农商部电以本会去秋对于乱事,发电宣言,拒逆效顺,大局赖以安全。纵谦让为怀,而国家不能无酬庸之典,仍请将当时出力人员姓名履历开送"。所以,总商会只能再次开会,议决是否再辞。经讨论,"公决本会前已具呈力辞,而部电仍以奖励为酬报之品,必系他处已有具呈请奖之故,应即录知"。为了应付各级官厅一再催报的要求,总商会议定只上报"当时反对最力之出口公会、皮商公会、山东河南丝业公所等各团体,请其示复"①。换言之,上海总商会仍未按照指令上报受奖人员的具体名单和履历。

实际上,不难看出上海总商会自身也并不认为其反对"二次革命"的所谓"拒乱"之举,是什么十分光彩的行为,所以才屡屡请辞袁世凯政府颁发的奖章。在此之后,上海总商会也不愿意提及在"二次革命"期间的这段历史,而是对辛亥上海光复中的表现多有渲染。国民革命期间国民党曾大力开展商民运动,将商会认定为"不革命"和"反革命"性质的旧式商人团体,拟以新成立的商民协会取而代之。为了洗刷强加给自己的"反革命"定性,保持原有合法地位,上海总商会曾电告各省总商会和商会联合会,说明"各级党部所主张撤销商会者,恒以商会为买办阶级操纵,非革命商人,并以中小商人多未能参加商会为藉口,虽属风影之谈,无当事实,然文辞辩驳不若征诸事实,敝会于力争商会存废问题之余,拟调查各处商会参加革命工作经过并会员组织概况,制成统计,汇列

---

① 上海市工商业联合会编:《上海总商会议事录》(一),上海古籍出版社2004年版,第300—301页。

专书,以告国人,庶几各种风影之谈,不难以事实证明"①。而各商会都是历数其辛亥时期支持革命以及后来参加反帝爱国运动的经历,而对"二次革命"期间的表现则只字不提。由此可知随着时间的推移,各商会都越来越清楚地意识到当年反对"二次革命"的行动并不光彩。

以上主要就"二次革命"期间上海总商会受到指责的一函一电的出台经过、总商会请求外国领事"维护商场"、协理王一亭之辞职案以及总商会拒绝接受袁世凯政府授予勋章匾额等过去很少提及的史实,略做了叙述与分析。显而易见,如果与辛亥时期的上海总商会相比较,"二次革命"期间上海总商会的表现与作用确实大不相同。如同《民立报》发表的一篇评论所说:"商会致北京电,目此次革命为乱党,不胜诧异!回忆辛亥革命之役,商界中人,亦尝赞助义师,岂诸君但知种族革命,而不知政治革命之意义乎?……政治一日不改良,商业决无发达之日,吾等识见,固不可不务其远大也。夫兵凶战危,全国人民,孰不蒙其祸害,惟有万众一心,共声民贼之罪,庶同独夫丧胆,家国可早底于安宁,方为合法。若贵会所发之电,欲授奸人以口实,使延长战祸也。"②然而,信奉"在商言商"的商人乃至商会,恰好缺乏的就是远大的政治识见,我们也不应该用现今的眼光强行要求当年的商人和商会具有长远的政治目标与追求。因此,上海总商会在"二次革命"期间的表现,与辛亥革命时期相比较似乎有所反常,但就商人本性而言则又属正常。

---

① 天津市档案馆等编:《天津商会档案汇编(1928—1937)》上册,天津人民出版社1996年版,第501页。
② 孟问性:《告商会(二)》,《民立报》1913年7月23日,第10版。

最后需要附带指出的是，现今保存下来的上海商会档案并不完整，与已经出版的多卷本天津商会和苏州商会档案相比较，显然存在着很多缺陷。但是，保存并不完整的上海商会档案却有其独特之处，这就是收藏于上海市工商业联合会的《上海总商会议事录》仍然保存完好，弥足珍贵，而天津和苏州商会档案中却只留存下来少量议事录片断。现在我们看到的《上海总商会议事录》共计五大册，由上海市工商业联合会编，上海古籍出版社于2004年出版。这部大型史料书籍系影印1912年至1928年上海总商会的议事录和办事报告，可谓研究上海总商会的珍贵第一手原始文献。尤其是本书主体部分的议事录，完整反映了上海总商会在常会及特会中讨论和决定各类事项的全过程，从中可以窥见上海总商会不曾公开为人所知的史实。例如上海总商会的各种重要决议以及通电、通告，在当时的报纸上都不难看到，但这些重要的决议和文件形成的过程及其成因，除少数在报章有所报道之外，绝大多数却鲜为人知，而《上海总商会议事录》在这方面则有完整的原始记录，也就为我们探究上海总商会的背后故事提供了可能。不得不提及的是，现今许多研究者喜好经由各种数据库轻而易举地获取史料，对已出版的史料书籍反而不重视。如此重要的《上海总商会议事录》虽已出版了10余年，但却并没有受到商会史研究者的普遍重视和充分利用，目前仅见虞和平先生在2015年出版的《资产阶级与中国近代社会转型》第3卷中对该史料有所引用，其他相关论著则极少征引，这实在是一大遗憾。①

---

① 在《上海总商会议事录》公开出版之前，徐鼎新、钱小明合著的《上海总商会史（1902—1929）》曾引用过其中部分史料。

第三章　上海总商会议事厅的筹建与落成

在近代中国林林总总的商会中，上海商会一直扮演着领袖群伦的角色，各方面都发挥了不可或缺的作用与影响。不仅如此，上海总商会在民初修建的议事厅①也十分引人瞩目。当年的议事厅位于现今上海闸北区北苏州河路470号，被列为上海优秀历史文化建筑予以保护，虽只保留了议事厅的门墙，但从中仍可看出当年上海总商会的宏大气势与不凡影响②。

上海总商会议事厅的落成距今已长达百年之久，总商会许多重大决策都在这幢不平凡的大楼内产生和形成，其意义非同一般。然

---

① "议事厅"一词在清末即有使用，起初主要用于咨议局，后推广用于拥有一定规模之开会场所。1909年宪政编查馆曾致电各省督抚，告以新建或改筑咨议局议事厅规制，说明"其新建者则宜仿各国议院建筑取用圆式，以全厅中人能彼此互见共闻为主。……须备有规模，以求适用而具观瞻"（《电告建筑议事厅规制》，《北洋官报》第2051册，1909年4月26日，"新政纪闻"，第10页）。
② 2011年上海总商会大楼按原貌重建工程在旧址正式启动，历时七年之久方告完成，于2018年对外开放，使我们得以观赏包括议事厅在内的这幢三层大楼的历史风采。

而，考诸百年以前留下的档案文献资料，却不难发现议事厅的筹建与落成，在当时绝非易事，其间经历了诸多困难与挫折，尤其是建筑经费的筹集屡屡成为难题。而议事厅大楼最终能够艰难落成，则充分显示了上海总商会作为全国"第一商会"的显著能量。

迄今为止，无论建筑史学界还是历史学界，均无论及上海总商会议事厅的任何研究成果①。而对总商会议事厅的研究可以从不同的角度切入，包括从建筑政治史或建筑形象史角度展开全面深入的论述，但鉴于有关议事厅建筑设计的具体史料严重匮乏和作者建筑学专业知识的不足，本章只能定位于传统的历史学视阈，主要将上海总商会议事厅的筹建落成作为一个"事件史"进行探讨，借以透视上海总商会独一无二的能量与影响，以及议事厅的功能与作用。具体而言，主要是通过考察议事厅修建动议的提出及其谋划，建筑经费的艰辛筹集，以及议事厅的隆重落成及其使用情况，分析上海总商会在自塑形象、募集经费和成果展现等方面的具体举措。

一、总商会议事厅修建缘起

上海商会虽然在清末系经由商部正式批准成立，并且在诞生之

---

① 了解近代商会史研究发展进程的学者一般都比较熟悉，海内外学术界探讨上海商会开展各类活动及其影响的著作和论文已为数不少，但都没有论及修筑议事厅这一事件。据笔者所知，目前仅有上海市工商业联合会编纂的《上海工商社团志》（本书系上海市专志系列丛刊之一，由张亚培主编，上海社会科学院出版社2001年版）一书，在第3篇"上海总商会"的第1章第5节"会址"中，对总商会议事厅有所介绍。由于该内容非常简略，仅两千字左右的篇幅，严格说来应该并不属于考察上海总商会议事厅的专题研究成果。详情参见该书第228—229页。

后就一直发挥着重要作用与影响，但直至议事厅修建落成之前，却没有一个固定的理想办公场所，这在很大程度上成为制约上海商会正常运行和发挥应有作用的一大问题。

之所以如此，与上海商会的仓促建立不无关联。上海商会的前身是上海商业会议公所，由会办商约大臣盛宣怀奏准成立。1902年，吕海寰、盛宣怀奉旨前往上海与各国专使谈判修订《通商行船条约》。在此期间，盛宣怀切身感受到"上海为通商首埠，洋商总会如林，日夕聚议，讨论研求，不遗余力。而华商向无会议公所，虽有各帮董事，互分畛域，涣散不群。每与洋商交易往来，其势恒不能相敌。自非仿照洋商办理，仍必彼团结而我散漫，彼谙熟而我生疏，彼尽得要领而事事占先，我茫无头绪而著著落后。日复一日，驯至利权坐失，听命外人，商业决无复振之望"。为此，盛宣怀、张之洞向朝廷会奏设立上海商业会议公所，认为"改订商约事宜，于此举尤有关系，刻不容缓"，并奏请由原上海商务总局商务总董、丝业巨商严信厚任商业会议公所总理。同时，盛宣怀还饬令江海关道袁树勋会同严信厚"传集各帮商董首领议立总会，众情欣洽，询谋佥同"①。经朝廷谕准，上海商业会议公所随后即告成立，但因系仓促而成，只是订立了六条内容较简略的暂行章程，而且一时也无法找到合适的办公场所，仅由严信厚个人出面"先行筹垫经费，赁屋一区，制备家具，以作聚会之所"②。这个聚会之所显然只是匆忙成立的上海商业会议公所的临时办公地点，其具体地

---

① 上海市工商业联合会等编：《上海总商会组织史资料汇编》（上），上海古籍出版社2004年版，第47页。
② 上海市工商业联合会等编：《上海总商会组织史资料汇编》（上），上海古籍出版社2004年版，第45页。

址在当时的英租界大马路（今南京路）五昌里。

1904年1月，清朝新成立的商部为推行振兴工商、奖励实业之经济改革，上奏"劝办商会酌拟简明章程折"，获朝廷谕准。商部拟订的商会简明章程共计26条，其中第2款的内容为："凡各省各埠，如前经各行众商公立有商业公所及商务公会等名目者，应即遵照规定部章，一律改为商会，以归划一。其余未立会所之处，亦即体察商务繁简，酌筹举办。"[1]据现在所能看到的相关史料可知，此前已由商董设有商业公所或商务公会者，只有上海商业会议公所和天津商务公所，而率先将公所改为商会者则是上海商务总会。商部原本认为"京地为首善之区，臣部有提倡之责，自应先行劝办商会，以为各省之倡"，但由于当时"北地风气未开，倘非开诚布公，明白晓谕，一经误会，流弊滋多"，恐一时难以奏效。与京师所不同的是"上海为商贾总会之区，风气早开，措施较易"，因而上海商会能够最早成立，为各地商人做出了表率。于是，商部又于同年5月上奏"劝办京城商会并推广上海商会折"，说明上海绅商"将原设之商业公所遵照奏定章程设法推广，改为商务总会，拟订章程，寄呈核办前来。臣等查上海所设商业公所，系于光绪二十八年由前商务大臣盛宣怀奏准设立，刊有商业公所关防，办理年余，商情尚无隔阂，现经该参议杨士琦督饬该商董等，遵照部章复加推广。阅其所拟章程，均尚妥洽，因即饬令认真遵办……各埠再由臣部咨行各省督抚，通饬地方官广为劝导，但期风会所趋，群情鼓

---

[1] 上海市工商业联合会等编：《上海总商会组织史资料汇编》（上），上海古籍出版社2004年版，第55页。

舞，自不难渐著成效"①。随后，商部还在上海商务总会设立商会处接待商董，并拟订了《商部接见商会董事章程》，阐明"商会处专为商会而设，万不可视为出入衙署、冀通声气之路"②。

然而，尽管清朝商部如此重视，但上海商务总会作为近代中国诞生的第一个商会，成立之后其办公场所问题却仍然没有得到很好的解决，只是将会址暂时迁至虹口爱尔近路（今安庆路），而且依然是租赁的房屋，办公场所的条件也并没有得到明显改善。在这方面，上海商务商会的领导人也曾做出过一番努力，但却未有成效。上海总商会在其编印的中英文《议事厅落成开幕纪念册》中曾说明："上海总商会为全国商会之模范，且为通商巨埠，而无正式议事厅，实为全体商界所憾。严子均君于宣统元年任协理时，早建此议。按照商部定章，商会办公处所，应由地方官拨给，上海无相当地点，所以由上海道拨给房租，赁屋办事。于是，相定天后宫出使行辕房屋，酌量改造，化无用为有用，议不果行，事遂中止，历任总、协理、议董、会员会友，耿耿于心。"③另外，《上海总商会月报》刊登的《上海总商会小史》一文，也说明"历届总理、协理、议董，以天后宫内出使行辕不受外人管辖，载在约章，借为办公处最宜，请于部，议不得行"④。

辛亥革命上海光复，商务总会和商团等商人团体都曾支持革命

---

① 上海市工商业联合会等编：《上海总商会组织史资料汇编》（上），上海古籍出版社2004年版，第62页。
② 上海市工商业联合会等编：《上海总商会组织史资料汇编》（上），上海古籍出版社2004年版，第63页。
③ 《上海总商会大事记》，《上海总商会新建议事厅开幕纪念》，上海总商会1916年编印，第2页。
④ 《上海总商会小史》，《上海总商会月报》第1卷，第2号，"传记"，第1—2页。

军，做出了一定贡献。尤其光复后新成立的沪军都督府在面临严重财政困难之际，上海商务总会动员各业商人踊跃捐输。据不完全统计，上海商务总会先后为沪军都督府垫银多达180万两，其中用于南京、上海、杭州和扬州民军的军饷即有120万两。在商务总会的号召下，各行各业捐助军饷者络绎不绝，如油豆饼业照厘金之数九折抽饷，汇缴都督府市政厅；旅沪广帮议定，各行号如月须开支百元，即以10元助饷；纱业则将每月所得薪俸，按十成之一提取资助革命军[1]。上海商会对辛亥革命给予了宝贵支持，新成立的革命政府理当也应兼顾商会发展的要求。

上海光复之后，部分商董以原上海商务总会系清朝商部所设，不合时宜，遂另行组织上海商务公所，沪军都督府予以批准，并划拨位于铁马路（今河南北路）的天后宫为其办公场地。于是，上海暂时出现了两个商会性质的商人团体双双并立之局面，这种状况显然不利于全市商人的整合与团结，因而两团体不久即共同商议，于1912年2月实现合并，改称上海总商会，于2月29日在《申报》刊登《上海总商会第一广告》，文曰：

> 民军起义，上海光复。原有之商务总会系旧商部所委任，例应取消。商界又复组织临时商务公所，蒙沪军都督拨给办公之处，公举会长、董事，通告成立在案。现在民国大定，政治统一，应即规定办法，于2月27日在商务公所邀集各商董会议，公定名称为上海总商会，以昭统一。至应订大会选举各章程，再行通告。

---

[1] 上海社会科学院历史研究所编：《辛亥革命在上海史料选辑》，上海人民出版社1981年版，第187、630、632、633页。

此布。①

　　随后,沪军都督府又批准将天后宫划拨为总商会办公场所。该处即是上文所说清政府外务部设立之出使行辕所在地,清朝驻外使臣多由上海出发,行前在此下榻,后遭废置。至此,上海商会才总算拥有了一个较为固定的办公场所,不再以租赁的房屋作为办公地点。

　　尽管与过去相比办公条件有所改善,但总商会却仍然很不满意。因先前作为出使行辕的天后宫多年没有维修,不仅房屋低矮,难以召开人数较多的会议,而且多已破败,与上海总商会作为全国"第一商会"的形象很不相符。于是,在原出使行辕旧址修建新会所很快就提上了上海总商会的议事日程。

　　除上述改善办公条件,上海总商会的功能与影响在清末民初不断扩大,曾多次召集海内外商会代表在沪聚会,商议相关重大事项,也迫切需要拥有一个能够容纳较多人员的开会场地。例如早在清末之际,上海商会就曾为抗议美国政府强迫清政府续订歧视华人的苛约,以"伸国权而保商利"相号召,向全国商会发出抵制美货的倡议,随即成为全国工商界开展大规模反美爱国运动的联络中心。另外,上海商会还鉴于"我中国商人,沉沉冥冥为无法之商也久矣"②,于1907和1909年两次召集海内外商会代表,在沪上举行拟订商法大会,讨论通过了上海商会和预备立宪公会共同拟订的

---

① 《上海总商会第一广告》,《申报》1912年2月29日,第1版。需要说明的是,在1915年北京政府农商部正式颁行《商会法》以及全国商会根据农商部部令实行改组之前,基本上仍沿袭清末的商务总会之称,极少用总商会之名。上海商务总会和上海商务公所实现合并后即更名为总商会,成为在全国率先使用总商会名称的商会。
② 《上海商务总会致各埠商会拟开大会讨论商法草案书》,《申报》1907年9月10日,第2版。

商法草案，提交清政府颁布施行，由此成为全国商会参与商政的领导者。随后，上海商会还曾通告全国商会选派代表参加国会请愿运动，又成为商会参与政治活动的倡导者。民国建立，上海商会被推举为新成立的中华全国商会联合会在京师之外唯一的总事务所，曾联合全国商会在上海召开临时特别大会，对北京政府农商部新颁行的《商会法》进行抗争，最终迫使其接受商会要求，对相关法规重新进行了修订。上海总商会后来还曾发起"废督裁兵"运动，组织著名的"民治委员会"，提出国民自决的三大政治主张。因此，上海商会赢得了全国"第一商会"的誉称，反映了上海商会在全国商会中无可替代的地位与作用。随着上海总商会功能与影响的持续扩大，全国商会的各种会议不断在上海召开，自然也需要修建一个较大规模的议事厅。

1912年9月14日，上海总商会召开当年的第六次常会，首次讨论了修建议事厅暨新办公楼议案。原案交议《理由书》全文照录如下：

> 本会发始，在前清未设商部以前，创商会之先声，促商务之进步。因是国家特设商部，各埠遍立商会，一致进行，咸以本会为领袖。凡有联合团体、振兴实业种种之要图，靡不推本会为先河之导。本会既为全国商会之模范，而会议处所不能不稍事宏大，以壮观瞻。沪上因乏议事厅大会场，社会上有开大会，非假张氏之味莼园，即假大马路之洋人议事厅，惟一则为游戏之场，一则为他人之室，均非所宜。本会历任总、协理对于此事，再四筹划，只以一时乏相当地位，引为憾事。现在政府既以出使行辕拨归本会执管，地处适中，躬逢其会。拟即筹款，建筑大会议厅

一所，庶于形式上亦臻完备。惟应如何筹款，应请诸公发抒宏议，毅力赞成。①

从这份《理由书》中也可以明显看出，上海总商会急于修建议事厅主要出于以下两个方面的原因：其一是要借此工程塑造总商会的新形象，而且作为全国商会领袖和全国商务模范，其会议处所"不能不稍事宏大，以壮观瞻"，这样才能使总商会名实相符，"于形式上亦臻完备"；其二则是为了解决总商会的实际需求，由于上海商会一直没有自己的议事大厅，每遇召集大会都不得不借用他处会所，甚至连每年召开会员大会也需租借会场，由此造成诸多不便。另外，通过修建议事厅还可一举两得，彻底解决总商会办公房屋严重不足的困难。现在出使行辕虽已拨归总商会执管，地点适中，但"行辕朽败，不可修葺"，唯有在此重新修建一幢新议事厅大楼，才能达到上述两大目标。在议事厅落成之后，上海总商会又曾进一步具体阐明修建议事厅的缘由："光复后既蒙拨给出使行辕，而房屋破碎，不堪收拾，总理周金箴、协理贝润生、坐办严渔三会商各董，庚续前议，毅然决行，筹措经费，建筑大议事厅一所，余为各业会商处及科员办公房舍，使各帮各业皆有叙会之所，于每日商业经营之暇，群集于斯，考订研究，互相联洽，使'商会'两字，征诸实践，为全国商会之模范，既壮观瞻，尤资表式。"②

---

① 上海市工商业联合会编：《上海总商会议事录》（一），上海古籍出版社2004年版，第22页。味莼园是清末民初向社会开放的上海最大私家园林，因园主姓张，也以张氏味莼园和张园著称。
② 《上海总商会大事记》，见《上海总商会新建议事厅开幕纪念》，上海总商会1916年编印，第2页。

在上海总商会第六次常会上，与会全体议董首次讨论修建议事厅议案时，总商会协理贝润生表示："建筑会场为目前要务，惟须设法筹款"，另一位协理王一亭指出需要"先请表决应造不应造，再议筹款之法"，表决结果为"众赞成亟应建造"。至于筹款之法，贝润生在会上转告了因故未出席本次常会的总理周金箴之建议，"拟请从前曾任本会总协理者，先行提倡，每位捐银五百两为基础，余请各议董公议"。在场曾任总协理的朱葆三、陈润夫二人均慷慨同意认捐。最后，议定并表决择日召开大会，"向各业筹捐"①。由上可知，尽管修建议事厅需要大量资金，但总商会全体议董首次讨论修建议事厅议案时，却无一人表示反对，获得了一致首肯，这表明在总商会全体议董看来，修建议事厅确实是一项重要而又急迫的举措，"此次建筑事情重大"，"本会议事厅既为各埠模范，规制不能不求宽大，以具观瞻"②。透过《上海总商会议事录》这一珍贵档案文献我们可以很容易地发现，在总商会多次讨论议事厅的修建时，屡屡提及"以壮观瞻""观瞻所系"等词语，所谓"观瞻"亦即形象，这充分说明上海总商会是将修建议事厅视为塑造全国模范商会形象的重要工程，并给予了高度重视。

正因如此，上海总商会在修建议事厅的过程中虽遭遇各种困难，但始终不改初衷，坚持按照原定方案进行。例如在筹建议事厅之初即遭遇经费短缺，但上海总商会表示："就现今时势而论，筹集经费为最难问题，惟议事厅为商界永久基业，不能不群策群力，

---

① 上海市工商业联合会编：《上海总商会议事录》（一），上海古籍出版社2004年版，第22—23页。
② 上海市工商业联合会编：《上海总商会议事录》（一），上海古籍出版社2004年版，第66页。

乐观其成。"①其后，因建筑经费一再出现缺口，总商会开会商议筹款办法时，有个别议董提出"将建筑范围稍微缩小，或许易于集事"，但多数议董仍坚持认为："本会为全国商会视线所注，议场规模，不宜狭小。况全国商会联合会总事务所附设会内，将来大会召集各代表，为我国商会第一次大会，外人观瞻所系，万难苟简。所以规定议场但求正大光明，朴实耐久，不事雕镂粉饰，徒博美观，亦实事求是之意也。"②由此可以看出上海总商会不畏困难，决心通过建筑规模可观之议事厅以塑造全国模范商会形象的毅力与信心。

同年10月26日，上海总商会第九次常会再次讨论了"本会建筑案"。从《总商会议事录》的记载中获知，此项工程设计方通和洋行已将议事厅设计草图绘成并做了第一次修改，但仍需进一步臻于完善，会议除讨论完善议事厅之设计与筹款事项外，决定推举"于建筑事宜有经验"的贝润生、朱吟江二人担任工程监督（后又增加沈联芳、夏粹芳二人任监督），另公举郁屏翰专门负责收存捐款事项。③上海总商会原拟订于旧历十二月初三日为议事厅破土动工日，但"因西首之文报局尚未迁出，不及举办，且建筑经费不敷甚巨，必须开全体大会，广为劝募"④，又改定旧历次年正月十三日（即公历1913年2月18日）正式破土动工。

---

① 上海市工商业联合会编：《上海总商会议事录》（一），上海古籍出版社2004年版，第115页。
② 上海市工商业联合会编：《上海总商会议事录》（一），上海古籍出版社2004年版，第116页。
③ 上海市工商业联合会编：《上海总商会议事录》（一），上海古籍出版社2004年版，第36—37页。
④ 上海市工商业联合会编：《上海总商会议事录》（一），上海古籍出版社2004年版，第56页。

然而，在总商会一再催促之下，文报局仍"藉词管守旧卷，延不迁让"，致使议事厅破土之后无法动工。总商会曾函达外交部，说明"文报局无非传递文件，自设邮政以后，该局早成虚设，委员藉作寓公，所留存者，仅号簿收条而已，并无重要文件，不妨废弃，或移交本会代为保存，亦无不可"①。但外交部迄未答复。无奈之下，上海总商会决定一方面再致公函外交部，请求尽快饬令文报局迁出，另一方面由议董劳敬修出面，通过私人关系向前外交部部长温钦甫说明情况，请求协助支持。经过努力，外交部函复告知"文报局存卷已由交涉使取去"，这意味着文报局已经迁出。但从《总商会议事录》中得知，看管文报局案卷者周汉山又提出"欲给薪工，方肯将家眷迁让"的要求，最后总商会公决"由会给付洋壹佰贰拾元，作为津贴迁移之费"②，才解决了妨碍议事厅动工之难题。

因事关模范商会形象之塑造，上海总商会对议事厅之具体设计一直十分重视，曾多次在常会上进行讨论。1913年4月12日，总商会举行当年的第六次常会，会上专题讨论了议事厅图样的内外设计，认为"议事厅地位拟容千人之席，以上海大埠，议事厅规模诚不能不如此闳敞"；对于室内采光问题在讨论中也受到关注，有议董提出按照现设计图样，议事厅"东南两面其光线甚属相宜，惟西面仅留余地四尺，于光线殊多障碍"③，因而应予改进。从最终确

---

① 上海市工商业联合会编：《上海总商会议事录》（一），上海古籍出版社2004年版，第66页。
② 上海市工商业联合会编：《上海总商会议事录》（一），上海古籍出版社2004年版，第81页。
③ 上海市工商业联合会编：《上海总商会议事录》（一），上海古籍出版社2004年版，第85页。

定的议事厅正面图样看,确实不乏气概,基本合乎上海总商会塑造的模范商会形象。透过《上海总商会历史图录》收录的议事厅建筑设计图①和相关简略文字记载可以看出,议事厅大楼为三层砖石混合结构,属于中西结合的古典主义建筑风格,外墙为清水红砖墙,配有巴洛克装饰的壁柱、门窗以及比较精美的雕饰。就整体建筑形象而言,议事厅大楼显得较为稳重端庄,在某种意义上表现出上海总商会稳健的政治性格,其中西结合的建筑风格,则体现了上海总商会既保留了中国传统元素,又是向西方学习的产物,可谓传统与近代集于一身。

综上可知,辛亥革命后上海商务总会与新建立的商务公所实现合并,成立了上海总商会,获得沪军都督府批准将天后宫划拨为办公场地,由此为解决迄无固定专属场所而只能赁屋办公的困境创造了条件。上海总商会不失时机地做出修建议事厅暨办公大楼的重要决定,其目的不仅仅是为了解决总商会的办公条件问题,而且还着眼于塑造全国模范商会的应有形象,"以壮观瞻",这在当时的历史条件下显然需要一定的勇气和魄力,也唯有上海总商会敢于为之。

二、议事厅建筑经费的筹措

由于上海总商会是将修建议事厅作为塑造其模范商会形象的重

---

① 该设计图见上海市工商业联合会编:《上海总商会历史图录》,上海古籍出版社2011年版,第72页。

要工程,故而特别强调"本会建筑大议事厅,既为各埠之模范,又为外人所观瞻,不能不审慎周详,为商界放一异彩"①。但就对当时面临经费入不敷出困境的上海总商会而言,要顺利完成这一宏大工程却并非易事。尽管商会是民间性质的法人社团,其会员虽均为商人,领导层更是各业著名商董,但商会却并不直接从事任何经营活动,所以也没有经营性收入,只是依赖会员缴纳的会费维持日常会务。上海总商会虽为全国"第一商会",但也不例外,同样经常面临"入不敷出"的窘境。在1913年2月15日召开的全体会员大会上,总商会协理贝润生"报告上年旧历年底止,……以全年用款核计,出入不敷银五千余两,须请各业合力扶助,共策进行"②。尽管经费短缺,困难甚多,上海总商会却执意要将议事厅建成一幢三层大楼,并视之为塑造全国模范商会形象的重要工程,这是否属于过分注重外在形象、不切实际的超前行为呢?再者,如果由于经费不足,无法完工,议事厅变成一座烂尾楼,岂非给上海总商会带来严重的负面影响?但从相关史料看,上海总商会领导人似乎未对此表现出强烈的担忧,认为"成此永远不朽之基业,亦我辈区区办事之实际也"③。

考察相关史实,可知上海总商会在全国为数众多的商会中具有领袖地位。本文前曾列举其清末首倡并率领全国商会开展的一系列重要社会活动,即充分体现了上海商会独一无二的强大动员能力和

---

① 上海市工商业联合会编:《上海总商会议事录》(一),上海古籍出版社2004年版,第65页。
② 上海市工商业联合会编:《上海总商会议事录》(一),上海古籍出版社2004年版,第60—61页。
③ 上海市工商业联合会编:《上海总商会议事录》(一),上海古籍出版社2004年版,第36页。

显著影响。但涉及动员各业捐助经费这一具体事项时,却与其他方面的活动有所不同,常常会遭遇许多困难。上海总商会需要坚持不懈地付出更大的努力,采取更多的措施与办法,才能逐步达到或是接近预期目标。在此之前总商会也曾遭遇过经费难题,甚至章程规定必须缴纳的会费,有些行业也拖欠未缴,不得不多次费力催缴。至于章程规定之外的义务性捐助,各行业并不受法令或规章约束,全凭自愿,所以难度也更大。如前所述,上海总商会修建议事厅遇到的各方面困难已经比较多,但自始至终面临的最大困难,却主要是建筑经费的不足,而解决办法似乎也只有不断地动员各业捐助,这也是对上海总商会实际动员能力的一次重要检验。

早在1912年9月总商会第一次讨论修建议事厅的常会上,与会全体议董商讨筹款之法时,除根据时任总理周金箴的提议,议定曾任总、协理者每位捐银500两之外,另还"公决应向各业筹捐"。可知总商会一开始就将向各业募捐作为解决议事厅建筑经费的主要途径,并对此法无任何疑义,可谓对其筹集经费的动员能力充满信心。议事厅设计图样确定后,初步估算需银5万两。至1913年2月15日,总商会收到银6 250两,国库证券洋2 680余元,另有"各业已认未交银一万九百余两"。虽然不敷甚巨,但总商会决定"所有认而未交款及不敷之数,即请各业分头催收劝募,一面先行破土兴工,俾可早日告成"[①]。

但议事厅破土动工之后,建筑经费的募集远比最初的设想要困难得多,总商会似乎过高地估计了自身的募捐动员能力,由此遭

---

① 上海市工商业联合会编:《上海总商会议事录》(一),上海古籍出版社2004年版,第63页。

遇前所未有的挑战。协理贝润生曾在一次常会上提出："现计建筑经费需银五万左右，蒙各业书入捐册之款，尚只一万余两，拟请劝业会诸股东将此项所得息银，拨助本会建筑经费，俾可早观厥成，共垂不朽。想诸君子急公好义，素秉热忱，当表同情也。"对于这一提议，"众云今日到会诸议董之执有劝业会股票者，自无不赞成之理，惟未到会诸股东，应于大会时共同商劝"。①议董郁屏翰则提议总、协理既已认捐银500两，议董也应"担任提倡"，"每人捐助三百两，以尽义务"。但讨论时意见不一，"众云议董人数较多，应各量力捐助，或多或少，各从其便，不必限定三百"。②在采取其他方式募集经费暂时无法达成一致意见时，总商会只好再进一步加大力度向各业募捐。

1913年3月1日，上海总商会召开第三次常会，议事厅建筑经费之募集成为主要议题。会上讨论了对未入会之商号进行募捐的相关注意事项，沈联芳在发言中说明："惟经费一层，最宜注重，即如未入会各商号，向其筹款，每有询问捐助经费，有何权利者。鄙意如开大会，应许列席与议，彼知权利有关，自然愿尽义务。"协理王一亭也强调应重视对未入会商号的募捐，并建议"未入会各商号如有捐建筑费五十两以上者，将来开会列席，拟名为'赞成员席'"，与会者均表赞同。可见总商会在无奈之下已将议事厅建筑经费的募集对象扩大到未入会之商号。贝润生则指出，向各业募

---

① 上海市工商业联合会编：《上海总商会议事录》（一），上海古籍出版社2004年版，第56页。关于劝业会股东所得息银，贝润生说明"前清劝业会章程原订如有亏折，由官股弥补，不使商股受亏。然闭会后应还商股本息，屡索无效。民国成立后，又经本会再三交涉，始允付还原本，酌偿利息。本会对于此事，实已心力交瘁"。
② 上海市工商业联合会编：《上海总商会议事录》（一），上海古籍出版社2004年版，第37页。

捐时需要注重方式和投入情感。"捐费一事,不惮烦琐。即如上年洋货九业公所初次捐集,为数无几,迨后设席邀宴,一再劝捐,始集有成数。鄙意本会建筑,拟再备具筵席,分日邀请各业商号,当面劝捐,较有效果。众皆赞成。"①很显然,议事厅建筑经费的募捐尽管不太顺利,但同时也促使上海总商会针对国人的情感文化传统,不断改进具体募捐方式,从而进一步提升了在这方面的动员能力。总商会随即在《申报》发布通告,说明"总商会乃沪埠商界全体机关,此次建筑议事厅为全埠商界树不朽之业",未入会之商号或在沪经营商家,"捐建筑费在五十两以上者,给予证书一纸,厅事落成之后,遇有全体大会,另设赞成员席,得凭证书到会与议,平时于商业上有事研究,亦请到会讨论,并将输捐牌号姓氏刊立碑石。……务使此项建筑为我上海商界共有之产业,庶足以表示全国贞固永久也"②。

在此之后,募捐数额虽有所增加,但仍与实际所需建筑经费相差甚远,可谓困难重重,上海总商会也不得不继续谋划新的募捐方式。至1913年7月总商会召开第十二次常会时,共收到各业捐银19 931两,国库证券洋3 823元,另有认而未缴之银6 200两,然"按之造价,不敷尚巨",亟须"从长策划,以观厥成"。于是,与会议董就募集经费之法又纷纷献计献策。郁屏翰在发言时透露:"洋货振华堂对于此事,建议于不得已之中,有先募公债之说,至将来如何筹还公债,拟请以现住之办公处所改作号房,将所得租金为付还公债之准备,或亦筹费之一助也。"王一亭虽认为"收租还债,

---

① 上海市工商业联合会编:《上海总商会议事录》(一),上海古籍出版社2004年版,第67页。
② 《总商会劝助建筑费》,《申报》1913年3月8日,第7版。

筹划甚善",但又担心"公地收租,恐有未便"。朱吟江则提出:"建筑经费如此难筹,可否于常年会费酌加成数,以资补助?"傅筱庵认为建筑经费系特别捐,会费为"经常费",两者不宜合并。钱达三又提出:"全国商会联合会总事务所既附设商会内,所有建筑经费各处商会亦应协助。"王一亭表示:"各处商会能否协助,须俟全国商会开大会时,提出交议。"在上述举措均难以立即实施的情况下,郁屏翰最后说明:"筹集经费断难一时集数,应由总、协理各议董先各担任银一千两,总、协理、议董共三十一位,计可得银三万一千两,一面请陆续垫款,一面仍筹捐归垫。如果尽力筹募,仍捐不足数,再办公债,以资抵补。"①与会议董对此表示赞同,但由于此次常会应出席议董人数未达到三分之二,不能形成决议,还需要将这一方案送交"未到会议董同意追认"。

不难看出,尽管上海总商会具有很强的募捐动员能力,并且不断改进募捐方式,但在筹集议事厅建筑经费时仍遭遇极大困难。上海总商会自身也不得不承认:"就现今时势而论,筹集经费为最难问题。"②与此同时,政局动荡也使总商会募集议事厅建筑经费面临较大难度。时当辛亥革命造成之社会震荡和金融停滞刚刚过去不久,商业经营初始恢复正常,但"二次革命"的战火烽烟又起,导致工商业者再次陷于极度恐慌,对捐助议事厅之修建多有影响。上海洋货商业公会、绸业绪纶公所、洋布业振华堂公所,钱业、五金业、纱业等,在"宋案"发生革命党人积极筹备讨袁之役时,都曾

---

① 上海市工商业联合会编:《上海总商会议事录》(一),上海古籍出版社2004年版,第115—116页。
② 上海市工商业联合会编:《上海总商会议事录》(一),上海古籍出版社2004年版,第115页。

接连呈文总商会，呼吁"贵会领袖群商，热忱素著，昔为他事筹款也，尚具电代请，昔为他事开会也，尚具名协助，至吾商界之被蹂躏，想必能首先维持，以尽天职。商等之所仰望于贵会者，眼将穿矣，乃延之至今，无声无臭，讵睹此现象，尚无动于衷耶？"①上海总商会不得不顺从商意，向国务院、参众两院和各省商会公开发布通电："赣省变起，商业受害，今日上海全体商界开会，均反对此次扰乱"②，不过，虽然议事厅建筑经费的募捐受到时局的严重影响，但上海总商会并没有因此而灰心气馁，仍然表示"议事厅为商界永久基业"，无论如何也要克服困难，"群策群力，乐观其成"。

不过，"二次革命"的爆发确实给上海总商会修建议事厅带来了预想之外的困难，不仅使议事厅建筑经费的募捐受到了很大的影响，而且还造成了工程进度的延滞。据1913年9月13日总商会第十七次常会透露："本会议事厅前已将图样审定，通告水木作匠头至通和洋行，阅图估价，旋因战事发生，尚未开标。现在大局已渐平靖，此事关系商界全体，不能再缓。"本次常会经过讨论，"公议现当乱事之后，筹款不易，而议事厅工程万难久延，惟有先将议事厅兴工起造，并函催认而未缴各户，将款即日送会，以资应用"③。

"二次革命"结束之后，议事厅的修建得以按计划进行，但建

---

① 上海市工商业联合会编：《上海总商会议事录》（一），上海古籍出版社2004年版，第94页。
② 上海市工商业联合会编：《上海总商会议事录》（一），上海古籍出版社2004年版，第121—122页。另见《申报》1913年7月22日，第6版。
③ 上海市工商业联合会编：《上海总商会议事录》（一），上海古籍出版社2004年版，第129—130页。

筑经费不足的难题仍未解决。上海总商会在决定修建议事厅之初，即有召开全体会员大会向各业募集建筑经费的设想，但由于受各种因素影响一直没有举行。至1913年9月"建筑经费付款届期"，而募得之款仍有较大缺口，不能再继续拖延，总商会遂决定于当月23日召开全体大会，"以期众擎易举，早观厥成"。在召开全体会员大会前，总商会决定已认未缴各户由会设法商催；发出捐册由会陆续催收；未捐各户、各会董及会员、会友，均担任分募。"现在办法，以捐募为正题，万一一时募不足数，建筑项下又需付款，再行设法措垫。"①

本次全体会员大会讨论的唯一议题，即是募集议事厅建筑经费，可以说是一次募捐大会。为使大会能够达到预期目标，总商会向大会提交的"筹募本会建筑费案"理由书，对相关具体情况做了详细说明，全文照录如下：

> 本会建筑议事厅，计需水木作工料银六万四千两，围墙、马路、阴沟尚不在内，电气灯、自来水、生财装饰更未计及。现但就建筑工料价而言，筹集已缴之捐款仅二万两。七月底为止已付过四万两，其不敷之款由总、协理设法借垫。转瞬第五、六期之款又须照付，而总、协理个人担负已重，无法再垫，惟有恳请会董、会员、会友及入会之商号共同担负，藏此巨工。查此项议事厅之建筑，其附丽各房屋并非专为本会办公所用，拟俟落成之后，各帮各业即在议事厅前后上下附设会所，每日可以常川到

---

① 上海市工商业联合会编：《上海总商会议事录》（一），上海古籍出版社2004年版，第349页。

会起坐，以商业各团体荟萃一处，实做商会二字，声气灵通，呼应便捷，可以为全国商会之模范。其尤要者，是处设立商会乃极好之地点，若不赶紧建筑，一有变更，欲再求如此地位，恐非容易。所以开会讨论，皆以建筑为宜。此又必不得已之苦衷，并非办事人不自量力，好大喜功而为此冒险之行，当在诸君子洞鉴之中也。兹查发出捐册二百二十五号，已缴回者七十一号，尚有一百五十四号未曾交来，不知已集若干，无从臆计。为目前工程计，惟有集合商会之全力，分别等差，设法借垫，以应急需，再分投劝募归垫。独力难支，众擎易举，此系我商界至要切己之事，聚沙成塔，积米为山，协力进行，是所望于诸君子也。①

从这份《理由书》的字里行间可以看出，上海总商会实际上也担心会员认为议事厅的修建是领导人自不量力、好大喜功之举，为此而对修建议事厅的难得机遇和必要性详加说明，甚至也不再提及先前曾反复强调的"观瞻所系"，希望由此能够得到全体会员、会友的体谅与理解，并给予支持。同时还解释议事厅落成之后，并非仅为总商会办公所用，各帮各业均可在其内附设会所，常川驻会，沟通声气，紧密联络，成为名副其实的全国商会之楷模。这是上海总商会对议事厅用途的最新解释，此前并未见有此一说，因而可以看作是总商会通过召开全体会员大会向各业募捐的变通之法。但就议事厅建成之后的实际使用情况而言，并没有完全按此方案安排，可以说是总商会为解决建筑经费难题而开出的一张空头支票，或者

---

① 上海市工商业联合会编：《上海总商会议事录》（一），上海古籍出版社2004年版，第348页。

说是一时的权宜之策。另外,这份《理由书》还说明,在解决议事厅建筑经费严重短缺难题的过程中,总商会领导人一直是身先士卒鼎力垂范,上文已提及历任之总、协理都分别捐银500两,已为数甚多。前期所付之工程款,近一半系由总、协理设法借垫。

这次募捐大会的召开,虽然同样没有完全达到总商会预期的理想目标,但也取得了比较可观的成效。钱业在会上慷慨认垫银2 000两,为各业之首;中国银行和交通银行此前已分别捐银500两,在会上又各自加认500两,成为募捐商家中之大户;纱业公所先前也已捐银500两,会上又加认300两;此外兴业银行认捐500两,面粉公会认捐500两;可炽铁行认捐200两,加上铁业认捐300两,共计也达500两;扬州振明电灯公司、常州振生电灯公司分别认捐100两。① 在此前后,上海总商会接连在《申报》广告栏刊登《上海总商会议事厅建筑费告白》,公布各业团体和商家个人捐助金额,并阐明议事厅"系南北商界公共机关",动员更多团体和商人踊跃捐助。②

1914年3月,上海总商会总理周金箴、协理贝润生因抗争农商部新公文程式令和其他一些原因,双双提出辞职,又给议事厅能否按计划继续修建带来了不确定因素。由于"商会系法定团体,与其他社会团体不同,不可一日无主持之人",加之"议事厅房屋未竣工,此系全体负责之事",不能延误。上海总商会遂为此紧急召开临时大会,商讨应对之策。结果经过表决,全体与会者一致同

---

① 上海市工商业联合会等编:《上海总商会组织史资料汇编》(下),上海古籍出版社2004年版,第784—785页。
② 《上海总商会议事厅建筑费告白》,《申报》1914年5月6日,第1版。

意挽留周、贝二人继续担任总协理①。后经全体议董、旅沪客帮联合会、观察使等多方协调规劝，甚至农商部也出面表态，周、贝二人始允勉力留任，使全国商会联合会第一次大会的筹备和议事厅修建没有受到明显影响。同年4月中旬，上海总商会照章进行换届改选，周金箴仍当选为总理，朱葆三当选为协理②。此次改选系正常进行，而且原总理连任，只改选了协理和部分议董，未对议事厅的修建造成什么影响。

至1914年11月议事厅修建工程已接近尾声，但建筑经费存在较大缺口仍然是困扰上海总商会的难题。当月下旬举行的总商会第二十三次常会，不得不再次将议事厅经费列为专案进行讨论。周金箴首先在会上发言指出："本会议事厅将次可告落成，而建筑工价不敷尚巨，且须修造围墙、开沟筑路、置备器具，综计尚需银四五万金。贝前协理以筹款艰难，拟求名人书画及各巨商家藏珍品，编列号数，刊印债票，每票皆有赠彩，无论入会不入会，均准购买，庶几众擎易举，可望踊跃。朱协理意见，商会议事厅为商界公共机关，应由商人合力资助，若照由前贝协理办法，只可用之于善举，不如用商会名义，出售无利公债票，以五年为限，分年抽还，每年应还若干，请于各业入会经费外，酌加几成，另款存储，以备清偿，如此办理较为名正言顺。应用何策？请公议。"会议对上述两个新筹款方案进行了讨论，最后"公决照朱协理办法，发售

---

① 上海市工商业联合会等编：《上海总商会组织史资料汇编》（上），上海古籍出版社2004年版，第145页。
② 1915年10月周金箴因升任沪海道道尹辞去总理职，由协理朱葆三担任总理，另选沈联芳任协理。《商会法》颁布后，总、协理改称正、副会长，议董改称会董，本文中有总理、协理和会长、副会长以及议董、会董两种称呼实因如此。

商会无利公债票"①。尽管是迫于议事厅工程款缺口而发售无利公债票,但这也是上海总商会为筹款而采取的一个新动员措施,在某种程度上也反映了总商会所具有的动员能力。当时,在为数众多的各类民间社团中唯独商会具有官方认可的发售公债票的权利,这本身即体现了商会的较大动员能量。不过,这一举措是在后来议事厅已经竣工而工程款仍严重欠缺时才真正实施。

实际上,除了议事厅主体建筑工程一直存在经费严重不足的困难之外,还有上引周金箴报告中所说的相关配套工程,包括修造围墙、开沟筑路、安装电灯和自来水所需之经费,尚无着落。上海总商会曾一度希望修改原定设计方案,将议事厅大楼主体工程与修墙、筑路等配套工程分为两期修建,但作为工程设计方的通和洋行不同意修改方案,并说明其理由:"此项工程造价,前经开标订定系属一起兴筑,今欲分为两起,则开沟筑脚均需两番手续,且原图一起连造,故议事厅前无庸另造门面,若不连筑,非加造门面不能成式,而未造之空地,亦须铺砌平坦草地,待至起造办事室时,所有门面及草地仍须拆改。虽竭力节省,仅作暂时之观瞻,至少须空费价银三千余两,此在开标时原合同之外,必得另行加付。"总商会经过讨论,认为改作两期建造本是缘于经费短缺的无奈之举,"若因此而虚掷数千巨款,似不值得",遂决定"仍照原议,一起造成"②。议事厅建成后的出入马路原拟从天后宫另辟一路,与天后宫隔绝而自立门户,以免嘈杂,但"路径曲折,工程亦不减省,

---

① 上海市工商业联合会编:《上海总商会议事录》(一),上海古籍出版社2004年版,第361—362页。
② 上海市工商业联合会编:《上海总商会议事录》(一),上海古籍出版社2004年版,第138—139页。

且议事厅不能显出,不免可惜",于是总商会又重新商定新开马路"从广益堂老人院直出,其房屋基地设法兑换",并征得广益堂同意①。因修路而拆除的广益堂化字炉,由总商会和广益堂各出资250元在天后宫择地另建。

在议事厅即将建成之前,上海总商会还开会讨论了议事厅投保事项,可谓考虑足够周全。因议事厅力克艰辛始得建成,且属公共机关,总商会认为"保险一事,不能从缓"。经与英商太阳保险公司接洽,确定"保房屋银六万两,又器具银一万两,共七万两,每年付保险费实银三百一十五两"②。后又有会董提议议事厅产业应有华商保险公司参与分保,总商会遂"公决准由华商各保险公司与英商太阳保险公司商量分保"③。

到1916年,上海总商会议事厅的修建工程终于基本完成。当年5月22日总商会常会讨论了"本会议事厅建筑告竣筹备进行案",商议验收事宜。该案之《理由书》阐明:"议事厅为商界公共机关、永久产业,所有一切工程是否符合?有无苟简?应请公举会董,按照合同逐项验收,以昭慎重。其有另加工程,亦应公同酌定,免有浮耗之虞。"经过讨论之后,全体与会者一致同意"公举贝润生、沈联芳、朱吟江三君,按照合同,会同验收。如有另加工程,亦请三君商定"④。

---

① 上海市工商业联合会编:《上海总商会议事录》(二),上海古籍出版社2004年版,第518页。
② 上海市工商业联合会编:《上海总商会议事录》(二),上海古籍出版社2004年版,第518页。
③ 上海市工商业联合会编:《上海总商会议事录》(二),上海古籍出版社2004年版,第692页。
④ 上海市工商业联合会编:《上海总商会议事录》(二),上海古籍出版社2004年版,第518页。

议事厅的修建虽然终于得以竣工，但上海总商会的领导人却仍然需要为支付后期工程款而费心费力。因为此项工程的决算经费，大大超过了起初银6万两的预算，达到"银十万两有奇"。据副会长沈联芳在1916年2月12日总商会第三次常会上报告："本会房屋已经工竣，付出建筑项下之款……出入两比，大约尚欠规元四万两之则，应如何设法，似应赶紧即办。"①当时，总商会正忙于筹备举行议事厅开幕典礼，一时也想不出新的筹款办法，遂公议遇有急需支付之工程款项，仍由正、副会长和会董垫支。同年12月，总商会决定以发行公债的方式筹措经费。该年第二十四次常会通过议案，"筹办公债八万两，以一半为弥补以前议事厅建筑之费，以一半为兴办商品陈列所之用。……印券一千六百纸，每纸五十两。发售债券分作四次，每次二万两，拨还本息，年分四期，以十二年付清"②。最终，通过发售公债这一方式总商会才全部弥补了修建议事厅的经费缺口。

三、议事厅落成及其意义

新建的总商会议事厅大楼在当时从外表上看确实较为引人瞩目，不仅主楼颇有气派，而且楼外有宽敞的庭院，安装了两道铁

---

① 上海市工商业联合会编：《上海总商会议事录》（二），上海古籍出版社2004年版，第675页。
② 上海市工商业联合会编：《上海总商会议事录》（二），上海古籍出版社2004年版，第762页。根据该公债发行简章的规定，总商会"每年须摊还本息银一万两"，这笔款项的来源系"各业应交会费项下每年按户照原认数目酌加三成，及本会常年开支裁减撙节为预备拟还之款"。见《总商会摊还公债之预备》，《申报》1917年2月14日，第10版。

门,门内西南角竖立建造碑及碑亭。楼内设计也别具一格,特别是设在二楼的大议事厅,布置庄严,气势宏伟,充分显示了上海总商会作为全国"第一商会"的气魄。参看下面这张议事厅正面照片[①]即可见一斑:

这张照片应该是在举行议事厅落成典礼时拍摄的,由于缺乏详细介绍议事厅设计建造的史料,故而无法准确说明议事厅的各方面具体情况。但从这张照片大致可以看出,议事厅上空十分宽敞,

---

① 本图片来源于上海总商会1916年编印的《上海总商会新建议事厅开幕纪念》,上海市档案馆藏。

会场规模可观。从《申报》对"空前盛举之国产绸缎展览会"的报道中得知,作为这次大型展览会会场的议事厅,"为上海最大之公共聚会处所,楼上楼下可容观众三千二百余人"①。会场的座椅虽系设计较简单的木椅,但为数甚多,摆设整齐,既反映了会场的规模,也体现出上海总商会在经费短绌情况下实用朴实的行事风格。议事厅内的布置则较为讲究,据《时报》的报道可知:"议事厅门次悬以五彩国旗,厅中四周满布大小各国旗帜,正中演说坛上悬有五色国旗,罗列名卉,坛中设有大餐台,供以银鼎二具,及西式之花篮。"②

议事厅落成之后,上海总商会已经初步完成了这一塑造全国模范商会形象的重要工程。但是,如欲使社会各界广而知之,产生较大的社会影响,真正达到"以壮观瞻"的目的,还必须通过举行一个隆重的开幕典礼才能取得预期的效果。为此,议事厅建成之后总商会即开始筹划举办开幕典礼大会。为使这一活动取得圆满成功,总商会多次进行了讨论,缜密商议了各方面相关细节,对此十分重视。

1916年2月12日,上海总商会在当年的第三次常会上讨论了"筹商开幕日期及一切预备案",经商议后确定于"旧历二月初八日下午三点钟至五点钟开幕,备茶点接待来宾,初九日星期午刻请客。本省官厅及本省各商会,备帖恭请观礼,未入会之各商业领袖,亦备帖请恭观。另备信函,请全体议董为执行员,全体会员、

---

① 《空前盛举之国绸展今日开幕》,《申报》1933年7月9日,第16版。
② 《总商会议事厅落成礼纪盛》,《时报》1916年3月19日,第7版。

会友亦普通发招待帖"[①]。第四次常会接着讨论了这一事项，议决将议事厅开幕典礼仪式改为旧历三月十五日举行，"十六请客"。同时就各团体拟送匾额事宜进行了商议，考虑到"商会议事厅与庙宇不同，且洋式房屋上多一匾额，不雅观也"，故决定除"豆米业广肇公所、潮州会馆、报关公所三处已经做就，不能再辞，其余团体惟有一体辞谢"[②]。第五次常会又再次讨论"本会开幕期近亟应筹备案"，以促进加速准备各项相关事宜，本次常会议定：本省本埠文武各官厅备函加帖邀请，请前任本会会长、现任沪海道道尹周金箴莅会行开幕礼，此外"西宾应备函邀请"[③]。不难看出，在此期间总商会召开的常会上，议事厅开幕典礼仪式几乎每次都列入了讨论内容，足见总商会对此事之重视程度。

但是，在上海总商会紧锣密鼓筹备议事厅开幕典礼的过程中，上海公共租界工部局房捐处要求议事厅房屋每月须交付房捐银1000两的插曲，给总商会造成了一定的困扰。1915年6月，工部局房捐处通过议事厅工程设计方通和洋行向总商会转达收捐专函，声称"议事厅每月估租金一千两为最公平之价值"，自当月起即应开始缴纳。可以想象，月交千两房捐对于并无营业收入的总商会而言，是一个较重的负担。总商会当然不会应允，为此向工部局房捐处表示议事厅根本不属应交房捐之房产，其理由为："一、议事厅基地向为出使行辕，不纳工部局捐款；二、议事厅为公共机关，与出使

[①] 上海市工商业联合会编：《上海总商会议事录》（二），上海古籍出版社2004年版，第675页。

[②] 上海市工商业联合会编：《上海总商会议事录》（二），上海古籍出版社2004年版，第680页。

[③] 上海市工商业联合会编：《上海总商会议事录》（二），上海古籍出版社2004年版，第682页。

行辕无异;三、商会为法定机关,议事厅为会议场所,应照天后宫成案办理;四、公共会议场所非营业可比,应在免捐之列。"①经过商议,总商会决定"拟请总、协理先与工部局交涉,万一无效,再由各议董或全体会员出以全力,务达目的而后止"②。

与工部局的交涉远比总商会想象的要复杂得多,一直拖延至筹备议事厅开幕典礼期间也无圆满结果。总商会曾绘就地图,注明区域,并附上翻译成英文的说明书,详述原委,说明议事厅不应缴纳房捐之缘由。但工部局房捐处的复函却是"贵会所请,殊难照准",只同意减少所交房捐金额,由每月1 000两减至600两。为此,总商会不得不多次商议应对之策。经召开全体特会讨论,决定以总商会名义致函工部局房捐处,除了再次阐明议事厅系"以公家之地,归公众所用,为上海众商议事而设,并非以别项营业改造洋房为生利之用",另还特别强调:"此项议事厅实无丝毫出息,并无出付房租及收受房租之人,应仍要求贵局按照向例免捐,以顾地方公益。"③此外,总商会还想方设法查找天后宫出使行辕房基之原始道契,证实该地确系中国政府公产。然而,"叠经争持,迄无效力",工部局仍"来票收捐"。会长朱葆三等人迫不得已,亲至工部局"当面磋商辩论,至两点钟之久"。后又经多次交涉,工部

---

① 《讨论商会议事厅纳捐问题》,《申报》1915年9月8日,第10版。
② 上海市工商业联合会编:《上海总商会议事录》(二),上海古籍出版社2004年版,第523—524页。
③ 上海市工商业联合会编:《上海总商会议事录》(二),上海古籍出版社2004年版,第531页。

局才最终同意议事厅免交房捐①。

一波甫平，一波又起。房捐问题刚刚费时费力得以解决，苏省财政厅清理官产处又提出天后宫出使行辕房基属于官产，应收归官产处处置。财政部批示："既属完全官有，自应先行收回，仍准商会租借办公，以保主权而顺商情。"上海总商会对此颇为不满，表示"出使行辕房基，原系官产，既经拨给商会建造，岂有再行收回之理？"总商会还在回复沪海道道尹函中指出："前者议事厅告竣，租界工部局意欲收捐，经全体持理相争，亦遂罢议。外人方重视公益，而清理处乃斤斤计较。即使悔翻拨给之成案，改为租借，于公家究有几何利益？聚财敛怨，贤者不为。以区区者与公共之团体相龃龉，非为公家聚财，徒为公家敛怨，夫何所取？租借一层，断难承认！"②在总商会的抵制下，清理官产处欲将议事厅房基由拨给改为租借之说也不了了之。

虽然不意而来的上述插曲给上海总商会造成了一定困扰，但却并未从根本上影响总商会筹备议事厅开幕典礼活动的进行。在1916年3月召开的第六次常会上，总商会通报了开幕典礼仪式的筹备进程及相关事项，从中获知农商部和苏省官厅都将派代表出席，这对希望通过举行开幕仪式"以壮观瞻"的总商会而言，在某种程度上可以起到锦上添花的效果，自然受到欢迎。本次常会还议定："本会新建会舍，现已分别摄影，拟捡同各官厅暨各社会颂辞，并会董

---

① 此事当时曾引起报章媒体注意，《时报》刊登的报道称：总商会"总、协理诸君，以约章载明，双方均应遵守，房屋虽然改建，地点并未迁移，主权所在，不便放弃，曾据理力争，往返磋商，颇费唇舌。现闻工部局董事诸君，为敦重睦谊起见，已允遵守约章，照旧日章程办理，不收捐款"。见《商会议事厅纳捐问题之解决》，《时报》1916年3月21日，第7版。

② 上海市工商业联合会编：《上海总商会议事录》（二），上海古籍出版社2004年版，第686—687页。

摄影，装订成册，分送中西来宾。"①此册题为《上海总商会新建议事厅开幕纪念》，配有中英文文字和大量图片，上海市档案馆和上海市工商业联合会等处均有收藏，是我们现今了解议事厅各方面情况的珍贵史料。本次常会还议及举行议事厅开幕仪式所需各项经费问题，"因各处尚未开送细账，无从确实报告，俟各处开送齐备，再于下次常会逐款声明"。此外还"公议开幕用款以及建筑费项，并捐户银数，将来应另册报告，以昭慎重之意"②。

议事厅开幕典礼举行前夕，即引起上海一些大报的关注，并进行了报道。例如《时报》以《总商会议事厅落成礼之布置》为题的报道称：总商会"内外部悬灯结彩，布置妥帖"，"元首特颁'拱卫国家'匾额"一方，其余丝茧公所赠'丝茧保障'，广肇、潮州两公所合赠'朝宗于海'，豆米业赠'敬业乐群'，计黑字金边匾额三方，各长官均有颂辞"③。《申报》不仅报道了议事厅开幕典礼的全场程序与会场的布置，还专门为议事厅之建成与开幕发表评论，盛情表示祝贺。该评论指出："吾国商业，以上海为总枢纽，中外观瞻，感集于此，其所关不甚巨哉？今总商会新屋告成，美轮美奂，规模宏大；今日之开幕志庆，料必宾朋满座。中外偕来，是亦吾中国商业之好现象也。从此合力经营，蒸蒸日上，安知国势之不可以挽回乎！"④

---

① 上海市工商业联合会编：《上海总商会议事录》（二），上海古籍出版社2004年版，第684页。总商会后又将议事厅纪念册赠送每位会员，同时"将该会成绩并创立地点，一并编入新县志以备考核"。见《总商会编送纪念册》，《申报》1918年11月6日，第10版。
② 上海市工商业联合会编：《上海总商会议事录》（二），上海古籍出版社2004年版，第684页。
③ 《总商会议事厅落成礼之布置》，《时报》1916年3月18日，第7版。
④ 《总商会新屋落成》，《申报》1916年3月18日，第11版。

经过一段时间的精心筹备，上海总商会议事厅开幕典礼于1916年3月18日举行。场面之隆重，从报章对会场布置的详细报道即可知一二："昨该会头二铁门搭盖彩篷，内外悬挂五彩国旗，路旁特设乐亭，闸北孤儿院乐童十八名团坐奏乐。二门旁设收券处，招待员二十余人襟佩徽章，站立其间，宾至投券，即引导登石级而上。会场在二层楼，入场左为官绅招待室，右为普通来宾招待室，西宾招待室设在三层楼。救济妇孺会西乐队有二十人在石级之前奏乐，又有工部局音乐在三层楼为款待西宾之用，招待员、引导员等均站立款待来宾。"议事厅"演说坛之左为西宾席，右为官厅席，农商部、冯将军、齐巡按使、财政厅各代表以及当地各官长等均坐此，两旁为该会会长、会董席，其余中间及三层楼均为来宾席。来宾休憩各室，亦悬有国旗及各处商会、各团体所送缎帐、纸对之类，所用椅桌等件，均系西式，颇为整齐"①。

开幕典礼之举行也盛况空前，十分隆重。到会者有农商部总长的代表、新任沪海道尹周金箴、副总统冯国璋的代表马榕轩、护军使杨善德的代表赵联璜、巡按使齐燮元的代表沈尔昌、财政厅的代表周庆莹，以及特派交涉员杨小川、上海县知事沈宝昌、会审公廨会审官关炯之和王肇之、税务所所长吴静山等，加上工商各业及社会各界代表，总计"到者千余人，外国官商亦有二十余人"，可见出席人数之众。因举行议事厅开幕典礼，苏州河岸北河南路一带交通阻塞，工部局巡捕房特派出数十名中西巡捕负责维持秩序。

18日下午3时整，"鸣钟奏乐开幕，中西来宾由招待室鱼贯入会场，乐止，行三鞠躬礼"。副会长沈联芳首先向来宾报告总商会

---

① 《总商会议事厅落成礼纪盛》，《时报》1916年3月19日，第7版。

发展概况和议事厅修建始末，说明议事厅之修筑"自甲寅六月议决后，十月兴工，至丙辰正月，计建筑议事厅及附属各房屋费银六万八千两，马路、围墙、阴沟、门宇、花园、电灯、火炉，各处家具及太平龙头，费银三万余两。全工告竣，某等承乏会务，继前人提倡之心藉，各业协助之力，幸观厥成，此系上海商界公共之建筑，无论何人，均有保守之权，应担保护之责。俟款筹齐，缮造详细清册，分送各业，勒石垂久"。继由周金箴代表农商部总长致颂辞，副总统、护军使、巡按使、财政厅长的代表也先后致辞，均盛赞"议事厅如是规模宏大，足为环球之冠，深佩贵会诸君子热心毅力，实为吾国商务前途，欣庆之至"。周金箴还以总商会前会长和现任沪海道尹身份发表了演说，表示"议事厅之设，为敬业乐群、集思广益，非徒以美轮美奂、悦万众之观瞻而已。时则欧战未已，百货翔贵，一跃万丈，骇人听闻。在人以为商业困难，莫此为甚，在我以为发愤为雄，正其时也"。在各方代表致辞和演说结束后，总商会坐办严渔三代表会长朱葆三致答谢辞："本会设立议事厅，而以四周余屋为各业之会议室，分者合之，涣者联之，集小团体而成一大团体，以期稍合乎设会之本旨。虽然尚不得为务本之谈，若夫商学如何可以振兴，商业如何可以发展，当此竞争激烈之秋，急起直追，岂容稍懈。蒙今日到会诸君子指示梗概，有所遵循，则嘉惠商场，复乎远矣，谨谢！"①最后，总商会正、副会长朱葆三、沈联芳与全体会董偕同各公所议董，向全体与会来宾行三鞠躬礼，这场隆重的开幕典礼才宣告结束。

议事厅开幕典礼结束后，总商会"以是日中外来宾会聚一堂，

---

① 《总商会议事厅开幕纪盛》，《申报》1916年3月19日，第10版。

万分荣幸,且诸代表远道莅临,尤为盛事。因于是晚特备上等西餐,大开宴会,与宴者尽日间莅会各代表,及本埠中外官商各界,不下数十余人,藉杯酒以联欢,并谢来宾之盛意"①。可见议事厅的落成与开幕,在上海总商会发展史上确实是一大盛事。

值得注意的是在开幕典礼仪式上,无论前会长周金箴发表的演说,还是坐办严渔三代表会长朱葆三所致之答谢辞,都不再提及"以壮观瞻"和塑造模范商会形象之类的用语,而是强调议事厅落成之后对于联络各业、振兴工商的实际功用,这应该是一种较为明智的话语转换。在议事厅设计和修筑过程中强调"以壮观瞻"和塑造模范商会形象,是为了提升信心,克服所遇各种困难,使之能够得以继续进行。而在议事厅已经落成之后,如果仍然注重于观瞻和形象,将会给人留下只关注外在而不讲求实际之不良印象。

但从实际情况看,议事厅落成之后确实达到了形象塑造和实际功用两方面相结合的效果,开幕典礼的隆重举行也起到了展现成果、吸引社会关注的实际作用。议事厅开幕典礼的次日,上海各大报纸都以很大篇幅进行了详细报道,使其成为舆论关注的焦点之一。《时报》甚至连续两天以《总商会议事厅落成礼纪盛》为题加以报道,另还发表了《商会议事厅落成颂词》。其他许多报道也称赞议事厅规模宏大、美轮美奂、中外观瞻、咸集于此,这正是总商会起初所预期的效果。甚至有些外地的报纸对议事厅落成典礼也进行了报道,如《顺天时报》在议事厅落成典礼之前即有简略介绍,典礼举行后该报不仅又详细报道了相关情况,而且全文刊登了议事

---

① 《总商会议事厅落成礼纪续》,《时报》1916年3月20日,第7版。

厅落成颂辞。①

议事厅建成之后，一方面从根本上改善了上海总商会自身的办公条件，另一方面也为上海工商各业聚会和开展活动提供了便利。为了使之规范而有序，1915年2月底上海总商会第四次常会就曾讨论相关事宜，计划"妥定章程"，将"各业会商处移入会内"②。同年10月第二十次常会上总理周金箴再次提出："议事厅落成后，即须将各业会商处分配定当，并将会外各团体，如国货维持会、劝用国货会、商帮协会、商业联合会，收罗入会，以归一气，而免枝节。"经过讨论，公议"于落成开幕时，登报布告，凡关于商业事项者，准其随时函请开会，为议事处所，不能作为常驻机关，以免混淆"③。议事厅开幕典礼举行之后，上海总商会拟订了入会各业借地开会简章，指明"本会议事厅及常会厅，凡有入会各团体及入会各商号因商事行为欲开会者，得借用之，其非入会、与商业无关、有碍禁令者，一概谢绝"④。由此可知，议事厅建成后也是上海工商各业共有之重要聚会场所。

另外，议事厅的落成还使上海总商会得以更加便利地召集海内外商会代表汇聚一堂，无须再租借他处大型会场召开各种会议，从而能够更加充分地发挥全国"第一商会"的功能与作用。在此之后，全国商会联合会历届代表大会大都在总商会议事厅举行，其临

---

① 《各省要闻》，《顺天时报》1916年3月24日，第4版。
② 上海市工商业联合会编：《上海总商会议事录》（二），上海古籍出版社2004年版，第501页。
③ 上海市工商业联合会编：《上海总商会议事录》（二），上海古籍出版社2004年版，第541页。
④ 上海市工商业联合会编：《上海总商会议事录》（二），上海古籍出版社2004年版，第684页。

时特别大会更无一例外均在议事厅召开。可以说，上海总商会议事厅在很大程度上又是全国众多商会讨论商政，并做出重大决策的一个社会活动空间，产生了不容忽视的重要影响。19世纪20年代初，议事厅甚至还一度成为上海总商会乃至全国商界和教育界共同商议决策一系列政治活动的重要场所。1921年，全国商教联席会议在议事厅召开，这是"一次盛大的政治色彩浓烈的会议，应邀出席这次会议的，有来自十四个省、三个特别行政区的商会代表和教育界代表，共一百五六十人"。会议通过的重要议案有：发表对内、对外两个宣言，致电各省军阀劝告息争，通电各省议会联合组织"国是会议"[①]。1922年7月上海工商界数十个团体的代表在议事厅议决成立裁兵促进会，推动废督裁兵运动发展到高潮[②]。次年1月，总商会为"提倡裁兵、督促制宪、公开财政三大主义"，组织商教两界在议事厅举行大规模谈话会[③]。同年6月，直系军阀曹锟在京发动政变，拟贿选总统，受到全国各界谴责。总商会在议事厅召开临时会员大会，议决公开通电否认曹锟候选总统资格、国会议员已不能代表民意、组织民治委员会应对非常时局[④]。7月4日，"上海总商会民治委员会"在议事厅庄严宣告正式成立，开创了总商会发展历史的新篇章。

议事厅建成之后不仅作为大型会议的场所，而且还使上海总商会能够随时举办其他各类大型活动。例如1934年总商会曾在议事厅

[①] 徐鼎新、钱小明：《上海总商会史（1902—1929）》，上海社会科学院出版社1991年版，第313页。
[②] 《工商界之裁兵大会议》，《申报》1922年7月2日，第13版。
[③] 《总商会邀集商教同人开会宣传三大主义》，《申报》1923年1月19日，第13版。
[④] 《总商会临时会员大会记》，《申报》1923年6月24日，第13版。

举办改良中式簿记讲演会，由所属各同业公会组织工商业者参加。据相关报道称："上海市商会以徐永祚会计师改良之中式簿记，实为对于工商业会计事务上之一大贡献，特定于本月二十四日（即星期日）下午四时，在议事厅举行改良中式簿记讲演会，请徐会计师出席讲演。经由该会通告全市各同业公会，转知所属会员，一体来会听讲。"①讲演当日，在议事厅还陈列徐永祚撰写的《改良中式簿记概说》一书，以及所拟之"改良中式账簿表单程式三十余种"，供来宾观览。另外，总商会还曾在议事厅多次举办大型国货陈列展销会，以促进民族工商业的发展。每次展销会的开幕典礼都十分隆重，"来宾者甚众"②，产生了较大的社会影响。

鉴于推销国货之重要，在此之前总商会曾筹议设立商品陈列所，"陈列商品于推销国货，振兴商业，极有利益。……上海为通商总汇之区，中外人观瞻所系，自应及时兴起，以免落后之讥"。但起初因找不到较为合适的场地，商品陈列所的设立一直未能付诸实现。随着议事厅的落成，有会董提出建议："新建会所既已告成，现在办公处可以改设，惟须专立一科，管理陈列事宜，以昭慎重，而垂久远。"③于是，总商会决定俟搬迁新办公大楼后，将原办公地点重新修缮楼房，作为商品陈列所的所在地，后又通过发行公债的方式筹措银4万两用于修建商品陈列所。可以说，如果不是议事厅大楼落成，总商会不可能如此顺利地解决商品陈列所设立地

---

① 《上海市商会召集改良中式簿记讲演会》，《会计杂志》第3卷（1934），第1期，第144页。1933年12月23日的《上海商报》对此事也有报道。
② 《市商会昨日假大议事厅举行国货商场开幕典礼》，《沪报》1931年6月7日，第2版。
③ 上海市工商业联合会编：《上海总商会议事录》（二），上海古籍出版社2004年版，第542页。

点这一难题。新设立的商品陈列所"以发达商业、改良国货为宗旨，征集本埠各种商品，分类陈列之"①，每年6月征集商品，8月举办展览会。在当时的历史条件下，设立商品陈列所称得上是上海总商会致力于民族工商业发展的一项重要举措。在新楼建成之前，商品陈列所各部门职员暂时在总商会楼内办公。1921年商品陈列所大楼竣工，也举行了比较隆重的开幕典礼，总计有500余位中外来宾出席。

还需要补充说明的是，总商会拟订的议事厅使用章程起初虽写明非入会者不能借用议事厅，但后来实际上在执行过程中也并非全然如此。例如1920年7月，上海各界发起全国反日大会，即在议事厅举行正式会议，讨论通过了该会的组织大纲以及经济、组织两大提案，并选举了执监委员②。1924年上海各界爱国人士组成的对日外交市民大会提倡国货委员会，曾在议事厅隆重举行第二次提倡国货大会③。1928年3月，上海各路商界总联合会"在上海总商会议事厅开会员大会，到者各马路分会会员二千余人"④。同年8月上海律师公会"假天后宫桥总商会议事厅，开会员大会，到会人数，共有一百七十七人"⑤。是年底，上海律师公会又在议事厅召开秋季会员大会，改选执监委员⑥。上海浦东同乡会成立后，也在总商

---

① 上海市工商业联合会等编：《上海总商会组织史资料汇编》（下），上海古籍出版社2004年版，第718页。
② 《全国反日大会第四次正式会议》，《申报》1928年7月28日，第13版。
③ 《第二次提倡国货大会假上海总商会议事厅举行》，《上海对日外交市民大会会务汇刊》1925年，第27页。
④ 《商总联会会员大会纪》，《申报》1928年3月17日，第13版。
⑤ 《上海律师公会假总商会议事厅举行会员大会》，《大晶报》1928年8月6日，第2版。
⑥ 《律师公会秋季大会纪》，《申报》1928年12月31日，第14版。

会议事厅接连举办了三届会员大会，1935年2月，召开的第四届会员大会，仍然假上海总商会议事厅举行，参会者多达200余人。该会常务理事黄任之在大会演说中表示："今日借市商会开会为最后一次，希望下次在自建之新会所开会，故今日值得纪念。"[①]中国经济学社作为一个学术团体，同样也曾在议事厅"开社务会并宣读论文"[②]。此外，还有其他许多团体也都曾借议事厅开会或举办活动。请参见下表：

上海各团体机构假总商会议事厅举办会议与活动简表

事　由	时间	记载出处
商务印书馆股东大会	1916	《申报》1916年5月7日第10版
上海中国银行商股各股东为保全商股、巩固本行，组设商股联合会	1916	《大公报》（天津）1916年6月19日第6版
五四运动期间上海罢市后社会各界公议善后办法	1919	《大公报》（天津）1919年6月10日第6版
宁绍商轮公司第八次股东大会（该公司后又多次在议事厅开股东大会，并选举董事）	1917	《申报》1917年4月11日第1版
中华商业储蓄银行股东大会（该公司后又多次在议事厅开股东大会）	1917	《申报》1917年6月2日第18版
汉冶萍公司股东大会	1921	《申报》1921年6月5日第10版
上海金业交易所创立大会	1921	《申报》1921年8月11日第3版

---

① 《浦东同乡会年报》1935年，"会议记录概要"，第2页。
② 《中国经济学社年会之第二日》，《申报》1927年11月20日，第13版。

续表

事　由	时间	记载出处
全国商会联合会、全国教育会联合会第一次联席会议	1921	《申报》1921年10月13日第14版
上海厂丝干茧交易所股东大会	1922	《申报》1922年3月30日第2版
中国红十字会全国会员大会	1922	《申报》1922年5月24日第1版
万国商团中华队练习出访以议事厅为集合地点,"并讲演一切"	1924	《申报》1924年3月6日第14版
泰山砖瓦公司股东大会	1925	《申报》1925年4月6日第15版
万国商团中华队举行参圣典礼	1926	《申报》1926年5月15日第14版
上海公共租界纳税华人会选举工部局华董大会	1927	《申报》1927年1月22日第10版
整理金融短期公债第11次还本抽签	1928	《大公报》(天津)1929年9月4日第4版
废止内战大同盟第一次代表大会	1932	《申报》1932年8月27日第14版
上海市商会、地方协会、红十字总会三团体联合举行募捐筹款大会	1936	《大公报》(上海)1936年12月13日第7版
洗染业同业公会举行同业会员大会	1937	《大公报》(上海)1937年4月29日第15版

上表所列只是上海各团体机构借总商会议事厅举办会议或活动的众多事例中的很少一部分,但却足以证明,议事厅在某种程度上也可以说是上海各民间团体与机构的重要公共场所。甚至连官方机构有时也借用总商会议事厅开会,例如1918年1月修改现行进口税则委员会在"议事厅开成立大会,除政府所派曾主任及李、赖二

副主任、各委员外，有约各国所派之代表，亦均莅会"①。毫无疑问，上述各种会议的举办和各类活动的举行，既扩大了议事厅的功能与作用，也进一步提升了上海总商会的社会影响。

除上述之外，透过议事厅的修建与落成还可以看出上海总商会所具有的以下特点：

第一，议事厅的落成，再次从一个侧面体现了上海总商会作为全国第一商会的领袖群伦地位，充分反映其既不同于全国其他商会，也有别于上海其他各类民间社团的独特之处。根据笔者数十年研究近代商会所见卷帙浩繁的商会档案文献和相关史料，可以断定在当时的历史条件下，全国各地没有任何一个商会修建如此规模的议事厅。即使是处于工商业比较发达的汉口、天津、广州等地的商会，在当时也没有着手修建类似的议事厅，唯独上海总商会提出了这一动议。而修建如此规模的议事厅，在当时无疑需要相当的勇气和决心，这一举动无愧于上海总商会所具有之全国第一商会和模范商会的荣誉称号。另外，在清末民初的上海，除了商会还有为数众多的其他各类民间社团，其中有些也具有相当的社会影响，例如教育会、救火联合会、商团等，但我们同样也没有发现在当时的上海有其他民间社团修建如此规模的议事厅或办公大楼。可见，上海总商会在各类民间社团中也是独树一帜，堪称翘楚。

第二，议事厅的修建，充分展示了上海总商会设计的"形象工程"与"工程形象"。其独特之处，是上海总商会除着眼于改善自身办公条件和便利举办大型会议之外，还十分注重将其作为"以壮

---

① 《修改税则委员会纪事》，《银行周报》第2卷（1918），第2期，"纪事"，第15页。

观瞻",体现全国模范商会的形象工程。对于"形象工程"一词,在不同的时代应有不同的理解和认识,该词汇现今在很大程度上似乎成了一个贬义词,但如果放在民国初年那个特定的时代,结合上海总商会在全国的显著地位及其发挥的重要作用,通过修建议事厅来塑造全国模范商会形象,应该有其正面意义和积极影响。由于历代封建王朝都实施重农抑商政策,社会上长期盛行贱商和贬商之风气,商人的地位极为低下。到近代这种状况虽有一定程度的改变,但商人的实际社会地位仍较低微,需要通过各种方式促使其真正改观。而议事厅这一宏大工程的完成,在某种程度上对于塑造商会的新形象以及改变商人的传统面貌无疑能够起到一定的作用。此外,议事厅稳重端庄、中西结合式的古典主义"工程形象",在很大程度上体现了上海总商会本身所具有的中西结合、传统与近代集于一身的风貌特征。当时,上海各大报章对议事厅"形象工程"与"工程形象"连篇累牍的赞誉之词,也证实上海总商会塑造和展示新形象达到了预期效果。

第三,议事厅的修建与落成,也体现了上海总商会显著的动员能力以及拓展社会活动空间的决心。在面临会员所交会费不敷日常开支,并且没有任何其他收入的情况下,上海总商会不失时机做出修筑议事厅暨办公大楼的决定。随后虽然一直受到建筑经费严重短缺的困扰,但总商会坚持不改初衷,相继通过领导人捐款和垫支、持续动员各业募捐以及发售公债等多种方式,不仅最终完成了议事厅主体工程,而且努力使一应配套工程也顺利完工,并且在议事厅落成后还精心筹划举行了隆重的开幕典礼,产生了较大的社会影响,可以说基本达成了预期的设想。回溯议事厅的修建及筹款过程,可以看出上海总商会尽管过高地估计了自身能力而一度陷入困扰，但议事厅的最终落成与开幕典礼的成功举行，显示了上海总商会更胜于其他商会的动员能力和克服困难达成目标的决心。

第四，通过对议事厅修建、落成与使用的考察，还可以揭示"事件"中的"空间"与"空间"中的"事件"之紧密关系，亦即透过"空间"与"事件"两者的关联来了解和认识近代上海总商会的独特历史特点。本章虽主要将议事厅的修建作为一个"事件史"进行探讨，但议事厅本身却是一个重要的活动空间，从而决定了这一事件与"空间"问题紧密相连的独特性。该事件的最终结果及其意义，也在于议事厅这一重要活动空间的建成，意味着上海总商会自此即拥有了属于自己的广阔"空间"。而在此之后，我们透过这一新空间又可以了解诸多重要历史事件，尤其上海总商会在这个新空间不断有新作为，包括全国商教联席会议的召开、裁兵促进会的成立、"民治委员会"的建立等，都是在这个空间里发生的重大历史事件。议事厅建成之后，也是上海社会各界经常利用的社会活动空间。如果说张园是清末上海各界的主要社会活动空间，在园内演出过一幕又一幕历史活剧，那么总商会议事厅建成后则成为民国时期上海各界全新的公共活动空间，而且无论是空间规模还是环境条件都更加优越，在这个空间里发生的历史事件也更加丰富和多样化，显示了近代中国历史发展演进的历程及其特点。

总而言之，议事厅的修建、落成与开幕，充分体现了民国初年作为全国"第一商会"的上海总商会在形象塑造、经费募集和成果展现等多方面的能量及其影响，不仅为近代上海商会，也为全国商会的发展历史写下了值得重视的新篇章。

第四章 五四运动期间上海总商会"佳电"风波

号称近代中国"第一商会"的上海总商会,毫无疑问是近代全国众多商会中的佼佼者,在一系列反帝爱国运动中都发挥了重要作用与影响,由此在全国商会中奠定了令人瞩目的领袖地位。但是,当五四运动以沛然莫遏之势迅速兴起时,上海总商会却因"佳电"风波的困扰,非但未能领导商人积极参与这场轰轰烈烈的爱国运动,反而与广大商人产生了严重的意见分歧,致使商人对商会的不满与愤怒日趋加剧,总商会的声誉和形象因此而受到了极大的损害,并导致了总商会内部的分化与改组。

一、"佳电"风波的由来

第一次世界大战结束后的1919年1月,协约各国在巴黎举行分配战胜果实的和会,中国也应邀派代表参加。社会各界无不以为中国由此可以"稍挽百十年国际上的失败",被德国所占的青岛及其在山东的特权将顺利收回。然而,巴黎和会不仅没有使中国的国际地位得到任何改善,甚至连中国本应收回的被战败国德国所侵占的青岛和山东主权也转移给了日本。这种严重践踏中国主权的做法,立即激起了包括工商界在内的中国人民的极大愤怒,奋起反对北京政府代表在和约上签字,坚决要求和会将青岛和山东主权直接交还中国,一场伟大的五四运动由此爆发。

五四运动由学生开其端,很快得到了以商会为领导的全国工商界的广泛支持。处于五四运动发源地的北京总商会首先表态支持学生运动,于5月5日通电上海总商会、全国商会联合会、各报馆和各团体:"山东问题异常危急,闻将直交日本,请飞电巴黎和会力争,及电我各专使万勿署名,并招各界开会,商量救亡办法,为外交上声援。"①在北京总商会的呼吁下,全国各地商会闻讯而动。天津、保定、南京、上海、苏州、镇江、淮阴、松江、常熟、扬州、常州、无锡、杭州、宁波、嘉兴、汉口、武穴、安庆、芜湖、济南、漳州、南昌、九江、吴城、长沙、开封、广州、成都、重庆、奉天、珲春、绥远、张家口等地的商会都相继采取行动,迅速形成一个全国性的反帝救国高潮②。

这些商会除了发动抵制日货、提倡国货活动之外,还发布通电要求政府释放被捕学生、拒签和约,反对日本接管青岛,愿为政府后盾。如天津总商会于5月7日即致电中国驻法国公使转巴黎和会中国专使,指出"日人对于我国青岛,无条约根据,承袭德人之后,

---

① 《北京商会援鲁之来电》,《民国日报》1919年5月5日,第10版。
② 龚振黄编:《青岛潮·全国商界之崛起》,近代史资料编辑部:《五四爱国运动资料》,中国社会科学出版社1979年版,第108—128页。

竟强占不归，殊与我国领土主权攸关。刻全国合力协争，期于必达目的，使日人将青岛完全归还。用特电恳诸公力为主张，勿稍退让，必将青岛收回，以保领土。"① 苏州总商会于5月15日召开特别会议专门讨论巴黎和会问题，并形成决议，致电北京政府说："巴黎和会对于山东青岛胶济等权利，完全为日本继承，外交失败，言之可痛。溯自民国四年《二十一条》强迫签字后，我国各界恶感已深。今犹外示亲善，隐行攘夺，群情愤激，忍无可忍，佥以非将青岛完全由和会直接归还，一切密约悉予废弃，不足以保主权而救危亡。本会为保全国权、领土、实业、经济起见，迫切陈词，务乞坚持到底，非达目的不令专使签字。商民等无论如何牺牲，愿为政府后盾。"② 南京总商会也发出通电："此次巴黎和会，我国对日外交完全失败，凡属国民，莫不愤恨……恳请训令专使，坚持到底，万勿签字。"③ 杭州总商会还在通电中提出："如不得直，宁退出和会，万勿遽予签字，损我主权。"④ 可以说，全国各大商会都态度鲜明地积极投身五四运动。

在这次反帝救国运动中，以商会为代表的工商界虽然是受学生运动的影响而加入其中的，但也表现了值得注意的进步之处。例如商会除了采用通电请愿、抵制日货等传统方法之外，还采用了对商人来说最为有力的手段——罢市和抗税。罢市活动开始于6月5日，由

---

① 《津商会为要求日本归还青岛以保领土事致驻法公使电》，天津市档案馆等编：《天津商会档案汇编（1912—1928）》第4册，天津人民出版社1992年版，第4715页。
② 《苏州·总商会之特别会议》，《申报》1919年5月17日，第7版。
③ 龚振黄编：《青岛潮·全国商界之崛起》，近代史资料编辑部编：《五四爱国运动资料》，第109页。
④ 龚振黄编：《青岛潮·全国商界之崛起》，近代史资料编辑部编：《五四爱国运动资料》，第120页。

上海商界开其端，凡城内、城外和各租界之华人商店一概停业。上海罢市风声传出之后，从6日起各地商界相继相应，使罢市运动波及南京、宁波、镇江、芜湖、苏州、常州、无锡、天津、汉口、济南、安庆、福州、松江、扬州、奉贤、杭州、常熟、宜兴、武昌等地。其中有些城镇的商会，在组织领导商界罢市的同时，还拒绝交纳税款，如松江、镇江、常州、宁波、无锡等地的商会均曾明确宣告罢税。

上述的罢市、抗税活动虽只限于江苏、浙江、湖北、安徽、福建、山东、河北等省的部分城镇，为时亦仅一周左右，但充分表示了工商界维护国家主权、争取国际平等地位，反对政府对外妥协的决心，扩大了社会影响，使北京政府惶惶不可终日，最终不得不答应商会和社会各界的要求——释放被捕学生，罢免曹汝霖、陆宗舆、章宗祥三位亲日派官员。亦使外人产生须平等对待中国之认识，如英文《字林报》刊载的一篇文章说："今因罢市之故，上海发生一种重大局势，吾外人为以公道对待中外起见，应即速解决种种难题……若因中国人有所举动，而妄行诋斥，事反无用。诋斥之余，只能发生患难。吾外人只有与华人讨量是非，使知凡令中国可得良政府之法，吾人无不赞成。"①

正当五四运动轰轰烈烈展开之际，上海总商会于1919年5月9日发出了致电北京政府的一封电报，提出了解决山东问题的独特主张。该电报的全文如下：

北京分呈大总统、国务院、外交部、农商部钧鉴：青岛问题激

---

① 海上闲人编：《上海罢市实录》，近代史资料编辑部编：《五四爱国运动资料》，第347页。

成全国公愤,皆由章使宗祥不胜其任。查章使于洪宪未成之后,不愿长农商、长司法,而独愿出使日本,其意不知何居。又查欧战开端,日本以哀的美敦书致青岛德军云:"尔曹不即退出,当以兵车相见。若青岛为我所占,待欧战平定,交还清国。"此言也,全球皆知,岂能更变。今欧战既停,章使应如何商承政府,询问日人作何手续交还。乃计不出此,电请我政府提交欧会公决。不料因有英日、法日、意日密约之牵制,致遭失败。又不奉命,遽回本国。甫抵都门,忽有辞职之意。携眷到京,复潜往曹寓。其父其兄久处京城,何以舍而寓曹,情甚诡秘,人之猜疑,实由自召。值兹舆论哗然,群情鼎沸,尚系对于章使,具有愤懑不平之现象。而对于日本外交,并无别种举动。凡我国民,深知国步维艰,当静以处事。为此电请钧座,迅赐遴派资格声望足以胜任大使者,任命日使,克日起程前往,坚持"欧战平定,交还清国"一语,径与日廷磋商交还手续,和平解决,免贻伊戚。并请电知陆专使,对于协约各国声明交还青岛之语,日本发表在先,与他条约并无牵制,应将此项议案提出大会,由中国派员与日本直接交涉。际此人心浮动,伏乞将办理情形,晓示天下,俾安大局,而免鼓噪。无任迫切待命之至。上海总商会叩。佳。①

这封电报因所具日期为"佳",故被简称为"佳电"。

---

① 《总商会对青岛问题之主张》,《申报》1919年5月10日,第10版。

二、"佳电"风波引发的纷争

该电报发表后,立即引起了各方的不同意见和反对,爆发所谓的"佳电"风波①,使上海总商会非但未能继续领导商人积极参与五四运动,反而与广大商人产生了十分严重的意见分歧,并遭到商人的强烈不满与愤怒谴责,也导致总商会内部的分化。"佳电"提出由中国任命专使,"径与日廷磋商交还手续,和平解决"的主张,与当时力争在巴黎和会上直接由中国收回青岛、恢复山东主权的舆论要求,存在着较大的差别。同时,其中的其他一些说法,似乎也与当时的社会舆论背道而驰。

因此,"佳电"见诸报端后,受到社会各界特别是商界人士的一片谴责。上海商业公团联合会于次日致函总商会质问说:"佳电"之主张"是我全国人民所誓死坚拒,而日本所求之不得者,何以贵总会佳电违反民意,适如该国之愿?"该会还致电北京政府,坚决表示"上海总商会佳电主张青岛与日本直接交涉,本公团极端否认,并请转电巴黎专使"。②上海总商会的一些会员对"佳电"也深为不满,纷纷在报上撰文予以抨击。上海商业公团联合会56公

---

① 关于上海总商会"佳电"风波的若干问题,近代史学界尚存在不同的见解。笔者早前曾发表《重评五四运动期间上海总商会"佳电"风波》(《历史研究》2001年第4期)一文,对当时以及后人所说之传统说法提出了一些新观点。熊玉文后来曾发表《也评上海总商会"佳电"风波——兼与朱英先生商榷》(《江汉论坛》2010年第8期)和《对五四运动期间上海总商会一封电报的辨析》(《民国档案》2011年第2期)两文,针对拙文提出了一些不同的看法和意见,继续坚持以往的一些传统见解。
② 商业公团联合会的这两份电文均载吴中弼编:《上海罢市救亡史》,近代史资料编辑部编:《五四爱国运动》下册,第247页。

团致函责问道:"我全国人民所誓死坚拒,而日本所求之不得者,何以贵总会佳电违反民意,适如该国之愿?"并另致电北京政府,对总商会"佳电"之主张表示"极端否认"①。也有会员致函责问:"佳电言人所不忍言,此种独得之见解究出谁人之主张"②;总商会之举动"不啻与虎谋皮","国人多数认我商会为麻木不仁之形式机关,益证以此次之态度,固已无可掩饰者";并要求总商会"速召集全体大会,共同研究","振作精神,速图自白"③。还有会员在《申报》发表《告上海商界书》,认为"商会致北京佳电,不啻出诸日本人之口","商界之表示如此,而商会之主张如彼",实在是大相径庭。"为今之计,第一各业商宜亟开联合会,改选商会会长"④。

于是,在轰轰烈烈的五四运动兴起之后,上海总商会一直穷于应付各界对"佳电"的指责,会务几乎陷于停顿,根本不可能像其他地区的商会那样,领导各业商人积极参加这场大规模的反帝爱国运动。更为严重的是,随着"佳电"风波的日益发展,改组总商会和罢免正副会长的呼声也越来越高。上海国民大会干事会等社会团体都强烈要求罢斥"丧尽廉耻之正副会长",上海总商会内部也围绕着正副会长的去留问题争执了一个多月,这实际上是"佳电"风波的延续。在商界和社会舆论的强大压力下,上海总商会会长朱葆

---

① 《商人对于总商会之责难·商业公团函》,《申报》1919年5月11日,第10版。
② 《商人对于总商会之责难·沈卓吾函》,《申报》1919年5月11日,第10版。
③ 《商人对于总商会之责难·赵锡恩函》,《申报》1919年5月11日,第10版。
④ 《责难总商会之函稿·周佩箴告上海商界书》,《申报》1919年5月13日,第10版。

三最终不得不宣布辞职。可见,"佳电"风波在当时社会上所产生的反响以及对上海总商会的影响均不可忽视。

"佳电"风波的愈演愈烈,除了电文提出的主张与各界要求不相符合,以及总商会领导人坚持原有态度之外,应该说与总商会内部派系之间的权力之争也存在着一定的联系。上海商会自清末成立后即不断发生派系纷争,尤其是江浙帮与闽粤帮之间的争斗十分激烈。在长期的纷争中,江浙帮因实力雄厚而一直居于上风,几乎垄断了商会绝大多数上层领导职务,闽粤帮仅有曾铸和徐润等少数人在清末出任上海商务总会的总理和会董,这种状况自然会引起闽粤帮商人的不满。五四运动期间,上海总商会的正副会长均为江浙籍要员,仍由江浙帮控制。"佳电"被报刊披露后,为总商会内部闽粤帮和其他籍贯的商人攻击江浙帮提供了一个难得的机遇。稍加考察,即不难发现当时总商会内部指责"佳电"和攻击正副会长宁波籍商人朱葆三、沈联芳最为激烈,后来又竭力要求改组总商会者,主要是闽粤帮的黄伯平、汤节之、冯少山以及山东籍的数人,另还有上海籍的徐菊如、江确生、赵晋卿等人,而江浙帮中却少有其人。上海籍商董虽拥有天时地利,江浙帮则属客籍,但上海本籍商人因经济实力完全无法与江浙帮相抗衡,在总商会的上层领导位置中同样受到排斥,因而上海籍的徐、江、赵等人在"佳电"风波中对江浙帮的抨击也显得十分激烈。在上海商会的发展史上,类似的派系纷争常常在许多重要的政治运动和其他活动中均有不同程度的反映,并且视具体情况的不同而产生正负两方面的影响。

从以往的有关研究成果看,几乎都是对上海总商会的"佳电"予以全盘否定。例如有的论者指出:"佳电""公然承认日本强占青岛的侵略事实,提出与日本直接交涉归还青岛的荒谬主张……无疑正投合日本侵略者的心意"。因此，上海总商会"佳电"的出笼，是该会正副会长和部分会董"违背国家民族利益，也违背工商界爱国人士意愿的政治叛卖活动"①。笔者先前撰写的论著，同样也认为"佳电"的主张与工商界的愿望截然相反，而与日本的要求正好如出一辙，在很大程度上可以说是与日本政府遥相呼应的卖国主张②。但是，以往的有关论著对涉及"佳电"的许多重要问题并未做出深入细致的分析，得出的结论似乎也过于简单，有必要予以考察和评析。

无论是当时的社会舆论还是后来的研究论著，大都将"佳电"提出的与日本交涉收回青岛、恢复山东主权的主张，视为媚日卖国之举，并认为上海总商会的主要领导人是汉奸卖国贼。例如《申报》登载的有关文章，认为总商会与政府的卖国言行并无二致："商界之表示如此，而商会之主张如彼，是何异国民口口声声力争外交，而北京政府则鬼鬼祟祟拼命卖国"③；有的商人还提出"召集上海商人开一大会"，宣布朱葆三、沈联芳等上海总商会领导人的"一再媚外辱国之罪状"④。除此之外，"佳电"中数次出现的"清国"字样，因为是日本惯用的词语，所以也被作为总商会领导人充当汉奸的依据。1919年5月15日，《民国日报》登载的一篇文章即以十分严厉的口气说："民国肇建，八载于兹，满清退位，妇孺皆

---

① 徐鼎新、钱小明：《上海总商会史（1902—1929）》，上海社会科学院出版社1991年版，第232—233页。
② 请参阅拙著《转型时期的社会与国家——以近代中国商会为主体的历史透视》，华中师范大学出版社1997年版，第232页。
③ 《责难总商会之函稿·周佩箴告上海商界书》，《申报》1919年5月13日，第10版。
④ 《反对总商会元电之声浪·各团体之反对》，《申报》1919年5月15日，第10版。

知。乃该会佳电,则曰饬交清国……必存媚日,试图复辟。媚日即为卖国,复辟即为叛逆,卖国罪、叛逆罪同时成立,罪在不赦。"

三、媚日卖国还是独特策略

然而根据有关史实分析,上海总商会的主要领导人也是反对密约而要求收回青岛的,并非如同当时某些舆论所说的那样赤裸裸地力图附和日本方面的要求。"佳电"中虽两次出现"清国"字样,但却不应简单地将其作为总商会领导人甘愿充当汉奸的依据。如果联系电文的上下文可以明显看出,这句话显然是引用日本政府早先致驻青岛德军公文中的原文,应该打上引号,而不是直接出自上海总商会的领导人。例如"佳电"中第一处出现"清国"这两个字是:"查欧战开端,日本以哀的美敦书致青岛德军云:'尔曹不即退出,当以兵车相见。若青岛为我所占,待欧战平定,交还清国'。"第二处同样是引用的这句话,后面紧接着的则是"径与日廷磋商交还手续,和平解决,免贻伊戚"。在电文中的其他地方,均再无"清国"字样,而是"中国"二字。因此,"佳电"之所以出现"清国"字样,是引用日本方面的原文,引用此文的用意并非出于卖国的目的,而是强调日本政府曾经主动表示在战后要将青岛交还给中国,中国应该以此作为收回青岛的重要依据[①]。

---

① 熊玉文不同意"佳电"中的"清国"是引用日本方面先前的原文这一说法,主要理由是认为当时"距离日本政府明确规定以'支那'取代'清国'称呼中国已有一年时间"(《也评上海总商会"佳电"风波——兼与朱英先生商榷》,《江汉论坛》2010年第8期,第89页),并引用当时国人对"佳电"中出现"清国"字样的批评,但似乎仍无确凿史料为依据完全否认这一说法。

"佳电"风波产生后，上海商业公团联合会于5月13日邀请总商会正副会长、会董和其他工商团体代表举行会议，商讨补救措施。总商会正副会长未出席，代表会董发言的虞洽卿、周晋镳虽在各方面压力下承认"佳电""措辞确有失当"，但坚持认为"商会同具爱国热心"。会后，上海总商会致电北京政府，表示"本会对于青岛问题，前发佳电，因各界舆论，以仍向欧洲和会交还为是。今经会议公决，自应取消佳电，一致对外，以免纷歧误会"①。这是上海总商会在面临社会各界强烈指责的情况下，不得已而做出的一种应对措施，实际上总商会的主要领导人在内心仍认为"佳电"所提出的主张不失为收回青岛的较好方案。

按照常理，上海总商会的领导人也不至于如此愚蠢地冒天下之大不韪，完全不顾自己声誉扫地的严重后果而公开反对收回青岛，犯众怒充当"汉奸国贼"。只不过其考虑问题的角度不同，提出的解决方案与策略也不一样。在"佳电"中，上海总商会领导人认为日本方面事前已承诺战事平息之后，将青岛交还中国，只是因"密约之牵制，致遭失败"，因而与日本"磋商交还手续"，更易"和平解决，免贻伊戚"。稍后，上海总商会副会长沈联芳又进一步解释说："此次索还青岛，欧洲和会未能助我，我国陆专使能力已可概见；不得不将民气激昂之现象，先行电请政府派员赴日直接索还。俟电报发表后，或再要求日领事亦去一电。不料电文一经宣布，各界即表示反对之意。本会手续，遂即停顿。"结果使上海总商会无法按计划实施以后的步骤。沈联芳还特别强调："本会以派员赴日赶紧索还为言，此乃国民之思想各有不同，而索还之主张

---

① 《商业公团昨日开会记》，《申报》1919年5月14日，第10版。

无二致。总之，此电就事实而言，并不与各界相反"；此外还说明"青岛与密约同时在和会上提出，多所牵制，是以失败"，如将"青岛与密约截然分为两途"，收回青岛则有可能获得成功。①上海总商会的一部分会董也认为："我会长主持会事，众望允孚；即青岛交涉，主张向日索还亦无不合之处。虽外间有反对之说，由于办法主张各殊，用心则一。"②显而易见，上海总商会认为向日本交涉收回青岛与在欧洲和会上交涉虽方法不同，但目标是一致的，并强调在当时的条件下向日本交涉更容易获得成功。不仅如此，总商会领导人还一直坚持认为这种方案和策略是正确的。会长朱葆三于7月1日在报上发表的《最后辞职书》，仍说"佳电之是非，可征诸将来之事实"③。所以，不能否认上海总商会的态度与其提出不同的方案和策略有着直接的关系④。

除上海总商会之外，当时还有个别商会也曾认为，青岛未能顺利收回另有其他原因，并提出了相应的解救措施。例如武昌总商会即认为青岛问题无圆满结果，"其最大原因，皆南北争权夺利所致，故为防微杜渐起见，非先弭内患不可"。因此，《大汉报》1919年5月11日刊载的武昌总商会电文声称："日人不还青岛，是

---

① 《关于总商会长辞职之函件·沈联芳之自辩》，《申报》1919年5月18日，第11版。
② 吴中弼：《上海罢市救亡史》，近代史资料编辑部编：《五四爱国运动资料》下册，第252页。
③ 《朱葆三最后辞职之措辞》，《申报》1919年7月1日，第10版。
④ 关于这个问题笔者曾发表《重评五四运动期间上海总商会"佳电"风波》（《历史研究》2001年第4期）一文予以说明，稍后熊玉文发表与笔者商榷的文章，不同意本人的这一说法，而是坚持时人的看法，认为上海总商会的主张不是独特策略，而是误国卖国方案，这应可再予分析讨论，但熊文说拙文之分析是"欣赏'佳电'的策略与方案"，似乎是仅凭个人误读得出的不确印象，是一种主观推断。见熊玉文《也评上海总商会"佳电"风波——兼与朱英先生商榷》，《江汉论坛》2010年第8期，第93页。

有鉴我南北争权夺利,各不相让,致起瓜分之兆。若我南北预先退让,中国统一,日人必早还我青岛矣。"武昌总商会这样的认识与解救措施,显然也与全国各界的要求不一致,但同样是出于能够使青岛顺利收回的目的。至于说上海和武昌总商会这种不同于社会各界的独特策略是否切实可行,则应另当别论,而不能简单地据此认为这是上海和武昌总商会的媚日卖国行为。

此外,还有两个相关问题需要做进一步辨析。问题之一是"佳电"是如何产生的?有的论著认为,"佳电"最初的起草者是上海日本商会会长,然后由上海总商会略加修改而拍发。但这一结论的史料依据并不充分,尽管稍后的几本史料书有类似的记载,却均未予以详细说明,大都只说是"联合通信社探得佳电之真相,关系出于上海某国商会会长之意,由吾国商会会长朱某之子,亲任转达之劳,辗转磋商,为日已久,参与其事者闻有八人,其电文系自某国文字翻译,只删去'亲善'等语,由朱授意沈联芳拍发之。不意因一'清国'字样,为人揭破其奸"①。这实际上是一种传说,而且除此之外,再无其他的任何史料可资佐证,因此不能作为定论。如果进一步加以分析,这种结论的疑点也不少。"佳电"要是果真由日本商会会长起草,当不会在电文中反复强调日本政府已应允在战后将青岛交还给中国,因为这肯定会使日本处于相当被动和不利的境地,相反却有利于中国以更为充分的理由收回青岛。

不过,"佳电"的拟订和发出,也确实未按照上海总商会的自定的组织规章与程序办理。一般情况下,类似这样比较重大的行

---

① 杨尘因:《民潮七日记》,近代史资料编辑部编:《五四爱国运动资料》下册,第213页。

动，都需要经总商会三分之二以上的会董讨论，而不能由少数人操纵，更不能由个别人一手包办。由于"佳电""未经商会议董通过，由会径自发递，则商会会长实已违背商会规则"，因而工商界对总商会正副会长朱葆三和沈联芳指责尤多。有的甚至直指朱、沈二人为"外交之内奸""民国之叛逆"，迫使他们最终不得不提出辞职。

总商会会长朱葆三在上海商界早已是声望素孚、举足轻重的头面人物，他在清末即曾出任商务总会协理（副会长），民初数次当选为总商会会长，1916年又担任全国商会联合会副会长。但是，在"佳电"风波中朱葆三所受到的攻击却最为激烈，并且影响到对他一生的评价。当时的舆论和现今的研究论著，都认为朱葆三是密谋策划"佳电"的核心人物，因而应对"佳电"负主要责任。实际上，在"佳电"出台的过程中，朱葆三究竟应该承担多少责任？也需根据当时的情况进行具体分析。

如果从上文介绍的当时传说看，朱葆三不仅亲自参与了"佳电"草稿的修改，而且也是由他授意副会长沈联芳拍发的，自然应负主要责任。但实际情况恐怕并非如此。据当时总商会中反对"佳电"相当激烈的方椒伯、赵晋卿等人事后回忆：五四运动时期的朱葆三虽仍担任会长，但已年过七旬，平时直接处理会务并不多，而是由副会长沈联芳主持。据方椒伯透露，"电报是沈联芳和坐办严渔三所拍发"，事前可能曾向朱葆三报告此事；赵晋卿的回忆也说"佳电"是沈联芳做主拍发的，因为"朱葆三是随随便便的好先生，总商会的当家人是沈联芳，之外，坐办是严筱舫之子严渔三"。"至于沈联芳是主动或被动，因陆润生（宗舆）与沈联芳是亲戚，也许不是沈的主动。"①

从方、赵二位当事人的回忆不难看出，在"佳电"出台的过程中，朱葆三并不是什么密谋策划的核心人物，"佳电"实际上也不是由他做主拍发的，因此不应该要求他负主要责任。在"佳电"风波中，工商界和社会舆论认为他是主谋，将攻击的矛头集中对准朱葆三，使得他不得不一度宣布辞职，确实有些冤枉的成分。大概是由于总商会的一部分会董知悉这一内情，在朱葆三起初提出辞职时，他们曾一再予以挽留。结果"挽留者留之愈坚，攻击者亦攻之愈甚"，更引起社会各界的误会与反对，又导致朱葆三陷入非辞职不足以平息社会舆论对总商会的强烈不满这种窘境。在最后公开发表的辞职书中，朱葆三曾经说明其苦衷："经此一番波折，以后办事更难措手，若仍墨守成规，必遭各界攻击，倘竟随众附和，恐多所妨碍，上无以副国家期望之殷，下无以报各业委托之重，个人名誉，诚何足惜，贻误大局，责所难胜。"朱葆三正式宣布辞职后，仍有新普育堂、妇孺救济会、中国红十字会、普益习艺所、栖流公所、闸北慈善团、上海联益施材会、虹口普济善堂等团体在报上登载为朱葆三鸣不平的公启②。

不过，身为总商会会长的朱葆三对"佳电"风波的发生也不能说完全没有责任。总商会的章程规定两个星期召开一次全体会董会议，但常常因到会的会董人数太少而难以如期举行。遇有紧急事务，按规定应召开特别会议商议决定，也同样难以办到。于是，只

---

① 上海市工商联藏档：《方椒伯对佳电的回忆》《方椒伯、赵晋卿谈总商会的有关资料》，见沈渭滨《上海总商会史稿》（未刊稿）。本章引自张恒忠《上海总商会研究》，台北知书房出版社1996年版，第209页。
② 《朱葆三最后辞职之措辞》，《申报》1919年7月1日，第10版。

能由会长、副会长和少数几位驻会会董协商，或者是自行决定。此种状况在总商会已形成多时，但朱葆三却未予以充分的重视，也没有采取措施予以改变，这是"佳电"未经会董讨论通过即公开发出的重要原因之一。加上朱葆三已是年过七旬的垂垂老者，名为会长却很少亲自处理会务，也容易造成类似"佳电"这样的事件发生。

问题之二是，有的论著认为，上海总商会会长朱葆三以及虞洽卿等一批会董之所以甘愿媚日卖国，是因为他们与日本方面存在着紧密的经济联系，由于亲日派在总商会中占居了主导地位，故而导致总商会在对待有关问题的态度与表现上显得十分暧昧。当时的舆论，也有揭露总商会为"媚日派"把持之说。但这种解释似乎也很难具有充分的说服力。理由之一是，这种情况并非上海总商会所独有，其他商会的领导人也有与日本方面存在着密切经济联系者，但他们为什么未因之而如此明显地影响其在五四运动中的态度和行动呢？理由之二是，从以往的情况看，即使是有些商人与某国存在着较紧密的经济联系，但在关键时刻特别是全国性的大规模反帝爱国运动中，并未完全影响其政治态度。1905年抵制美货运动期间，即有许多主要经营美货的商家不惜遭受经济损失，积极投身于反美斗争的行列。过去，我们还习惯于从经济方面划分资产阶级的上层和中下层，并认为资产阶级上层反对革命、支持立宪，中下层则支持革命。但后来的许多研究成果都证明，这种结论与历史事实有着较大的出入。尤其是在上海资产阶级的上层人物中，支持革命者大有人在，并且发挥了相当重要的作用。因此，仅仅以经济方面与日本有比较密切的关系来断定商人在五四运动中的政治态度，恐怕并不能找到符合历史事实的准确答案。

当然，也不能完全排斥上海总商会领导人之所以在"佳电"

中提出这种独特的方案与策略，与其与日本方面存在着密切的经济联系有关。问题的严重性在于，即使上海总商会的领导人不是出于卖国的动机，但这一方案不仅与广大商人的意愿和全国舆论相悖，而且在客观上与日本的要求相吻和，自然会激起工商各界的强烈不满，加之总商会的领导人又始终坚持其所采取的策略未错，从而进一步导致总商会与商人之间的矛盾更趋尖锐。

毫无疑问，"佳电"风波对上海总商会的形象与地位产生了严重的消极影响，大多数论著对此也有说明。但"佳电"风波对上海总商会的发展是否也有积极作用？对此则绝大多数论著都未曾论及，也需要做进一步的探讨与分析。下面仅以上海总商会的改组为例略做论述。

考察有关史实，可知五四运动期间改组总商会的呼声主要来自商会内部的一部分会员和会外的商界人士，报刊舆论也起了重要的推动作用。但究其根源，却与"佳电"风波有着直接的关联。

四、"佳电"风波与上海总商会改组

"佳电"风波产生不久，上海总商会内部即有会员一方面对"佳电"予以抨击，另一方面主张从组织上对总商会加以改组。其理由是："商会者，为保商兴利而组织者也……总商会名义，上海众商所公有，非一二人所得而私也。今商会佳电，与商界相反至此，岂非至奇可骇之事乎？"为今之计，唯有改选正副会长并改组总商会。所谓"保商兴利之要道，尤必从组织始"，改组后的总商会要"多聘毕业欧美、富于商学人员为商会顾问"，以避免重蹈覆辙①。

"佳电"未经全体会董讨论,明显违反了总商会自定的规章与程序,但却能够得以公开出台,这说明总商会在组织制度上确实存在着缺陷。邹静斋、黄伯平、陆维镛等一部分会员在指责总商会领导人未经会董讨论而独断专行的同时,也曾指明出现类似现象的重要原因,是总商会的组织制度存在着缺陷,并进而在报刊上公开提出"改革上海总商会组织"的要求。他们认为"上海总商会所以往往有极悖谬之行为者,其责任固在正副会长及会董,而根本原因实由组织法不良有以致之。故欲总商会成为一有益之公共机关,不再发生悖谬举动,非根本改组不可"②。这样的认识,可谓透过"佳电"风波这一具体事件,看到了当时上海总商会存在的深层次问题,表明一部分会员的思想认识已明显提高。实际上,在五四运动之前上海总商会也曾有不能令人满意的举动,但"对于商会组织之良否,亦从无人注意,及之每一重要问题发生,总商会当局行动大拂人意时,始有出而反对纠正之者,事后又付诸不闻不问矣",因此难以使总商会获得真正的改观。而在五四运动期间,这种弊端已为一部分会员所充分认识,当可视为商人思想意识提高的具体反映。

在此前后,上海总商会之外的商界人士,也因"佳电"而对上海总商会产生了强烈的不满,并采取不同的措施对总商会的改组施加了相当的压力。其具体方法是针对总商会所存在的弊端,另行发

---

① 《责难总商会之函稿·周佩箴告上海商界书》,《申报》1919年5月13日,第10版。
② 邹静斋、黄伯平、陆维镛:《改革商会总商会组织议》,《申报》1919年5月21日,第12版。

起组织商人团体,成立"平民商会"。当时即有一部分商人认为,总商会"所办事务,除仰承官场鼻息外,不复与商家利害有何关系";特别是"今次外交事件(即"佳电"风波——引者),有种种不满人意之举动。沪地商家,遂生莫大之觉悟,发起组织平民商会……俾免商家利害为少数官僚资本家所垄断。此举赞同者已数千人,将来必能成一真正商人团体,代表真正商人利益"[①]。"平民商会"之发起,显然是"上海大多数商家因不满于原有之商会,亟谋组织一伟大之商人团体"。虽然公布章程之后,该会并未开展多少实际活动,但这一举动足以表明,更多的商人已对总商会失去了以往的信任,使号称中国"第一商会"的上海总商会自成立以来首次面临前所未有的信誉危机。如果总商会仍然故步自封不做变革,其生存与发展势必也将随之面临极为严峻的考验。

实际上,上海商业公团联合会的成立,以及该会在五四运动期间与总商会非常明显的不同表现,已使总商会在商界中的地位与威望受到严重影响。此后,以街区为单位的各马路商界联合会又纷纷成立,并联合组织上海各路商界总联合会,积极开展了一系列活动,又进一步对总商会的威望提出了挑战。在这种情况下,总商会如果想维持原有在商界乃至全国的形象与影响,就必须自身进行根本性的改组,否则将很有可能会陷入一蹶不振的困境。

1920年8月,上海总商会进行了第三届会董换届改选。通过这次改选,不仅正副会长易人,而且原有的33名会董中改选者多达31人,出现了上海商会自清末成立以来从未有过的大换班,其意义和

[①] 吴中弼编:《上海罢市救亡史》,近代史资料编辑部编:《五四爱国运动资料》下册,第287—288页。

影响非同小可。一批具有新思想文化素养、受过各种专业高等教育的新一代工商界代表人物进入上海总商会领导层，也使上海总商会开始了新的历史发展时期，并逐渐重新赢得上海工商界人士的信任与拥戴。在发文制度上，上海总商会也吸取了"佳电"风波的教训，规定凡有关总商会所发电文，必须事先刊印分发各会董商议。

上海总商会的这次改选尽管是在次年才进行，但也与"佳电"风波的出现有着比较紧密的联系。可以说，"佳电"风波是促使上海总商会改组的导火线。同时，改组的实现也是上海总商会内部一部分改革趋新的会员在"佳电"风波后坚持努力的结果。正如当时《民国日报》发表的"时评"所说："总商会向来被顽固者把持，最近几年，周金箴、朱葆三两人，更把总商会弄得糟透了。去年曾有剧烈的反对，终未能摇动。而此届选举，竟能将向来把持的势力，完全推翻，可见商会会员，具有改革的决心。以前的总商会，既不满人意，才有今日选举之结果，则今后总商会之进行，自有一种新标准，吾人当拭目以见其后。"[①]确实，改组之后的上海总商会焕然一新，活动内容更加广泛，所发挥的作用与产生的影响也更为突出。从这个意义上讲，"佳电"风波在客观上对上海总商会的发展也产生了比较明显的积极影响。

---

① 《今后之总商会》，《民国日报》1920年8月9日，第11版。

第五章　上海总商会与全国"商教联席会议"

1921年10月12日至17日，由上海总商会和江苏省教育会联合发起，中华全国商会联合会和全国教育会联合会在上海隆重举行全国"商教联席会议"。这是近代中国历史上首次由商界和教育界两大全国性团体，面对国内外特殊形势而联合筹备召开的一次重要会议，当时的报纸多有报道和评论，受到社会舆论的广泛关注，理应引起当今研究者重视。而这次会议之所以能够举行，上海总商会同样也发挥了重要作用与影响。

一、全国"商教联席会议"召开背景

共同筹备召开这次商教联席会议的商会和教育会，都是在清末之际清政府推行"新政"，实施振兴工商和地方自治背景下诞生的近代新式社会团体。率先成立的是由工商业者组成的商会。1904

年初，刚刚设立的商部奏准颁行《商会简明章程》，要求各级官员劝谕商人设立商会。随后，凡属商务繁富之区，无论省垣或城埠均相继设立商务总会，商务发达稍次之地则设立商务分会。在清末民初，商人是一个广义的历史概念，不仅指现今狭义的商人，而且也包括从事工业、交通运输业和金融业者，几乎涵盖了与整个实业相关的所有人员。商会的成员以狭义的商人为主，但也包括其他行业，其会员为各业推选的代表，大多是不同行业声望素孚的头面人物。各地商会的宗旨虽表述不一，但大都不外乎联络工商、调查商情、开通商智、振兴工商等。例如最早成立的上海商务总会，在试办详细章程中指明其宗旨为三条，分别是"联络同业，启发智识，以开通商智"；"调查商业，研究商学，备商部咨询，会众讨论，以发达商业"；"维持公益，改正行规，调息纷难，代诉冤抑，以和协商情"。[①]1905年成立的苏州商务总会，"以保护营业、启发智识、维持公益、调息纷争为宗旨，将下列各项实力施行，择要汇报商部查核。（甲）调查各业盛衰；（乙）研究商学，发明新理；（丙）改良物品，推广销场；（丁）联络同业，和协商情"[②]。因此，"建筑于各商之上"而作为"众商业之代表人"的商会诞生之后，很快就成为联络工商各业、代表工商业者利益的最重要新式商人团体，拥有"登高一呼，众商皆应"的巨大号召力。

但是，清末的商务总会和分会都是地方性商人团体，虽然在联络本地工商各业、维护商人利益等各方面都发挥了重要作用，但缺

---

① 上海市工商业联合会等编：《上海总商会组织史资料汇编》上册，上海古籍出版社2004年版，第70页。
② 章开沅等主编：《苏州商会档案丛编》第1辑，华中师范大学出版社1991年版，第17—18页。

乏能够统合各地商会的全国性组织机构，限制了工商业者开展全国规模的统一行动。本书第二章已阐明，上海商务总会领导人意识到这一缺陷，在清末曾发起成立华商联合会，虽得到一些商会响应却直至清朝灭亡也仍未正式建立。民国元年，工商部召集全国商会以及其他工商团体的代表在北京举行临时工商会议，此时已有更多的商会意识到："时至今日，无论对内对外，皆决不可无全国商会联合之机关。"①上海和汉口商会遂联络参加会议的各地商会代表，发起成立全国商会联合会。经两次召开筹备会议讨论相关具体问题，于1912年11月20日举行成立大会，宣告中华全国商会联合会成立（以下简称"全国商联会"），总部设北京，上海设总事务所，各省各侨埠设事务所。全国商联会"以联合国内外商人所设之商务总、分会、所，协谋全国商务之发达，辅助中央商政之进行为宗旨"②，成为统合各地商会的全国性最高商会机关，在中国近代商会发展史上具有重要意义。自此之后，全国商联会即作为全国工商业者的领导机关，通过举行常年大会和临时大会的方式，召集各地商会的代表汇聚一堂，共同讨论保护商人、振兴工商的各项举措，以及商议应对特别重大事件的方略。

教育会的诞生稍晚于商会。清末"新政"期间，清政府鼓励创办新式学堂，发展新式教育，同时为仿行宪政而实施地方自治，将地方上的一部分市政、民政、教育、卫生等管理权限下移至民间社会团体，于是出现了为数众多的各类新式民间社团组织，成为近代

---

① 马敏等主编：《苏州商会档案丛编》第2辑，上册，华中师范大学出版社2012年版，第187—188页。
② 马敏等主编：《苏州商会档案丛编》第2辑，上册，华中师范大学出版社2012年版，第190页。

中国民间社会兴盛发展的一个重要历史时期。1906年清朝学部奏陈各省设立劝学所，鼓励绅董充任总董。同年又奏准设立教育会，以使"官绅相通，借绅之力以辅官之不足，地方学务乃能发达"①。1909年清政府颁行的《城镇乡地方自治章程》，进一步明确规定学务与教育为地方自治的重要内容，"中小学堂、蒙养院、教育会、劝学所、宣讲所、图书馆、阅报社"等，均一概由地方绅民办理。于是，教育会开始在各地陆续成立，成为近代最重要的新式民间教育团体。

例如苏州绅董较早设立的是学务公所，"与官设学务处相表里"。1906年地方官府设立官办学务公所，饬令原绅办学务公所改名为长元吴学务总汇处，受其统辖，不再是民间教育团体。次年，苏州绅董创办长元吴教育会，作为新的绅办教育团体，其机构设置较诸原学务公所更加完备。但在林林总总的各地教育会中，影响最大者当属原名江苏学会，后改名为江苏教育总会的著名教育团体。其宗旨是"专事研究本省学务之得失，以图学界之进步"，凡绅士与学务有关系者，能担任推广、扶助学务者，兴办工商实业卓有成效者，均具备入会资格，其主要活动为建立师范学校，培养教员、管理员，推广小学校，以谋教育普及，同时"劝设实业学校，养成农工商实业之才"②。

各地教育会普遍设立之后，也面临当时商会相似的境况。因缺乏统合各地教育会的全国性机关，很难联合起来共同开展全国性

---

① 舒新城编：《中国近代教育史资料》上册，人民教育出版社1980年版，第357页。
② 《江苏学会暂定简章》，《东方杂志》第2年，第12期，1906年1月，第333页。

的重要活动。在清末,各省的教育会仅1907年在上海举行过一次全国教育联合会,"第属临时召集,故此后无继续开会者"①。中华民国建立后,教育界的有识之士意识到:"欧美诸邦,对于教育多取联络主义,各国教育会常有开联合会之举,讨论教育利害得失,以条陈于教育行政官厅,既无上下隔阂之虑,又无远近纷歧之弊,法至善也。"②中国也亟宜仿照此法召集全国教育会联合会。1914年直隶教育会会长张佐汉呈文教育部,首先阐明:"教育为治国之要图,国之富强,端赖于是。当兹民国初兴,冀造就人民立于健全之地,尤须毅力促进,庶观厥成。但教育事业极为重大,非萃集全国教育家,各执疑难,逐项剖析,凡夫社会教育、家庭教育、各种学校教育,必须如何计划,始合进化之趋势,如何布置,始免不完备之指摘,如何教诲,始得良好之结果。此中头绪纷歧,差毫厘而谬千里。"接着,呈文请求批准在津召开全国教育会联合会:"今民国成立攸已三秋,国步艰难,经费支绌,各种教育不免萎缩,虽因经济之不充,维病端未必专在于是。况今战事方殷,东亚风云日紧,我国人更宜乘此时机,卧薪尝胆,力筹生聚教训之方,得收事半功倍之效。佐汉辗转思维,以兹事体大,非管见蠡测所敢臆断,拟邀集各省教育会推选教育家富于学识经验者,共同讨论,各抒心得,为教育界稍助螳臂之力,如蒙允准,拟于明年四月在津举行,届时并乞钧部派员监临,藉资指示。"教育部力予支持,批示"拟开全国教育会联合会共同讨论教育事宜,可谓知所先务,事属可

---

① 峄闻:《论全国教育会联合会》,《教育周报》(杭州)第181期,1917年11月,第23页。
② 《详教育部请开全国教育会联合会文》,《教育周报》(杭州)第55期,1914年10月,第37页。

行，务即悉心筹备，届时由部派员莅会可也"①。随后，直隶教育会即致函各省教育会，请"推选三二员于明年阳历四月二十号前后一律到津与会"。

1915年4月，"全国教育会联合会开会于天津，集全国教育名家于一堂，精密研究，用促教育之进步，是诚民国第一次之创举也"。发起人张佐汉致开会辞："今日为全国教育会联合会成立之日，全国教育家共聚一堂，……佐汉深信此会为国民战胜于精神之起点，日后吾国教育，在唤醒国民，使人人有责任心，抱同一之目的，积极进行，一扫从前粉饰敷衍之病。……庶几此后吾国教育事业，国民与政府双方均有积极进行之精神，吾五族国民，正可因外患之打击，淬厉以须，发挥吾固有之精神，以战胜于二十世纪也。"②大会通过的《全国教育会联合会会章》规定，"联合会由各省省教育会及特别行政区域教育会组织而成，定名为全国教育会联合会"，"以体察国内教育状况，并应世界趋势讨论全国教育事宜共同进行为宗旨"，由各省教育会及特别行政区域教育会分别推选代表三人担任会员，"概为名誉职"，联合会每年的"双十节"开大会一次③。全国教育会联合会（以下简称"全国教联会"）设立后得以统合各地教育会，成为唯一的全国性民间教育团体，也是全国教育界的最高领导机关，对中国近代教育的发展做出了重要贡献，因而颇受舆论关注。"历来吾国各地之教育会议已数见不鲜，

---

① 《详教育部请开全国教育会联合会文》，《教育周报》（杭州）第55期，1914年10月，第37—38页。
② 《全国教育会联合会纪事》，《中华教育界》（上海）第4卷，第6期，1915年6月，"教育纪事"，第5—6页。
③ 《全国教育会联合会会章》，《教育研究》（上海）第26期，1915年12月，"会报"，第5页。

就中最为吾人所重视者,厥惟各省教育会之联合会议,何则?以其到会代表皆自各省教育会举出,所有代表人物即各省之教育家也。"①

由上可知,全国商联会和全国教联会都是在民初借助辛亥革命推翻清王朝、中华民国成立后的新局势而得以建立,分别是代表商界和教育界的全国性团体和最高领导机关。"两会"都定期举行会员大会,实际上是商界和教育界的全国性会议,汇聚全国各地的精英共商要策,为促进工商业和教育发展发挥了举足轻重的作用与影响。但因分属商界和教育界两个不同的社会界别,直至1921年商教联席会议之前,全国商联会和全国教联会都一直未曾联合举行过任何重要会议。

1921年间,无论商界还是教育界都面临着内政外交的重要时刻。国内"政潮幻变,兵祸连年",不仅"商界历年所受苦痛,有非言语所能形容者",教育界同样也深受其害。外交方面,"自欧战以后,世界商业政策竞争之焦点,咸集中于我国,故英美各国均曾开联合会以求所以发展之策,中国商人有利害切身之关系",尤其"自太平洋会议发起以后,中国代表问题与南北之争,大足贻外人以分裂之讥,吾等正当藉此机会,得一确切之决案,以表示我中国一致之民意。……太平洋会议为中国存亡关头,我等商人自当屏却政治之臭味与手段,作公正之讨论,牺牲一己,服从公众,则真正之民意庶能发扬于国外矣"②。所谓太平洋会议即华盛顿会

---

① 峄闻:《论全国教育会联合会》,《教育周报》(杭州)第181期,1917年11月,第23页。
② 《全国商会临时大会议事始末记》,《上海总商会月报》第1卷,第5号,1921年11月,"记事",第1页。

议，系美国为了保证本国的利益和主导远东与太平洋地区的国际关系，遏止日本的独占垄断趋势，于1921年向英法意日等国提议在华盛顿召开国际会议，因有九个相关国家被邀请参加了这次会议，后又称九国会议。由于中国问题是列入会议讨论的主要议题之一，而且中国也被邀请派代表出席，故而引起中国政府和社会各界的广泛关注。中国在此前巴黎和会的外交努力未达到目的，无论政府还是民间各界都希望能够得到美国的支持，通过华盛顿会议实现目标。"不特失之于巴黎和会者可收之于华盛顿会议，举凡有损我国独立主权，如治外法权、领事裁判权、关税行政、列国在华驻兵及设租界等事皆可由是而取消，并继之以退还庚子赔款焉。"①不过，社会各界也意识到当时的中国自身仍存在种种问题，要达此目标绝非易事，必须联合起来向华盛顿会议"表示我中国一致之民意"。正是由于这一特殊的历史背景，促成了商界与教育界的跨界联合，最终使商教联席会议得以举行。

　　全国商联会每两年召开一次常年大会，至1920年应在汉口举行第四次大会，但由于种种原因一直延而未开，引起一部分商会不满。根据全国商联会章程的规定，如遇紧要事项，"各省、各侨埠总商会有一处以上之请求、三处之联署、过半数之同意时，得召集临时会"②。1921年1月底，苏州总商会向全国商联会江苏省事务所提议："现际发生困难，惟请速召集全国商会联合会，赖全国舆论

---

① 曾琦：《第三国际党之华盛顿会议观》，《东方杂志》第19卷，第2号，1922年1月，第111页。
② 马敏等主编：《苏州商会档案丛编》第2辑，上册，华中师范大学出版社2012年版，第211页。

之解决，方为正办。"①苏省事务所表示赞同并向各省事务所发函征求意见，在致上海总商会的公函中提议本次临时大会仍在上海举行，由上海总商会负责承办。上海总商会经过常会讨论，同意如有五省以上附议即在沪召开，结果有近十省赞同举行临时大会。会期初定当年8月底或9月初，后延至10月初才正式召开。

全国教联会"向例于十月十日举行，本年因太平洋会议开会在即，对内对外皆有表示国民公意之必要，适全国商会联合会在沪开会，而全国教育会联合会赴粤代表又多路出上海，故由上海总商会及江苏省教育会发起开商教两联合会联席会议，于本年十月在上海开会，地点在上海总商会"②。1921年全国教联会将要举行的是第七届大会，地点定在广州，经商议决定各省与会代表先至上海参加商教联席会议，结束后再一起赴广州出席全国教育会联合会。最初倡议举行商教联席会议的上海总商会和江苏省教育会，分别是全国商会和教育会中领袖群伦的代表者。上海商会不仅成立最早，而且曾经在全国发起抵制美货运动以及动员各商会参加国会请愿运动，也是清末民初成立全国商联会的主要倡导者，享有全国"第一商会"誉称，具备相当大的号召力。江苏省教育会则在全国的教育会中与上海商会的地位十分相似，拥有显著的影响力。由这两个在全国商界和教育界地位突出的团体发起举行商教联席会议，自然能够比较顺利地付诸实施。

当然，商教联席会议能够得以顺利举行，主要是由于会前双

---

① 马敏等主编：《苏州商会档案丛编》第3辑，上册，华中师范大学出版社2009年版，第226页。
② 《第七届全国教育会联合会纪略：商教联席会议之发起及经过》，《教育杂志》（上海）第14卷，第1期，1922年1月，第1页。

方各自讨论并多次沟通联络,共同筹备,就许多重要议题基本达成了一致意见。根据最初的计划,"拟十月一日开商教联席会议",但因时间过于短促,至开会日全国教联会"各省代表远者尚在途中,故该会苏省代表沈信卿于前日先到全国商会联合会临时事务所接洽一切,昨日由商会联合会派代表三人,到该会复商,决于昨日下午四时开谈话会……共商进行手续,众均赞成"①。1921年10月1日下午4点半,全国商联会和全国教联会先期到沪的代表,在上海总商会会议室"开联席谈话会",讨论联席会议规则、开会日期以及成立太平洋问题研究会等事宜,初步议定联席会议规则"由发起联席会议之上海总商会与江苏省教育会起草",关于联席会议开会日期,沈信卿说明"联席会议本为解决关于太平洋会议重要问题而起,其定在十月一日者,乃欲于中国代表四日启行之前有所表示,今闻须于十五日放洋,则无论如何,须于是日之前开议,现已决定为五日,商联代表所差无几,教联方面明日汪精卫君到后,以及六省,则二三日间,或足法定数,拟即于五日举行,众皆同意"。之所以需要设立太平洋问题研究会,全国教联会会长黄任之给予了说明:"太平洋会议关系非常重大,而其内容,又甚为繁复,商教因各有职守,大体虽甚明了,究少切实研究,拟开会之前,组织一研究会,汪精卫、余日章二君于外交颇多探讨,蔡子民君新自海外归来,于外交上必有新事实贡献,可否在五日前请三君将太平洋会议问题演讲一次,俾各代表尤明其真相,庶于联席会议时,讨论尤为精细。结果,赞同者多数。"②此次谈话会相当于商教联席会议的

---

① 《全国教育联合会谈话会记》,《申报》1921年10月2日,第14版。
② 《全国教商联席谈话会记》,《申报》1921年10月2日,第14版。

预备会，对相关重要问题进行了讨论并取得一致意见，但此次谈话会确定10月5日为商教联席会议开幕之日，仍因全国教联会到沪代表不足法定数而延后，倒是全国商联会的临时大会在10月5日正式开幕了。

据《申报》报道，"全国商会联合会已于昨日正式开幕，教育会联合会亦于今日在西门外江苏教育会正式集议。在两会尚未正式开幕以先，关于商教联席会议，曾经几度之接洽，由商教两方面推举起草员，草拟联席会议规程。教育会方面，由江苏代表沈信卿君与商会方面接洽。据教育会方面之预计，六七两日，必可将联席会议规程完全通过，八日起，在总商会开商教联席会议五天，专讨论外交提案，至十二日竣事，十三、十四两日，将提案整理完善，提交十五日放洋之总代表。在开会期内，尚须提案，由商教两联会发起外交善后团，容纳全国各人物，共同讨论"。除此之外，两联合会还初步议定"在太平洋会议期内，设立常设机关于上海，静待大会结果，随时准备应付，以为提案后之后盾。教育会同人俟总代表出发后，十六七日即行联袂赴粤开会"[①]。

按照商教联席谈话会的部署，上海总商会与江苏省教育会起草了商教联席会议规则初稿，具体内容如下：一、本会议以全国商会联合会、全国教育会联合会组织之；二、本会议地点临时定之（本届在上海举行）；三、本会议须两联合会到会代表，得各省区之过半数，方得开议；四、本会议设主席一人，副主席一人，以商教两联合会主席任之，主席之正副，抽签定之；五、两联合会之代表，皆得出席于本会议；六、出席代表对于本会议议案之讨论，

---

① 《商教联席会之进行》，《申报》1921年10月6日，第14版。

皆得发表其意见；七、本会议之表决权，以省区为单位，每省区之商会，与每省区之教育会，各有十权；八、议案取决多数，可否同数，取决于主席；九、本会议之提案，以两联合会固有之提案方法行之（如有临时动议，须经出席代表十人以上之附议，方得成为议题）；十、本会议之提案，以两联合会有共同关系者为限（本届以太平洋会议问题及与太平洋会议有关系各问题为限）；十一、议案应付审查者，由主席指定审查员审查之。①全国商联会讨论通过了商教联席会议规则，"主席说明商教联合会议发起原因，请赞成者起立，全体通过。又将规则付讨论，除第二条加'暂'字，其余均无修改"②。同一天，全国教育会联合会第三次预备会也讨论了相同的内容，另还商议了"全国商会联合会、教育会联合会联席会议宣言"的起草事宜③。会议规则的制定对于商教联席会议的顺利举行至关重要，商教联席会议开幕后在首次大会上又正式讨论通过了这一规则，仅对第七条有所修改。

  商教联席会议的开幕日期可谓一而再、再而三地延后，从最初所订之10月1日延至5日，后又延至8日，结果届时仍未举行，加之全国商联会临时大会已于5日开幕，连日忙于开会讨论其议事日程，似乎无暇顾及商教联席会议的召开。10月6日全国教联会在江苏省教育会再次开预备会，讨论商教联席会议相关事项，"报告本届联席会议发起及经过情形，又报告草拟联席会议规则情形"，并"提议联席会议日期愈早愈妙。当推定袁观澜君即刻到总商会接

---

① 《全国商会联合会第二次会纪》，《申报》1921年10月7日，第14版。
② 《全国商会联合会第四次会纪》，《申报》1921年10月9日，第14版。
③ 《全国教育会联合会第三次预备会纪事》，《申报》1921年10月9日，第14版。

洽一切，以便决定"①。10月10日，上海总商会、江苏省教育会、上海各路商界总联合会都隆重举行了"双十节"国庆纪念活动。上海总商会和江苏省教育会还联名"柬邀各省商会代表，及本埠各团体、各报馆，在总商会举行午餐，共到代表二百余人……餐毕，在议事厅开演讲会，聂云台、汪精卫、余日章、张公权、黄任之诸君，皆有演词"。沪上报刊称："此三会为现在上海最有力量之团体，故国闻通讯社本埠通讯，题曰'三大团体之庆祝盛会'。"②"双十节"过后对于将要赴广州开会的全国教联会代表而言，时间更为紧迫。全国教联会遂向全国商联会表示该会代表赴粤日期不能延误，必须立即召开商教联席会议，否则筹备多时的联席会议将会流产。在11日全国商联会临时大会开会前，大会主席聂云台说明："顷得全国教育会联合会来函，以教育会亟须赴粤开会，请于明日即开商教联席会议，以研究对内对外诸大问题。"③以此付表决，获全体通过。至此，商教联席会议的确切开幕日期才终于确定下来，这意味着全国商联会的临时大会将暂时休会，全体代表转而出席商教联席会议。

二、全国"商教联席会议"的举行

1921年10月12日下午，延误多日的全国商教联席会议得以在上海总商会议事厅正式开幕。会期5天，至10月17日结束。共计开大

---

① 《全国教育会联合会预备会纪》，《申报》1921年10月7日，第14版。
② 《国庆纪念日之八面观》，《申报》1921年10月11日，第14版。
③ 《商会联合会开会记（五）》，《民国日报》1921年10月12日，第10版。

会6次，审查会4次（其中外交审查会1次，内政审查会3次），到会的商会代表有来自全国14个省和3个特别区的121人，教育会联合会代表有来自全国12个省和3个特别区的29人，合计150人①。议决案共9件，包括复北京蔡元培电为外交联合会事、公推余日章和蒋梦麟为本会代表赴美宣传民意案、对内宣言、对外宣言、阻止烟酒借款、致各省军事当局劝告息争裁兵案、请派顾维钧充华盛顿会议首席代表电、设立全国商会教育会联合会驻沪办事处案、通电各省议事会等联合组织国是会议案。

12日第一次大会推聂云台为临时主席，首先报告商教联席会议发起之缘由，然后讨论会议临时规则，将第七条修改为"表决用起立表决法，取决多数，可否同数时由主席决定之。但表决有疑义时，经五省区以上之附议，用投票表决法，每省区教育会、商会，各有十权"。第七条修改后第八条已无保留必要，故予删除，其余照原案通过②。随后按照通过的议事规则，用抽签法确定全国教育会联合会会长黄任之为当日大会正主席，聂云台为副主席。接下来主席提请代表讨论蔡元培发来的两电。蔡原拟到沪参加商教联席会议开幕式，后因故未能及时到沪出席，遂致电江苏省教育会转商教联席会议，说明："北京各团体国民外交联合会通电联合全国团体发起全国国民外交联合大会，谅承鉴及，日前特委元培到沪接洽组织，谊不容辞，以校务牵掣未克即行。此会与教商联会宗旨本属相同，各团体代表不日来沪协议办法，共策进行，如蒙赞同，乞先电

---

① 关于到会省区及代表人数的记载略有出入，有的称"到会代表人数，商会一百二十一人，共代表十七省区；教育会三十人，共代表十六省区"。见《第七届全国教育会联合会纪略：商教联席会议之发起及经过》，《教育杂志》（上海）第14卷，第1期，1922年1月，第1页。
② 《商教联席会议开会记（一）》，《民国日报》1921年10月13日，第11版。

复,以便转达。"①商教联席会议在讨论这一问题时,有代表认为"国民一致对外,自属毫无疑义,惟北京团体多为人利用,本会应加注意,免为人所骗"。另有代表附议"北京每发起一团体恒为官僚军阀所操纵,吾人对此举须审慎从事,勿贻后悔"。最后,商教联席会议复电蔡元培:"本会议本为研究外交问题而起,对于国民外交联合事宜,颇极赞成,惟本会议甫开,一切办法,尚待慎重讨论。谨先电复。"②从文字表述看,商教联席会议实际上对蔡元培电文中提及的发起全国国民外交联合大会并没有明确表示赞成。

次议请余日章、蒋梦麟代表两联合会赴美宣传民意案,余、蒋二人已是上海各团体推举的赴美列席太平洋会议和宣传民意的代表,商教联席会议需要议决是否也请二人作为商教两界的代表。讨论时有商会代表主张再推举两人,"为余蒋两君后援",另有人建议"此时可先请余蒋两君代表赴美,一面从速筹募经费,如得巨款,再行推人继续前往",但也有人提出太平洋会议"会期已近,经费募集为难"。"主席以由两会先行委请余蒋两君为赴美代表付表决,通过"。第三案关于太平洋会议提案和第四案联席会议对外宣言案,均系对外,合并讨论,议决交付审查,次日大会报告。第五案整理内政案与第六案联席会议对内宣言案,"众仍主按照前两案办法,合并审查,主席付表决通过"③。

13日下午商教联席会议开第二次大会,主要议事日程一为外交审查报告,二为内政审查报告,三为关于商教两界有共同利害关系之提案。大会主席首先"报告昨日议决本联席会议公推余日章、蒋

---

① 《蔡子民先生两佳电》,《民国日报》1921年10月12日,第10版。
② 《商教联席会议开会记(一)》,《民国日报》1921年10月13日,第11版。
③ 《商教联席会议开会记(一)》,《民国日报》1921年10月13日,第11版。

梦麟两先生赴美，宣传民意，本会应开一欢送会，以便会员与代表交换意见"。至于具体欢送方式，"先函询代表，何时有暇，再行定期，多数赞成"。随后按议程开议外交审查报告，"由审查长沈恩孚报告，略谓审查商教两会提案，有三点相同。甲、税法平等；乙、撤销领事裁判权；丙、派遣代表。现在代表问题已另案办理，兹将甲乙两项，参照原拟宣言草案，稍为修正，请候公决。当由书记长将宣言朗诵，讨论多时，对于关税问题略有修改"。对于内政审查报告，"审查长袁希涛报告审查情形，对于原宣言书略加修正，大致仍照原案通过。散会时已六时矣"①。

14日大会召开之前首先举行了欢送会，余、蒋二人应邀到会并发表演说。余日章在演讲时表示："今日承全国商教两联合会开会欢送，实不敢当。……适两会有一对外宣言，当即本此申诉吾人所受之痛苦，激发列国之公道心，以求世界之安宁。"他希望"诸君在国内努力，勉作后盾，吾等在美誓当尽力"。蒋梦麟在演说中强调："吾与余君凡有一分之力，当尽一分之力做去，尤望国人对内有统一国家之设计，以使一致对外。"②是日大会先讨论对内宣言，"照原案付表决，多数通过"。接着，讨论停止局部战争审查报告案，"付表决，亦通过"。联席会议向各巡阅使、各省督军、各总司令发出的请停止局部战争电文如下："兵祸连年，商民涂炭，教育摧残，国本颠危，人天愤怒，同人等怆怀大局，对于裁军额节军费之计划，业经郑重宣言，冀图挽救，兹再迫切劝告军事当局，在战争未息地方，迅告停战，在未预战争地方，勿入漩涡，妥

---

① 《商教联席会议开会记（二）》，《民国日报》1921年10月14日，第10版。
② 《商教联席会议开会记（三）》，《民国日报》1921年10月15日，第10版。

筹善后，全国一致，确定裁兵办法，克日实行，以解倒悬，而谋建设。"①要求裁兵和停止混战，既是商教两界的强烈愿望，也反映了社会各界的心声。

15日大会议事日程有审查报告、组织国民会议案、商教联席会组执行委员会案、关于商教两界有共同利害关系之提案、反对烟酒借款案等。其中反对烟酒借款案系上次会议的临时动议，本次大会提交讨论，决定以联席会议名义致电国务院、财政部表示商教两界坚决否认烟酒借款。关于商教联席会合组执行委员会案由江苏武进县（现武进区）商会提出，得到许多省区代表连署。其理由书阐明："若开会之后，会员四散，而无一长存之机关，为之枢纽，则何从以实行之。故今宜于大会中议决，即由本会合组一真正国民团体之事务所，设总所于上海，设分所于各省区，以收指臂之效，而行议决之案。"原案还附有执行委员会组织法草案②。

大会第一次讨论组织国民会议案时出现了意见分歧，有代表认为："国民两字，包含甚广，不如改称国民代表会议，由各法团代表组织，较为妥捷"；另有代表"主张应加入农会及其余团体"。一时意见纷纷，"同时起立者甚众，反对、赞成两派各有言论。主席以时迟不能多讨论，乃谓名称现暂不必争执，但是否有组织此种会议之必要，付表决，多数通过。忽有第二十席王秀山起立，谓表决有疑义，此种重大事件，应投票表决，以省区为单位。发言甫毕，赵叔雍、马息深、沈元等九人，同时起立。赵叔雍以拳击棹，大声狂呼，秩序几至纷乱"。主席说明如认为表决有疑义，应

---

① 《商教联席会议开会记（三）》，《民国日报》1921年10月15日，第10版。
② 《商教联席会议开会记（四）》，《民国日报》1921年10月16日，第10版。

有五省区以上代表附议,结果江苏、湖南、吉林等七省附议,只得宣布"前次起立表决应作无效,惟今日为时已迟,投票须待明日举行"①。

对于国民会议案全国商联会先前已在其临时大会上进行过讨论,江苏武进商会提交"请由全国商会联合会发起,邀集全国教育会、农会,发起农商教育联合会议,以定国是案",认为"民国十年以来,政治上虽有南北之分,人民毫无畛域观念,然外邦不察其实,屡藉口我国不统一,为种种之欺凌,故统一问题,实为当务之急。此外裁兵问题,犹关重要,欲裁兵,更须废督。……兹事重大,非群策群力,集思广益不可"。讨论中有代表指出:"至国民大会,即须召集,亦当从有统系的团体着手";另有代表强调"工人为社会上之重要分子,农会若加入,工会尤不可不邀其参加"。大会主席聂云台则认为事关重大,仅商会难以确定,"明日商教联席会即开议,武进商会提案似非商会一方面所能解决。惟欲招集农会工会,颇有困难。农会虽有其名,而组织完善者殊鲜,工会者则更困难,且工会中有不属工界者,有名无实,无宁实事求是。此案似应付审查"②。

16日大会继续讨论前日议而未决之国民会议和合组执行委员会案。对国民会议的讨论仍然众说纷纭,仅名称即出现国民会议、国是会议、国民代表会议三种,有代表"对于三种名目详加区别,谓最好组织国民代表会议,进而成国是会议"。大会决定将此案付审查,当晚开审查会。关于合组执行委员会案,最后议决设立商教联

---

① 《商教联席会议开会记(四)》,《民国日报》1921年10月16日,第10版。
② 《商会联合会开会记(五)》,《民国日报》1921年10月12日,第10版。

席会议驻沪办事处，作为常设机构，负责督促执行商教联席会议的议决案①。

17日最后一次大会的议程为审查报告组织国民会议案、报告本会议经过案由、决定对内对外宣言发表手续，最后一项议程是举行闭会礼。值得注意的是在讨论国是会议案时，就是否将工会列入参加团体出现了较为激烈的争议，最终以表决方式否决将工会列入。国民会议案讨论通过之后，举行了简短的大会闭幕式，由赶至上海的蔡元培致闭幕辞。

三、全国"商教联席会议"的意义与影响

1921年的全国商教联席会议虽为期不长，但却称得上是商界与教育界之间跨界组合的一次创举。商教两界对于本次联席会议均给予了高度肯定，商会认为："此次全国商会教育会联席会议，为国民大会成立之先声，亦为商教两界破天荒之创举。会议中所讨论及议决各案，俱关系国家重大之事，足引起全国人民之注意者。"②教育会则指出："综计此次开会时间虽短，而议决案之性质甚为重大，颇足表示吾国民之公意焉。"③就整个近代中国历史发展进程来说，事实上也确实如此。商教联席会议经过慎重讨论和字斟句酌之后公开发表的宣言，可以说代表整个民间社会对当时内政外

---

① 《商教联席会议开会记（五）》，《民国日报》1921年10月17日，第10版。
② 《全国商教联席会议始末记》，《上海总商会月报》第1卷，第4号，1921年10月，"记事"，第1页。
③ 《第七届全国教育会联合会纪略：商教联席会议之发起及经过》，《教育杂志》（上海）第14卷，第1期，1922年1月，第1页。

交提出了合乎民意的主张与要求，体现出强烈的爱国愿望。其中对内宣言阐明商教两界"以爱国之精神，自决之旨趣，开全国商会联合会、全国教育会联合会联席会议于上海，郑重宣言，我国民无私好、无私恶，能尊重民意者共戴之，不能尊重民意者共弃之"。这份对内宣言还强烈呼吁政府遵从民意，切实整理财政和军政。政府"果因执行民意，感受困难，定当合全国民力以盾其后，倘尚畏难因循，不能负国民之责望，我国民惟有行使约法赋予之主权，促其退位，以避贤路。国之存亡，宁尽当局之责，实我国民全体之责也"①。作为民间社会团体的商联会和教联会，以这样的激烈口吻向政府提出宣言，并以政府是否尊重民意作为拥戴还是共弃的标准，无疑是前所未有的壮举。

商教联席会议的对外宣言，也义正辞严地提出了一系列维护国家主权、符合中国人民利益的要求，主要内容包括：一、根据国际平等原则，凡不公平之条约，有妨碍中国之安全，或东方之和平者，均否认之。凡国际间之缔约或协定，于中国有关系而未经中国同意者，亦否认之。二、各国不得藉口特殊地位或某种关系，以冀获得中国任何一部分势力范围及特种权利。"依据前两条，我国民特为声明如左：（甲）应取消日本二十一条之要求及所强取之满蒙山东等一切权利，并促其履行无条件交还青岛之宣言。（乙）应取消片面协定之关税条约，使中国关税得国际间之平等。"②这份理直气壮的对外宣言，向即将举行的华盛顿会议集中体现了中国的一

---

① 《全国商会联合会全国教育联合会联席会议宣言》，《申报》1921年10月16日，第14版。
② 《全国商会联合会全国教育联合会联席会议宣言》，《申报》1921年10月16日，第14版。

致民意，成为中国出席这次重要国际会议的强大后盾。

商教联席会议的对内对外宣言除在当时各大报上刊登之外，会议结束后全国商联会和全国教联会还共同署名，将这两份宣言印成题为《商教联席会议对内对外宣言书》的16页小册子，向社会各界团体广泛赠送。联席会议书记长王言纶为其专门撰写了一篇《缘起》，阐明"我国民感于内政之纠纷及外交之紧迫，应本自觉之精神，发表公共之意思，以宣示中外，使知我国系共和政体，主权在民，政府与友邦俱当以民意为从违，特由上海总商会、江苏省教育会提议，在两联合会开会之前发起组织全国商会联合会、全国教育会联合会联席会议于上海，以全国人民之意思，商榷内政外交诸重要问题"。同时表示："宣言书两种系二十省区商学两界之共同主张，代表全国人民之意思，其希望之条件，期在实行，自应将全文披露，以供众览。"① 这本小册子的印行与赠阅，当会进一步扩大商教联席会议的社会影响。

不仅如此，商教联席会议还通过议案，发起召开国民会议解决国是，并致电各省议会及各公团，阐明："我国民苦水深火热久矣，政治纠纷，法律失效，兵戈满地，灾祲频仍，国利民生，不绝如缕。共和国家，主权在民，载在约法，乃竟听其摧残，不加督责，吾民其何以自解？我各公团同人，论分子则均属国民，论团体则各负重责，死生同命，利害相关，本互助之精神，筹救亡之大计，鉴兹危局，谅表同情。本联席会议合全国商界教育界代表在沪开会，议决联合贵会等为较大之组织，策群力以拯颠危，集众思以

---

① 王言纶：《缘起·商教联席会议对内对外宣言书》，1921年，第1、3页，无出版信息。

谋国是,如荷赞同,盼于十二月二十日以前,复到上海总商会本会议驻沪办事处,俟赞同者得半数以上,再行通告,请推代表集沪,共商组织及进行方法。"①在此之后,商教联席会议驻沪办事处承担了国民会议的联络与筹备工作。次年5月,以"国是会议"命名的重要会议在上海隆重举行,会场仍设在上海总商会议事厅。大会"通过议案十五件,并特组织国宪草议委员会及国民监督财政委员会"。国宪草议委员会于6月19日成立,公推张君劢起草宪法,"自六月二十四日起至八月二十三日止,开临时会九次,常会七次,通过中华民国宪法草案甲种一百零四条,乙种一百零一条,公告全国"②。国是会议是中国近代历史上影响更大的一次由民间社团组织的全国性重要会议,而其得以举行离不开商教联席会议的最初动议、发起与联络。出席这次会议的代表涵盖了来自社会的各重要界别,也是在商教联席会议跨界组合的基础上,更进一步实现了各个重要界别的共同组合,体现出近代民间社会力量的广泛联合及其重要影响。

不过,对商教联席会议的实际作用和效果也不能评价过高。因为无论是对内宣言还是对外宣言,商教联席会议虽然都提出了顺应民意的主张和要求,但实际上却没有能力付诸实现。不仅如此,在当时的报章上甚至还接连发现对工商联席会议的负面评价乃至激烈批评,而且这些批评都是来自上海的工界团体。工界团体为何对工商联席会议颇为不满,原来是事出有因。前曾提及,商教联席会议最后一次大会讨论国民会议案时,就工会是否应列入参加国民会议

---

① 《商教联席会议开会记》,《申报》1921年10月18日,第14版。
② 《中华民国八团体国是会议》,《江苏省教育会年鉴》(上海)第8期,1923年7月,"大事记",第8页。

的公团名单内出现争议，最终是通过表决的方式给予了否认。当表决"全体通过"组织国民会议案后，高语罕（安徽教育会代表）等代表仍"主张电文上列入工会二字"，其理由是"我国向有四民之称，今既列入商会、教育会、农会，不能于工会独付阙如。盖吾人日用之物，莫不出于工人，无工人即不能生活，故对于工人不能不尊重，语极沈痛"。但马息深（上海商会代表）、赵叔雍（江苏武进商会代表）等人表示反对，并轻率地说出"工人多无智识，字且不识，非教训三年，不配与论国是"这样的不妥话语。随后双方反复辩驳，高称："智识无止境，且今日之工程师、工厂领袖，多由外国毕业者，其智识未必即居吾人之下。"马谓："今之工会，非纯粹工人所组织，多为政客武人所利用。"高反诘："利用二字，若无限制，则今日之商会、教育会及银行公会、报界联合会能担保独无人利用乎？"①由于双方争持不下，大会主席只能以电文是否加工会付表决。表决结果赞成者仅15人，反对者占绝大多数，工会遂未能列入电文之内。从这一表决结果可以看出，当时的商界和教育界中除少数之外，绝大多数尚未意识到工人以及工会的作用及其影响。会议讨论发言的具体情况见诸报端后，马息深、赵叔雍在会上的不当言论激起工界强烈反响，认为是对工人的极大侮辱，纷纷向商教联席会议质问和提出批评，从而在一定程度上影响了商教联席会议的声誉。

上海中华电器工界联合会、工商友谊社率先联名致书抗议"商教联席会议组织国是会议，通过拒绝工界加入，骇人听闻"②。接

---

① 《商教联席会议之末幕》，《民国日报》1921年10月18日，第10版。
② 《工界之国是会议观》，《民国日报》1921年10月19日，第10版。

着，中华劳动联合会发起联合上海各工会、各公所于10月23日开联席大会，"讨论此事，将发表宣言，通电全国力争"①。中华全国工界协进会则公推王吉人、史观涛二人为代表，至上海总商会责问聂云台："商教联席会议发表国是会议通电，不肯列入公（工）会，是何用意？"聂解释其原因：一是"工人无正式统一之团体"，二是"现在无纯粹工人组织之团体"。史观涛指出："商教联席会议否认工会，此举似不妥，是日会场议论多有侮辱工人人格之处，代表等为争工人人格计，不得不向先生声明，并望有以致之。"聂只得表示："以个人私意，颇愿工会亦加入国是会议，当时尚有十余人亦表同情"，但受限于议事规则，只能按表决结果处理。并说"国是会议召集尚须在二月以后，不妨从长计议"②。

但风波并未轻易停息，中华全国工界协进会在报上登载质问赵叔雍、马息深书，要求"二君明白答复，登载报端"③；中华劳动联合会也发表致赵、马二人函，质问"两君排斥工人，不许加入国是会议，究竟根据何种法律"；驻沪参战华工会则发表宣言，谴责"上海全国商教联席会发起什么国是会议，竟将工界拒绝，……他们这种举动，即令开会也不能得好结果"④。北京工业协会致电上海工界，称商教联席会议"竟屏工界于社团之外，是不啻蔑视我神圣之劳工，敝会同人实深愤激"，并表示要"坚决争持，贯彻初志，敝会同人，自当起为后盾，一致进行"⑤。可见，此事导致

---

① 《工界不满意国是会议》，《民国日报》1921年10月22日，第10版。
② 《工界与聂云台之谈话》，《民国日报》1921年10月23日，第10版。
③ 《工会质问商会代表》，《民国日报》1921年10月24日，第10版。
④ 《驻沪参战华工会宣言》，《民国日报》1921年10月26日，第10版。
⑤ 《北京工界致沪工界电》，《民国日报》1921年10月27日，第10版。

商界、教育界与工界之间产生了不必要的矛盾冲突，致使上海工界认定商教联席会议"无解决国是能力，此项商教联合会，誓不赞成"①。在此情况下，商会代表马息深仍拒不接受质问和指责，在复函中表示："会场言论，不负对外责任，此通例也"；另还认为"照现行商会法，工会已合并改组商会，不能认为拒绝加入。……前日会场所论，论法律上之工会，实无拒绝工界加入之意也"②。全国工界协进会指出这种答复"引法律为护符，以职业教育为抵塞，敝会认为无诚意之答复，殊不满意"③。

最后，上海各工界团体举行联席会，制定以下办法：不加入商教联席会议之国是会议，发表宣言，宣布该内容与工人不能为伍，决定组织上海工团联合会，通电全国工界团体一致进行，自行讨论国是会议。有报章认为此系"因受侮辱引起觉悟"④。由中华劳动联合会领衔，上海12个工界团体发表的宣言称："我们应该准备纠合全国的劳工，择定相当地点，召集一个真的国是会议，以救济被智识阶级投机商人和议员先生们闹糟的祖国。凡属不生产而分利的份子一概不许加入，即非工人组织的工会，非农民组织的农会，也不许加入，特此宣告全国。"⑤甚至连《上海总商会月报》发表的一篇题为《国是与国是会议》的文章，也认为："今日国是会议，工团尚未加入，此大缺憾也。盖国是会议既为国民自动合作之机关，则凡属国民之团体，应有加入之义务，若故为畛域，别分门

---

① 《上海工界致北京工团电》，《民国日报》1921年10月30日，第10版。
② 《工界与蔑视工界之笔战》，《民国日报》1921年10月28日，第10版。
③ 《工界诘质赵叔雍》，《民国日报》1921年10月30日，第10版。
④ 《各工团联席会议纪》，《民国日报》1921年10月31日，第10版。
⑤ 《十二工团之宣言》，《民国日报》1921年11月2日，第10版。

户,则对于国是会议之根本命意,未免有所背驰,吾深望与会诸公亟起而弥缝此缺憾也。"①经过此番风波之后,商会和教育会也知其存在不当之处。至1922年5月,国是会议正式举行时,工会也被邀请加入。参加的团体由原先的省议会、农会、商会、教育会、银行公会、律师公会、报界联合会等加上工会,变为"中华民国八团体国是会议"。

另外,商教联席会议期间还曾发生一件令新闻界不满之事。此事缘于大会讨论通过对外宣言后,主席"劝暂勿发表,各报已按照主席劝告,均不登载,独动议之汤节之君所办之商报,单独揭载全文,因此提出质问书,请主席答复"。这份质问书由专门报道联席会议新闻的各报记者张冥飞、严谔声、侯可九、严慎予、张静庐等多人共同署名,指出:"昨在议场关于对外宣言一节,承主席先生一再谆嘱,暂勿披露,敝报等为尊重主席意见起见,是以均未登载。不料贵会汤副议长所办之商报,将全文悉记本日报端,且暂不登载一事,由汤副议长首先提议,何以首先违反?是否有副议长之资格者,即有特别自由之权利,可不必尊重主席之言论,抑不必顾及个人之提议?用特专函奉询,即祈明白答复,以定从违。"②次日大会开始时,主席黄任之对此事予以解释说:"昨日通过草案,为时已晚,致各报均未送稿,其先登者乃自行携去。嗣后应送各报稿纸,均须一律,不可有先后之分。"黄说完后因有事先行告退,聂云台接任大会主席,"谓此系已过之事,即将原函交书记长,正待宣读,忽有人谓开会要紧,何必虚掷光阴,更有二十二号杨子春

---

① 茹玄:《国是与国是会议》,《上海总商会月报》第2卷,第2号,1922年2月,"言论",第3页。
② 《商教联席会议开会记(三)》,《民国日报》1921年10月15日,第10版。

谓各记者如不愿听，尽可出去。各报记者遂相率而出"。这样的结果当然更增添了新闻界的不满，有报纸在报道这一事件后发表评论指出："此种愚弄蔑视新闻界之事，不幸发现于公开之教育会商会联合会之席上，实可惋叹。惟念各代表必多明白事理者，以一二人之荒谬行为，而不满意于其全体，固亦吾人所不愿。……既有此愚弄蔑视于前，将何以转圜补救于后，此则联合会之事，非可以一二人之故，遂置新闻界之愤慨于不顾也。"①最后需要指出的是，虽然商教联席会议存在某些不足或缺陷，发生了上述令工界和新闻界不满意的事件，但可以说是瑕不掩瑜，并不影响我们在整体上对商教联席会议的作用与影响做出肯定的评价。

---

① 《商教联席会议开会记（三）》，《民国日报》1921年10月15日，第10版。

第六章 上海商民协会成立的一波三折

国民革命时期国共合作分裂之后，民众运动的发展因此而受到诸多影响。但影响较为突出的主要是工人运动和农民运动，商民运动虽也受到一定影响，但仍然继续进行，只是进入到了商民运动的余波阶段，并且呈现出若干新的特点。上海的商民运动虽然此前已开始进行，但商民协会却成立较晚，甚至可以说是一波三折，直到商民运动余波阶段的前夕才正式建立。不过，与上海商会的情况相类似，上海商民协会建立之后的影响在全国也比较突出[①]。特别是随着宁汉合流迁都南京之后，武汉作为全国商民运动中心的地位很快也随之丧失，上海则有取而代之的趋势。本章即主要对上海商民

---

① 较早即有学者指出："各地商民协会中，比较有影响有代表性的，首推上海商民协会。"（张亦工：《商民协会初探》，《历史研究》1992年第3期，第41页）但确切地说，在商民运动起步、扩展与进一步发展的前三个阶段中，上海商民协会还谈不上在全国具有影响和代表性，甚至还没有正式成立。只是到了商民运动的余波阶段，即南京国民政府建立之后，上海商民协会才逐渐具有了相当的影响和代表性。

协会的成立及其影响进行考察和论述。

一、上海商民协会的发轫

与广东、湖南、湖北地区的商民协会相比较，上海商民协会建立的时间显然要晚得多；同时，上海商民协会也不像上述地区的商民协会那样，经过较短时间的筹备即顺利宣告正式成立，而是经历了一个较长时间的筹备阶段，甚至是经过了一番周折之后，才得以正式成立。

有论者指出，早在1926年5月，在上海即有商人酝酿筹备组织商民协会。当时，上海并不属于国民政府的辖区，因为国民革命军尚未控制上海。所以，上海商人筹备商民协会的行动，"嗣因环境之压迫，以致停顿，未获即行成立"①。但在当时，上海商人拟筹备成立的这个商人团体并非称为商民协会。

经查阅《申报》和《时报》相关记载，可以发现以上所说上海商人筹备商民协会的行动，应该指的是组织名为沪商协会的新商人团体。1926年4月中下旬，上海商界姚宝生、钱玉成、陈洪洲等50余人，"鉴于沪上华商外受洋商之操纵，内受战争之影响，恐慌日甚，痛苦日深，苟非群相团结，不足以图挽救。而原有之各马路商联会与总商会，则或以商铺为单位，个人无加入之可能，或以入会

---

① 张亦工：《商民协会初探》，《历史研究》1992年第3期，第41页。经查阅所引该则史料，可知其标题为《沪商协会恢复之宣言》（《时报》1927年3月25日，第6版），并非名为商民协会，但与后来成立的商民协会有密切关联。

手续繁重，不能遍及于普通商人。爰特发起组织沪商协会，以便大小商人均得团结于此种组织之下，共谋商界同业之利益"[①]。4月24日，召开了第一次沪商协会发起人大会，推举汪醒斋、张静庐、钱育才、王汉良等25人为筹备委员，廖陈云、姜昌年等5人为候补委员，并议定征求会员的办法，一为登报征求，二为印刷传单，由发起人分头征求。[②]7月1日拟召开第二次发起人大会，但刚有10余人到会，即"为老闸捕房饬派探捕到场，禁止开会。后至者亦均被拒绝，因以未能开成"[③]。

遭此挫折之后，沪商协会的筹备再无任何新的进展，实际上是陷入了停顿。直至1927年3月下旬，受国民革命军攻克上海的鼓舞，沪商协会的筹备才又继续开始进行，但起初仍然未用商民协会之名，而是沿用沪商协会旧名。1927年3月25日的《时报》和《新闻报》曾登载了一篇《沪商协会恢复之宣言》，阐明："本会同人鉴于生存今日，时势所迫，潮流所赴，必也团结坚固，始能所向成功。因于去年五月间发起沪商协会，本商民之公意，企商业之发皇。筹备以来，蒙商界同人踊跃参加，进行颇为顺利。嗣因环境之压迫，以致停顿，未获即行成立。今民军抵沪，民气伸张，吾人应乘此恢复，努力进行。"[④]上文提到的所谓1926年5月上海商人酝酿筹备组织商民协会，引用的"嗣因环境之压迫，以致停顿"这句话，实际上应该就是出自这篇《沪商协会恢复之宣言》。在1927年3月恢复建立之后，沪商协会则开始以上海商民协会自居。该会的

---

① 《组织沪商协会之发起》，《申报》1926年4月20日，第14版。
② 《沪商协会昨开发起人大会》，《申报》1926年4月25日，第14版。
③ 《沪商协会昨日开会被阻》，《申报》1926年7月2日，第15版。
④ 《沪商协会恢复之宣言》，《时报》1927年3月25日，第6版。

王汉良、汪醒斋、胡凤翔等人，希望借此成为上海最早建立的商民协会，从而在上海商界中拥有一席之地，但却引起了一些争议。

后来担任正式成立的上海特别市商民协会秘书长的严谔声，曾对沪商协会的筹备成立过程以及该会为何未使用商民协会的名称，进行了如下的说明：

> 商民协会为国民政府统治下商民集合之法团，其宗旨为改善组织，集中力量，以求达到增加商民利益，解除商民之痛苦之惟一目的。简言之，则商民应组织起来，共同参加革命，以冀获得革命后所应享之利益也。上海商民以素富革命思想著称，六三运动、五卅运动，均曾留有最光荣之历史。故商民协会之名义虽自革命军抵沪后始行发现，而商民协会之精神，实自六三运动后无日不弥漫于上海市尘也。
>
> 就最近的历史言之，当五卅运动终了，奉军以武力压迫上海民众之时，上海商界即有沪商协会之组织，主其事者为王汉良、杨涌润、汪醒斋诸同志等，曾因在岭南楼召集开会，为帝国主义的租界当局所干涉。此实为上海商民协会最初最早具有雏形之第一个时期。盖其时军阀势力正张，商民协会四字绝对不能存在于方受压迫之上海，故才不得不用沪商协会之名义。[①]

按照严谔声的说明，上海商民协会从1926年最早开始筹备，到1928年3月初召开第一次全市商民协会代表大会，正式选举执行委员、候补执行委员和纪律裁判委员，总共经过了历时将近两年的五

---

① 《市商民协会积极筹备代表大会》，《申报》1928年2月27日，第13版。

个历史时期，这样漫长而复杂的筹备过程，在其他地区确实是非常少见的。

严谔声所说的上海商民协会筹建的第二个时期，是在国民革命军底定浙江后，"上海同志闻风兴起"。这一时期，原沪商协会的王汉良"以努力党务，未及兼顾商运"。于是，由陈勇三、王延松、潘冬林等人出面，邀请部分商界人士谋划成立商民协会，严谔声也曾参与。当时，以上海三马路证券里凭余屋作为临时办事处，由"王延松同志实独任经济之责"。这一时期的筹建工作，实际上并无非常明显的进展。

二、筹建上海商民协会的纷争

北伐军甫抵上海时，王延松、邬志豪等人也发起召集工商各业代表大会，筹组上海商民协会，进入所谓上海商民协会筹建的第三个时期。1927年3月20日，召开了上海商民协会筹备大会，各业代表200余人出席。王延松首先作为会议主席宣告开会宗旨，"略谓同人应时势之需要组织本会，以谋商民之幸福，并以解决商民间一切困难"。陆文韶接着报告筹备经过，并提出"先产生执行委员，办理一切"。经投票选举，陈勇三、虞洽卿、袁履登、王晓籁、王延松、邬志豪、严谔声等31人当选为执行委员，沪商协会的王汉良也名列其中。当时，召开第一次临时执行委员会，推举王延松、王晓籁、陈勇三、张振远、程祝荪、严谔声、陆文韶、潘冬林、邬志豪等11人为常务委员，组成常务委员会①。22日，又在报章刊登上海商民协会临时执行委员会第一号公告，公开宣布该会于20日成立临时执行委员会办理一切事务。

3月24日，召开第二次临时执行委员会，除讨论扩充会员问题，还通过了简章草案，并议决推举邬志豪、王延松前往总商会商借会所。随后，《新闻报》曾刊登了本次临时执行委员会讨论通过的商民协会章程草案37条。但在次日，王汉良等人也对外发表了《沪商协会恢复之宣言》，由此形成了同时分别筹备两个商民协会的状况。

在此情况下，上海特别市党部出面对商民协会的成立进行了干预，进入到严谔声所称上海商民协会筹备之第四个时期。上海市党部"以沪商协会去年确具艰难缔造之精神，而商民协会虽有少数人之利用时机，希图捷足，究亦未能一概抹煞"。从其口吻似可看出，当时的上海市党部对王汉良等人筹备沪商协会更为支持，而将王延松、邬志豪等人筹备商民协会的举动，称之为"利用时机，希图捷足"。因此，上海特别市党部第十四次执行委员会议决："为遵照法规，统一商民协会之组织起见，因即于两会之中选任王汉良、汪醒斋、章郁庵、陈芝寿、许云辉、王晓籁、陆文韶等七人出而重新组织，并定于今日正午十二时在功德林开委员会，讨论进行办法。"②

在上海特别市党部确定王汉良等7人重新组织商民协会之后，

---

① 《商民协会筹备会纪》，上海市工商业联合会等编：《上海总商会组织史资料汇编》下册，上海古籍出版社2004年版，第886页。
② 《市党部议决组商民协会》，上海市工商业联合会等编：《上海总商会组织史资料汇编》下册，上海古籍出版社2004年版，第886页。

王延松、邬志豪等人先前发起召集工商各业代表大会推举的31名临时执行委员,被一律取消。而上述7人名单中并无王延松和邬志豪。据严谔声在后来的回忆录中称:"王延松、邬志豪两人的被排出,原因是当时国民党部内部左派势力占有相当地位,而王延松正被开除国民党党籍,邬志豪始终加入不进国民党,尽管他俩及早下手,在当时他俩的野心还不能得逞。后来王延松靠了CC系支撑,才登上了商业团体的领导地位。"①当时,上海商界中王汉良、邬志豪等人与李立三、林钧等接触较多,王汉良加入国民党后,陆续介绍邬志豪、俞国珍、余华龙、许云辉、虞仲咸等人也加入国民党。王汉良还曾任市党部商人部长,余华龙、许云辉相继任四区党部商人部长。"至北伐时,上海出现一个左派市党部和一个右派市党部。"前者系国共两党共同建立的市党部,后者是国民党西山会议派建立的市党部。王延松一度担任左派市党部的商人部长,他与广东方面有直接联系,联系人为陈果夫。但王在任商人部长时,曾引起部分商界国民党员不满。特别是在北伐军迫近上海时,王执行罢市命令不力,市党部将他开除出党,到北伐后又恢复党籍。邬志豪曾为傅筱庵奔走效力,在1926年引起所在之上海各路商界总联合会成员普遍不满,"北伐初期,市党部不承认他为国民党员,直到'四一二'事变后,邬又被认为党员"②。

上海特别市党部做出两个团体合并的决定后,即于1927年4

---

① 严谔声:《商民协会的成立经过》,1965年10月7日,上海市工商业联合会档案史料室藏。转引自上海市工商业联合会等编:《上海总商会组织史资料汇编》下册,上海古籍出版社2004年版,第894页。
② 《原商总联成员座谈商总联与当时政界关系概况》,上海市工商业联合会等编:《上海总商会组织史资料汇编》下册,上海古籍出版社2004年版,第983页。参加座谈会者有前商总联会长余华龙,副议长文书严谔声,委员蒋梦芸、虞仲咸、许云辉、曹志功、张静庐。

月5日向原商民协会筹备处发出公函:"贵会既与沪商协会旨趣相当,自应由两方同志合作,改组为上海商民协会,并希努力进行之。"①8日,沪商协会和原商民协会两会之部分执行委员共计30余人,共同召开会议,联合成立了新的临时执行委员会,临时执委总共61人,先由两会共推52人,其余9名暂空,"以待商业重要团体之加入"。同时,原商民协会发出通告:"本会现与沪商协会合并,加推执行委员。……凡各区各业之已经筹备商民协会分会者,请来会接洽为要。"②13日,又首次以上海特别市商民协会筹备处名义在报上刊登紧要启事,宣称:"本会为国民政府法定商民团体,遵照国民政府法令依法组织。旨在集中商民力量,解除商民痛苦,发扬三民主义,以谋商民幸福。……本此目标,共尽天职,总期就商人之范围,谋商人自身之幸福。至于其他种种派别,皆非本会所愿闻也。"③

经上海特别市党部干预,沪商协会与原商民协会实现了合并,似乎预示着上海商民协会的正式成立已是指日可待了。但不久之后,情况又发生了某些新的变化。严谔声在回忆录中描述这一新变化时说:"这时已是'四一二'事变的前夕,国民党内部的右派势力占了统治地位,王延松亦在此时开始登上了特别市商民协会的重要地位,因此在四月十二日召开了临时紧急会议,主席就由王延松担任,议定了绝对拥护三民主义,绝对拥护国民革命军领袖蒋总

---

① 《改组商民协会之公函》,上海市工商业联合会等编:《上海总商会组织史资料汇编》下册,上海古籍出版社2004年版,第891页。
② 《上海特别市商民协会通告》,上海市工商业联合会等编:《上海总商会组织史资料汇编》下册,上海古籍出版社2004年版,第892页。
③ 《上海特别市商民协会筹备处紧要启事》,《申报》1927年4月13日,第14版。

司令等决议。会后王延松用王承志的名字打电报给国民党表示绝对拥护，当时我们都不知王承志是谁呢。从此时起商民协会已经完全向右转了。在四月二十日召开的一次会议上，王汉良、张振远、张梅庵曾提出辞职，决议挽留。"①笔者查到当时《申报》对严谔声回忆录提及的4月20日会议内容的报道，该会系当日下午举行，到会者共30余人，"公推王延松为主席，严谔声记录"。会上首先由各科报告工作经过，接着讨论来函，第一封来函即为王汉良等3人之辞职信，"公决一致挽留"。王汉良等人之所以要求辞职，看来与商民协会筹备处的人事变动，即王延松等人成为主要领导人有直接关联。这次会议还公决"电贺国民政府迁都南京及恢复国民党党权"，另还议决一致欢迎上海商业联合会加入商民协会②。

这里附带加以说明，在北伐军到沪之后，身为上海工商界头面人物之一的虞洽卿，联合上海县商会、闸北商会、上海银行公会、钱业公会、交易所联合会等19个上海工商团体的代表数十人，还曾发起成立另一个新的商人团体——上海商业联合会，而该团体也与后来上海商民协会的组建有一定的关系。上海商业联合会于1927年3月下旬宣告成立，其会员也是"以商业团体为限，每团体推二人至六人为代表"。据当时曾参与其事的赵晋卿回忆："商业联合会成立，主要是对付总商会。因为当时总商会在傅筱庵手里，同时北

---

① 严谔声：《商民协会的成立经过》，1965年10月7日，上海市工商业联合会档案史料室藏。转引自上海市工商业联合会等编：《上海总商会组织史资料汇编》下册，上海古籍出版社2004年版，第894页。

② 《商民协会开会纪》，《申报》1927年4月21日，第14版。报道中提及的"电贺国民政府迁都南京及恢复国民党党权"，并非严谔声回忆录中所说之王延松以王承志名所拍之电文。该报道同时刊登的电文内容是："政府移宁，万众腾欢。从此统一党权，奠定国都，发挥三民主义之精神，不为跨党份子操纵。先总理在天之灵，实式凭之。谨本上海全体商人之热忱伸贺。上海商民协会筹备处叩。"

伐军到上海后需要有一个新的商业机构，商界比较好讲话一些。"王晓籁也在回忆中说："上海商业联合会是虞洽卿发起。它是北伐军到上海以前，因为上海总商会会长傅筱庵帮助孙传芳阻挠北伐，而虞洽卿又和傅筱庵是对头，所以筹备成立这个会。"①

上海商业联合会实际存在的时间并不长，同年11月下旬在上海总商会开始整顿改组之时，该会就发表结束宣言，宣告解散。但在1927年4月，上海商业联合会曾以该团体的名义，向所属各商业团体发出促组上海商民协会的告示，阐明："以近日工潮澎湃之中，各业职工会亦随之风起云涌，良因潮流所趋，难以自抑。然工商两途，不能混而为一，因时制宜，吾各业商民似应组织法定之商民协会，以互助之精神，作自卫之团结。本会六十余团体，请各业推举代表二人，参照政治部所颁行之商民协会章程，筹备组织各业商民协会分会，将来再由六十余分会合并，而为上海市商民协会。则我商界有巩固之基础，然后可以有正当之发展等因。相应函达贵会，务望急速开会，讨论进行，于最短时间内促其实现，慎毋坐失时机。"②可见，上海商业联合会也曾一度设想以其为基础，组织上海商民协会，但却没能付诸实现。随后，该会决定以团体为单位加入正在筹备的上海特别市商民协会。

---

① 赵晋卿：《商业联合会成立的目的和它的外交委员》，1965年7月19日；王晓籁：《回忆商业联合会的筹备》，1965年5月10日，均为上海市工商业联合会档案史料室藏。转引自上海市工商业联合会等编：《上海总商会组织史资料汇编》下册，上海古籍出版社2004年版，第885页。
② 《商业联合会促组商民协会》，《申报》1927年4月18日，第14版。

三、上海商民协会筹备员的委任

即便如此,上海特别市商民协会的正式成立在这之后也仍然拖延了较长时间。"商民协会临时委员会征求商业联合会同意,合并组织正式商民协会。往返磋商至三至四,而石芝坤、陈翊庭、沈田莘诸同志更详加解释。至六月中,乃由上海商业联合会、上海特别市商民协会临时委员会各抄送全部委员名字,送交特别市党部,呈请中央党部组织部遴选加委。"①直到1927年6月下旬,才由上海特别市党部转发国民党中央党部的委任令,委任王承志(即王延松)、王汉良、陆文韶、陈鹏(陈翊庭)、严谔声、虞洽卿、吴蕴斋、王晓籁、冯少山、叶惠钧、朱吟江11人为上海特别市商民协会筹备员,严谔声兼任筹备处秘书。7月6日在上海总商会大厅举行的筹备员就职典礼甚为隆重,景况前所少见。到会之人员,有中央执行委员会代表黄惠平,上海特别市党部代表商民部部长俞国珍,中央宣传部驻沪办事处代表陈德征,上海特别市清党委员会暨淞沪警察厅政治部代表冷欣,国民革命军第二路总指挥部政治训练部代表钟震之,工会组织统一委员会代表费公侠,上海总商会代表陆凤竹,上海县商会代表顾馨一,上宝二县闸北商会王彬彦,上海各路商总联合会成燮春及各级商民协会代表,加上银行钱业等各团体代表,总共多达500余人。

虞洽卿代表全体被委任之筹备员发表就职宣言,表示"和德等

---

① 《市商民协会积极筹备代表大会》,《申报》1928年2月27日,第13版。

职虽筹备,负责非轻,敢竭忠诚,力行下事:(一)于最短时间将各级商民组织完成;(二)促成工商合作,实行总理劳资协调之政策;(三)领导商民参与国民革命;(四)打破以前同业嫉妒之陋习;(五)树立商民得达到自由平等地位之基础;(六)树立商民在国际贸易上得充分发展之基础。"黄惠平宣读了国民党中央执行委员会的训词,内中说明"本委员会对于上海市商民协会筹备员人选问题,一再审慎,而后委派"。不难看出,连筹备员都需要由国民党中央委任,可以说国民党对上海商民协会是前所未有的重视。之所以如此,是因为国民党中央意识到,"上海特别市为东南重镇,外人荟萃,万商云集。名为特别市,而实为全国经济之枢纽。总揽经济枢纽者,责在商民。故上海特别市之商民,责任实至为重大"。上海特别市党部的训词也说明:"上海为中国商业中心,尤为世界大商场之一。中国之繁荣,虽需全国民众共同努力造成,而执其牛耳之重任,不得不加诸上海特别市商民肩上。……本党中央党部对于上海市之商民协会非常重视,故所委筹备员不求其量,而求其质。盖认诸筹备员均为革命的,忠心党国的,熟悉商情的负巨投艰之人。"除此之外,各机关、各团体与会代表约15人均在会上发表了致辞①。

筹备员上任后,成立了新的筹备处,并在第一次会议中确定了分组委员,王晓籁、朱吟江、冯少山3人为常务委员,虞洽卿、吴蕴斋2人为财务委员,王延松等5人为组织委员,严谔声负责秘书处工作。新筹备处的主要工作,是督促各商民协会分会的筹建,以使上海特别市商民协会能够尽快正式成立。1927年8月初,筹备处

---

① 《商民协会筹备员就职典礼》,《申报》1927年7月7日,第13版。

曾发表《告商民书》，强调："在从前的时候，商会是没有我们参加的权利，官厅是不把我们放在眼睛里。好了！现在是有了地点！地点在那里？就是这个从革命得到的商民协会。"另还向商人阐明不能误以为有了商会，就不需要组织商民协会，"因为商会是以业组织的，是店行公司组织的，他所认识的是一个商业的机关，是一个商业上的法人。商民协会则不然，认识了一个一个的商民，完全以商民为基本的组织，求商民的福利。……上海是全国商业中心，上海的商人有显著的革命工作，上海商民协会应当做成功全国各省商民协会的模范。所以特地由最高的中央党部委任了筹备委员十一人，秘书一人，这是很可以看出中央重视上海商民的意思"①。筹备处的《告商民书》同时还附有蒋介石以国民革命军总司令名义，于5月间发布的《告全国民众书》中有关商民部分的内容，号召上海广大商民赶快起来组织商民协会。

另据1928年2月上海市商民协会筹备处致电国民党中央第四次全体会议透露："本会筹备处各筹备员，自奉前南京中央党部组织部委任以来，迄今九月，以沪上商业地位之重要，商业种类之繁复，殚思竭虑，随时根据政府制定之商民协会条例，并商承上海特别市党部商人部之指导，督促各业商（协）会，自动组织。……举凡昔日军阀时代，为一般社会所蔑视之商业，始渐能有组织、有团结，以谋增进本业之福利，解除本业之痛苦，不致因会费之巨大而彷徨，不致因系统之差别而畏缩。"②由此看来，上海商民协会新筹备处建立以后，还是积极开展了各项相关工作。

---

① 《商民协会发表告商民书》，《申报》1927年8月4日，第14版。
② 《商业团体对中央全会之表示》，《民国日报》1928年2月7日，第9版。

与此同时，上海特别市商民协会章程也奉国民党中央核准。在此之前成立的商民协会，基本上都是由所在地区的党部审核章程并予以批准，很少由中央直接审核章程。但上海的情况较为特殊。上海商民协会的章程草案除经上海特别市党部审查修正之外，又由市党部呈请中央党部组织部审核批准。

　　不过，在此后上海商民协会正式成立的过程中，也并非十分顺利。随后出现的一个有争议的问题，是店员究竟应该加入商民协会，还是应该加入工会。其实，这个问题在此前已经成立商民协会的一些地区，就已经发生过争议。"自中央颁布之商民协会章程第六十三条有商店职工字样，而附议者遂谓商店职员应为商人之一。但按工会条例第一条，凡同一职员相率附入工会。因此之故，商店职员或主为商，或主为工，聚讼纷纭，莫衷一是。数月以来，纠纷迭起，弊之所至，必陷工商于危险之境。"①

　　上海商民协会在筹备成立的过程中，即遭遇该问题的困惑，不得不经由上海市商人部呈请中央执行委员会明定工商标准。中执会函复，经第九十一次常务会议议决，此前规定之"非商人不得加入商民协会，其义明甚。……所谓商店职工系带有商人性质，于商店资本有关系者乃得适用，非谓凡商店职工即为商人，即须加入商民协会，其义更属显然"。中执会的这个解释，与上海商民协会希望店员加入的初衷不一致，所以感到非常失望。于是，又分呈中央政治会议及上海政治分会，认为"中央所解释者，与市党部商民部之函示，显有不同"，并说明"商店店员如果划入工会，则商业前途覆亡可待"。上海商民协会仍然请求在审订商民协会条例时，明白

---

① 《各省区商民协会请重定工商标准》，《申报》1927年10月20日，第10版。

划分工商界限,"将商店店员划入商民协会范围之内,以保障商业之安全,在未得中央正式解决以前,仍遵照市党部商民部所指示办理"①。

在这个问题的争议之中,商民协会似乎与商会有着某种共同的利益。因为店员划入工会,经常通过工会向店东提出各种要求,当时的劳资纠纷中又多为店员店东之争。商会同样属于商人团体,当然也会与商民协会一样卷入各种纠纷之中,面临诸多难以解决的困难。因此,上海商民协会筹备处还曾致函上海总商会,希望商会也能够出面提出相同的请求,"一致力争"。上海总商会接受了这一要求,呈文中央执行委员会,阐明划分店员之工商标准,应以职业为别,不应以资本为断,"盖以资本为区别,而不以职业为区别之结果,必致工与商争,商与工争,子矛子盾,纷扰转无已时,不如各就其职业以为区别之为得也。……商店职工受雇而来,大率仅作劳务,并不附股,其有资本关系者,殆不足全部商店百分之一,而出资者恒多居住别地,并不亲自经营业务。此等情形,不止上海一处为然,如徽帮之南业,西帮之汇业,绍帮之染业、烛业等,略举一二,其余尚难枚举。若照贵会所定之标准,必致此等商店见屏于商人之外,无从根据章程保障其应得之权利,此尤窒碍之大者。用特函具详陈理由,敬请贵会将前项解释重加审查,予以修正,至深感祷"②。

上海商民协会的筹备成立拖延时间甚长,有关这个问题的争议也为时不短。直至数月之后的1927年10月,冯少山还以各省区商

---

① 《商民协会呈政治会议文》,《申报》1927年5月28日,第14版。
② 《总商会之重要公牍》,《申报》1927年5月29日,第13版。

民协会代表会议主席的名义，领衔各省区商民协会再次呈文中央党部请求重定工商标准。呈文从另一角度说明："今之解释工商区别者，碍于商协章程暨工会条例之规定，不得不以误就误，两全其说。动辄曰以与商店资本有关系者为商人，而以商店资本无关系者为工人，牵强误解，莫逾于此。……在商协章程、工会条例尚未明文修正以前，务请钧会明定工商标准，变更原有解释，通令工商团体一体只遵，以清界限，而免纠纷，无任感戴。"①

在商民协会和商会的反复要求之下，特别是冯少山领衔各省区商民协会呈文后不久，国民党中央各部委员会第六次联席会议根据中央商人部的提议，议决采取一种变通的办法，即"嗣后各地店员工会应一律改称为店员总会，概归中央商人部指挥监督之下"。中央商人部在致冯少山的指令中还具体解释说："现行工会条例及商民协会章程，对于工商界来说颇有出入，在未经中央修订以前，未便为确切之解释。……此后店员团体之名称既已变更，且与商民协会同隶商人部之下，两方之利益，既易调节，一切纠纷，自可减少。来呈所举窒碍情形，亦可谓已得相当之救济。"②不难看出，当时的国民党中央以为实施这一变通办法，将原隶属于总工会的店员工会，改变名称隶属于各级商人部，可以避免或减少商民协会反复所说之纠纷。实际上，这一措施并不可能真正达到其预期目的，但在当时却可以使有关重定工商标准的争议暂告一个段落，也使上海商民协会能够早一点得以正式成立。

---

① 《各省区商民协会请重定工商标准》，《申报》1927年10月20日，第10版。
② 《中央商人部明定工商标准》，《申报》1927年10月28日，第9版。

四、上海商民协会的最终建立

上海商民协会的筹备过程拖延如此之长的时间，在此前的其他地区都很少见。当时，连中央商人部都曾多次催促该会尽快成立，以便随后筹开全国商民协会。1927年11月，中央商人部向上海特别市党部商人部下发第175号令，内称"查上海市商民协会筹备已久，现尚在筹备期间，仍未成立，实属延缓。本部现正统筹全国商民协会之组织，该会若再迁缓，恐不能参加全国商民代表大会，仰即转知该会，促其早日成立，以免阻碍"①。随后，上海市党部商人部也奉令敦促上海商民协会尽快成立。据上海商民协会筹备处发给各业的一份通函透露："此次党政统一，中央对于商民益复注意，特于中央党部内增设商人部，以为领导商运之最高机关。敝会又一再奉商人部训令，催促成立，以便筹备全国商民协会，集中力量共同努力。嗣因本市区域辽阔，商业繁盛，市会未能即速成立，当推派组织委员王延松赴都呈述经过情形，并报告近况。又奉中央商人部面嘱，赶速抄呈上海银行、钱业、纱业、木行等商业领袖姓名，以便训令筹组各业商民协会等因。"②在这份通函中，上海商民协会筹备处说明其曾一再奉中央商人部训令，催促成立，同时也指出了该会未能迅速正式成立的一个原因，是由于上海特别市区域辽阔，商业繁盛。在这方面，上海确

---

① 《中央商人部令催沪商民协会成立》，《申报》1927年11月15日，第11版。
② 《商民协会积极筹备成立》，《申报》1927年11月16日，第10版。

有不同于他处之特点，在某种程度上似乎也可以看作是延宕上海商民协会迅速成立的原因之一。

不过，本章上述之上海各派商人相互为争夺在商界的主导地位，各自分头筹设商民协会，加上"四一二"事变前后国共两党势力在上海市党部的消长，对商民协会筹备处临时委员会的数次改组等，都是导致上海商民协会未能在短时间内正式成立的原因。除此之外，还有一个可以说是在操作程序上的技术性原因，也阻碍了上海商民协会的正式成立。在此之前，广州市、长沙市、汉口市的商民协会，都不是等待所属各业分会全部设立之后才成立，而是在当地一部分行业的分会建立后，即宣告市会正式成立。另一部分所属行业先前未成立分会，是在市会建立之后才相继成立。但上海特别市商会协会的建立，却要等待所属各区各业分会都筹备成立之后，再选举职员正式成立市会。而上海特别市的区域更广，商业贸易又最为发达，所属行业也最多，众多行业分会建立的行动步骤都不一致，由此势必会延误市会正式成立的时间。1927年11月上海商民协会筹备处曾向各业发布通令，说明："本市商民协会迭奉中央商人部训令，催促即速成立。当经筹备会议议决，提早于十二月一日正式成立。惟是各级商民协会必须在本市市会成立以前组织完成，届时方得推派代表参加选举。合亟通令严催，各级商民协会应积极筹备，努力进行，务于本月二十五日以前宣告成立，完成组织，领导商运。党国前途，实利赖之，希各奋勉为要。"①

然而，尽管上海商民协会筹备处向各业发布了如此严厉的通

---

① 《商民协会积极筹备成立》，《申报》1927年11月16日，第10版。

令，并拟出了具体的时间表，要求各业分会务必于12月25日以前宣告成立，以便市会在12月1日也能够正式成立，但最终却仍未能按此时间表正式成立上海商民协会，其原因还是有些行业建立分会拖延了时间。转眼之间，上海商民协会的筹备即进入到了1928年。此时，上海商民协会筹备处已不得不改变原定程序，不再等待所属各区各业分会建立之后再宣告市会成立。2月下旬，筹备处即开始加紧筹备上海特别市商民协会代表大会及举行选举。连日来均"极为忙碌，昨日星期仍照常办公。昨日办公时间，亦展至下午九时为止。各业分会已经推出之代表，至昨日为止有七十八人，秘书处对于会务报告、经济报告议案，均在编制中"①。

1928年3月1日下午，上海特别市商民协会第一次全市代表大会终于在上海总商会议事厅举行。到会者有上海特别市农工商局长潘公展，交涉公署代表郭德华，淞沪卫戍司令部代表丁国萃，市党部代表张鹃声，浙江省商民协会代表顾速明，上海县长江家珺，暨各公团代表数十人及各业分会推出之代表，共计110余人。大会首先推举冯少山、王延松、王汉良、严谔声、陈翊庭5人为主席团，由王汉良致开会辞，"谓今天为商界革命成立正式团体之日。我们回想数月前共党之捣乱情形及商人地位之危险，经不少奋斗，始有今日。诸君此后应格外团体，继续努力"。接着，严谔声报告了上海商民协会从最初筹备到正式成立的五个历史时期，其中仅中央党部于1927年6月下旬委任11名筹备委员后，"筹备委员自奉令筹备以来，已有八月，其间因共党之扰乱，及党务军事政治之未能完全迅速进展，惟筹备员等始终抱定稳当慎重之态度，余月以来幸未陨

---

① 《市商民协会积极筹备代表大会》，《申报》1928年2月27日，第13版。

越。以期时论,似属延缓,以事实论,得有今日之代表齐集一堂,差可告慰"①。

不知由于何种原因,上海特别市商民协会第一次全市代表大会的开幕式,在场面上远不及当初筹备员就职典礼隆重。不仅到会之党政军要员的层级较低,而且人数也较少,甚至连中央商人部也未派代表出席。另外,各团体代表的出席人数也不多,因而与筹备员就职典礼有500余人参加的场面相比较,上海特别市商民协会第一次全市代表大会的开幕式仅100余人,自然不可同日而语。大会召开之前,冯少山等人曾电告南京中央政府,希望能够派人到会致训词。但蒋介石只是致电陈果夫,"请就近前往代表",而陈果夫却因患病未痊,也未能与会,只给大会写了一封书函,希望"上海特别市商民协会为上海商民自身计,为中国国家计,为全国人民计,均应协助国民政府努力。亦惟在此种努力上,可以表现商民协会有设立之必要"②。

3月4日下午,上海特别市商民协会第一次代表大会举行选举大会。全市代表总计134人,有113人到会参加了选举。结果是骆清华、邬志豪、诸文绮、陆文韶等31人当选为执行委员,冯少山虽也当选,但得票数却排列在倒数第二,仅得36票,与得88票排在第一的骆清华相差52票。同时,还选举了姚泉荣、陶洪范等11人为候补执行委员。另又选出纪律裁判委员9人,候补3人③。数日后,执行委员31人、纪律裁判委员5人又举行复选,选出邬志豪、诸文绮、

---

① 《市商民协会昨开第一次全市代表大会纪》,《申报》1928年3月2日,第13版。
② 《市商民协会昨开第一次全市代表大会纪》,《申报》1928年3月2日,第13版。
③ 《市商民协会选举大会纪》,《申报》1928年3月5日,第13版。

骆清华、陆文韶、成燮春5人为常务委员，并推选仲裁部、交际部、宣传部、组织部、合作部、教育部各部委员及主任①。在执行委员选举之后，一直担任商民协会筹备委员并兼任筹备处秘书的严谔声，即致函执行委员会提出了辞职。辞职函称："谔声从事商民运动十年于兹，商协发起之初，即与尽案牍之劳，嗣奉中央委任，益复责无旁贷。惟负责迄今，已越八月，竭其驽钝，幸无陨越，而一木支持大厦，个人统筹全局，实已筋疲力尽。当此正式执纪委员即将就职，负责有人，观光可待，所有谔声兼秘书职务，务恳另聘贤能，继续办理。谔声亦得稍资休养，另图报效，曷颂盼祷。"②但经挽留，严谔声此后实际上并未辞职。

有韩国学者指出，以往研究上海商民协会的一些成果，将1927年的沪商协会与商民协会合并而成的上海商民协会，与1928年正式建立的上海特别市商民协会，视为同一性质的商民协会有所不妥。因为1928年的上海特别市商民协会的31名执行委员、11名候补执行委员、9名纪律裁判委员及3名候补纪律裁判委员，总计52名职员中，只保留了6名1927年商民协会的职员，其余48人全部为新人，因此从职员构成上看，两者之间有很大的不同。这些新人的身份大多数不得而知，只能"推定他们是趁着政治激变期欲掌握商民协会的地方政治投机者"。所以，"应把1928年3月的商民协会与之前的商民协会区分开来"③。这些新人是否属于政治上的投机者还需

---

① 《市商民协会选出常务及各部委员》，上海市工商业联合会等编：《上海总商会组织史资料汇编》下册，上海古籍出版社2004年版，第917页。
② 《市商民协会秘书辞职》，上海市工商业联合会等编：《上海总商会组织史资料汇编》下册，上海古籍出版社2004年版，第916页。
③ 李升辉：《1920—1930年上海商会的组织形成及意义》，提交"近代中国的社会流动、社会控制与文化传播"——第三届中国近代社会史国际学术研讨会论文，2009年8月，贵州贵阳。

要考证，不能轻易下此结论，但将前后不同历史时期的上海商民协会加以区别对待，则无疑是正确的。

上海特别市商民协会宣告正式建立之后，在上海出版的《民国日报》曾为此专门发表了一篇社论表示祝贺。这篇社论指出，上海商民协会的成立具有特别重要的意义，因为"在这五花八门无奇不有的上海特别市中，民众的团体，实在是最需要而且最宜慎重的了。尤其工人团体和商人团体，因劳资互助或劳资纠纷的事件，决不在少，所以更宜严密地组织起来"。不仅如此，"上海的商人团体，原有的有总商会、闸北商会、县商会、各马路商界总联合会，这几个商业团体，本身组织，固已有相当基础，但加入的或者是资本较大的商家，或者是因地段关系而加入的，非上海特别市以内的上海商人全体。所以，以业务为单位的商民协会，不惟按照党纲应有这么一种组织，即商人本身的联合上，也有如此组织的必要"。这篇社论还肯定了上海特别市商民协会筹备委员的作用，认为"上海特别市商民协会自去年筹备至今，因筹备委员之惨淡经营，一方面因受党的领导，所以筹备的成绩斐然而观，至于今日，乃正式宣告成立，我们不但为全市商人前途贺，亦当为本党前途祝了"。最后，社论还对上海特别市商民协会提出了若干希望，期盼其发挥重要的作用与影响："我们希望从上海特别市商民协会成立以后，商人利益，能得有相当的保障；商业团体的组织，也逐渐能有统一的指挥；劳资双方，能发生相谅的同情；全市商人，均能奔赴国民革命的最前线。因为能如是，才算尽了商民协会之职责，才算不负本党对于商民协会希望之殷和托付之重。"①

1928年3月9日下午,上海特别市商民协会举行了第一届执纪委员就职典礼。市党部商人部代表田四维在会上致辞:"略谓商民协会为商人参加革命的团体,希望各委员抱总理大无畏之精神,不畏难,不苟安,以解除商民之痛苦,增进商民之福利。"全体执纪委员也在会上宣读了就职誓词,郑重地表示:"余誓以至诚,为上海特别市商民协会努力,不畏难,不苟且,以廉洁的行为,强毅的精神,求会基巩固,求会务发展,领导全上海商民,向革命的成功上进行,以实现解除商民痛苦,增进商民福利之目的。"此外,全体执纪委员还公开发表了就职宣言,宣称"吾总理唤起民众共同努力之遗嘱,一日不贯彻,吾商民协会之责任,一日不能卸除"②。

上海特别市商民协会在筹备期间,曾拟订所属区会的暂行章程,规定区分会均定名为上海特别市商民协会第〇区会,直隶于上海特别市商民协会。区会之下设有三种组织,即上海特别市商民协会第〇区第几分会、上海特别市商民协会第〇区某某业分会、上海特别市商民协会第〇区特别分会。各区会"本革命之宗旨,改善商民之组织,解除商民之痛苦,而增进其幸福"。关于会员,章程规定"凡居住本区会区域内之商民,不论性别,年龄在十六岁以上,依照本区会章程,遵守本区会纪律,履行本区会议决案,并奉行上级会之命令者,皆得加入本区会所属分会为会

---

① 德征:《祝上海特别市商民协会成立》,《民国日报》1928年3月1日,第4版。
② 《市商协会执纪委员就职》,《民国日报》1928年3月10日,第6版。

员"①。但中央商人部在给上海市党部商人部的批示中指出:"分区组织,于本部规定商民协会章程不符,应即指导其改组,依章组织各业分会,将区会名义撤消,以符定章为要。"②于是,上海商民协会又不得不修改章程,取消区分会名称,在后来正式成立后也是按行业建立各个分会。

据上海特别市商民协会呈报市农工商局文称,在1928年2月"各业依法筹组商民协会分会,现在已成立者计有绸缎业等四十四个,正在筹备尚未成立者,计有铜锡业等二十三个"③。下面是上海市工商业联合会档案史料室收藏的一份统计表,从中可以进一步看出稍后上海特别市商民协会分会的相关具体情况。

上海特别市商民协会所属各业分会一览表④

会　名	地　址	常务委员姓名	人数
绸缎业分会	天津路福绥里70号	骆清华 张鸿荪 屠仲英	235
药业分会	西藏路文元里495号	张梅庵 费慎斋 岑志良	80
南货业分会	城内也是园浜崇义堂	胡鉴人 陈子翔 程东屏	227
酱酒业分会	邑庙酒业颂扬	张大连 沈维亚 胡幼庵	326
纸业分会	爱多亚路80号	刘敏斋 曹显裕	105
米业分会	福佑路丹凤街嘉谷堂	张念萱 陆文韶 史鸿勋	338

---

① 《上海特别市商民协会所属区会暂行章程》,上海市工商业联合会等编:《上海总商会组织史资料汇编》下册,上海古籍出版社2004年版,第917—918页。
② 《中央部人部令催沪商民协会成立》,《申报》1927年11月15日,第11版。
③ 《市商协会呈报属会会名会址》,《申报》1928年2月20日,第9版。
④ 《上海特别市商民协会所属各业分会一览表》,上海市工商业联合会等编:《上海总商会组织史资料汇编》下册,上海古籍出版社2004年版,第922—925页。

续表

会 名	地 址	常务委员姓名	人数
布业分会	北泥城桥鸿祥里	唐继寅 朱伯雄 陈宝德	141
茶业分会	南市太平六内东街	杨尚廷 汪彩堂 翁约初	136
农业分会	南京路61号	郝海珊 金培庆 朱勉椿	164
书业分会	三马路西藏路平乐里	丁云亭 陈协恭 张叔良	85
煤炭业分会	四马路东合兴里	毛春圃 陈祺生 潘以三	306
彩印业分会	白克路18号	陆凤竹 樊竞美 黄仲明	72
铜佚机业分会	虹口华德路206号	赵孝林 钱锦华 吕时新	188
水炉业分会	老北门穿心街	杭国治 陈文彬	507
旧花业分会	共和路镇安里西四弄	巫濂毅	90
理发业分会	斜桥同德里后	顾发泉 邱紫亭 潘镇山	55
丝光棉织业分会	爱多亚路瑞麟里	诸文绮 严光第 潘旭升	121
皮钉楦业分会	闸北新民路飞星里	张海记 董余卿 黄金桂	109
梳妆镜箱业分会	城内虹桥大白栅	陈恒龙 徐德仁 解建德	239
花粉业分会	城内王医马弄91号	汪献廷 杨厚生 张馥卿	77
牙骨器业分会	城内北张家弄	王守安 陈庆龙 汪绍荣	115
人力车业分会	小南门外复善堂街	王荣清	147
牛羊业分会	虹口密勒路慎安里	陈广海 张文鳌 陈九皋	112
广帮杂货业分会	天潼咱联安里44号	陈道生	51
镌业分会	邑庙文昌阁	吴鹤松 范志恒	54
面馆业分会	小南门外大街42号	姚泉荣	69
履业分会	也是园后金家棋杆	黄正卿 孙长庆 周元敬	114
烛业分会	大南门内凝和路	童观文 厉宸卿 厉梅生	50
饭业分会	小南门内硝皮弄对面	周杏园 王升泉 吴文渊	69

续表

会 名	地 址	常务委员姓名	人数
笔墨业分会	城内王医马弄91号	汪衡远	
裘业分会	城内曲尺湾	毛逢知 张松年 谢福昌	50
火腿业分会	北河南路富庆里	詹志良 阙儒卿	83
绣业分会	九江路陶米里182号	杨涌润 刘因斋 熊凯南	50
板箱业分会	七浦路桃源坊226号	王竹林 陶海泉 钱金发	149
酱园业分会	法界茄辣路新福里	朱云生 宋星绥	200
鲜肠业分会	北浙江路华兴坊9弄	周凤鸣 谢万亨 潘灿斌	50
飞花棉业分会	自来水桥七浦路	鲍国梁 李厚椿 胡桂笙	116
洋装钉书业分会	闸北香山路两宜里	丁贵卿 楼维卿 石钟玉	54
熟货业分会	小东门中华路67号	周钜康 潘宗熙 朱祥赓	98
邑庙豫园分会	邑庙文昌殿	张筱堂 胡文翰 陈云吉	260
浦东分会	浦东烂泥渡大街	张载伯	377
水电业分会	南京路61号	刘耕华 丁涤新 俞铭巽	54
书画扇业分会	邑庙花园内豫园路	周五明 叶树泉 黄志浩	58
藤器业分会	爱文义路戈登路口	吴春泉 金春亭 沈根水	57
茶食业分会	中华路迎勋路	朱永清 周荣昌 张兰亭	51
吴淞分会	吴淞车站对面	程松龄	83
七宝分会	七宝东圣堂	李瘦竹 冯葆生 李友贤	104
江湾分会	江湾乡公所	沈宝贤 王雨苏 姚应魁	77
木器业分会	小南门复善街三德里	郑朝锡 邵岩森 葛佐周	50
参业分会	小东门咸瓜街	姚长卿 余仰周 凌芷霞	51
洋漂印业分会	老北门西城脚平安坊	卢云通 谢凤祥 鲁玉堂	77
阳伞业分会	北京路余荫里	王建勋 朱纯伯 倪国卿	80

续表

会　名	地　址	常务委员姓名	人数
粢饭业分会	华兴路华兴坊240号	徐鸿山 瞿云山 瞿云标	145
保险业分会	九江路384号	董仲章 陈也桥 张星辉	51
香业分会	梅家弄一区党部		103
铅印业分会	福州路太和坊内		51
袜机业分会	小西门少年路63号	易长生 张桂岸 胡苏郎	73
弹花业分会	闸北宝兴路公兴路		105
鸭贩业分会	南市青龙桥安澜里	蒋元清 宓信大 沈键荣	153
邮运业分会	浙江路洪德里483号		74
粉面业分会	南市吾园路50号		74
高桥分会	浦东高桥镇	孙荣德 孙晋康 吴履昌	
鲜猪贩运业分会	陆家浜南仓街仁吉里	黄志扬 丁隆盛 单卓斋	75
鸡贩业分会	闸北虬江路139号	王桂 金文祥 沈裕生	72
水果食物摊贩业分会	里马路会馆弄福兴路一弄3号栈房内	朱小宝 李金华 陈凤山	98
五金杂货业摊贩业分会	里马路会馆弄福兴路一弄3号栈房内	赵林森 祁金波 李光斗	77
棉纱线业分会	法租界打铁浜得胜里		54
成衣业分会	英租界老大沽路马安里	姚君毅 孙鼎 陈福祥	115
鲜肉业分会	闸北大统路安祥里	叶享显 沈燮 范芝祥	53
糕饼业分会	海宁路文昌里万金号	赵锡珊 张福元 蔡荣卿	53
驳船业分会	画锦里西延康里343号		无形解散
袜成染踏业分会	九亩地开明里68号	胡张基 吴福云 单梧生	53
镜木业分会	闸北宝通路严家角	陈大裕 陈勤芳 张瑞松	73

续表

会　名	地　址	常务委员姓名	人　数
皮件业分会	广西路683号		筹备中
旧货业分会	北浙江路华安坊294号		筹备中
菜货铜业分会	小南门大街42号		筹备中
铜锡业分会	小西门外利涉桥		筹备中
报关业分会	四马路青云里60号		筹备中
典质业分会	城内侯家浜吴家弄7号		筹备中
帽业分会	邑庙飞丹阁		筹备中
砖灰业分会	老闸桥轮记砖灰行		筹备中
先施、永安闵行分会	新新特别分会南京路永安公司五楼闵行市		筹备中
曹家渡分会	曹家渡救火会		筹备中
北新泾分会	北新保卫团		筹备中
江桥分会	江　桥		筹备中
呢绒业分会	南京路民永里145号		筹备中
报贩业分会	虬江路文孝坊		筹备中
牛奶业分会	小南门大街42号		筹备中
绍酒业分会	大东门内麦家弄		筹备中
小猪贩运业分会	江湾第七区党部		筹备中
唱机业分会	闸北宝通路严家角		筹备中
菜摊业分会	虬江路文孝坊15号		整理中

　　上表所列上海特别市商民协会的分会共92个，其中已成立者73个，有一个成立后已无形解散，正在筹备成立的分会有19个，其中

有一个处于整理过程之中。由于上海特别市商民协会是在许多分会已经建立之后，才正式宣告成立，故而在其正式成立之初，即拥有数量较多的分会，也便于开展各项相关活动，这可以称得上是上海特别市商民协会的一个特点。

综上所述，这一阶段上海商民运动的特点，首先，在商民协会的成立过程中即出现了各派商人之间借创设商民协会以争权夺利的现象。由于这一特殊原因，再加上其他因素的影响，在初期产生了两个商民协会，不得不由上海特别市党部出面进行协调，使之合二为一。不仅如此，上海商民协会从1926年最早开始筹备，到1928年3月初召开第一次全市商民协会代表大会，总共经过了历时将近两年的五个历史时期，类似的情况在全国非常少见。其次，从上海商民协会的筹备员直接由中央党部委任，上海商民协会的章程也直接报请中央党部审核批准等前所未有的情况看，此时的国民党对成立商民协会，尤其是在上海这一特殊地区建立新的商民协会，仍然是非常重视的。再次，上海商民协会在筹备建立阶段，似乎即与商会出现某些纠葛。商民协会筹备处动员商民起来组织商民协会分会的宣传，就注重说明商会的种种缺陷，已将商民协会与商会置于对立的地位。复次，在商民运动余波阶段的上海，商民协会建立之后，也与商会之间的矛盾冲突比较突出，尤其是关于商会存废之争持续不断，并且使上海成为这场争论的中心。

第七章　商民运动期间上海店员工商界限之争

在国民革命时期商民运动中，商民协会不仅与商会之间的关系甚为复杂，对商民协会的发展多有影响，甚至制约了商民运动的进程与结局。与此同时，商民协会与店员工会（或称店员联合会，后称店员总会）之间的关系也值得重视。由于两者之间的关系牵涉到劳资纠纷问题，故而经常出现矛盾冲突，甚至在个别地区店员联合会与商民协会之间还曾发生较大规模的暴力冲突；其次，是有关店员应否划为商人而加入商民协会的问题，也一直存在着争执。从国民党中央、省市党部到一些地区的商民协会，对此都有不同的解释。在商民运动的不同历史阶段，这种争执都贯穿其中，似乎成为一个难解的症结。

所谓店员工商界限之争，就是将店员的身份划为工，抑或划为商的争论。实际上也是商民协会与工会之间争夺店员作为会员的争执。广州国民政府时期，国民党中央将店员的身份确定为工人，并支持成立店员工会。但在此之后，随着工人运动的兴盛与发展，店员工会不断组织店员积极开展经济斗争,致使店员与店主之间的冲突日益激烈,对商业的发展也带来了较为严重的影响,引起商民协会的强烈不满。于是,店员是否应属于工人,是否应组织工会,在总工会、总商会、商民协会乃至国民党各级党部的工人部、商民部之间,一直存在着较大的争议。

史学界专论国民革命时期店员工会的论著尚不多见,有关这一时期店员工商界限之争的成果更为少见,仅仅只是在论述商民运动、商民协会以及工人运动的成果中,有些附带提及少数地区的店员工会①。因此,有必要对这一问题进行深入探讨。本章即主要就上海商民运动期间有关工商界的争论情况略作论述。

一、力主店员应归于商

店员身份之确定以及加入何种团体,从商民运动开始之初直至商民运动的后期,一直存在着某些争议,而且屡有改变。在不断变动的各个过程中,上海市党部商民部和上海商民协会几乎都可以说是重要的推动者。在商民运动初期,国民党认为店员与店东"确有密切的关联,确有共同组织团体,来参加革命的必要与可能,绝对没有如无产阶级的产业工人与资本家之分别,所以组织商民协会,

---

① 例如冯筱才的《北伐前后的商民运动(1924—1930)》(台湾商务印书馆2004年版),曾成贵的《中国工人运动史》《第一次大革命时期的工人运动》(广东人民出版社1998年版),李玲丽的《北伐前后湖北的商民协会——以大革命时期的武汉为讨论中心》(华中师范大学2007年硕士学位论文)等,都曾简要论及国民革命时期的武汉店员工会。李玲丽还根据硕士学位论文中的相关内容改写成《略论北伐前后商民运动中的武汉店员工会》,发表在《黄河科技大学学报》2007年第3期。

就许可店员加入"。起初,"商民对于商民协会还是存了怀疑观望",所以"那时商民协会组织大半都在店员的手上"。但是,随着商民运动的发展,商民加入商民协会日益踊跃,于是"同在一个商民协会内,就有店员店东两方面的竞争,同时店员又要向店东要求改良待遇,或增加工资,而店东或因营业的困难,不能接受店员方面要求的案件,以是又在同一的商民协会内,发生种种困难的问题,甚至店员店东双方顿呈分裂的现象,不断地各处商民协会都有这种情形继续的发生,以是中央工商两部就共同将这个问题提出中央讨论"①。

与此同时,上海特别市党部商民部向中央商民部呈文指出:"近有一部分小商人同志以多数店员为被压迫阶级,实为职工而非商人,应另立职工部,不应附属商人部之下牺牲职工本身之地位。"呈文还请中央明示:"商人部所谓商人,是否有阶级性的,专指商业资产阶级及大小店主,而不及店员。店员是否应立职工部,而不受商人部管辖,统希明示。"中央商民部以"事关商民运动范围问题",提出请解释店员职别案,呈请中执会常务委员会第五十四次会议讨论,议决之结果为:"由中央商民、工人两部商定,再行核议。"②中央工人部与中央商民部经商定之后,在1926年9月22日举行的第六十次会议上由中央工人部提出议案:"店员原属职工,应隶属于工人部,以归划一。"③这一议案获得了本次会议的通过,议决照准执行。于是,此后的店员遂脱离商民协会而

---

① 《中央商人部告店友书》,《申报》1927年11月2日,第6版。
② 中国第二历史档案馆编:《中国国民党第一、二次全国代表大会会议史料》(下),江苏古籍出版社1986年版,第659页。
③ 中国第二历史档案馆编:《中国国民党第一、二次全国代表大会会议史料》(下),江苏古籍出版社1986年版,第682页。

单独组织店员工会,隶属于总工会之下,归各级党部工人部管辖。

但是,店员脱离商民协会而单独组织店员工会之后,又出现了新的问题,尤其是店员与店东的纠纷不仅没有减少,反而较诸此前大量增加,甚至还出现了长沙市商民协会会所被店员联合会捣毁以及殴缚职员的暴力事件。在许多地区,店员利用工会"向店东方面猛力进攻,把持商店,干涉营业权,追算总账,争夺管理权等,以为非打倒店东不可"。其结果势必导致"店东逃匿,商店倒闭,因而店员失业,弄得两败俱伤。这样的做法,不但于店员的利益,未有增进,店员的痛苦,未有解除,且店员失业日益增加"①。类似的情况,在武汉较为严重。汉口特别市党部商民部在呈报中央商民部的一份工作计划中透露:汉口"商民协会各分会,多以工商界限不清,致酿出许多无谓之纠纷"②。在中执会政治委员会第十八次会议上,徐谦的发言也指出:"中国革命要保护小资产阶级,但有许多小商店因为店员工会的缘故,弄得开门既不好,关门也不行。"③

在纠纷日益严重的情况下,1927年5月,湖北省总工会与汉口特别市商民协会举行联席会议,就这一问题曾达成暂时协议,规定凡手工业之店东自己做工而又雇有工人者,一律加入商民协会;在手工业中自做自卖如缝艺鞋艺等而未雇用工人者,加入工会;商店之经理因多为店主之代理人,应加入商民协会;非个人经营而为股份组合之商店,其股东同时又服务于店内者,加入商民协会,但此

---

① 《中央商人部告店友书》,《申报》1927年11月2日,第6版。
② 《汉口市商民部四、五、六三个月工作计划》,台北:中国国民党中央委员会党史史料编纂委员会收藏档案,部10393。
③ 中国第二历史档案馆编:《中国国民党第一、二次全国代表大会会议史料》(下),江苏古籍出版社1986年版,第1116页。

类店中之股东在职务上有经理店之分别者,则该工作之股东仍加入商民协会;半工半商性质之摊担职业者,介乎工商之间,"因组织分裂易于在营业发生纠纷,现在革命紧张之时,为巩固革命力量,消灭民众组织内部冲突起见",另行组织摊担联合会,直属于市党部①。但是,这一协议在实际操作过程中显得较为复杂,难以真正付诸实施,也并不能从根本上解决争议。

在此前后,关于店员身份的确定以及加入何种团体这一争执,在上海地区也较为突出,甚至还因此引起诸多纠纷。"窃查上海工商性质,截然两途,工商界限,天然各别,本无所谓不清,更无庸定标准。自中央颁布之商民协会章程第六十三条,有商店职工字样,而附议者遂谓商店职员应为商人之一。但按工会条例第一条,凡同一职员,相率附入工会。因此之故,商店职员或主为商,或主为工,聚讼纷纭,莫衷一是。数月以来,纠纷迭起,弊之所至,必陷工商于危险之境。"②

为此,上海特别市商民协会筹备处曾多次呈文国民党中央执行委员会,反对将店员划入工会,要求明确划分工商界限,将店员划入商民协会。之所以不断出现这一争执,与当时各级党部商民部乃至国民党中央,对该问题的解释和说明并不一致也有关联。据上海商民协会筹备处致中央政治会议的呈文曰:"共产党操纵上海团体之时,彼高悬无产阶级专政之鹄,积极扩充工会之势力,而置商民之利益痛苦于不顾,组织店员联合会,受上海总工会之命令,以增加工资为饵,冀达到打倒资本阶级之目的。以致商业停顿,朝不保

---

① 《工商联席会议决议案》1927年5月,台北:中国国民党中央委员会党史史料编纂委员会收藏档案,汉6111。
② 《各省区商民协会请重定工商标准》,《申报》1927年10月20日,第10版。

暮,痛苦之状,笔难尽述。逮至清党开始,工人纠察队缴械,而店员联合会代表章郁庵尚向职会筹备处提出罢市要求,幸职会同人洞烛其阴谋,一致反对,遂未获逞。盖其时店员虽有联合会之组织,而大多数商店伙友,均以总工会之恣睢跋扈,不愿受其指挥,而仍愿受职会之命令,一发危机,赖以补救。"①

实际上,上海商民协会筹备处主要是因为各业分会成立过程中,遭遇到这方面的争执,才对这一问题表示重视。"至共产既告肃清,工会既奉令改组,职会亦着手进行,并先后呈奉前敌总指挥白暨钧会批准筹备,各业店员亦得正式之保护,从事于真正商民之集合。不料一部分职工未尽明工商之区别,乃于组织商民协会时,受职工会之干涉,纷纷报告来会,请求解决。"于是,上海商民协会筹备处呈请上海市党部商民部,请求明示。市党部商民部于1927年5月10日函复:"据国民政府颁布商民协会法令第六十三条之规定,凡商店店员职工小贩及不属于业商民协会之店东董事经理协理等,均须就各区范围,从速依法组织各该区商民协会分会,同时将筹备情形,函由贵筹备处转报本部审核加委,以资正式筹备。事关法令,仰贵筹备处从速进行,广为宣传,俾各该店员等有所遵循。"②上海市党部商民部的这一回复,与商民协会筹备处之请求基本上是一致的。所以,筹备处即"遵照此项解释处理纠纷,稍有头绪"。

经上海市党部商民部审查修正的上海商民协会章程草案,规定在市商协之下,按区域设立11个区会,另还以业为单位组织分

---

① 《商民协会呈政治会议文》,《申报》1927年5月28日,第14版。
② 《商民协会呈政治会议文》,《申报》1927年5月28日,第14版。

会，历史悠久之同业公会组织的分会，地位与区会相同，"其他范围较小或局部之行业，亦得组织分会，但仍隶属于会所所在地区之区商民协会"。第七条关于会员的规定，明确说明："业商民协会以该业之商店店东及现在董事、经理、协理等重要职员为会员，区商民协会之分会，以不属于业商民协会之商店店东、经协理及须该区域内之各商店店员、职工、小贩为会员。"① 很显然，在这个章程草案中，上海商民协会是将店员、职工、小贩均划归为商而作为其会员。

但是，随后所奉国民党中执会对这一争议问题函复之解释，却与上海市党部商民部所说并不完全吻合。1927年5月24日中执会函开："上海特别市商民部面陈关于上海工会组织统一委员会及商民协会争执会员一案，本月十七日第九十一次常务会议议决如下：查商民协会第一条云'凡居住中国之商人，不论性别皆得为本会会员'，是非商人不得入商民协会，其义明甚。更查其第六十三条云'会员月费之多寡，视各地商民之状况如何，但入会费普通商民最高不得过五元，商店职工不得过一元，小贩不得过五角'，此是就商人之地位而区别之。故先言普通商人，而及商店职工及小贩，其第二、三种盖对普通商人而言，谓虽商人而资本无多，仍在商店服务者，或尚无行店而仅作小贩者，是此条所谓商店职工，系带有商人性质、于商店资本有关系者乃得适用。非谓凡商店职工即为商

---

① 《中国国民党上海特别市党部意见书部审查修正上海特别市商民协会章程草案》，上海市工商业联合会等编：《上海总商会组织史资料汇编》下册，上海古籍出版社2004年版，第902—904页。中央商人部在给上海市党部商人部的批示中指出："分区组织，于本部规定商民协会章程不符，应即指导其改组，依章组织各业分会，将区会名义撤消，以符定章为要。"（《中央部人部令催沪商民协会成立》，《申报》1927年11月15日，第11版）

人，即须加入商民协会，其义更属显然。以上为当然之解释。如此工商性质方不致相混，该两会应据此意，适当处理。"①这一解释，否定了凡店员均划入商民协会的说法，强调只是与商店资本有关系而带有商人性质的这部分店员，才能作为商民协会的会员，这显然与上海商民协会筹备处的期望相反。

于是，上海商民协会筹备处又呈文中央政治会议上海临时分会，说明："当以中央所解释者与市党部商民部之函示，显有不同，即经召集第七次临时委员会议详加研究，佥以商店店员如果划入工会，则商业前途。覆亡可待。"会议还推举特别委员王汉强等三人悉心讨论，"以讨论结果，先后呈请中央执行委员会重加审核，将商店店员划商民协会范围之内，以保障商业之安全。在未得中央正式解决以前，仍遵照市党商民部所指示办理"。同时，上海商民协会筹备处致中央政治会议上海临时分会的呈文还提出：请于重新审定商民协会条例时，"将工商界限明白划分，使法理事实，两皆顾全，工业商情，不受偏枯，不胜翘企之至"②。

为了扩大影响力，上海商民协会筹备处还致函总商会请"一致力争"。上海总商会也呈文国民党中执会，说明如果以与商店有资本关系者，才能称为商人，而其他辅佐经营商业之人，凡无资本关系者，概不得谓为商人，但章程中并无此项区别，且章程第六十三条已明定会员资格为普通商民、商店职工、小贩三种。另外，商民协会章程内所认定之商人应为两类，一为独立经营商业者，普通商民与小贩即属此类，二为辅佐他人经营商业者，即商店职工。"是

---

① 《商民协会呈政治会议文》，《申报》1927年5月28日，第14版。
② 《商民协会呈政治会议文》，《申报》1927年5月28日，第14版。

商人与非商人，纯以职业为区别"，并非以与资本有无关系为断。上海总商会在呈文中还强调："以资本为区别，而不以职业为区别之结果，必致工与商争，商与工争，子矛子盾，纷扰转无已时，不如各就其职业，以为区别之为得也。"①在这个问题上，总商会与商民协会的态度从表面上看是趋于一致的。

二、国民党中央的折中方案

但是，面对上海商民协会和总商会的呼吁，当时的国民党中央并没有予以接受。中央组织部于1927年7月初发布的组字第7号通告，就上海工会组织统一委员会与商民协会争执会员一案，又再次重申了中执会第九十一次常务会议的相关决议，并进一步明确指出："一、以资本贩卖之小贩为商人，可加入商民协会；二、与商店资本有关系之商店职工为商人，可以加入商民协会。至于普通商店职工，与商店无资本之关系者，不当认为商人，不能加入商民协会，其义甚明。又查上海特别市商民协会章程第七条规定，'区商民协会之分会，以不属于业商民协会之商店店东、经理及在该区内之各商店店员、职工、小贩为会员'，所谓'商店店员、职工'，根据中央执行委员会第九十一次之议决案，当然为与商店资本有关系之职工，至于普通职工与商店资本毫无关系者，不得认为商人，即不能加入区商民协会。现因各地对于条文，仍有误会，特再为解

---

① 《总商会之重要公牍》，《申报》1927年5月29日，第13版。

释，希即遵照办理。特此通告。"①

即使如此，上海商民协会也没有放弃其主张，并仍然为达此目标而继续努力。1927年8月底，上海商民协会筹备处发起在沪召开各省区商民协会代表会议，讨论通过了多个议案，并且也议决呈请中央重定工商标准，推定嘉兴商协代表吴原坤为起草员，草拟各省区商民协会致国民党中央党部的呈文。这份呈文自称"敝代表等忝领群商，关系较切，职责所在，自难缄默，谨为钧部一详陈之"，其主要目的仍是说明店员应划归为商，因为商店店东与商店职员有着许多共同之处，利益紧密相连。以职务言之，同为操奇计赢，懋迁有无；以目的言之，同为逐什一之利，而维持其生活。所不同者，仅为资本上之关系，一为出资以谋利益，一为藉资以图生存，而同舟共济，关系綦切之处莫不同归一途。所以，"店东与职员本为一家，所站地位是平等而非对等，所立战线是一条而非二条，故店东与职员是整个而非各个。……以利害言之，商店职员亦应列为商人，已甚显著"。呈文还认为，现今之解释工商区别者，均碍于商民协会章程暨工会条例之规定，不得不以误就误，"动辄曰以与商店资本有关系者为商人，而以商店资本无关系者为工人，牵强误解，莫逾于此。例如商店之经理资本关系者比比皆是，而商店之股东为商店之下级职员者亦在所恒有。谓果强以资本有无为标准，则太阿倒持，职权不得衡其平。况工商之区别，应以业务为标准，设资本为区别，姑无论工商两界俱有劳资，而有资无资时立于对等地位，意志薄弱而幼稚之商店职员，尤易引起阶级之纷争，为祸之

---

① 《上海工商两会会员争执案之解决》，《申报》1927年7月7日，第14版。

烈，尤甚洪水"①。

在收到各省区商民协会代表会议的这份呈文之后，中央商人部（此时的中央及各省市党部的商民部均已改称商人部）根据先前多次讨论研究的意向，提出了一种折中的方案，将店员总会划归商人部直接管辖，不再隶属于总工会，这一方案经中央各部委员会第六次联席会议议决通过。中央商人部随即"通告各级党部商人部及各地商民协会暨各店员工会知照，嗣后各地店员工会应一律改称为店员总会，概归中央商人部指挥监督"。同时，中央商人部还电令当时的各省区商民协会代表会议主席冯少山："此后店员团体之名称既已变更，且与商民协会同隶商人部之下，两方之利益，既易调节，一切纠纷，自可减少。来呈所举窒碍情形，亦可谓已得相当之救济。至于商人团体之组织法及工商界限之分析，本部正在详审规划，预备提出第三次全国代表大会讨论。该代表等如有所见，不妨尽量提出，呈报来部，以备采取，仰并知照。"②

随后，中央商人部还发出了很长篇幅的《告店友书》，说明"亲爱的店友同志们呀，你们团体的组织，你们地位的问题，也经过了好几次长时间的讨论，也又经过了好几次的转移和变更，弄得完全归工不成，完全归商又不得，至最近中央始将你们团体的组织，和你们地位的问题确定了，予你们组织职工独立的团体，不归于工人，也不归于商人，划归中央商人部，或各当地党部商人部监督和指挥。从今后你们要认清楚你们团体的组织，要认明白你们地位的情形，同时要以十二万分的诚意，受中央商人部或各当地党

---

① 《各省区商民协会请重定工商标准》，《申报》1927年10月20日，第10版。
② 《中央商人部明定工商标准》，《申报》1927年10月28日，第9版。

部商人部监督和指挥,这是最希望你们的一件事情"。同时,这篇告店友书还较为详细地解释了为什么店员工会既脱离了总工会,又不隶属于商民协会,而是改由中央商人部直接管辖的原因与理由:因为店员不属于工人范畴,而是属于商人范畴,但又与小资产阶级的中小商人有差别,这是店员"不能隶属于总工会,又不能归并商民协会的一个重大原因"。此外,"现在中国小资产阶级的中小商人,又并没有资本家的资格,配不上做一个资本家,所以你们的行动,不能与无产阶级的产业工人对付厂主(资本家)的行动一致,你们的利益,又不能与无产阶级的产业工人对付厂主(资本家)的要求尽同,所以你们不能隶属于总工会之下,效无产阶级的产业工人对付厂主(资本家)的方法手段来对付店东,这又是你们不能隶属于总工会之下的又一个原因"。另一方面,如果将店员"归并于商民协会内,而又牺牲了你们店员的地位,对于你们一切的利益,确有点不便宜,所以又不能归并于商民协会内,而特予以独立的组织,划归中央商人部或当地各级党部商人部管辖,这个方法算最适宜了"。对于店员阶级属性的判断,可以说是当时国民党做出上述规定的主要理论依据。这篇告店员书即曾阐明:"在产业发达的国家(英美日),其民众阶级的化分很明显,形成两大阶级(无产阶级与资产阶级),但在产业落后的中国民众,阶级的分化很极含糊,所以你们的属性,尚不十分明了。……以资产来说,你们实是介于无产阶级与小资产阶级之间;以工作来说,你们实是介于产业工人与中小商人之间;以职业来说,你们实是商人而兼做工者,所以你们有独立组织店员团体的可能。"[1]

---

[1] 《中央商人部告店友书》,《申报》1927年11月2日,第6版。

从中央商人部的这份告店友书不难看出，当时的国民党显然是以为采取上述折中的方案，乃解决店员与店东之间的诸多纠纷，以及总工会与商民协会就店员而产生争夺会员等问题的最好方法。但是，实践证明这一方案实施之后也仍然未能真正达到目的。不仅总工会对店员工会改变其隶属关系存在保留意见，而且店员是否隶属于商民协会的问题，也始终没有得到完善的解决，上海等地的商民协会依然不断上书或呈文提出这一要求。

三、国民党中央的政策调整

到1928年10月，国民党中央民众训练委员会制定的民众团体组织原则及系统，又不得不对店员和店员总会的隶属关系进一步做出若干说明与规定。

第一，店员、学徒及城市手工业工人，不划入工会范围。"在过去工会受共产党把持的时候，除产业工人而外，他们把店员、学徒及城市的手工业工人，都划入工会组织的范围，于是便造成各地农工商联合战线的破裂，到处使工人与商人两败俱伤，使工商业完全停顿，结果店员失业，店铺倒闭。其实店员的性质，不尽同于工人，他们可说是无产阶级与资产阶级中间的阶级，他们的待遇，是比工人优厚，他们的生活，是比工人快活，况店员和店东的关系，决不像厂主和工人的关系那样单纯，那样无情，其中还有人与人的关系，故店员决不能划入工会的组织范围。"①这一规定，只不过是再次强调店员总会不能隶属于所在地区的总工会。如前所述，1927年10月，国民党实际上已经做出了相同的规定，只不过当时的店员总会既不隶属总工会，也没有改隶商民协会，而是成为直接受中央商人部或各级党部商人部指挥监督的独立团体。

第二，店员为商民协会成分之一，店员总会隶属于商民协会。"商协成分问题，认定除中小商人而外，店员及摊贩亦应为商民协会之主要成分，其次如学徒及城市手工业者，亦应加入。"由于店员是否隶属于商民协会这一问题，长期存在着争议，所以中央民众训练委员会制定的民众团体组织原则及系统对此专门进行了解答："惟关于店员之加入商民协会怀疑者颇多，兹分别解答如下：一、有谓店员若与商民共同组织，则与大中小商人合并组织之商民协会无异，殊不知店员虽与中小商人共同组织，而在商民协会中，则仍保存其各别独立的系统，各有平等的代表权，决不致发生彼此压迫之弊，且可藉此发生协调的作用。"也就是说，店员仍保留其独立的组织即店员总会，只是店员总会不再如同过去隶属于总工会，而是隶属于商民协会。"二、有谓店员既可与店东共同组织，则工人与厂主也未尝不可共同组织，何以工人方面采个别组织法，独令店员加入商民协会。关于这个疑问的解答，前面已经说

---

① 《国民党中央民众训练部制定之民众团体组织原则及系统》，中国第二历史档案馆编：《中华民国史档案资料汇编》，第5辑，第1编，政治（3），江苏古籍出版社1996年版，第7页。在对待店员的问题上，共产党与国民党的态度确有区别。1926年9月中国共产党第三次中央扩大执行委员会议决案中的《商人运动议决案》明确指出："商民协会应该是个纯粹中小商人的组织，不加入大商；同时在资本化的大都市不宜加入下级店员。因为这些地方的下级店员，应该归到商业职工的组织。他们和其他商人有特殊地位及利害冲突。"见中国人民解放军政治学院党史教研室编：《中共党史参考资料》，第4册，1979年内部印行，第80页。

过,乃是店员与店东的关系,与工人与厂主的关系不尽相同的缘故。因为店员与店东,在金钱与劳力方面的关系,确不如其在人与人方面的关系重要,武汉店东宁出重资而雇用一善于经商并感情融洽之店员,不愿出贱价雇用一平常店员,以影响商业和力争用人权,就是一个很好的例子。况店员年终尚可分取若干红利,此红利乃视商业盈余的多寡而定高低,是其虽为店员,同时亦系商人性质。可想而知,店员既像商人一样的志在经商,则彼此间很少利益的冲突,这又不能和工人与厂主相提并论了。"此外,"至店铺学徒,其近的目标在技术上的学习,远的目标在商业的经营,就近的而论,他是商人的助手,就远的而论,则是商人的资格将更加确定,所以也应该加入商协"。不过,"学徒可以归并于店员总会,不必另成系统"①。其意为学徒不像店员那样自身还有店员总会,而是直接加入店员总会,通过店员总会再隶属于商民协会。

与此同时,国民党中央民众训练(部)委员会拟订的民众团体三民主义训练纲要,还针对今后商民运动中的店员与店主的权利义务做出了下列规定:"在商民运动中,应指示店员生活必须工商业发达始可根本改善,故店员须参加反帝国主义运动,而不应作破坏工商业的阶级斗争。"此项规定显然是希望店员意识到惟工商业发达才能改善生活条件,而不要像过去那样,过多地提出要求而与店主发生矛盾冲突,影响工商业的发展。另还规定:"在商民运动中,应指示店员有发展工商业的责任,一方面固应主张劳动法、店员服务法上所给予的权利,他方面尤应注意工商业营业的改进,以

---

① 《国民党中央民众训练部制定之民众团体组织原则及系统》,中国第二历史档案馆编:《中华民国史档案资料汇编》,第5辑,第1编,政治(3),江苏古籍出版社1996年版,第9—10页。

为反帝国主义经济上的准备。"这项规定则是希望既照顾店员的权利，又保证工商业的发展。关于店主，也做出了原则性的规定，要求"在商民运动中，应指示店主必须改良店员及学徒生活，并提高店员工作兴趣及学徒营业技术，然后营业始有发达的可能"。①

综上所述，有关店员以及店员工会的归属，一直是商民运动时期颇有争议的一个问题，国民党的相关政策也一再变化。起初，要求店员加入商民协会，导致同一商民协会内部存在店员和店东两方面的竞争，并呈现分裂的现象。稍后，国民党决定使店员遂脱离商民协会而单独组织店员工会，隶属于总工会之下，归各级党部工人部管辖。但是，店员与店东的纠纷不仅没有减少，反而较诸此前大量增加，上海等地的商民协会又要求将店员划为商人，加入商民协会。国民党中央先是强调与商店资本有关系之店员，可以加入商民协会，无关系者加入店员工会。但不久之后又规定，店员为商民协会成分之一，店员总会隶属于商民协会。如此反复变化，说明商民运动时期的国民党对店员与店员工会的归属，并没有全面统一的认识，缺乏一以贯之的政策，只是根据实际情况做临时性的应对，推行一些权宜之策。

将店员总会隶属于商民协会之后，在实施过程中仍然碰到一些困难。例如1928年7月底北平商民协会正式成立，随后即筹备成立店员公会及总会，但店主群起反对，唯恐出现类似以前武汉店员之激烈举动。北平市党部支持成立店员公会及总会，而北平市政府和北平政治分会则持保留态度。瑞蚨祥等大商号店主以停业和开除加

---

① 本段引文均见《国民党中央民众训练部拟订民众团体三民主义训练纲要》，中国第二历史档案馆编：《中华民国史档案资料汇编》，第5辑，第1编，政治（3），江苏古籍出版社1996年版，第24—25页。

入店员公会的店员为手段,坚决反对成立店员工会,并于1929年2月将洋货业店员公会作为会所的瑞蚨祥鸿记皮货店封闭,使该公会无法正常活动,也导致店主与店员之间的矛盾冲突趋于激化。瑞蚨祥冲突事件发生之后,市党部和市政府一直居间调停,至3月初,被解雇的18名店员不得不接受资遣离号,瑞蚨祥店主则在目的达到之后复业①。由此可见,尽管将店员总会隶属于商民协会,但仍然未能解决长期存在的店员问题。

1930年2月,国民党中央执行委员会第七十次常务会议通过决议,撤销以前颁布的《商民协会组织条例》,取消各地商民协会,店员隶属于商而加入工商同业公会,有关店员工商界限之争也随之而告结束。国民党中执会的通令明确宣布:"现查立法院制定之新商会法及工商同业公会法,业经政府明令公布,此后商人团体之组织,自应遵照新颁法令办理。所有十七年颁布之商民协会组织条例着即撤销,各地商民协会应即限期结束。至于原有商民协会份子,除摊贩系属流动性质,无组织团体之必要外,在中小商人,当然包含于商会及同业公会之内;至店员份子,亦经本会决定于工商同业公会法施行细则中增加规定,使其有充任会员代表之机会。是商人团体之组织与名称虽变更,而实际上凡属商人,俱有同等之机会。且组织既经统一,则过去大小商人之隔阂,与夫店东、店员之纠纷,均可根本免除,而共同致力于工商之发展,以增进其相互之利益。"

通过以上对店员工商界限纷争问题的探讨,我们可以了解广大

---

① 齐春风:《党政商在民众运动中的博弈——以1928—1929年的北平为中心》,《近代史研究》2010年第4期。1928年8月,北平店员总会虽仍得以成立,但很少活动,基本上没有产生什么影响。

店员群体在国民革命时期身份不断改变的复杂过程及其原因,以及店员身份改变带来的复杂影响。同时,我们还可以从中看到这一时期的国民党一方面大力开展民众运动,由此扩大了国民革命的社会基础;但在另一方面,国民党从事民众运动的方略也存在着若干缺陷,其中包括对商会、商民协会、店员工会的阶级属性、各自作用以及相互关系的认识与决策,都有前后不一、相互矛盾之处,从而又造成了一些新的纷争。

第八章　商民运动后期上海商会存废纷争

在南京国民政府建立之后，国民党中央将民众运动的目标从以往的"革命之破坏"，调整为新时期的"革命之建设"，力图使整个民众运动实现转轨，以适应"训政"新形势的需要。在商民运动方面，国民党修改了最初将原有商会确定为不革命和反革命的商人团体，以及利用新成立的商民协会逐步取代商会的策略，转而提出了新的商民运动方略，即商民协会与商会并存，两者的功能与作用各有侧重。

但是，国民党中央确定的这一新方略，却引起了一部分地区商民协会的不满。这些地区的商民协会仍不断主张统一商人团体，提出取消原有商会的要求，因而与商会之间的关系日益紧张，经常产生各种矛盾冲突。此外，所在地区的国民党党部也不同程度地支持商民协会的这一要求。类似的情况，在上海地区十分突出，不仅围绕商会存废出现较大争议，甚至最终还引发了某种带有暴力性质的冲突事件，迫使国民党中央进一步采取新的策略对上海商人团体进行了整理,最后宣布取消全国各地的商民协会。商民协会被一律取消的命运,实际上也就意味着商民运动的终结。

一、上海商民协会成立后所处困境

在商民运动期间,各地商民协会成立之后与原有的商会相比较,在当地商界的地位与影响呈现出并不完全相同的情形。第一种情况是商民协会与商会都较为活跃,分别发挥了各自的作用与影响,在商界中的地位尽管略有差异,但都显得比较突出。这种情况在商民运动初期的广州较为明显,其次是在武汉,情况也比较相似。在这些地区,商民协会与商会虽然也产生了一些矛盾,但两者在许多方面也有所合作。第二种情况是商民协会成立后,开展各方面活动均非常踊跃,其作用与影响甚至超过了原有的商会,使商会在商界中的地位与作用明显降低。这种情况在长沙的表现十分突出。第三种情况是在商民协会成立后,原有商会的活动仍非常活跃,影响也非常广泛,得以继续在商界中占居重要的地位,而商民协会的活动与影响则明显不及商会。类似的情况在上海具有相当的代表性。正是因为这一原因,上海商民协会正式成立后,面对国民党中央确立商会与商民协会共存的新策略,为取得在商界中更重要的地位,发挥更突出的作用与影响,仍一直主张统一商人团体,要求取消商会,商会则给予了有力的反击。

当时的上海之所以会出现第三种情况,原因之一是本书第七章所论述的上海商民协会正式成立的时间太晚,迟至1928年3月初才得以诞生,从而给予了上海商会在商民运动开展后的较长时间内,仍然能够像以往一样继续发挥重要作用与影响的社会空间。另外，上海商民协会成立时已进入到整个商民运动的余波阶段，此时的国民党中央也已改变初期所定以商民协会取代商会的商运方略，转而确定了商民协会与商会并存的新策略，这也为商会的继续存在以及发挥重要作用提供了合法性依据。

原因之二是在全国为数众多林林总总的商会中，上海商会的势力与影响一直比较强盛，被誉为近代中国的"第一商会"，新成立的上海商民协会很难撼动上海商会的地位。清末的上海商务总会，是近代中国最早成立的商会，曾多次倡导发起全国各地商会开展了一系列重要活动，包括抵制美货运动、拟订商法活动等，在全国产生了重要的影响，也奠定了上海商会在全国商会中的实际领导地位。1923年6月，曹锟在北京发动政变，将总统黎元洪驱逐出京，并企图以贿赂议员的方式非法当选总统，上海总商会当即召集临时会员大会，宣布否认摄政内阁及曹锟的候选总统资格，通电北京政府对内对外一切行为，国民概不承认其有代表国家资格；国会议员不能代表民意，所有一切行动，不能认为有效；组织民治委员会，代表国家行使外交权力，管理国家财政及国内一切政治纠纷，实行民治目标。此次行动最终虽未能达到目标，但在全国进一步扩大了上海总商会的广泛影响。与上海总商会同时存在的，另还有上海县商会和闸北商会。上海县商会的历史也比较长，于清末的1906年报部立案成立，时称沪南商务分所，系上海非租界地区的南市各业商人共同组成。1913年改称沪南商会，旋又改为上海南商会，至1916年改为上海县商会。闸北商会成立时间较晚，该处商人因与南市之间有租界阻隔，联络不便，于1919年发起组设闸北商业公会，1922年改组易名闸北商会，因一直未呈部立案，后又重新发起组织，至

1927年4月呈准正式成立。上海总商会、上海县商会、闸北商会三个商会之间虽各自独立，无隶属关系，但职员多有交叉，在有关的各项活动中，也往往都是"联络办理"，一致行动。

除此之外，自1927年底各省商会代表联席会议召开，成立的各省商联会总事务所也设在上海。1928年10月又举行全国商会临时代表大会，议决将原设在北京的全国商会联合会改名为中华民国商会联合会，地点也改设南京，各省设事务所，但总事务所依然设在上海，其主要职员均为上海总商会的领导人。因此，上海总商会又得以借助中华民国商会联合会总事务所这一更大的平台，号召全国各地商会采取联合行动，影响力更加突出。

南京国民政府建立之后，在某些方面似乎也更加重视上海商会的作用，而对上海商民协会的作用有所忽略。例如由上海商民协会筹备处于1927年8月发起召开的苏浙皖粤桂闽六省商民协会代表会议，曾议决请国民政府召集经济会议，容纳关于经济团体代表为委员，讨论裁税税则，及关税管理等重要问题案，会后还发布了通电。但1928年下半年国民政府工商部在上海召开全国经济会议时，却并没有邀请上海商民协会的代表出席此次会议，而是邀请了上海总商会的代表参加会议。会议开始以后，上海商民协会提出该会为召开本次经济会议的最早建议者，理应有代表出席会议，工商部这才同意上海商民协会也推举两名代表列席会议。不仅如此，工商部召集的其他全国性重要会议，也都主动邀请上海总商会和各省商会联合会总事务所派代表参加。各省商联会总事务所曾说明：该事务所"派员参加全国经济会议、财政会议、交通会议、裁厘委员会、工商法规讨论委员会、工商设计委员会，亦均奉电令举员参加大会，实行参与政治之决议案"①。

另从发行全国影响较大的上海《申报》《民国日报》的报道与记载中，我们不难发现，上海特别市商民协会成立之后，上海商会完全没有像某些地区的商会那样，因此而被迫收缩了自身的活动与影响，而是仍然与过去一样非常活跃，在商界中的影响也没有受到制约。在长沙，由于商民协会成立后即有压倒和取代商会之势，故而在当地发行的《大公报》上，一段时间内很少再看到有关长沙总商会活动的报道，只是连篇累牍地报道长沙商民协会的活动。在广州和武汉的《民国日报》中，则是有关商会和商民协会活动的报道均经常有记载，大体上反映了商民协会与商会都较为活跃，并分别发挥了各自作用与影响的状况。而上海商民协会成立后，当地报刊对其活动的报道并不多，尤其是《申报》的报道非常少，有关商会活动的报道则仍像过去一样充斥各大报刊。上海《民国日报》虽对商民协会有所报道，但与商会相比较仍显得十分微弱。只是当上海商民协会要求取消商会以统一商人团体，与商会发生了争执，有关商民协会这方面内容的报道才有所增加。

如上所述，上海商民协会成立之后，由于当地原有商会的势力与影响过于强盛，两者之间除了在反日运动中一度有过短暂合作之外，始终都是分头行动，很少再有其他形式的联合行动，而且商会的强势又一直制约着商民协会的发展与壮大，使其无法在上海商界中获得预期的地位与影响。所以，上海商民协会才会始终坚持按照《商民运动决议案》规定的方略，批评指责商会的保守与落后特

---

① 《各省商联会缓期召集全国代表大会》，《民国日报》1928年8月16日，第3张第2版。

征，要求取消商会。即使是国民党中央已经改变了最初的方略，重新确定了商会与商民协会并存的策略，上海商民协会也仍然以统一商人团体，便于商运发展作为理由，继续要求取消商会，商会则一方面呼吁国民政府尽快修改和颁布商会法，一方面对商民协会的指责予以回击，从而引起了新一轮的商会存废之争。

二、上海商民协会力主取消商会

经历了1927年底的第一次全国性商会存废之争后，有关的争论在许多地区似乎都暂时停息下来，但在上海却从1928年至1929年初，仍然一直都或明或暗地继续进行着这一争论。对这方面的一些相关信息，上海商民协会与商会也都更为敏感。

类似的第一次争论发生在1928年初。国民党中央召开第二届第四次全体执监委会议，缪斌的提案提出整理民众团体系统，取消旧有农协、工会、商会、学联等，重新建立工业协会、商业协会、农业协会，而商会并不包括在其中。对此，上海商民协会表示欢迎，并立即致电本次会议，呼吁国民党中央尽快统一商人组织[①]。上海总商会和各省商会联合会则对此提议坚决表示反对，也致电国民党中常会请"将缪案否决"[②]。设在上海的各省商联会总事务所召开的第一次执监委员联席会议，曾专门讨论了请中央党部、常委会否决缪执委取消商会提案、撤销江苏省党部接收崇明县商会命令暨修

---

① 《商业团体对中央全会表示》，《民国日报》1928年2月7日，第3张第2版。
② 《商联会请维护商会》，《民国日报》1928年3月21日，第3张第1版。

正商会法案。有委员提出,"缪委员提案全文,应详加研究,我们只知商会存在,其余可置不问,并主张第一节电请中执常委会,缪执委提议取消商会之案,迅行否决"。同时,"请中央党部、国民政府迅令法制局修正商会法,并准本总所派员参加此案办理。因商会法修正后,商会更明确存在,可不解决而自解决"。还有委员主张将上述两案合并办理,但林康侯提出应分开处置,"第一案可由总所电请中央申述商会对革命过去之奋斗协助之历史,及不能取消之理;第二案可电请中央撤销省党部接收命令;第三案可电请中央进行修订商会法,及总所参加之请求"①。最后,以此建议付诸表决,获多数委员同意而通过。

当时,这一争论尚未产生较大的影响,只是在上海一地的小范围内进行。但在此期间,上海《民国日报》的"觉悟"附刊仍专门为此发表了一篇文章,对商会电阻缪案之举动,进行了较为严厉的批评,认为"缪委员提议,是对于国民党及民众运动整个的意见,是否能成为决议,固然另是一个问题,但是决没有任何一方面能够以一电阻止中央委员讨论"。该文还指出,在上年底的商会存废之争中,各省商会联合会决定变更会长制为委员制,但"试问现在各省商会制度,是否变更?买办是否自动排除?这种欺骗政府、欺骗商民的手腕,在军阀时代,虽说屡试屡验,但在国民政府统制下需要革命的商民,恐怕不肯受他们的欺骗了"。不仅如此,该文还列举北伐时汉口总商会资助吴佩孚、江西某商会支持孙传芳、武昌总商会资助刘玉春守城费,以及武汉、长沙等商会帮助唐生智收营业

---

① 《各省商联会首次执监会纪》,《国民日报》1928年3月12日,第3张第2版。

牌照捐作东征军费等事例，再次强调商会是买办劣绅操纵、暗中支持军阀之落后反动团体，"各大市镇的总商会为买办所操纵，各城乡之商会为劣绅操纵，几成惯例。勾结官厅，渔肉人民，自清季有商会以来以至现在，无地不然，无时不然，人人应该知道，何待赘述？"①上海《民国日报》在某种程度上可以说是受当地国民党党部影响与控制的重要报纸，因而其刊发此文以及此文的上述内容，也在一定程度上反映了上海特别市党部对待商会的态度，这显然对商会是一个严重的威胁。不久之后，该党部即不断公开主张取消商会，并向国民党第三次全国代表大会提出了取消商会的议案。

针对当时各地商会从原有会长制改组为委员制进程缓慢，因此而受到批评的实际状况，各省商会联合会总事务所于1928年3月下旬，也召开执监委员联席会议进行了商讨，决定致函各省商会暨商联会委员。函曰："查商会改善方案及商会改组大纲，先经本总所依照去年大会决议案，函送各商会查照办理，至各省事务所亦经迭电各省政府所在地总商会暨各商会，请其发起召集组织各在案，现在各商会函报依议改组者固有，而延未改组者甚多，至省事务所仅江苏一省成立，各省尚未准报有案，相应依照决议案函达贵委员查照，希即就近督促各商会迅速改组，限于五月底一律改组完毕，并督促各总商会迅速发起召集开会，组织各省事务所，限于四月底一律成立。"②此举显然是为了减少商会遭受商民协会指责与攻击的口实，但实际上效果并不明显。且不论各地商会同时进行改组并非易事，即使改组之后也未必就能真正改变商会的组织特点。如同当

---

① 范颂平：《取消商会问题》，《民国日报》"觉悟"附刊，1928年2月12日，第3张第4版。

② 《函促改组商会》，《民国日报》1928年3月27日，第3张第1版。

时的批评者所言:"没有驱除买办,或改委员制,则无可讳言,即使改了委员制,也无非由会长和几个亲信会董——劣绅——几个钦派委员,暗袭会长制而已;即使没有买办名义,实际上通都大埠的商会,非买办不足以存在,暗中操持,其弊尤大。"①所以,商会改会长制为委员制实际上并不能从根本上解决问题。

倒是敦请国民政府尽快修正和颁布商会法的行动,可以达到使商会得以合法存在的目的,有关商会存废之争也能"不解决而自解决"。为此,各省商会联合会总事务所还曾经呈文国民政府,请求参与修正商会法而使之得以迅速颁行。1928年4月初,法制局曾致函各省商联会总事务所,说明"敝局刻以办理商会法修正事,请将贵所议决之改善方案及商会改组大纲,各抄一份过局,以资参考"。这当然是商会求之不得的事情。商联会总事务所即呈文国民政府和国民政府工商部,阐明"商会法为领导商人之团体,负改良商业之责任,立法不良,易滋纠纷。今法制局已着手修正,仰见我政府关怀商业,力谋建设,除现在之纠纷,图将来之美善。属所为全国商会枢纽,对于商会法之利弊,务为明瞭。理合具呈钧府、部,察核准属所举员参与,贡其一得之愚,以免隔阂而臻妥善。伏乞迅饬批准,实为公便"②。虽然商会力图参与修正商会法的这种要求难以实现,但对于推动国民政府加快修正和颁布商会法的进程,特别是推动国民党中央确立新的商人组织原则及系统,还是有一定的促进作用。

1928年8月,国民党中央民众训练委员会拟议中的商人组织原

---

① 范颂平:《取消商会问题》,《民国日报》"觉悟"附刊,1928年2月12日,第3张第4版。
② 《商联会之文件》,《民国日报》1928年4月14日,第3张第2版。

则及系统,已初步确立了商会与商民协会并存的原则,这与上海商民协会的一贯主张和要求显然是背道而驰,也是对商民协会十分不利的一个重要信号。于是,上海商民协会赶紧举行会议商讨应对之策,决定乘当时国民党中央五中全会正在召开之际,选派该会常务委员作为代表赴京请愿,"为集中力量起见",要求国民党中央"统一商民组织",其目的仍然是为了取消商会①。据报纸报道,上海商民协会常委陆文韶赴南京后,"即向五中全会中央民众训练委员会陈述意见,面递请愿文,当由邓日、朱一鹗两科长详细接洽,结果甚为圆满"②。实际上,上海商民协会代表的请愿并未真正产生什么效果。不久之后,经国民党中央执行委员会常务委员会议决通过的"民众团体组织原则及系统",即正式颁布施行,可以说国民党中央已由此正式确立了商会与商民协会并存的原则。

在公布民众团体组织原则及系统的同时,国民党中央还颁布了新的商民协会组织条例,其中关于商会和商民协会的会员,存在着一些需要厘清的问题,商会与商民协会都提出了不同意见。其焦点为商民协会组织条例规定,会员分为商人、店员、摊贩三种,并说明由商民协会会员组织同业公会,但另一方面商人组织系统中却又规定,由同业公会组织商会,由商会组织总商会。对此,商民协会的意见并不明显,而商会则表达了强烈的不同意见,认为照此规定商会变成了由商民协会会员所组成的团体,因而一直要求国民政府修正商会法,对此重新予以确认。当时,工商部对商会的要求还算比较重视。工商部长孔祥熙曾代表工商部,向工商法规讨论委员

---

① 《商协代表赴京》,《民国日报》1928年8月7日,第3张第1版。
② 《商协请愿代表返沪》,《民国日报》1928年8月11日,第3张第1版。

会提出了与商会有关的四项议案，包括健全商会组织案、促进工商合作案、商会应如何阐明国民责任，指导工商业，努力促成劳资协调，以谋生产增加案，商会应协助政府改进全国工商业状况案，其主旨是使商会组织更加完善，在帮助政府方面发挥更大的作用。

上海商民协会的意见，主要是针对新的民众团体组织原则及系统中确立的商会与商民协会并存的策略，仍然坚持主张统一商人团体，实际上也就是希望取消商会，只保留商民协会一个商人团体。其主要依据，则是国民党第二次全国代表大会通过的《商民运动决议案》。出于这一目的，上海商民协会还坚持认为，在整个立法系统中最高者应为全国党代表大会，无论是党的系统还是政府系统制定颁行的各项法规条例，都应以全国党代会的决议为依据，不能与之相违背。1928年8月下旬，工商部工商法规讨论委员会在沪举行，没有邀请上海商民协会派代表参加。上海商民协会专门致函该委员会，对上述主张予以详细说明："一、以党治下之立法系统而言，最高者为全国党代表大会，次为中央执行委员会，再次为国民政府，再次为各部或与各部相等之各种委员会。二、就法令名称言，党代表大会所决议或通过者，其名称应为法，中央执行委员会不得变更或违反；中央执行委员会所决议或通过者，其名称应为暂行法，国民政府不得变更或违反；国民政府所决议或通过者，名称为条例或命令，各部或与各部相等之各种委员会，不得变更或违反；至各部或各委员会所颁布者，其名称为章程或部令。"[①]不言而喻，上海商民协会之所以特别强调国民党全国代表大会的决议，是整个立法系统中最高之法，显然是为了利用国民党"二大"《商

---

① 《市商协会说明立法系统》，《民国日报》1928年8月24日，第3张第1版。

民运动决议案》中有关商民协会取代商会的条文，否定民众团体组织原则及系统中商会与商民协会并存的新规定。

尽管上海商民协会提出不得违背《商民运动决议案》，但工商部工商法规讨论委员会还是按照预定计划，审查了商会法草案，并起草了审查报告交大会讨论通过。这项工作，当然是在承认商会合法存在的前提之下进行的。除此之外，委员会还议决商会法草案中有关商民协会会员组织同业公会，同业公会组织商会，商会组织总商会的规定，提请中央重新审议。因此，上海商民协会向该委员会强调的立法系统应以全国党代会的决议为依据，不能与之相违背之说，并没有产生实际作用。不过，从会后陈德征①接受记者采访时的答问，我们也可以看出力主取消商会者，也未因此而放弃其主张。下面，即是报纸刊登的采访答问：

记者问：先生为此次工商法规讨论委员之一，对于商会存废问题，有何高见？

陈氏答：中央新颁商民协会组织条例中，只有商人总会、店员总会、摊贩总会之规定，故商会之名称应根本废除。但为顾全本党第一次全国代表大会宣言及第二次全国代表大会商民运动决议案中，有商会名称之字样起见，则在未经第三次全国代表大会正式议决将商会字样明令取消以前，不妨沿用商会二字，但其性质应规定等于商民协会组织条例中之商人总会，并须直接受各该地最高党部之指导。

---

① 陈德征是上海特别市党部负责人之一，后曾担任上海市教育局局长。当时，是工商法规讨论委员会委员，后来力主取消商会，并在国民党第三次代表大会上提出取消商会的提案，引发更为激烈的第二轮商会存废之争。

问：此后商会之性质，既应等于商人总会，则在讨论中之商会法，是否与旧商会法相同？

陈氏答：大体可以相同。惟应特别注意商人对于民族方面之义务，即新商会法中应特别规定，凡违反本党主义，不顾民族利益，阻碍民生发展，以及反抗爱国主义运动之商界败类，概不得为商人总会之会员。又除颁布商人总会法外，更应从速厘订店员总会法及摊贩总会法。①

显而易见，在陈德征看来商会应该"根本废除"，只不过是暂时能够得以继续存在，而且性质应等同于商民协会组织条例中所说之商人总会。俟不久之后举行第三次全国代表大会将商会明令取消后，即不复再有商会之名称。在回答讨论中的商会法及此后的商会时，陈德征也有意识地以商人总会法和商人总会名称，替代了商会法与商会，似乎商会被取消只不过是时间问题，不会有什么其他的疑问。他同时还向记者说明："此次大会仅系讨论性质，盖法规定由中央颁布，工商部仅可贡献法规草案"，其用意在于表示工商法规讨论委员会通过的商会法草案并不能作为定论。另外，他对该委员会"全数委员大半系商界巨子，次之为一部分学界，非学者非商人者，只余一人"的委员构成状况，也表示了不满。从后来的实际情况看，上海特别市党部也确实成为紧密配合上海商民协会，强烈要求取消商会的另一支政治力量。

国民党中央正式议决通过商人组织原则及系统之后，上海商

---

① 《陈德征对于工商法规之意见》，《民国日报》1928年8月27日，第2张第4版。

民协会仍然不放弃统一商人团体之主张,继续反对商会与商民协会并存,并要求国民党中央对商人组织原则及系统加以修正。为了形成更大的压力与影响,上海商民协会还通电全国各地商民协会请一致主张这一要求:"查七月十九日中央常会第一五七次决议之商人组织的原则及系统,将商民组织分为两种,一为商协,一为商会,而以商会代表大商人,商民协会代表中小商人,使同一商民,有两种组织,力量未能集中,组织地位,均发生疑问。"这份通电还对商人组织原则及系统中,有关"商会受政府管理"、商会的职责与任务以及"商会为本党经济政策之所在"等种种说法,均提出了异议,历数其不妥当之处,最后则特别强调:"总之,商人组织,应归一统,不当强别为二,致形分化。且农工等团体,亦仅有一种组织,商人何独歧异?爰经本会第三十二次执行委员会议决,本上列意旨,请各地商民协会,一致主张党中央加以修正。"①但是,上海商民协会的这一呼吁,在当时并未马上获得全国各地商民协会的积极响应。

三、国民党上海市党部的态度与行动

不过,1928年10月,全国商会联合会自选立法委员的举动,惹怒了上海特别市党部,使上海特别市党部成为当时公开主张取消商会的一支力量。

---

① 《市商民协会请统一商民组织》,《民国日报》1928年11月23日,第3张第1版。

1928年10月17日，全国商会临时代表会议举行第二次大会，南京总商会副会长及各省商会联合会总事务所常务委员苏民生，在会上"临时动议提出预选立法委员十人，电请遴选五人，作命为立法委员案。大会讨论之后，一致议决通过"。全国商会联合会随即呈请府院会部，希望能够"核准在案"。10月26日，全国商联会"投票预选立法院委员，计冯少山、苏民生、穆藕初、王晓籁、方椒伯、闻兰亭、邹殿邦、朱鸿达、卢广绪、王介安等十人当选"。随后，全国商联会又呈文中央党部、国民政府立法院、中央政治会议，阐明："立法院即国民会议之雏形，当兹训政时期，虽不能悉数由国民选出，直接行使四权，然训政时期，乃宪政时期之预备，一方面虽应以党代表民众，一方面亦应予民众以练习之机会。伏读先总理遗嘱，主张开国民会议，在开国民会议之前，又主张开预备会议，预备会议之团体，商会实列第二。训政开始期之立法会议，即不啻预备会议，故在九十九人之立法委员中，以半数容纳民众代表参加，既可使民众练习运用四权之智能，且使民众代表与党代表，日相接近，亲承训示，与训政之训字，亦适符合。属会代表全国商会，在半数立法委员中，似应有五人之定额。为慎重起见，由全国商会代表大会投票预选十人，呈请圈出五人，任命为立法院委员，于法理事实，似无不合。且恪遵先总理遗教，在属会担负发展工商业及对外贸易之重任，握国民经济、国家经济之重心，万不敢放弃固有天职，不协同全国民众，相助为理也。"①

全国商联会认为其自行预选立法委员之举，是遵照孙中山生

---

① 《全国商会居然预选立法委员》，《民国日报》1928年11月14日，第1张第4版。

前的愿望，履行商会应有职责与权利的积极行动，于法理事实均相吻合，但上海特别市党部却认为全国商联会"擅自选举立法委员，呈请中央加以任命"完全是荒谬之举，当即呈请国民党中央予以训斥，并致警告。上海特别市党务指导委员会在致国民党中央的呈文中说："职会认为该商联会选举失当，事涉乖谬，爰经第五十五次常会议决，呈请中央严重训斥，并警告全国商联会在案。"与此同时，上海特别市党务指导委员会还向全国商联会直接发出了警告函，声称："报载贵会选举立法院委员十人，要求加入中央任命之立法院委员等语，读悉之余，不胜诧异。本会认为贵会此次选举，殊为乖谬，特予警告，希即查照。"①上海特别市党部第六区党部也声称："该商会等之行动，荒谬绝伦，殆无比拟：一、否认本党之指导地位。二、干涉约法之规定。三、不守法令而选举立法委员。似此种种，皆属反革（命）之行为，而该商会等竟一一表现于言行，殊堪痛恨。"②

但全国商联会并未因此而惧怕，相反还向全国发布通电，拒不接受训斥与警告，并且在通电中表示："本会成立一年，上赞党治，下释群惑，宣传宗旨，所以解金任之流言，联络感情，所以谋组织之团结，至于今日尚能存在，而有全国大会之集合。"③同时，全国商联会还呈文中央，质疑商会应否接受党部管辖，全国商联会应否受上海市党部警告。对于全国商联会的这一强硬态度，上

---

① 《市指委会为擅选立法院委员事警告全国商联会》，天津市档案馆等编：《天津商会档案汇编（1928—1937）》上册，天津人民出版社1996年版，第567页。
② 《上海特别市党部第六区党部痛斥全国商联会》，天津市档案馆等编：《天津商会档案汇编（1928—1937）》上册，天津人民出版社1996年版，第571页。
③ 《全国商会通电》，《民国日报》1928年11月17日，第3张第1版。

海市党部更为恼怒,认为全国商联会"非特无诚意接受,反以商会是否应受党部之管辖,全国商联会是否应受上海特别市党部之警告为言,其抗反党国,逆迹昭彰"①。上海市党部所属之各区党部,也纷纷要求解散全国商联会。先是第六区党部认为:对于市党部的警告,"该会非特不诚意接受,反以反唇相讥,认为荒谬绝伦,且有反革命之行动。昨特呈请上级转呈中央,饬令解散,并发通电如下"。该党部的通电言词甚为激烈,强调全国商联会此举是藐视党部与中央的反革命行动:"本党革命的意识,恒为顽固派所不了解,如全国商联会者,即其个中之显著者也。试以事实论,立法委员,中央并未有选举之明文,则守财奴之商联会,试问有何权力,而能自由推举乎?在青天白日之下,而有此反革命行动,无论何人,均可声罪致讨,而毫无疑义者。……该商等之选举立法委员,完全为藐视中央行动,依法理言,应即解散。……本部同人对于该商会之藐视党部,认为无可容赦,除呈请中央解散该会外,合行通电全国同志,一致攻击。"②

稍后,上海市党部第二区党务指导委员会也认为,上海总商会操纵全国商会联合会,"前为军阀所御用,现则言行都反动",呈请市指委会转呈中央,将上海总商会也立予解散。下引该呈文,可以看出其指责上海总商会的具体内容。

窃查上海总商会,本系少数奸商而迹近政客者所把持操纵,在昔本党在野之时,久为军阀御用而反抗本党,更有树商人政府

---

① 《上海代表向三全大会之提案》,《申报》1929年3月22日,第9版。
② 《六区党部请解散全国商会联合会》,《民国日报》1928年11月28日,第2张第4版。

之主张，以与本党争衡，事固为总理及本党同志所疾恶者也。迨本党奠定江南，黔驴技穷，送往迎来，献媚本党，本党素抱以德服人之旨，予以容纳。乃近考言论，博览往事，其商人政府之阴谋，固未尝或懈，且变本加厉，觊觎中央立法委员，假其操纵把握之全国商联会，出面要挟中央，附和失业政客蒋百器、董康等，响应招商局收回商办，显系有意违反本党之政纲与中央政策，议论乖谬，祸心叵测，自私自利，竟置本党、政府于不顾。似此反动团体，实不应在党治之下所应有，理合备文呈请钧会转呈中央即予解散。①

上述呈文对上海总商会的指控，不仅包括夸张性地指责上海总商会系军阀御用团体的所谓不光彩历史，更为严重的是认为全国商联会为上海总商会所把持，其选举立法委员的举动，是公开对抗党治与现政府，密谋达到建立商人政府的反动行为。以上这些指控，后来都成为上海市党部在国民党第三次全国代表大会提出取消商会议案的主要理由。实际上，这些指控不无牵强之处，其用意显然是为了拔高上海总商会言行的所谓反革命性质，促使国民党中央立即宣布解散上海总商会和全国商联会。但是，当时的国民党中央对待这一事件的态度，显然要比上海市党部更加冷静与客观，并没有接受上海市各区党部主张解散全国商联会和上海总商会的要求。

全国商会联合会自选立法委员以及受到上海市党部严厉指责的事件，在当时受到许多上海报刊的关注，不少报纸还相继进行了

---

① 《二区指委会呈请解散上海总商会》，《民国日报》1928年12月25日，第2张第4版。

报道和评论，从中可以看出不同立场的报纸对待此次事件的不同态度。政治立场倾向于上海市党部的《民国日报》，显然不支持全国商联会的这一行动。该报的评论虽说"商会里选出来的人固然未必个个都没有做立法委员的资格才能，也有是我们所向来钦佩的，但以手续和性质而论，我们不能不嫌其冒昧。国民党不歧视商业界，但是也不能过于偏爱商业界，歧视商业界与偏爱商业界是有同样的过失"。同时，该报还批评了全国商联会列举的自选立法委员的理由："商会联合会所举的选举立法委员的理由，当局是适用于农工学各界的，要是这种理由适用于今日，便该由中央确定整个的计划，这四十九个立法委员中，工界占多少？学界占多少？商界占多少？这样才可以算公道，否则，岂非有偏爱商界之嫌。再次，便算规定了商界可以选举若干名立法委员，但是是否由全国商会联合会几个代表的选举便算了吗？如果中央承认了全国商会联合会选举出的委员，要是全国的商民协会出来发起个联合会，选出几个委员，中央又有何词可以拒绝？在理论上、事实上，中央未必就能如全国商会联合会预期的希望。"① 上述言辞虽比上海市党部的严厉指责与警告要缓和得多，但同样也是反对全国商联会自选立法委员的行动。

除此之外，也有报纸对此次事件进行了较为客观的评论与分析。例如在北伐军到上海后曾一度被查封，后经改组重新复刊的《时事新报》发表的相关评论，先是分析了全国商联会自选立法委员之举，"其实现之可能性极少"，因为"国府五院组织法早经

---

① 《商联会选举立法委员中央在事实上恐难承认》，《民国日报》1928年11月14日，第1张第4版。《天津商会档案汇编（1928—1937）》上册的第567页收录了该评论。

中央颁布，关于立法院委员之产生方法，规定由院长提请任命之。今虽尚有五十人之缺额，然此项缺额，依组织法条文解释，本在可补足与不补足之间，而其产生方法有规定，其资格亦有规定。今若中央允许全国商会联合会之请求，将必先从立法院组织法关于委员产生之条文加以修改，补充以职业推荐之一项。故知此项请求无实现之可能也"。其次，该报评论认为，"吾人对之亦不欲加以訾议"。"半年以来，人民团体常有实现国民会议之呼声，而吾商界优秀又迭次有经济议会之主张。由此次要求参加立法院之呈文汇合观之，虽形式有异，而主旨殆相承一贯。盖一方面任事实上承认党治，而同时又力求于党治之下，充分参以民治之成分，一似人民团体不出代表，即团体利益将不得充分之保障者；又或以为人民苦乐利病与须[希]望，惟其本身之代表如之为独稔，由党代人民行使政权，将终嫌且隔膜而不亲切。"最后，该评论指出："若吾人之观察而不误者，窃恐此次中央对全国商联会之请求不予容纳，将招至商界之失望，而减少其赞助革命之热心。"①这篇评论虽分析了全国商联会自选立法委员的要求在客观上难以实现，并"惜于商界优秀对党治真意未能予以深刻之体察"，但同时也认为此举与人民团体期盼国民会议之呼声相一致，不应予以如此强烈的批评与指责，因而相对而言算得上是比较客观的评论。

当时，也有报纸的评论支持全国商联会的这一行动并给予了赞扬，甚至还对上海市党部的警告提出了批评。例如《民众日报》先是以《全国商联会的精神毕竟不错》为题发表了一篇评论，认为

---

① 《立法院与职业代表》，《时事新报》1928年11月15日。引自《天津商会档案汇编（1928—1937）》上册，天津人民出版社1996年版，第568—569页。

"上海市党部予以警告，似乎是理之应该"，但实际上"又可以谓为多事"。该评论指出："此次立法院委员之选任，纵令是依照中央原定之标准的，而其招致之来源，也并非一一都为立法院院长之所素识，仍然不外乎由于军政界有力者之介绍。立法院委员之选定，既不能脱出介绍的范围，则单凭介绍者耳目所见，自不足以网罗全国合选的人才，而仍然不外乎介绍亲戚的朋友，朋友的亲戚。全国商联会看出此点，自然也就其所见，以合选的人才供献中央。假使其他民众团体也都仿此办法，则庶几乎全国合选的人才，都有出头的机会，免使举荐贤才之责，使军政界有力者独负，而有耳目不周之憾。将来立法院中也才可以真正会集各界的真才，负得下最高立法之大任。"这样的认识，显然与上海市党部对全国商联会自选立法委员的指责完全相反。该评论还阐明："一般人有个传统的思想，以为官只许做官的人做，只许做官的亲戚的朋友，朋友的亲戚做。……全国商联会此次能破除传统思想，而开一般的平民直接荐举贤才之例，其精神及见解，毕竟是值得佩服的，然则上海党部还有甚么理由可以警告呢？"①这更明显是支持或赞扬全国商联会的行动，认为上海市党部不应对全国商联会予以警告。

次日，《民众日报》又针对此事件再次发表了一篇评论，认为"全国商联会之自荐立法委员，无论如何，不失为荐举人才方式之一种，是与国府求贤令这［遥］相呼应的。所以，在国府下过求贤令之后，我们既明知国府急需贤才，则我们凡可以使贤才的名姓入于中央之道，我们都不妨采取，以完成国府求贤之愿。全国商联会

---

① 《全国商联会的精神毕竟不错》，《民众日报》1928年11月15日。引自《天津商会档案汇编（1928—1937）》上册，天津人民出版社1996年版，第570页。

既开先河，其他民众团体就应该一致仿行。不然，国民政府堂堂的求贤令，难道真是为掩饰人耳目吗？"①这第二篇评论不同于上海市党部的态度与立场显然更为明确，不仅表示支持全国商联会自选立法委员的行动，而且还进一步号召其他民众团体也积极实施类似的行动。

当时，上海总商会主席冯少山为了力争商界自选立法委员的权利，还曾专门致函时任立法院院长的胡汉民说明："立法院即国民会议之雏形，当兹训政时期，虽未能如宪政时期之完全民选，然亦须有半民选、半官委之办法，庶足以昭示大公。不然，苟完全官委，则并前清之资政院为不如矣，恐于训政意义未合。故农工商学各界加入立法院为委员一层，鄙意以为应当如是办理，并非仅顾商界一方也，不过就商言商耳。"冯少山还在函中强调"商会负发展经济、对外贸易之重责"，地位与职责均甚为重要，全国商联会预选之十人，"均系民意所在，务请遴选五人，农工学各界，亦应以真实代表平均支配，以示全民政治之实"②。胡汉民的复函虽表面上肯定冯少山之主张"用意甚盛"，但同时又说："国府组织，立法院只为政府之一体，并非代议性质之独立立法机关，既不同前清之资政院，更非国民会议之雏形。有如来书所言也，其立法原则，完全本诸中央政治会议之意旨，而法之公布，又须经过国务会议之决定，既未直接向民众负责，亦未尝脱离政府。故立法委员，亦并非代议士之比，其任用标准，中央第一六四次政治会议决议案已解

---

① 《由全国商联会荐举立法院委员联想到国民政府下令求贤》，《民众日报》1928年11月16日。引自《天津商会档案汇编（1928—1937）》上册，天津人民出版社1996年版，第571页。
② 《冯少山为立法委员事致胡汉民函》，天津市档案馆等编：《天津商会档案汇编（1928—1937）》上册，天津人民出版社1996年版，第565—566页。

释详明,吾人惟有遵守国府组织法与此项决议,以衡定一切,不当有所违异。"①胡汉明的回函,实际上已经是比较明确地拒绝了商会自选立法委员的要求。

客观而言,在当时的情况下全国商会联合会自选立法委员的这一要求,确实很难获得国民党中央的批准,但却反映了商会要求获得参政权的强烈愿望。另外,全国商联会因自选立法委员而受到上海市党部的严厉指责与警告,也只不过是随后出现第二轮商会存废之争前的一段小插曲。这段小插曲无疑加深了上海市党部对商会的不满,也导致其在随后的商会存废之争中公开站在商民协会一边,更加强烈地要求取消商会。不仅如此,连当时上海总商会主张全国商联会派代表参加国际商会大会的行动,也受到了上海市党部的指责和攻击。例如上海市党部一区党部曾通电海内外各级党部、各民众团体,声称:"上海总商会前函全国商会,有参加万国商会之消息,不胜骇异。查该万国商会系帝国主义下资产阶级之大联合,操纵全世界经济之大本营,美其名曰万国,其实内容仅仅数大强国之把持耳。……而全国商联会既不察个中事实,复以驻比王公使一纸函约,而甘作风声之虫。本党部有鉴于此,不能不急加纠正,俾维本党革命外交之威信。"②很显然,此时的上海总商会和全国商联会已开始面临商民协会和市党部两方面的夹击,形势更为严峻。到1929年国民党第三次全国代表大会召开之前,上海商民协会与市党部主张取消商会以统一商人团体的要求,较诸此前的声势与影响更

---

① 《胡汉民复冯少山书》,天津市档案馆等编:《天津商会档案汇编(1928—1937)》上册,天津人民出版社1996年版,第566页。
② 《一区党部纠正全国商联会之谬举》,《民国日报》1929年2月26日,第4张第1版。

为强大，并且准备在"三大"上提出相关提案。于是，引发了第二轮更为激烈的商会存废之争，也使商会不得不面临前所未有的一次生存危机与考验。

四、围绕商会存废发生的激烈纷争

上海特别市党部主要负责人之一陈德征在回答记者采访时，就曾含蓄地说明"在未经第三次全国代表大会正式议决将商会字样明令取消以前，不妨沿用商会二字"。其言辞之间，意为商会之名称不过暂时存在而已，俟国民党第三次全国代表大会正式议决取消商会之后，商会就不复存在了。另外，上海商民协会此时反复强调国民党全国代表大会的决议，是整个立法系统中的最高之法，也是希望利用即将召开的国民党"三大"，通过取消商会的决议案，达到否定民众团体组织原则及系统中商会与商民协会并存的规定。显而易见，无论是上海商民协会还是上海市党部，都认为"三大"的召开是达到取消商会目的的绝好机会。上海商民协会还曾明确表示："现在中国国民党第三次全国代表大会开幕有期，以最高之权力为切实之规定，此其时矣。"① 于是，随着该会召开日期的临近，上海商民协会和上海市党部都更进一步加强对商会的指责与攻击，紧锣密鼓地制造取消商会的舆论，并且筹划相关的具体实施步骤。

第三次全国代表大会举行的日期先后改变过数次，起初在二届四中全会确定为1928年8月1日，后又在二届五中全会改为1929年1

---

① 《请求中央统一商运组织》，《民国日报》1929年3月3日，第2张第2版。

月1日,实际开会日期则延至3月15日。拟在第三次全国代表大会上提出撤销商会的议案,早就有所动议。最初系由中央商人部在1927年底提出,该部曾向各省、特别市党部商人部以及总商会发出通告,说明"旧有商会组织不良,失却领导商人之地位,本部拟于第三次全国代表大会时提出议案,请求撤销全国旧商会,以商民协会为领导之机关"。由此引发第一次商会存废之争。不过,中央商人部当时还只是征求意见,各商会"对于改善商会之处,有何意见,可陈述来部,以备采纳"①。上海总商会与全国各地商会对此均表示强烈反对,并在上海召开各省商会联合会,推举代表赴京请愿。在全国商会的一致反对之下,加上第三次全国代表大会一再延期举行,国民党中央随后也确定了商会与商民协会并存的新策略,第一次商会存废之争遂暂告停息。

但是,商民协会与商会之间的纷争在一些地区仍继续存在,尤其是在上海地区双方之间的矛盾并未缓和,而且上海市党部也开始主张取消商会。随着第三次全国代表大会召开日期临近,以上海地区为主的部分省市党部与商民协会,再次重提在"三大"提交撤销商会的议案,上海总商会和全国商联会也再次领导全国各地商会,打响了保卫商会之战。由于取消商会的呼声当时已趋于公开化,全国商会联合会也早有防备。在"三大"举行之前的一个多月,即1929年2月上旬,全国商联会即向各省区商联会、总商会发出加急快邮代电,一方面说明"现举奉安大典,亟应恭派代表参加,同申敬礼";另一方面,告知"商会法草案,工商部已呈府院,府送中

---

① 《本总商会纪事》,《上海总商会月报》第7卷,第12号,1927年12月出版,第5页。

政会，决议交胡、戴、王、孔、孙、陈六委审查，立法院则决议缓议。全国三次代表大会开会期近，全国反日会及各地党部，且有呈请取消商会，归并商协之举，亦应举派代表，作坚决之请愿，迅颁商会法，以固商会根本。两案均属万分重要，合电奉达，务请即日举定代表，于三月八日以前，集沪来会报到，以便会同赴京，行礼请愿"①。

3月初，上海市商民协会同样也"以第三次全国代表大会即将开幕，特电邀各省市商民协会派代表来沪，协商统一商运事宜，以便向三全代会请愿。应提各案，盼于三月十日以前预寄到会，俾各代为整理。代表到沪，至迟当在三月十五日，以便讨论，备赴首都"②。可见，商会与商民协会都在"三大"召开之前，即已筹备集合全国各地代表前往南京请愿的准备。因为商会与商民协会作为民众团体，都不可能在国民党全国代表大会上提出提案，只有通过发布通电，或者是以请愿的方式递交请愿书，表达各自的要求与愿望。

随后，上海商民协会还致电国民党中央、国民政府，提出请取消商会，统一商运组织。这份长篇电文历数商会与商民协会不能并存的各种原因，并明确表示："敝会所坚决主张者，以为商民的组织不容有二，正如农民之仅有农民协会，工人之仅有工会者相同。使党部政府认为商会应当成立，不妨明白宣布将第二次全国代表大会议决组织之商民协会，通令取消，免致告朔饩羊，转多妨碍。否则，扩充商民协会之范围，使之广大；巩固商民协会之地位，使之

---

① 《中华民国全国商会联合会快邮代电》，天津市档案馆等编：《天津商会档案汇编（1928—1937）》上册，天津人民出版社1996年版，第480页。
② 《市商协召集全国代表》，《民国日报》1929年3月2日，第2张第1版。

坚强，亦正党部政府之责，不容旁贷也。……盼各党部予以同情，各省市商民协会一致主张，务期统一商民组织之愿望，至第三次全国代表大会时得以实现。"①

第三次全国代表大会召开之后，相继有江苏、安徽、浙江、福建、河北五省党部（有的记载称为四省，漏掉了河北），以及南京、上海、天津三特别市之党部，根据各所在省市之党代表大会决议，向大会提出了统一商人组织、取消全国商会的议案，其影响绝对不可小视。

上海特别市党部之提案由陈德征、潘公展署名，其要求取消商会的主要理由有以下三点：

第一，商会在历史上屡有勾结帝国主义、军阀之行动，在最近又不无抗反党国之逆迹。"查商会过去之历史，全由商棍操纵把持，运用其地位以勾结英帝国主义与军阀，冀危害党国。……最近全国商联会致函内外总商会、商会民字第一一四号快邮代电，措辞尤属荒谬，竟指党部之警告为无理谩骂，认为横逆，诬为罔法灭理，藉党专制，末后更为应如何团结，共御外侮等语。反动言论，一致斯极。党治下宁能容俨然以党为对垒之反动团体存在耶？"

第二，商会会员复杂，组织散漫，会费过重，存在诸多弊端。"商会之组织，有团体会员、个人会员。团体会员，则有所谓公所、公会、会馆、同乡会、某某堂等之别，内容散漫，至不可言。个人会员，则每一公司或商号代表之多寡，并无明确之规定，而中小商人则以商会会费过昂，无力加入，实有背于本党全民政治之政策。"

---

① 《请求中央统一商运组织》，《民国日报》1929年3月3日，第2张第2版。

第三,商会原定为暂存团体,现今统一商运,应取消商会而使商人团体趋于统一。"第二次全国代表大会对商民运动决议案,以商会被商棍所操纵,定为暂存公团,而另组商民协会以为商人集合之法团。暂存两字当含时间性及应付当时环境之意义。盖以彼时吾党势力仅及两粤,反动势力正浓,划除非易。今则训政开始,农运工运业经统一,独商民组织被因袭的特殊势力分歧掣肘,至今犹有名目繁多、诡计百出之患。"基于上述三方面原因,"吾党同志应于第三次全国代表大会完成第二次全国代表大会议决之使命,将全国所有一切商会、商界联合会以及全国商会联合会,迅予解散,以便集中商民力量,使站在同一战线上,共同努力国民革命,并得发展工商事业,以抗帝国主义之经济侵略,臻党国于富强之域"①。

上海市党部这份提案对商会的指控及用词都有些偏颇,而上海商民协会的主要筹备者之一,并在上海市党部任职的王延松,稍后在接受记者采访时发表的一番讲话,则相对而言要温和许多。他在答记者问时首先解释说:"上海之提案,连署者亦不限于上海之代表。且此案系上海第五次全市代表大会所决议提出者,沪市党部只有执行此决议案,交出席三全大会之代表遵照提出。沪代表转提大会,乃其应尽之责任,绝非陈、潘两君或任何个人之意见。所载陈、潘列名,未免有误。"在问及上海商民组织极为复杂,应如何着手整理,商会究竟是否应该取消这一问题时,王延松的回答则似乎有不同的看法:"就上海而言,则有上海商务总会改组之上海总商会(现改名为上海特别市总商会)、上海县商会(现改名沪南商会)、闸北商会,是商会一种,已鼎足三立。加以公共租界有各马

---

① 《上海代表向三全大会之提案》,《申报》1929年3月22日,第9版。

路商总联会,法租界及沪北亦有马路联合会。国军抵沪,又有商民协会。同业组织则以前有公会、公所、会馆等等,而现在又有商民协会各业分会的叠床架屋,纠纷遂起。今后欲望商人在党治之下,从事于发展实业,辅助经济建设之工作,自以整理团体,统一组织为急务。如果认商协、商会可以并存,则应先确定两组织及任务,根本不同之意何在,否则强不可分而分之,人力财力均不经济。鄙见以为扼要之点,在使某区域内之商界,每性质不同之业,只有一种团体,然后合各业之团体,共组某区域内之大团体,亦只准有一种,以抵抗外人之经济侵略为其主要职务,其名称固不必多所争执。……深盼双方勿作无谓之争辩,静候中央确定商人组织原则及一切法规后,依法办理。"① 王延松当时也是三全大会的代表,面对记者询问是否同意统一商民组织一案的问题时,他并没有给予直接而明确的回答,而只是笼统含糊地说此案是上海第五次全市代表大会的议决案,上海市党部必须执行。但从后来的说明中,则仍然可以明显看出他的态度较为温和,希望商会和商民协会不要做无谓的争辩,等待中央确定商人组织原则及法规后,再依法办理。

然而,在当时的情况下,商会却不可能不有所表示。在国民党"三大"召开期间,商会的抗争行动也日趋高涨,上海再次成为全国抗争行动的中心,上海总商会和全国商会联合会则发挥了重要的领导作用。当时,在上海总商会和全国商联会的呼吁之下,全国各地总商会、商会联合会均发出一片反对之声,可谓函电纷驰,连篇累牍。许多县商会也都公开表示,一定要坚决联合起来,共同力

---

① 《王延松对商民组织问题之谈话》,上海市工商业联合会等编:《上海总商会组织史资料汇编》下册,上海古籍出版社2004年版,第610—611页。

争,誓达目的。从保存下来的天津商会档案中,即可看出从1929年3月25日至5月4日,仅天津地区即有青县、乐亭县、交河县、涿鹿县、玉田县、易县、肃宁县、涞水县、河间县、安国县、高邑县、赤城县、盐山县、迁安县、蠡县莘桥镇、周口镇、邢台县等近20个县镇商会,都曾先后向国民党三全大会、南京中央执委会以及天津总商会致函,要求据理力争,一致进行,"誓不达到取消此项提案之目的不止"①。

与此同时,其他一些商业团体也纷纷声援商会的抗争行动,反对取消商会。例如在上海,据当地报纸报道:"本埠银行公会、钱业公会、华商纱厂联合会、银炉公会、金业公会、南北市报关公所等数十团体,以各党部拟提出于第三次全国代表大会之议案,有统一商人组织,及撤销为买办阶级及土豪劣绅盘踞之旧商会等,特于昨日联合别署,致公函于上海总商会,并请向三全会提出请愿。"②颇具影响的上海银行公会、钱业公会还曾另外发表宣言,坚决反对撤销商会。其宣言云:"昨阅报载沪党部代表提出撤销各级商会之议案,对于商会语多诬蔑。事关商人自身组织,利害所关,殊难缄默。……乃阅此次提案,竟以语言文字之末节,吹毛求疵,罗织罪状,而于商会赞助革命之实迹,一概抹煞,是与专制之朝以文字兴大狱,有何区别?……况商会为世界共通之组织,在吾国有久远之历史,其地位又为全国第一次代表大会所认定,中央政治会议对于商会组织,最近又有明确之规定。敝会等为商人公共利

---

① 《各地商会抗议国民党三全大会取消商会函电辑要》,天津市档案馆等编:《天津商会档案汇编(1928—1937)》上册,天津人民出版社1996年版,第481—489页。
② 《各团体反对撤销旧商会》,上海市工商业联合会等编:《上海总商会组织史资料汇编》下册,上海古籍出版社2004年版,第607—608页。

益计,誓当奉以周旋,竭诚拥护。"①

上海新药业公会也公开发表拥护商会宣言,一方面说明"商会为我全体商民所组织之正式法定团体,于历史上有悠久之统系,于革命上有昭著之功绩。今闻三全大会代表竟有撤销之提案,商民协会竟有解散之请愿,群情骇愤,莫可名状"。另一方面,该公会的宣言还坚决表示:"夫商会者,为我全体商人所托命,今将横被摧残,所谓皮之不存,毛将安附,巢之欲倾,卵将安覆。我商人当此千钧一发生死关头,能不植发裂眦,誓与周旋。"②言辞之间,显示出了上海新药业公会坚定维护商会的态度与决心。

另据报道,在商会存废之争愈演愈烈之时,更多的工商团体也都表明了支持商会的态度。其中包括上海提倡国货大同盟、旅沪湖州糖杂货联合会、糖业公会、振华堂棉布公所、上海国货工厂联合会、潮惠会馆、敦知公所、上海市民提倡国货会、中华国货维持会、上海针织业公会、上海卷烟同业公会、上海煤炭公会等,均曾发表宣言,"大意谓商会有提倡国货之事实,一致拥护"③。上海银行公会、钱业公会、华商纱厂联合会、航业公会等30余个工商团体,还曾派代表在上海总商会会所举行联席会议,表示反对三全大会取消商会的提案,除致电三全大会阐明"商会为正当职业团体,……如果撤销,商界解体,于党国建设,经济发展,必多阻

---

① 《上海银行、钱业公会反对撤销商会宣言》,上海市工商业联合会等编:《上海总商会组织史资料汇编》下册,上海古籍出版社2004年版,第608—609页。
② 《上海新药业公会拥护商会宣言》,天津市档案馆等编:《天津商会档案汇编(1928—1937)》上册,天津人民出版社1996年版,第507页。
③ 《各商界对商运意见》,《民国日报》1929年3月26日,第3张第2版。

碍"①。本次联席会议还议定推举代表,与全国商联会和上海总商会的代表一起赴南京请愿。

设在上海的全国商会联合会总事务所更是推举代表,赴南京向国民党第三次全国代表大会请愿,并先后呈交了两份请愿书。在第一份请愿书上署名的有:中华民国全国商会联合会,江苏、安徽、浙江、江西、广东等五省商会联合会,南京、上海、北平、天津四个特别市总商会,以及云南、安庆、苏州、开封、海口、芜湖、汕头、广州、重庆、长沙、汉口、哈尔滨、福州、成都、太原等27个总商会。请愿书阐明:"窃人民团体之组织,以商会为最整齐、最有悠久之历史。其利益于全国商民也范围广大,其赞助于革命事业也则在实际,不在虚声。此固有彰著之事实可资证明,而非可以轻言废弃者也。昧者不察,惑于一偏之见,谓商会不革命者有之,谓商会为土豪劣绅买办阶级者有之,谓商会歧分商民组织者有之,而贸然请求取消商会。此等谰言,在钧会明察万里,熟计利害,自能定其从违,为民国植万年不拔之基,又何俟属会之喋渎?惟市虎成于三人,投梭惑乎曾母,理既以辩而愈明,事亦因究而更进。"此外,请愿书还以较长之篇幅,用事实分别说明"商会为实际革命之团体""商会并非土劣及买办阶级""商会为全国内外商民正当组织",并认为"上述三项主张,其理由之充分,事实之显著,固如此矣"。为了进一步使商会获得继续存在的合法性,请愿书又列举了国民党及孙中山所确定的有关政策,用以证实"世人或曰我党无商会立场,此则大谬不然";主张废弃商会,"是背党也,非总理信徒矣"。其一,"我党第一次全国代表大会宣言,其昭示于

---

① 《商业团体请维持旧商会》,《民国日报》1929年3月24日,第3张第2版。

民众之政纲,对外政策第七条有曰,召集各省职业团体(银行界商会等)、社会团体(教育机关等)组织会议,筹备偿还外债之办法,以求脱离因困顿于债务而陷于国际的半殖民地之地位等,是则我党第一次全国代表大会,已确定商会之立场矣"。其二,"又我党第二次全国代表大会宣言,其结论曾曰,总理所提出于第一次大会宣言,对于三民主义之解释及最少限度之政纲,实为中国之唯一生路。吾人于第一次大会闭幕以后所努力者,仅为扫除障碍,以准备主义及政纲之实行。不独主义之本身未能实现,即最少限度之政纲,亦未能施之实际。故第二次大会对于主义因当继续努力,以求贯彻,即对政纲亦无所修改,惟期其得见诸施行等文,则我党第二次代表大会又确定商会之立场矣"。其三,"又总理北上宣言,国民会议预备会议之组织团体有九,商会列第二,是总理北上宣言又确定商会之立场矣"。其四,"又我党第二次全国代表大会商民运动决议案第二条有云,对于旧式商会之为买办阶级操纵者,须用适当方法逐渐改造等文,是则商会应改造不应废弃,且改造限于向为买办阶级操纵者,又为我党决议案之所确定矣"。其实,第四条所列之商民运动决议案中的有关条文,原本对商会并非有利之规定,但在面临被取消的特定情况下,商会抓住其中只有改造而无废弃取消的条文,强调"商会有保存维持改造之必要,无废弃取消归并理由",具有一定的说服力。请愿书最后表示:"属会等为我党计,为国家计,为商民计,不得不代表全国内外二千余商会提出请愿书,恭诣钧会贡献意见,以备采择。伏乞钧会详细察览,慎重决议，党国幸甚，商民幸甚。"①

两日后，全国商会联合会暨全国各省商联会、各总商会、各商会、华侨各商会、各商会代表冯少山等人署名，又第二次向国民党三全大会呈交请愿维持商会文。该文针对三全大会上海市党部代表陈德征、潘公展提出之取消商会提案中有关指控商会拒不接受警告的文字，进行了驳斥，阐明："全国商联会电请预选立法委员请求圈定，系遵照总理国民有一切选举权之规定练习运用请求，自请求而准驳与否在立法院，若遽以此项请求为荒谬，则凡具呈请求者皆为荒谬矣。至谓无诚意接受警告，并以向中央请示商会应否受党部之管辖，全国商联会应否受上海特别市党部之警告，即指为抗反党国，逆迹昭彰，深文周内，何竟至此。盖警告而当，敢不接受，警告而逾其限度，当然难于接受。且请示应否字样，是要求明定权限，苟竟以此而科以抗逆之罪，是不许民众有发表合理言论之自由也，不许民众自由发言，而偶一发言声辩者，即目为反动，殊不足以服人。"②显而易见，此时的商会对上海市党部的指控仍坚持予以抗辩，拒不接受。

与此同时，全国商会联合会还向国民党三全大会提出建议统一民众团体组织案，认为"民众团体之组织，农曰农民协会，商曰商民协会，工则曰工会，同是民众团体，而名称不同如此"。其原因是先前所谓"容共"时期，共产党之用意，"乃以工为基本，而以

---

① 《全国总商会维持商会请愿书》，《新闻报》1929年3月24日。《天津商会档案汇编（1928—1937）》上册的第491—495页也收录了这份请愿书，但在文字上与《新闻报》发表之同一请愿书略有几处差异。本文引用时两相对照稍做了订正与修改，特此说明。

② 《全国商联会、各省商联会、各省市总商会代表团第二次向三全大会请愿维持商会文》，天津市档案馆等编：《天津商会档案汇编（1928—1937）》上册，天津人民出版社1996年版，第497页。

农商妇女协助之也,主旨即有偏重,名称又显示不同,遂起分化作用,激成阶级斗争"。各界由此皆陷于纠纷之中,自相倾轧,"兹值第三次全国代表大会开会期间,若不从速改善,统一组织,则因循彻底,纠纷无已,必陷于万劫不复地位"。全国商联会此时虽也主张统一民众团体,但与商民协会和一些省市党部的具体建议显然不会相同,其要求是将民众团体的名称统一改为农会、工会、商会、学会①。这实际上是要取消商民协会而保留商会,可谓商会在当时的争论中主动出击的一招。

在商会及各商业团体接连发表反对取消商会的函电时,上海市商民协会也曾针锋相对地通电各省、各特别市、各县市商民协会暨各分会,一方面通告"三全会启百政事新,一切党国大计,均经分别议决,次第施行"。尤其是对一些省市党部提出了统一商民组织之提案,"本会披诵再三,不仅为商民幸福前途庆,亦可为党国安宁、工商利益预贺"。可见,上海商民协会对于三全大会上能够提出取消商会的议案,颇感欢欣鼓舞。但另一方面,上海商民协会看到前述全国商联会向三全大会提出的统一民众团体组织建议案中,将商民协会之名称缘于所谓"容共"期间共产党之所为,对自己显然十分不利,故而在这份通电中又不惜花费许多笔墨,说明"本会细加研究,实有未然。盖当第二次代表大会开幕之时,正军阀势力炫耀之日。其时民众组织,几尽为军阀走狗买办土劣所占据,商有商会,农有农会,纵其内容或不尽同,而其名称已被占有,独工会则以触犯忌讳,无敢筹设。故代表大会本大无畏之精神,议决组织

---

① 《全国商联会向三全大会建议统一民众团体组织案》,天津市档案馆等编:《天津商会档案汇编(1928—1937)》上册,天津人民出版社1996年版,第449—450页。

工会，同时复本革命勇进之精神，制定商民协会、农民协会条例，所以示革命团体之名词，有异于军阀铁蹄下之团体称谓，并期以本党领导组织之农协、商协，革新农商固有之不良集团。此其精义，盖在于是，而亦工会与农商协会名称之所由自也"①。紧接其后，上海商民协会又发布由各业分会共同署名的通电，表示坚决拥护在三全大会提出的统一商民组织提案，并驳斥了商会为革命团体的说法②。

除此之外，上海商民协会以及全国商会联合会在三全大会期间，都曾推举代表赴南京，向大会进行请愿。全国商联会、上海总商会以及各商业团体的请愿代表，有苏民生、石芝坤、沈叔谕、姜振卿、吴敏於等共计40余人。其目的有二，一为商会存废问题，二为请取消特种消费税。据请愿代表回沪后叙述请愿经过，3月22日下午携请愿书至三全大会请愿，正值开大会，由秘书处将请愿文接受，"以此事所关甚重，遂约各代表于次日午后再行赴会面洽"。次日，由代秘书长叶楚伧亲出接见。"经各代表详陈请愿情形后，叶秘书长谓，中央对此问题素所审慎，故一年以来不敢轻于决定，在某个人尤无偏袒。后代表等再陈述商会历来如筹募公债，发展工商业，对于扶助革命之种种工作，且有历史及国际关系，断难偏废。叶秘书长遂表示商会与商民协会，认为有两存之必要，末后询各代表如修改商会章程如何。各代表则以关于此点，曾于中央政治会议第一七七次议决修正通过，在商会方面亦所赞同，曾载请愿书内，亦为此次请愿目的之一。叶秘书长允准递大会。代表咸认为

---

① 《市商民协会重要通电》，《申报》1929年3月26日。
② 《商协会拥护统一商民组织》，《民国日报》1929年3月28日，第3张第1版。

满意,遂辞别而出。"①由此看来,商会的请愿行动产生了一定的效果与影响。请愿代表返沪后,在各业欢迎会上也表示:"二事结果,皆甚圆满。"②

在此之前,上海商民协会也曾推举骆清华、诸文绮、吴文润、沈仲芳、陈文彬等人,会同各省市商协代表,携带请愿提案四项,赴南京向三全大会请愿。请愿书强调:"一种职业之民众,必须有统一之组织,方能集中力量,切实训练。是故工人有工会,农民有农民协会,惟商民则除有合于现代潮流之商民协会外,各地尚有旧式商会之存在,以致商民彷徨歧路,训练无从实施。"③当时,代秘书长叶楚伧也接见了商民协会的请愿代表。"代表当陈述商民组织不统一,致商民力量分散,足以影响于国民革命,不能发展工商事业,以抵抗列强之经济侵略。工商界限混淆,易起误会;苛捐杂税不取消,国货难以振兴。并面交请愿书,请三全大会诸代表予以切实之解决。叶代秘书长对于请愿各项,均加以切实之答复,并允向三全大会提出。"④对于请愿的结果,商民协会的代表也比较满意,在其返沪时,有40余个商民协会分会派出代表在火车站迎接,随后又举行了各业欢迎大会。实际上,类似请愿行动的主要效果,只是以一种更为强烈的方式向当局表达某种要求,并产生更加突出和更为广泛的社会影响,但一般都很难立即达到请愿的最终目标。

由于各方面争议太过激烈,国民党第三次全国代表大会最终并未对有关取消商会、统一商民组织的提案形成任何决议,只是根据

---

① 《商会赴京请愿代表报告请愿经过》,上海市工商业联合会等编:《上海总商会组织史资料汇编》下册,上海古籍出版社2004年版,第609—610页。
② 《商业团体请愿代表返沪》,《民国日报》1929年3月25日,第3张第1版。
③ 《市商协会请愿书》,《民国日报》1929年3月19日,第3张第1版。
④ 《市商协请愿代表返沪》,《民国日报》1929年3月24日,第3张第1版。

大会提案审查委员会的建议，决定移交中央执行委员会酌情核办。于是，第二轮更为激烈的商会存废之争，就以这样并无实质性结论的结局而暂告停息。对于一心想借国民党三全大会的难得机会，一举正式取消商会的上海商民协会和部分省市党部而言，这样的结局显然是没有达到预期的目标，而对于商会来说则是一个较好的结果，也可以说是商会与各商业团体坚持抗争取得了成效。

国民党三全大会闭幕后的次日，全国商会联合会向各省区商联会、各总商会、各商会发布民字第223号快邮代电，报告三全大会期间的力争经过与结果，并呼吁各地商会继续努力，再接再厉，以使商会获得巩固的合法地位。电文主要内容如下：

全国各省区商联会、各总商会、各中华总商会、各商会、各中华商会钧鉴：

中国国民党第三次全国代表大会于十八年三月十五日开会，有江苏、安徽、浙江、福建四省，南京、上海、天津三特别市之党代表大会决议取消全国商会提案；又有上海特别市商民协会召集全国商民协会代表，请统一商民组织取消旧商会归并商协会之请愿案；又有上海特别市代表陈德征、潘公展等提出取消商会之提案。风云紧急，日夕数变。本会前经召集全国各省商联会、各省市总商会代表集沪，当即开会数次，推举总代表苏民生、姜振卿、陈家修、魏振帮、吴敏於、于小川、林度生、陈之英晋京提出请愿案二件，建议案一件，略陈商会不宜取消及统一民众团体组织，改正名称为农会、工会、商会、学生会等议，当经三全大会接受。现在三全大会已于三月二十八日闭会，商会案未经议及，决交第三届中执委会办理。当俟中执委会开会时，再努力继续请求,非达商会地位巩固之目的不止。现当风潮澎湃,力争上流时候,尚望各联会、各商会一致努力,坚固团体,改良组织,以求生存。"①

正因如此,在国民党三全大会闭幕之后,仍然有商会继续发布通电力争商会的合法生存权。上海总商会也认为"吾辈商人之地位,实与商会同其生死存亡。当此风雨飘摇之秋,宜有同舟共济之举"。同时,上海总商会还意识到:"各级党部所主张撤销商会者,恒以商会为买办阶级操纵,非革命商人,并以中小商人多未能参加商会为藉口,虽属风影之谈,无当事实,然文辞辩驳究不若征诸事实。"于是上海总商会于1929年4月上旬致电各省商会联合会、全国各总商会,阐明"敝会于力争商会存废问题之余,拟调查各处商会参加革命工作经过并会员组织概况,制成统计,汇列专书,以告国人,庶几各种风影之谈,不难以事实证明。如蒙赞同,并请就近转函各商会,详确调查,或参稽案牍,拟具事实,并附各种印刷书报等件,一律汇报到会,以资编印。事关商人共同利害,谅蒙鼎力办理"。另外,上海总商会还强调应敦请政府颁布商会法,这样商会才能真正获得合法地位,故而在电文中又说明:"商会法前经工商部在沪所设工商法规讨论委员会拟定草案,由部提呈行政院咨请立法院核议,并奉中央政治会议议决商会法原则各在案,敝会现即拟呈请政府迅速颁布该法,俾资全国遵循,并请贵会

---

① 《中华民国全国商会联合会快邮代电》,天津市档案馆等编:《天津商会档案汇编(1928—1937)》上册,天津人民出版社1996年版,第490—491页。

根据上述经过，一致呈请，尤所企盼。"①

国民党第三次全国代表大会虽然没有对取消商会的提案作出决议，似乎使第二轮商会存废之争不了了之，但商民协会与商会之间的矛盾并未得到解决。一旦遇有摩擦，两者之间又会引发矛盾，类似的情形在上海尤其明显。在第二轮商会存废的激烈纷争中，上海商民协会、上海市党部与上海总商会、全国商会联合会的矛盾即已趋于公开化，当然不会因为三全大会的闭幕而宣告结束。就在大会闭幕不及一月的1929年4月22日，即发生了上海总商会因会客室被占以及会所被砸，而被迫"闭门"停止办公的风潮，从而再次引发了激烈的矛盾冲突。

自清末以来，在全国享有盛誉的上海总商会，成立之后也曾经历了多次重大变故，但不管遭遇何种变故与压力，都从未有过向全社会公开宣布闭门及停止办公的先例。在当时的情况下，上海总商会毅然决定锁闭大门，当然是有其他方面的用意和目的。根据相关情况分析，上海总商会首先是想采用此种较为极端的方式，对救国会及其背后的商民协会乃至市党部做出回击。总商会明知商民协会和救国会的办公地点均设于内，关门之后该"两会"即均无法正常办公，也难以迅速处理各方面事务。因此，总商会之关门，同时也有封闭商民协会与救国会会址的效果。其次，通过这一方式，总商会一方面希望博得舆论的同情，另一方面"静候政府依法解决"，带有要挟政府不得不出面解决的意味。国民政府工商部确实也十分重视，"对沪总商会与救国会因会址争议一案，二十五日部务会议

---

① 《上海总商会为谋商会生存请各地商会详确调查参加革命工作事实电》，天津市档案馆等编：《天津商会档案汇编（1928—1937）》上册，天津人民出版社1996年版，第509页。

时提出讨论，议决由部电沪特市府转致沪总商会云：本部正在调查侦查中，仰该会停止一切活动，勿逞意气，静候中央解决，以免风潮扩大。是为至要。并一面报告行政院国府核办"①。总商会"闭门"事件升级后，确实引起了国民党中央和国民政府的关注，不仅派专人前往上海进行调查，而且后来又采取了对上海商人团体一体予以整理的举措，最终则是保留商会而取消商民协会。

---

① 《工商部致沪特市府电转令总商会静候中央解决》，上海市工商业联合会等编：《上海总商会组织史资料汇编》下册，上海古籍出版社2004年版，第619页。

第九章　上海总商会第一次换届改选纷争

上海商会不仅是近代中国成立最早、影响最大的商会，而且也是成立之初即于清末率先制定和实施具有近代特征之选举制度的商会，在当时产生了重要的示范效应①。直至1924年以前，无论是清末的上海商务总会，还是民国初期的上海总商会，虽然名称有变，选举制度也有某些修改，但其换届改选基本上都是按照选举制度的一系列规定平稳进行，并没有出现什么选举纠纷。

但是，进入1920年以后，随着政治动荡以及商会内部不同派系之间争权夺利，这一状况逐渐出现变化。如同其他许多地区的商会一样，即使是首创商会选举制度的上海总商会，在换届改选中也开始发生选举纷争，导致内部会董、会员之间形成不同派别，各执一词，相互攻讦，甚或出现分裂，造成不良影响。例如1924年和1926

---

① 有关上海商会在清末民初制定并实施选举制度的具体情况，请参见拙文《近代中国商会之选举制度之再考察——以清末民初上海商会为例》，《中国社会科学》2007年第1期。

年上海总商会相继进行的两次换届改选，即连续出现了较为严重的纷争，引起当地工商界和社会舆论的关注。仔细考察上海总商会这两次改选纷争，对于探讨1920年以后商会内部出现不同派系争权夺利以及商会选举发展变化的新动向，均不无价值和意义。

1924年上海总商会的选举纷争，大体上可以分为两个阶段。第一阶段主要是穆藕初针对总商会关于已连任两届之任满会董仍具有被选举权的通告，数度公开提出质问，总商会也公开予以回复辩驳，是一场有关如何理解并解释《商会法》相关条文的法理论争。第二阶段则是以会董傅筱庵为首的拥傅派，声称现任会长宋汉章不具备被选举为会董以及在随后的会长选举中享有选举权与被选举权的资格，并借此挑起纠纷，为傅筱庵竞选会长扫除障碍，拥宋派则坚决予以反对，认为宋汉章所具资格并无疑议，从而在总商会内部形成一场争权与维权的激烈纷争。本章即对1924年上海总商会改选纷争的具体情况做一初步探讨①。

一、任满会董被选举权争议

1915年12月正式颁行的《商会法》规定会长、副会长、会董均以两年为一任期，这意味着商会每两年就必须进行一次改选，正常

---

① 对于1924年和1926年的两次上海总商会改选纷争，迄今为止史学界尚无专文论述。台湾学者李达嘉《上海商会领导层更迭问题的再思考》（《"中央研究院"近代史研究所集刊》第49期，2005年9月出版）一文的第四节，对上海总商会1924年和1926年的两次选举纷争有所论述，并提出了很有借鉴价值的见解。拙文《近代中国商会之选举制度之再考察——以清末民初上海商会为例》在最后一节也曾简要论及上海总商会的这两次选举。

情况下各商会也均按此规定办理。1924年，上海总商会迎来了第七任会董和正副会长的选举。①是年5月下旬，该会依惯例召开会董常会，议决本次选举事项：于6月1日通函各会员分发选举票，15日开选举票，次日通知当选会董，7月5日由会董互选正副会长，10日新旧会长进行会务交接。

随后，上海总商会在《申报》等报章刊布致全体会员通函："查商会选举法，会董由会员投票选举，会长由会董投票互选。兹送上选举票一纸，会员录一本，年龄不及被选之会员名单一纸，统希台察，并请先期投票，于六月十五日上午十时起到会监视开匦，以昭慎重为荷。"②15日，总商会如期进行会董初选开票，秩序如次：摇铃开会、会长宣言、推举检票员（检票人数、报告人数、监视记数人数）、规定次多数人数、宣告当选姓名、摇铃散会。江苏沪海道道尹代表颜德清到会监视。"检票结果，实投四百三十七票，内无效票一张，至下午五时完毕。"本次选举当选会董35人，次多数候补会董35人。《申报》于次日登载了当选会董及候补会董的全部名单及各自所得票数③。

从表面上看，上海总商会的本次选举在初选会董时似乎与以往

---

① 上海商务总会在1912年即改名为上海总商会，并于是年进行了总商会第一任职员选举，1914年进行第二任选举，至1922年则为第七任选举。而全国绝大多数商务总会都是在1915年底《商会法》颁布之后才依法改名为总商会，通常也都将1916年进行的选举称为总商会第一届选举。按照规定每两年须进行一次改选，至1922年则为第五届选举，上海总商会的文件中同样也将本文所考察的这次改选称为第五届选举。

② 《总商会通函分发选举票》，《申报》1924年6月1日，第13版。《商会法》第4章第20条规定：会员皆有选举权及被选举权，但享有被选举权者之年龄，须在30岁以上。当时的总商会会员中年龄未及30岁以上者共计14人，需事先列出名单，以免会员误选其中之人成为无效票。

③ 《总商会今日初选开票》，《申报》1924年6月15日，第13版；《总商会初选揭晓》，《申报》1924年6月16日，第13版。

并无二致，没有发生什么意外事件，但实际上在此期间即曾发生关于任满会董是否仍具有被选举权的争议。按照《商会法》第24条之条文，"会长、副会长及会董任期满后，再被选者得连任，但以一次为限"①。依此规定，担任正、副会长或者会董，连任一次即为任满，不能再当选。在本次选举初选开票之前，上海总商会曾就此问题函告全体会员，说明《商会法》虽有连任一次为限之规定，但根据农商部有关连任次数之限制，会长、副会长及会董任期应"各别计算"的批示，以及中华全国商会联合会赣省事务所抄送复广州总商会之函稿，任满会董虽不能再担任会董，但可当选正副会长，任满正副会长也可当选、担任会董，因此任满会董在初选时仍具有被选举权，否则即被剥夺当选正副会长的应有权利。本次选举时，上海总商会现任会董中，有14人"虽已任满，不能连任，但照章仍可当选，而有被选举及选举会长之权，俟会长选出，然后依法退出"②。

尽管上海总商会对任满会董仍可当选的理由做了较详细的说明，但依然受到反复质疑和批评，并引发一番争议。6月6日，《申报》登载了工商界著名人士穆藕初致总商会函。该函首先质疑总商会任满会董仍可当选之通告"合法与否，玥未敢必"（穆藕初之姓名为穆湘玥），接着具体提出三点疑问：第一，会长由会董互选，二次任满之会董，既无再进行被选会董资格，是否仍享有选举、被选举会长之权利？第二，设使二次任满之会董，依法应享有选举、被选举会长之权利，则难免发生两疑点，一是此届二次任满之会

---

① 《商会法》，上海市工商业联合会等编：《上海总商会组织史资料汇编》上册，上海古籍出版社2004年版，第202页。
② 《任满会董仍可当选之函知》，《申报》1924年6月4日，第13版。

董,是否享有三次选举、被选举会长之权利,二是此届二次任满之会董,俟会长选出依法退出后,另行推补,而此项推补之会董设使下届不当选,此项推补会董之选举、被选举会长之权利,是否剥夺尽净,抑或准其下届额外授以选举、被选举会长之权利?第三,商会所依据者,是否参政院议决之商会法,或此项商会法外,另有可以依据之各省商会事务所函稿?①

当日的《申报》同时也登出了上海总商会复穆藕初函,阐明其所发通告的法律依据"为民国九年三月农商部第三百号训令,对于商会法第二十四条限制连任之解释",认为该会"奉行主管部解释商会法之通令,即系奉行商会法",而且"上届办理选举,亦循例发有此项通告"。对于穆藕初提出的三点质疑,总商会也一一做出回复:关于会长由会董互选,既无被选会董之资格,何以有选举被选举会长之权利?总商会强调当选与连任系属两事,不得连任不能即指为不得再行当选,会董互选完毕后即行退出,不存在继续连任情形,亦与商会法条文毫无抵触。对于是否享有三次选举被选举会长之权利的疑问,同样"不成问题","盖二次任满之会董,被选会长,既系任期各别计算,则会长之任期,应从被选为会长时另行起算,不能指为第三次被选举会长也"。至于任满会董当选,于互选之后退出,再另行推补会董,也不违背《商会法》,"条文只限制不得连任,并非会董不得中途补人也"。②

如何理解和执行《商会法》第二十四条,以及任满会董是否仍具有被选举权的争议,实际上在此之前各地许多商会选举时就已

---

① 《穆藕初与总商会之往来函》,《申报》1924年6月6日,第13版。
② 《穆藕初与总商会之往来函》,《申报》1924年6月6日,第13版。

产生，其缘由是《商会法》以及《商会法施行细则》的相关条文中均未明定会长、副会长和会董的任期，究竟是合算还是分算，以致各商会理解不一，时起争议，纷纷抱怨"此项规定施行以来，在实际上均感困难，曾经各省商会迭向中央请求修正，迄未邀准"①。1920年3月，农商部鉴于修改《商会法》程序较为复杂，遂为此专门发布训令："查商会会长、副会长连任问题，各商会因会长、副会长均由会董内选出，与会董任期合算者居多，亦有因合算致起争执者，自应明定办法，以昭划一。会长、副会长与会董名称既殊，职务权限亦各不同，依商会法第二十四条之规定，其任期当然不能合算。嗣后各商会于改选之时，所有会长、副会长与会董任期，应即各归各算。从前有因合算争执，尚未另行选定者，亦应照此办理，以归一律，而免争端。"②然而，农商部的这一训令并未完全消除相关争议。1921年2月，南昌总商会就此问题"又以文电请求农商部核示"，农商部的批示进一步说明："查连任会长选充会董，连任会董选充会长，自属可行。前次通令解释，所谓各别计算，义即在此。"③不难看出，上海总商会在回复穆藕初时强调其通告之合法依据，主要即是来源于农商部的上述训令和批示。

但总商会的公开回复不仅未使穆藕初信服，反而又引发其新的质疑。6月10日，《申报》再次发表穆藕初质问总商会的第二函。此函针对总商会的复函，坚持认为总商会之通告虽"有根据民九三月间及民十六月间农商部及大理院对于商会法第二十四条解释之意

---

① 马敏等主编：《苏州商会档案丛编》第3辑，华中师范大学出版社2009年版，第18页。
② 天津市档案馆等编：《天津商会档案汇编（1912—1928）》第1册，天津人民出版社1992年版，第66—67页。
③ 马敏等主编：《苏州商会档案丛编》第3辑，第18—19页。

见,而于书面上则确实根据赣事务所致广州总商会之成案,此不可不声明,以昭实在"。另外,总商会的回复称"上届选举,亦循例发有此项通告",但穆藕初指出:"查上届选举时,玥虽二次满任会董之一,确未见有此项同类之通告,且并未享有选举会长后退出之权利。而民十一年选举会董名册内,关于任满之会董姓氏上,盖有'二次连任照章停止被选'字样。"穆氏还要求总商会"检查上届选举票及查选举会长后退出者何人,推补者何人",唯此才能"晓然于复函内所引证者"是否确实。更重要的是,穆藕初认为总商会对"部令实属误解",农商部训令和批示所说的"各归各算",确切的理解应该是:"第一任为会董,第二任为会长,第三任则又合法被选举为会董,第四任又合法被选为会长,如是递嬗,即至一二十任仍属合法。"如果是会长或会董接连两任,则当然受《商会法》第24条之约束,不能借口会长与会董职权不同,而二次任满之会董,仍享有选举、被选举之权利。穆藕初还特别强调,选举之有效与否,全视选举人之资格合法与否而定。会董在互选正副会长之前,"必须正式就职,所投之票方能有效",而任满"会董既已就职,则显然违背第二十四条之规定,即使选举后退出,而违法就职之咎岂能避免"[①]。不难发现,穆氏指出的这最后一点确实是实际存在的一大问题。

次日,总商会也在《申报》刊发了再复穆藕初函。针对穆氏第二函之质疑要点,总商会在该复函中不仅详细列出了农商部训令的全部文字,以证明其通告并未误解部令,而且不厌其烦地转引1921年5月大理院统字第1509号公文,表明其通告完全符合大理院之解

---

① 《穆藕初再函总商会问选举事》,《申报》1924年6月10日,第13版。

释。而大理院此一公文系对全国商联会赣省事务所呈文中列举的子丑两种说法做出的解释，"子说谓部令解释，与《商会法》实有抵触之处，例如会董甲已连任一次，若遵照部令解释，遇改选时自可当选为会长，惟会长一职，依《商会法》第十八条规定，系由会董互选，甲因受同法第二十四条之限制，不得当选为会董，自无由当选为会长；丑说谓部令解释，与《商会法》并无抵触，盖当选与连任系属两事，《商会法》只限制连任会长、会董之再行连任权，并未限制其再行被选权，观《商会法》第二十四条，不曰连任一次之会长、会董任期满后，不得再被选，而曰再被选者得连任，但以一次为限，不曰再被选者以一次为限，而曰连任以一次为限，可以得其当然之解释。故连任之会长，得被选为会董，尤属毫无问题。"全国商联会赣省事务所感到"以上两说，各具理由，究以何说为当，本所未敢擅决，理合照录此案关系文件，呈请钧院俯赐察核，指令解释，俾资遵守"。大理院的解释公文非常简单明确，"查来呈所述各节，以丑说为是"，总商会认为其具体做法与大理院肯定之"丑说"完全相符，而穆藕初之"持论与赣事务所原函之子说相同，但此说未为大理院所采用"。对于穆氏提出上届选举未见有此项通告，以及任满会董姓氏上盖有"二次连任照章停止被选"字样等质疑，复函中说明上届选举贴有与本届同样之通告，本届不过查照旧卷办理，档案具在，"敝会查阅档案内粘存之十一年名册，亦并无此项字样，惟第三届选举，因大理院尚未有此项解释，或印有此项字样，此应特予声明者一也"。①

上述穆藕初的反复质疑以及总商会的答复，均刊于报章，在当

---

① 《总商会再复穆藕初函》，《申报》1924年6月11日，第13版。

时成为一场公开的问答辩论。不过,"这些论辩,纯粹限于法理层面,并没有权力或职位攻防的色彩"①。穆藕初之所以再三质疑任满会董仍享有被选举权的法理依据,主要是认为此一做法与《商会法》相关条文的规定存在矛盾,不仅其合法性值得怀疑,而且关系到商人信用这一重要问题。"商人素重信用,而信用之充分与否,全视办事之合法与否而定之,苟悖于法,信用亦因之而破产,影响于商业者甚大。"②总商会也认为穆藕初的反复质疑,实乃钻研法理求精求实之举,并在复函中表示:"台端关怀商法,一疑未释,往复辩论,不嫌其琐,此正学者虚心研究之态度,实堪佩仰。"③除此之外,值得注意的是从穆藕初致总商会函的文字里,似乎也可看到其中所流露出来的某种个人不满情绪。穆藕初致总商会函声称自己"既非会董,又非会员",实际上1918年10月他就曾当选为总商会会董,并在分科办事名单中列名陈列所四位会董之一,稍后还被推补为总商会公断处职员。1920年8月,总商会改选,穆氏又再次当选而成为连任会董。只是在1922年换届改选时,穆氏因属已经连任的任满会董而没有再当选。由于其本人在上届选举时就是因"二次连任照章停止被选",而此次换届改选总商会在选举开票前却又通函告知二次连任会董仍有被选举权,穆氏对此自然会有所不满而提出质疑,并特别指出"上届选举时,玥虽二次满任会董之一,确未见有此项同类之通告,且并未享有选举会长后退出之权利"。

---

① 李达嘉:《上海商会领导层更迭问题的再思考》,《"中央研究院"近代史研究所集刊》第49期,2005年9月,第76页。
② 《穆藕初与总商会之往来函》,《申报》1924年6月6日,第13版。
③ 《总商会再复穆藕初函》,《申报》1924年6月11日,第13版。

尽管如此，在这场公开论争过程中穆藕初始终保持了较为平和的心态，主要只是探讨相关法理依据，阐述其个人不同意见和看法。在其刊发的多封质问函中不仅均无激烈偏颇和故意刁难的泄愤文字，而且向总商会表示："玥之晓晓不已者，实希冀为商业上有所裨益而已，非敢有恶于公等也。"另还说明"公等为商业重要分子，商法素所研究，务请明以示人，藉增商人之智识"①。总商会的复函同样也较为理性，主要只是针对穆藕初之质疑要点予以解释和说明，并无过激的不妥文字，同时对穆氏的质疑之举予以肯定："具征关怀商法，讨论不厌求详，至为佩仰。"②因此，这场公开论争对于帮助工商界人士进一步理解《商会法》相关条文、农商部训令以及大理院的解释，并非完全没有积极的意义。

另外，穆藕初的质问行动在当时不仅没有影响总商会选举的如期进行，而且也未产生其他负面作用。虽然总商会于6月1日通函各会员分发选举票，4日发出《任满会董仍可当选之函知》，穆藕初在两日后就发表了质问总商会第一函，在总商会回复后接着又发表继续质疑的第二函，但总商会的选举仍按部就班正常进行，并在预期的当月15日开选举票，选出了35位当选会董和次多数候补会董35人。综合上述，可以说这场辩论主要只是穆藕初与总商会之间就相关法理问题进行的一场论争，并不属于上海总商会本次选举中发生的争权夺利风潮。

在总商会回复了穆藕初的第二函之后，穆氏对于各方面解释选举法律问题"尚有疑义"，遂又第三次公开致函总商会，"并用

---

① 《穆藕初再函总商会问选举事》，《申报》1924年6月10日，第13版。
② 《穆藕初与总商会之往来函》，《申报》1924年6月6日，第13版。

贵会语气，代拟一稿，送奉查阅"，希望总商会呈请大理院重行解释。穆藕初代拟呈请大理院重行解释的文稿重点阐明："连任会董如互选在应选以前，则会董之资格尚未取得，焉得加入互选？否则连任会董，因法律上之限制，不能三次受任，则势必不待应选而先加入互选，待其不得被选为会长后，而再宣告退职，则事实上虽仅为三次当选之会董，而实质上不啻已执行三次会董之职务。既执行三次会董之职务，与三次连任何异？"①对于穆藕初代拟呈稿请大理院重新解释的这一要求，总商会召开常会进行了讨论，认为"如因解释变更之结果而使民九部令失其根据，必致各省商会同时发生困难。此时有无再请解释之必要"，应先致函全国商会联合会各省事务所征求意见，再行办理②。湖北事务所的回复认为"此案既有部文，又有院函，似无庸再请解释"。江苏事务所在回复中肯定了穆藕初"以法律解释法律，持论至为精当，平心论断，决不能轩部院而抑穆说"。但该事务所也阐明"惟自大理院解释通告以后，迄今已逾三年，各省商会之依照组织者比比皆是，是前项解释，事实上业已实施。此时若因再请解释之故，而设有变更，则发生困难，必有更甚于今日者"。所以，"与其请求解释条文，不若催议修改商会法较为适当"③。此项建议可谓正合上海总商会的初衷。其实农商部也未尝不知《商会法》第二十四条之规定给商会选举带来的困扰，并曾于1923年向国会提出了《商会法》修正案，欲将会董连任条文中"但以一次为限"删除，只是因国会悬而未议，暂无

---

① 《穆藕初对于商会选举之再三质疑》，《申报》1924年6月17日，第13版。
② 上海市工商业联合会编：《上海总商会议事录》第4册，上海古籍出版社2006年版，第2141页。
③ 上海市工商业联合会等编：《上海总商会组织史资料汇编》上册，上海古籍出版社2004年版，第417页。

结果。在此情况下，只有再请农商部迅催国会议决通过，才能一劳永逸地从根本上解决纷争。此后，未见穆藕初再就此一问题发表意见，上海总商会本次选举进程中第一阶段的论争也就此结束。然而，这并不意味着总商会的选举就可以顺利继续进行。紧接其后，又在正副会长选举前发生了更为激烈的争权夺利纷争，但穆藕初则并未参与后来发生的这场涉及权力争夺的会长选举纷争。

二、宋汉章资格引发派系纷争

宋汉章，1872年出生，浙江余姚人。曾担任上海中国银行行长、上海银行公会会长，系沪上金融界名流。1922年上海总商会换届改选，宋汉章获得289票，以最多票当选会董，接着又当选为会长，成为上海总商会的掌门人，社会地位和影响也随之得到显著提升。

但是，宋本人似乎对总商会会长一职并无眷恋。1924年总商会改选前夕的5月14日，中国银行致函总商会，说明"敝行代表会员宋汉章君今因病后不堪繁剧，坚向敝行辞去代表会员之职，兹特改推史久鳌君为敝行代表会员。惟宋君现任贵会会长，在六月底以前任务尚未终了，应请自七月一日起解除代表会员之职"①。宋汉章在改选前坚持要求辞去中国银行代表会员，显然是不愿参加本次选举，也即不愿继续当选总商会新一届会董或会长。尽管如此，在会

---

① 上海市工商业联合会等编：《上海总商会组织史资料汇编》上册，上海古籍出版社2004年版，第408页。

董选举中他却仍然获得了99票，列35位次多数候补会董的第一位。

会董选举揭晓后，根据《商会法施行细则》的规定，当选会董须于半月之内填写总商会送达的就任声明书，如果"逾十五日未有就任之声明时，得以票数次多者递补"。至6月20日，已有5名当选会董力辞不就，照章应从候补会董中以得票数多者顺序替补。宋汉章得票数位列候补会董第一名，本应是首选替补者。但因其已辞代表会员之职，只能由列名其后者推补。至当月27日，中国银行又致函总商会，说明"史君向敝行声称，因事不能担任代表职务……无可再强，仍拟改推敝行长宋汉章充任贵会代表"。此时刚好又有一位当选会董王一亭坚决要求辞职，总商会遂将宋汉章推补为会董，并向宋本人函告前后之缘由："查执事本于候补当选人名居首列，前因向本会声称，业经声明自七月一日起解除会员之职，是以即照尊嘱，由名次在后之候补当选人分别递补。旋于本月二十七日接中国银行函称……，当经本会复函于名册更正有案。依此情形，是执事于七月一日以后，其会员资格仍继续存在。即候补当选人之资格，于七月一号以后亦仍继续存在。此次王君辞不应选，自应仍由执事序补。"①

7月5日下午，总商会按照预定日期举行由新当选的会董互选正副会长会议。但在投票之前，"会董某君提出关于会董选举手续问题尚有研究，请众讨论，说明理由后，即有人加以解释，双方讨论颇久，未臻一致"。莅会监选的沪海道道尹王赓廷宣布休会十分钟，复会后又"讨论达三小时之久，仍无结果"，王道尹宣告

---

① 上海市工商业联合会等编：《上海总商会组织史资料汇编》上册，上海古籍出版社2004年版，第409页。

"以手续方面既有讨论，决定延期数日，再为举行"①。这样，第一次互选新会长陷于流产。会议争执不下的所谓"会董选举手续问题"，即为宋汉章是否具备会员资格以及递补为会董并参选会长的资格。

7月7日，报章即登载会董谢天锡（字蘅牕）前此致总商会的两函以及总商会的复函，将有关宋汉章资格问题的纷争公布于众。谢于7月1日所写第一函提出"宋君既辞去中行代表之职，并由该行改推史君为代表，此次会董当选名单宋君仍列次多数之首，此出于投票者之误会所投之票，自不能仍作有效。……自中行改推代表，则宋君会员名义同时根本取消，即不辞职，亦不能再行膺选"，因为7月1日以后"宋君业已退出会员耳"。否则，将因"宋君一人之故，致本会蹈非法之嫌"。该函还要求总商会"将宋君不能膺选理由迅行函告各会董，以重选举，而符法规"。总商会7月3日的复函，说明在选举会董之前宋汉章仍具会员资格，其"选举权及被选举权，依法尚未丧失，则在此时期内所投之票，自不能认为无效"。另外，中国银行于6月27日来函仍推宋汉章为代表会员，"则自7月1日以后，宋君会员及候补当选人之资格继续存在，更无问题矣"。7月4日谢天锡致总商会第二函，坚持认为宋汉章不具备递补为会董之资格，更无参选会长资格。"中国银行六月二十七日撤回改推史君之函，须于六月十五日本届选举之前送达本会，方有回复宋君本届被选举权之效力，不能于本届选举业已揭晓之后，为之倒补资格"②。

---

① 《总商会会长昨日互选无结果》，《申报》1924年7月6日，第13版。
② 《谢蘅牕与总商会往来函》，《申报》1924年7月7日，第13版。

谢天锡为何反复纠缠宋汉章的会员资格问题，不惜导致总商会的会长选举陷于流产？从表面上看谢天锡此举也是为了维护商会规章，担心"致与法规异趣"，谢还曾表示"鄙人对于宋君素所信仰，前后各函，并非对人而发，惟以法为共同所应守，不能因人而废法"①。但从后来纷争发展的实际情形显而易见，有关宋汉章资格之争表面上虽也涉及相关法规，但与第一阶段穆藕初与总商会之间就任满会董是否仍具有被选举权问题的法理论辩，在性质上是完全不同的，实则为总商会会长席位之争。谢天锡只是走上前台代人而言的公开发难者，背后还有始终未曾登上前台，但对此次纷争筹谋划策旨在觊觎会长一职的重要操盘人物，此人即是当时担任通商总行行长的总商会会董傅筱庵（名宗耀）。

据时任总商会秘书和会董会议记录员的孙筹成后来忆述："1924年总商会改选前，原任会长宋汉章因病无意连任，由中国银行致函上海总商会更换代表。傅筱庵自知宋的声望甚高，无力与之竞争，现在大敌已去，自己作为通商总行行长，视余子皆不在话下，遂一面指使亲信纷纷加入总商会，培植势力，一面联络官厅，大事吹嘘，制造浩大的声势。"宋改变态度愿意继续担任中国银行会员代表，并递补为会董之后，显然打乱了傅的如意计划，遂千方百计阻止宋递补为会董并参与会长选举。谢天锡"是傅筱庵的心腹，煤业巨子，秉性粗鲁，素有大炮绰号"，遂成为傅的得力干将。在会长选举前的7月2日，谢曾受命直接面见宋，"劝宋辞递补会董之职，宋不允"。于是，谢又在5日举行的会长选举会上提

---

① 上海市工商业联合会等编：《上海总商会组织史资料汇编》上册，上海古籍出版社2004年版，第420页。

出宋的会员资格问题，双方激烈辩论，在会董中形成拥宋和拥傅两派。拥宋者有霍守华、冯少山、田祈原、田时霖等，拥傅者有谢天锡、洪雁宾、陈良玉、谢仲生等。第一次会长选举会最后曾投票，"结果拥宋派投票，拥傅派未投。乃由道尹封存票匦，延期五天再开会，两日内如仍不协调，则电部请解释"①。

其实，宋汉章本人确实并不恋栈会长一职。早在1916年5月底，年仅44岁的宋汉章就曾当选为上海总商会会长，但他认为自己"非特资格尚浅，才识不及，未敢膺此重任，且银行事务纷烦，片刻不能相离，实无暇晷兼顾他事，为特掬诚具函谨辞，务请贵会另行推选贤能主持会务"②。总商会起初拟请选举得票次多数之沈敦和出任会长，但沈也力辞不就，只得议定由上任会长继续维持会务四个月。当年9月，总商会仍函请宋汉章于10月1日前就任会长职。但宋依然列举诸多原因表示无法应允。及至10月底，上海总商会只能报经农商部批准重新选举会长，朱葆三当选就任。1922年宋汉章再次当选会长后，又向总商会表示不愿就任："窃以贵会会长事务繁重，以鄙人才力不及，殊难胜任；且对于社会公益事项，鄙人似已滥竽不少；况身任银行专职，实属刻无暇晷。有以上种种原因，实难分身就任，为特具函敬辞。只得请贵会查照尊示，按商会法施行细则第五条第二款，以次多数递补，以重会务。"③与此同时，同届新当选的副会长方椒伯也"声请辞职"。总商会为此召开特别会议进

---

① 上海市工商业联合会等编：《上海总商会组织史资料汇编》上册，上海古籍出版社2004年版，第471、472页。
② 上海市工商业联合会等编：《上海总商会组织史资料汇编》上册，上海古籍出版社2004年版，第162—163页。
③ 上海市工商业联合会等编：《上海总商会组织史资料汇编》上册，上海古籍出版社2004年版，第371页。

行商讨，决定公推数位代表力劝宋方二人就职。在总商会的再三盛情挽留下，宋方二人才以"公义所在，不容固辞"而"勉承斯职"。

既然宋汉章并不留恋会长一职，而且在本次总商会选举前已态度坚决地要求辞去中国银行代表会员一职，中国银行也致函总商会正式予以说明并改推史久鳌作为该行代表会员，为何后来他又突然改变态度愿意出任代表会员？是因为看到会董选举结果，自己名列35位次多数候补会董的第一位而改变初衷？这一解释显然与上述宋本人的一贯态度并不相符。实际上，宋汉章在很大程度上可以说是被动地卷入了本次选举纷争，其改变态度同意递补为会董也并非出于本人的主观意愿，而是接受了他人一再敦劝的结果。据孙筹成记载：叶惠钧、闻兰亭等6位会董出面"请宋汉章俯念会务重要，并告以有行为卑鄙者早有组织，想做会长，你如不引退，则众望所归，必得连选连任。宋之挚友王省之，曾任道尹，亦在旁敦劝。宋初不允，后被迫无奈，只好应允。遂由中国银行致函总商会，仍推宋汉章为该行出席代表"。宋汉章虽应允递补为会董，但其竞选连任会长的意愿仍不是很积极。在会长选举会召开的前一日，上海《新闻报》发表"吕静斋以上海汉口路商界联合会名义向部控告上海总商会宋、方两位会长，请速改选。此事与上月具名'全埠公正商民'所发之传单相呼应，显见幕后有人。宋汉章因此甚为灰心，离沪赴佘山修养"①。

7月7日，报章登载了谢天锡致总商会反对宋递补为新会董并参与会长选举的两函，使总商会"会员亦分为两派，相互攻讦"。8

---

① 上海市工商业联合会等编：《上海总商会组织史资料汇编》上册，上海古籍出版社2004年版，第472页。

日，拥宋派中的袁近初、胡哲生两会员在《申报》联名发表致总商会函，对率先向宋汉章公开发难的谢天锡提出了较为有力的质问："报载谢君两函，斤斤以法理为言"，借以认定宋汉章7月1日以后不复有当选会董资格，然本会章程第五章第十条会员资格之规定为"凡曾任会长、会董者，任满后仍认为会员"，因此，"宋君之会员资格，不以代表之有无而定其存废。谢君任本会会董有年，何以对于此项规定独未见及？"另外，选举票之有效无效，应在选举会场声明，不能事后追废。"六月十五日选举会董时，谢君亦为检票之一人，何以对于宋君之票，不即当场提议作废，听其列于候补名单之首？直至事隔半月之久，递补会董足数后，始行提出疑义，岂昧于前而明于后耶？抑事后受人之指使耶？二者当必有一于此矣"①。

此函所揭示的谢天锡质疑宋汉章资格之时间点确实耐人寻味。15日会董选举，宋之得票名列35位次多数候补会董的首位，随后又登诸报章，谢当时不仅在选举现场而且按《申报》之报道还是检票人之一，但却未对此提出任何疑义。其原因是当时的宋汉章并未改变态度愿意继续任代表会员职，拥傅派以为宋不会递补为会董进而参与会长选举，更不会对傅竞争会长形成威胁。而在7月1日宋递补成为会董之后，拥傅派立即感受到了严重威胁，不仅在次日即由谢面见宋，企图强行要求宋辞不受补，而且私下找名律师代为草拟致总商会函。在遭到宋拒绝后，谢又在会长选举时公开发难，接着在报章连发致总商会两函，这一系列所作所为之目的无疑都是为傅筱庵竞争会长扫除障碍，所谓维护商会规章显然只是一个幌子。不宁

---

① 《关于总商会选举之又一函》，《申报》1924年7月8日，第13版。

唯是，以谢天锡之名在报章上发表的致总商会两函，很可能也并非出自谢的手笔，而是拥傅派请他人捉刀带笔的产物①。

袁、胡两会员联名致总商会函发表之后，谢不甘示弱又公开回复，坚持认为宋汉章已退会而失去会员资格，自己出面质疑并非受人指使，"此非可经相诬蔑者，愿二君慎毋口不择言"，并声称自己"完全为法的问题，法为人人所应守，爱法即所以爱会，忝为本会分子之一，天良具在，难安缄默"。另还说自己在会董选举开票时，并没有担任检票员②。然据《申报》6月16日登载的《总商会初选揭晓》一文称：新会董选举开票前，公推会董叶惠钧、劳敬修、冯少山、谢天锡、祝兰舫、石运乾、闻兰亭、会员区石溪、胡约常等9人为检票员。谢天锡说自己"到会之时，已在开始检票，并未推鄙人为检票员"。或许是公推检票员时谢尚未到场而不知晓，而且事后其本人对此则新闻报道也未予以纠正，但这并非问题的关键，重要的是新会董选举结果揭晓时，谢确实在场而且也未表示任何异议。所以，袁胡二人针对谢的回复，又致函特别指明"谢君既认当日在场，何以于揭示候补当选名氏时，不闻提出异议？可见谢君早当认为有效，今事后忽强词争执，殊令人莫明其用意之所在矣"③。

与此同时，拥傅派还希望借助官方施加影响达到目的。先是

---

① 孙筹成在《傅筱庵两次争做上海总商会会长》一文中透露：谢在面见宋时曾"出示其反对宋当选新会董之函，谓总商会定章，选举前两个月之内停止调换代表，中国银行既已来函更换代表，宋的会员资格显已取消，无被选为新会董之权，选举会长时，无被选举权。……此函据说是请秦联奎等三个有名律师所拟"。见上海市工商业联合会等编：《上海总商会组织史资料汇编》上册，第472页。
② 上海市工商业联合会等编：《上海总商会组织史资料汇编》上册，上海古籍出版社2004年版，第422页。
③ 《总商会选长问题之昨讯》，《申报》1924年7月10日，第13版。

谢天锡致函沪海道道尹王赓廷，强调宋汉章自7月1日退出会员，"则本届选举之无被选举权，不辩自明。……以非会员而谓可选充会董，违法莫甚于此"。随后，拥傅派会员李征五、刘尤青、孙泉标3人也发表致王道尹函，认为宋汉章既已丧失会员，总商会选举将宋列为次多数候补会董之首，后来又递补为新选会董，均属"违背法规"之举。此函要求道尹于总商会再选会长时，务必"驾临商会，详查究竟，严予纠正，以重选举而维法则"。拥宋派会员石芝坤、陈佐棠、陈翊廷3人随即针对谢天锡等人致道尹函称各节一一予以驳斥，并请总商会"据以转函沪海道尹，庶将来呈请解释时部省长官可以明悉双方之理由"①。

对于总商会的这场选举纷争，当时的报章也曾发表评论文章予以解析。上海《民国日报》起初刊载的一文也强调应遵章办理："宋君之为人，其诚恳为商界所钦佩，且商界以外者，亦对之有好誉，以人论，各方都希望宋君继续当选总商会会长，但商会章程是否许可，却是个先决问题。……以并非会员而能当选会长，任何团体均无此例。"更何况"上海总商会有上海领袖团体之称，且为全国视线所重，我不愿其违背定章而开此恶例"②。该报接着发表的另一文，则十分感慨总商会此次选举会长出现的纷争，"有人愿做而一部分人不许他做，有人不愿做而一部分人强要他做，以致发生人选问题的争执"，"其情形为向所未有"③，表明总商会在选举会长时出现不同于以往的发展新动向，并强调此点更值得商界重

---

① 上海市工商业联合会等编：《上海总商会组织史资料汇编》上册，上海古籍出版社2004年版，第423、424、425页。
② 君素：《总商会本届会长问题》，《民国日报》（上海）1924年7月5日，第11版。
③ 君素：《总商会选举》，《民国日报》（上海）1924年7月6日，第11版。

视。上海《民国日报》与国民党关系十分密切，上引两文可以说在某种程度上反映了当时国民党中央执行委员会上海执行部对总商会选举纷争的关注与态度，只是当时的国民党在上海影响并不大，对总商会此次选举纷争的发展走向也不可能产生明显作用。

第一次会长选举流产后，总商会曾议定五日之后即7月10日再召开选举会。但据7月9日《申报》报道："虞洽卿君及新选会董某君，二日来向双方接洽，尚未得有结果。"①拥傅派表示在宋汉章资格问题未解决之前，坚决不同意再举行会长选举会议。很显然，拥傅派就是要取消宋在会长选举中的选举权与被选举权，这样才能达到其最终目的，如果宋仍具有此资格，傅筱庵竞争会长的威胁就无法解除。这样，原定之再开会长选举会的计划不可能如期进行。10日，《申报》再发相关报道："本埠总商会会长选举，因手续上发生争执，以致延期。是日本定延会五日，于今日继续开会开票。现悉谢蘅牕方面，仍竭力主张须法律问题解决后，始可开票，否则任何人产生，均所否认。至另一方面，则以宋君物望才能，众所共仰，法律问题亦未有何疑问，故亦不认为有调和余地。闻调和人方面现正拟于法律方面，求一双方兼顾之解决法，而会长人选亦已择定一人，大约双方均可通过，惟因接洽尚未妥协，故今日拟暂再延缓，定今日先举行聚餐，以资商榷，俟调停就绪，再行定期开票。"②

然而，当时的报章评论对于调停能否起作用并不乐观，因"双方旗帜渐见显明，词锋渐见锐利，于此可卜疏解的前途了……由部解释后，双方能否满意？还是个问题，而总商会从此更多事

---

① 《总商会选长问题之昨闻》，《申报》1924年7月9日，第13版。
② 《总商会选长问题之昨讯》，《申报》1924年7月10日，第13版。

了"①。果不出所料，在此之后调停仍然并不顺利。虞洽卿等起初提出的调和方案是认定初次会长选举时已投之票有效，宋汉章如当选，"既因行务繁忙、精神不及，不妨允其辞去；或将会董连带辞去，再另行递补"。据说拥宋派方面初始"颇有缓和之意"，后因拥傅派"会员发言方面，对宋颇有责难，于是态度又趋转变"。另外，对这一调和方案拥傅派中最为活跃的干将谢天赐表示不能接受。因此，调和陷于僵局，"多数意见，以为惟有请官厅解释"。但是，上海总商会在曹锟贿选事件发生后，已宣布与北京政府脱离关系，"直接电呈北京农商部请求解释，恐招会员反对，故请王道尹解释。王道尹亦以原定延缓之期已到，尤难再延，只好将经过情形，呈报省长，请详为解释"②。

7月14日，总商会召开会董特别会议商讨解决选长问题方案。"经众讨论达三小时之久，尚无切实办法"，只得暂时休会。复会后继续讨论，朱吟江提出本会于1916年11月间因选举发生纠葛，曾呈准农商部"凡曾任会长会董满任后，仍认为会员"，业已编入本会章程第五章第十条，"则宋君资格当然存在，无论手续是否错误，仍应当选"。估计出席会议的拥宋派会董人数稍多一些，"结果认朱议实为解决纠纷之办法"。闻兰亭进而提出"论法律手续，七月五日投票者已占多数，当然以继续投票为是"，拥宋派的冯少山、叶惠钧等3人积极附议支持，遂请主席付表决，"举手者十六人，多数通过"，复又议定本月17日继续投票开匦。会议结束后，谢天锡即向总商会表示抗议："本日开会，未能依法决议，鄙人不能赞同。况

---

① 《总商会选举能疏解吗》，《民国日报》1924年7月8日，第11版。
② 《总商会选长问题之昨讯》，《申报》1924年7月12日，第13版。

法者人人所应共守,绝对不得以多数人之轻与通融而损其尊严。事关法律解释,非会董会所能擅决。此案鄙人已经呈请官厅,依法解释,并闻陆君伯鸿等亦有同类之呈请,自应静候解释后方能进行互选事宜。"①道尹王庚廷也向总商会质疑"究竟前次发生异议已否完全解决,未准声复。倘使尚未就绪,临时再有异议,必致更滋纠纷,自应暂缓继续投票"。于是,17日继续投票选长之计划又告落空,仅叶惠钧、冯少山等7名会董到会,"签名小坐即散"②。

其他一些地区的商会在稍后发生选举纠纷而内部无法调解时,大多都请官方出面予以解决。此次上海总商会出现选举纷争也是如此,但有所不同的是并非由总商会出面上报各级官署,而是由纷争双方直接向各级官署请求解释相关法规,以求得支持。由于双方纷争焦点之宋汉章会员资格问题比较复杂,各级官署也很难做出明确的法律解释,故而同样难以解决这场纷争。拥傅派的会员陆伯鸿等曾函电江苏省实业厅及省长公署,后又有会董朱葆三等致电省署,声称"本届总商会选举新会董,复选解除之宋汉章,实属违法,请饬纠正,重行互选"。但省署批示未遂其愿,只是说"该会职员解职,自应遵照商会法第二十九条第一项之规定,须经开会议决办理;至职员退职除名及停止被选举权,亦应遵照第二十八条之规定,须有会员三分之二以上到会,得到会者三分之二以上同意"。对省长公署的这一批示拥傅派显然非常不满意,朱葆三等再次致电实业厅,认为省署批示之按《商会法》相关规定办理,"与本案宋汉章之自行辞去会员,而无被选举权者绝对不同",故不能

---

① 《总商会选长问题之昨讯》,《申报》1924年7月15日,第13版。
② 《总商会选长问题之昨讯》,《申报》1924年7月17日,第13版;《总商会选长昨又开甑未成》,《申报》1924年7月18日,第13版。

适用。同时，请求实业厅"迅予据情转呈省长，仍与寒电所请，重行依法解释，免滋误会。"①此前，朱葆三还曾领衔与谢天赐等3名会董联名致电护军使何丰林，其中之言辞已不乏对宋汉章的人身攻击，声称"宋汉章于中行为行长，于总商会为会长，于行于会，独断独行，忽退忽进，忽解除，忽羼补，是违法以非会员而列选于前，复违法于已辞补而倒充于后，实自背根本之法规，兼乱惯行之通例"。但何的公开回复也只不过是"既经发生异议，自应依法纠正，……据情函知沪海道尹查照办理"②。

拥宋派的多名会董和会员祝大椿、项如松、张乐君、管趾卿等人，也针锋相对地先后致电护军使何丰林，谴责朱谢二人为"昔日以非会员而应选之人，今乃转以疑未失会员资格之宋汉章为不应列入候补会董，未免数典忘祖，不合事理"。其所说之事乃是1916年总商会议定将"凡曾任会长会董满任后，仍认为会员"一条补入章程，并奉农商部批准在案，而在那年选举中并非会员的朱葆三正

---

① 《总商会选长昨又开瓯未成》，《申报》1924年7月18日，第13版。
② 《关于总商会选长之函件》，《申报》1924年7月16日，第13版。此时，在上海商界举足轻重的朱葆三为拥傅派重要成员之一。朱曾担任上海商务总会协理、总商会会长、全国商会联合会副会长，五四运动中因"佳电"风波受到各界强烈指责，被迫辞去总商会会长职务。孙筹成在忆述文章中说朱葆三"此次领衔反宋，非其本意。16日他看见报上文件，有自己名字，深以为奇，正拟去函更正，谢蘅牕向朱请罪，说明电稿上之图章，由他串通朱的秘书偷出盖上。至此，朱知事已如是，无可反悔，除将谢面斥数语，也就默认了"。见上海市工商业联合会等编：《上海总商会组织史资料汇编》上册，第473页。从后来朱又不断领衔函电各级官署攻击宋汉章的具体事实可知，其反宋应该并非出于被动地受拥傅派所利用。

是据此当选为会长，谢天赐也据此当选为会董，①二人"当时躬与其役，寂无一言，而此次轩然大波，日为剧烈之辩难，是否环境转移，黑白可以移位？否则恪守法规一语，当作何解？"②上海《民国日报》发表的评论文章在详述1916年朱葆三先出会后又得以选举为会长的经过后，也说"以上的经过，别人或者可以不记得，或者不满意，惟朱君葆三因有自身关系，大概不致于健忘，现在朱君竟领衔反对了，岂不大奇！即主张争法案者，亦何必颠倒此白发老者若此"③。

  上海总商会选举纷争发展至此，双方各执一词，互不让步，而且论辩文字日趋激烈。《申报》的相关报道，也开始以"总商会选长风潮"或是"总商会选举风潮"为题，用"风潮"替代以往的"纠纷"一词，反映出这场纷争的程度愈演愈烈，而且似乎给人的印象是看不到解决纷争的任何希望。后虽曾有会员主张"通告各会员，定期召集全体大会，开会决议，取以多数公意办法，即为解决此次之纠纷，排难解纷，在此一举，维持会务，自不宜迟"④。但在纷争双方矛盾尖锐尚无调和迹象的情况下，召开全体会员大会不仅未必能够解决纠纷，而且有可能导致更加混乱的局面，所以总商

---

① 上海《民国日报》的一篇评论文章较详细地说明了此事经过："民国五年，总商会改选，旧会长朱葆三、沈联芳均声明出会，改选结果为宋汉章、陈润夫当选正副会长，均不就，而次多数沈仲礼、张知笙均只一票，难以递补，当时颇有会员无人之叹。其后经会董磋酌，多主张仍请朱沈二人继任，然以既已出会，无从选举，遂于无法之中，想出在会章中加一条'会长会董任满后仍认为会员'的条文，此事经过许多手续，呈省呈部，从七月至十一月，始得核准，重行选举，朱葆三、沈联芳得当选继任总商会正副会长。"（桐：《朱君葆三何健忘若此》，《民国日报》1924年7月16日，第11版。）
② 《总商会选长昨又开瓯未成》，《申报》1924年7月18日，第13版。
③ 桐：《朱君葆三何健忘若此》，《民国日报》1924年7月16日，第11版。
④ 《解决总商会选举纠纷之意见》，《申报》1924年8月16日，第13版。

会并未接受这一建议。

三、纷争影响与会长选举

在总商会选举纷争愈演愈烈之时,宋汉章和傅筱庵二人在公开场合都保持沉默不语,尤其傅筱庵自始至终都未曾走上前台,似乎这场纷争与他完全无关。宋汉章当时身为未离任之会长,而且是纷争的焦点人物,从一开始即被拥傅派点名公开质疑递补当选会董不合法,如果始终不发声似有不妥。于是,在第二次会长选举流产后的7月18日,宋在报章上发表了一篇公开信,说明自己"素性孤介",而且时值大病之后,精力未复,此次选举不幸"引起双方法理之争,汉章以未解职之会长,自不能不为远嫌之计。……若为汉章个人计,原可辞不应选,以免除一切纠纷,惟以法律解释不得正当解决,此后仍无从遵守"。因此,他仍希望通过官厅之解释解决纷争,如解释结果认为不应递补,"在汉章得遂初衷,自所深愿,倘认递补有效,此后去就,深盼同仁本爱人以德之旨,应听汉章自由,不再加以督责"①。数日之后,报章报道宋汉章"离沪回绍兴原籍,以避风波。一俟纠纷解决后,仍复来沪,供应一切矣"②。

随后,拥傅派的朱葆三、谢天赐等人和拥宋派的闻兰亭、冯少山等又曾相继致电军民两长及实业厅,但仍未获得各级官厅之明确解释。另又有闻、朱等人互致函件见诸报端,尤其闻兰亭等人致朱

---

① 《总商会选长昨又开瓯未成》,《申报》1924年7月18日,第13版。
② 《宋汉章离沪回绍》,《申报》1924年7月23日,第13版。

葆三的函以嘲讽语气表示："年高德劭、迭任本会会长如公者,作俑于前,将何以维持补救于后?""同人敬公爱公,更不敢尤而效之,以少数煽惑之词,致疑贤者。"朱葆三的复函也毫不客气地指责闻兰亭等人一面请之官厅,一面擅自解决,"乃欲强入人罪",实系"少数煽惑多数"。在两派持续纷争而官厅无明确批示解决方案的情况下,总商会的会长选举也迟迟无法进行,延至8月上旬仍无实质性进展。

纷争延续的时间愈长,在各方面所产生的负面影响也日益显著,对此表示不满者自然会愈来愈多。

首先,上海总商会作为近代中国"第一商会"的良好声誉和公共形象,无疑将因此而受到严重影响。会员尤森庭即曾指出此次选举纷争"开自有商会以来未有若是如斯之恶例也",并表示"上海总商会为我全国商人所信仰,商人之精神聚焉,中外之观瞻系焉。乃迩为选长问题,此闹彼争,已近僵局。谈法律者,言之铮铮;论事实者,依据凿凿。森庭一介商人,按诸法理,固属茫然,惟在商言商,目击我最清白最高尚之总商会,弄得声誉狼藉,环境如斯,悲乎不悲?"该会员还特别指出:"此种恶例一开,已为千古罪首,他省效尤,全国响应,谁尸其咎?"[①]《申报》发表的"时论"也曾指出总商会发生此一纷争,"非特商会之不幸,直国人之不幸"[②]。回顾此次选举纷争发生之前,上海总商会以及清末的上海商务总会经历的多次选举都比较顺利,从未出现类似的争斗情形,而且多数当选的正副会长还谦虚地认为自己才力不逮,难以胜

---

① 《总商会选举问题之一意见》,《申报》1924年7月27日,第13版。
② 《商会风潮平议》,《申报》1924年7月27日,第4版。

任,为此而提出辞职,只是在总商会竭力劝导下才就职,以致总商会领导人当选之后,"谦辞一层,已成我国通行之习尚"①。而本次选举的情形则完全不同,在选举过程中即出现如此严重的纷争,之后双方又互相指责,各不相让,无从调停,"我灿烂庄严之商会,从此并一会长选举会犹难开成,尚复何言?"②这自然会严重影响总商会的社会形象,并引起广大会员的担忧与不满。

其次,受这场选举纷争的影响,有多位原曾声明愿意就任之会董,稍后相继在报章公开发表致总商会函,愤而要求辞职,并表达了自己的不满意见。有的指出:会长选举"事出意外,因一人之异议,迄未依法开匦,遂致会务停顿,使我最清白、最高尚之总商会,名誉扫地。环境如斯,何能应付?所有第五届新会董一职,掬诚辞退"。有的表示:"辱承诸君子谬采虚声,连选为第五届会董,曾经到会互选。不料临时枝节横生,引起争端,以致开票无期,纠纷莫解。……瞻念前途,殊深杞忧,臂助无功,尤堪自惭,与其滥竽尸位,何如韬迹让贤。"③与此同时,还有一部分会员也纷纷要求退会。例如旅沪闽商沈次裳、伍嵩如、郭兆鲲等5名会员公开发表退会书,说明"年来国事蜩螗,私争不息,北京国会各省议会,久为国人所厌弃,即如各省商会,亦徒仰军阀之鼻息,惟上海总商会闻或能发表正论,为中外人士所信仰。今者因选举会长问题,发生纠纷,不惜以公有之机关,视为少数人所私有,并为一二

---

① 上海市工商业联合会等编:《上海总商会组织史资料汇编》上册,上海古籍出版社2004年版,第372页。
② 上海市工商业联合会等编:《上海总商会组织史资料汇编》上册,上海古籍出版社2004年版,第438页。
③ 《总商会选长风潮之昨讯》,《申报》1924年7月20日,第13版;《王晓籁严成德辞总商会会董》,《申报》1924年8月11日,第13版。

人之牺牲,此种恶例一开,信用殆全扫地,前途已无希望,弟等实不愿滥厕会员之列,用特宣告退会,特此声明"①。于是,"会董辞职,会员出会,会将莫存"②,这对上海总商会而言,确实是前所未见的不幸事件,所产生的负面影响也至为明显。

再次,持续已久的选举纷争还严重制约了总商会的正常会务开展,也影响到工商业顺利发展以及其他相关各项事务。自选举纷争发生之后,开票无期,迁延日久,且两派相互攻讦,无解决办法,"遂致会务停顿",难以为继。自清末上海商会成立以后即在工商业发展过程中发挥着不可或缺的重要作用,如今总商会因选举纷争致使会务停顿,无法正常处理各项相关事务,势必影响到工商业的顺利发展。有会员即曾公开发表致总商会函不无忧虑地指出:"夫当此外债日增,财政纷乱,遍地匪祸,商业凋零,六省水灾,哀鸿遍野,实业不兴,生计日促,当此危局,正吾商人振刷精神,卧薪尝胆之时也,夫上海为通商巨埠,总商会乃商业领袖机关,重轻施设,不胜枚举。……此番为选举会长问题,而起纠纷,内则百事停顿,外则使人怀疑,会员所恐惧者,函电纷驰,更起误会。"③总商会的许多重要会务因此而延搁,例如为协助维护社会治安,保护商人利益,上海南北市商团筹备处呈请护军使立案恢复商团,但未获批准。该筹备处议决转请总商会出面申报军署批准立案,以便早日成立。当时的总商会因正进行改选,决定此案移交下届办理。"不意改选发生风潮,会长迄未选出,此案亦因之中途停搁。"④

---

① 《闽商退出总商会》,《民国日报》1924年8月7日,第10版。
② 上海市工商业联合会等编:《上海总商会组织史资料汇编》上册,上海古籍出版社2004年版,第438页。
③ 《邬志豪致总商会函》,《申报》1924年7月22日,第13版。
④ 《恢复商团因商会改选风潮延搁》,《申报》1924年7月14日,第13版。

此外，连开浚吴淞江工程也因总商会选举纷争而受到影响。报载吴淞江水利工程局派员测量招工投标后，中标承担该工程的吴淞江水利协会延期一月未能开工，其缘由是"因总商会发生选举争执问题，影响及于该会，致会务无形停顿，迄今尚未开工。兹闻米业各帮代表及船业公所等，以开浚吴淞江，实属急不容缓，目下诸事齐备，本为提早兴工，昨特分头接洽，拟于日内召集各帮，开一联席会议讨论，催促水利协会从速兴工"①。

除上述之外，五四运动期间因"佳电"风波的影响，对上海总商会颇为不满的商界人士曾另行发起成立"平民商会"，"俾免商家利害为少数官僚资本家所垄断"②。稍后，又有广大中小商人发起成立了为数众多的"马路商界联合会"，并共同组成上海各马路商界总联合会，成为总商会之外另一十分活跃的重要商人团体。在此次总商会选举纷争发生之后，受其影响又有会员另行发起成立其他商人团体。例如1924年8月中旬，霍守华、石芝坤、陈良槐、陈佐唐等近20名总商会会员联名发起成立沪商正谊社，其成立启示指出："此次本会选长，以一二人怀挟私见，任意捣乱，票匦封置，会务停顿；驯致会董辞职，会员出会，瓦解之状，迫于眉睫，我庄严清白之上海总商会，竟不惜为一二人之牺牲品。会员为本会主体，际兹千钧一发，不容袖手旁观。同仁等因发起沪商正谊社，确定宗旨为挽救目前之危殆，促进会务之发展。"③这些新成立的商人团体，或多或少都在某些方面削弱了上海总商会在工商界中的地

---

① 《总商会争执影响浚淞》，《申报》1924年7月24日，第13版。
② 中国社会科学院近代史研究所近代史资料编辑组编：《五四爱国运动》下册，中国社会科学出版社1979年版，第287—288页。
③ 上海市工商业联合会等编：《上海总商会组织史资料汇编》上册，上海古籍出版社2004年版，第442页。

位与影响。

　　由于上海总商会的这次选举纷争是由谢天赐率先出面挑起的，而且其后他又一直是拥傅派中最为得力的发言者，始终态度坚决地反对调和解决方案和总商会继续选举开票的决定，因而在这场纷争的后期，不仅拥宋派集中火力猛批谢天赐，而且一部分会员也对谢的言行深表不满，使谢本人以及拥傅派陷于较为不利的处境。霍守华等5名会员曾联名公开致函总商会全体会董，强烈谴责谢天赐"自始即胶执一己之成见，阻止选举进行，至不惜举本会地位、会员人格，全部毁弃，为其一人之牺牲品，法理人情，俱不能容"，①应立即予以解除其会董一职之处罚，以挽救总商会危局。紧随其后，又有张平夫、徐春荣等多位会员也联名公开发表致总商会函，直指谢天赐破坏选举之行为不能容忍："试观七月五日互选会，出席会董二十九人，提异议者只谢蘅牕一人"；7月14日之会董选长会，"表示反对者，又只谢蘅牕一人。谢氏一人，至始终争持，虽破坏选政、中止会务而不恤者，其居心何在，路人皆知。以私人得失之争，至不惜举神圣庄严之商业团体，供外力之蹂躏，此而可忍，我上海全体商人之人格，将安在耶？"②谢天赐所遭受的抨击，火力之愈益猛烈由此可见一斑。

　　朱葆三作为上海工商界年事已高、向以元老自居的资深代表性人物，卷入这场选举纷争并公开反对总商会继续选举开票的决定，成为阻挠选举进行的另一重要干将，影响甚大，由此也遭到批评和指责："以老迈之年，任人舞弄，习为故常，观其任会长时

---

① 《霍守华等致会董函》，《申报》1924年7月19日，第13版。
② 《总商会选长风潮之昨讯》，《申报》1924年7月20日，第13版。

之已事，其昧于事理，亦何足责。"①这实际上是翻出历史老账，即朱葆三在五四运动期间担任会长时受到社会各界谴责的不光彩经历，予以嘲讽和抨击。谢天赐在受到如此严厉的谴责之后，不得不在报章刊登启事"以告社会"，声称其"对于此次总商会选举，力主审慎，根据事实，纠正错误，无非尊重法轨，爱护团体，铿铿之言，愚始终如一，既无丝毫对人之见，尤无坚执己见之心"②。但是，谢的这番说辞并不能摆脱其作为挑起总商会选举纷争为首之人所遭受的指责。即使是资深的朱葆三此时也如芒刺在背，态度有所转变。据报章披露本次纷争之调停人相告，"谓某君以老会董之资格，不为调解，而亦卷入漩涡，领衔拍电"，此老者无疑是朱葆三。调停人因与其关系较深，"曾面进忠告，据云：所发五电，只有一电盖章，一误决不再误，深以调停为然。故调停人以为得此保障，力事奔走，以期奏效"③。

另外，道尹王庚廷在纷争中的所作所为也受到总商会会员的批评。会员赵南公曾直接致函王道尹，指出"此次风潮，其内幕固别有所在，而致其争论延长，愈趋愈远，不能即时解决者，贵道尹似不能辞其责也"。第一次会长选举时，"贵道尹于时自应依据法律，顺从公意，断然执行职权，监视开票。讵因一人之异议，遂尔封闭票匦，致争潮从此掀起"。总商会会董议决7月14日继续投票，"贵道尹仍以一人之故，托词拒绝，致争潮愈演愈烈"④。会董冯少山在致江苏省长的电文中，更"申诉王道尹处置失当，违法

---

① 《霍守华等致会董函》，《申报》1924年7月19日，第13版。
② 《谢蘅牕启事》，《申报》1924年7月22日，第1版。
③ 《总商会选长潮调停昨讯》，《申报》1924年7月26日，第13版。
④ 《总商会选举案之又一文件》，《申报》1924年7月23日，第13版。

背令，徇情渎职"，并要求"请予依法惩戒，实为公便"①。《申报》发表的"时论"则批评商会中人不应寄希望于官厅解释调停，因为"官厅之于商会，但核准其设立改章解散清算诸要端"，选举出现争议应由商会自行解决，"今不此之图，而诿之官厅，坐待调停，且以一时之祸，危及百年之大计，亦不智之甚矣"②。

按照《商会法》规定，新会长未选出并上任之前，仍由上届会长履行职责。随着选举纷争的发展演变，特别是看到会董会员纷纷提出辞职或退会，总商会声誉严重受损，加之官厅批示不起作用，仍身为会长的宋汉章深感不能继续置身事外，坐视纷争延而无解，遂返回上海并发表启事，说明"旷职月余，省批虽回，纠纷依然莫解，会董纷提辞职之书，会员亦有出会之讯，以灿烂庄严之团体，酿成分崩离析之见端。汉章养疴山头，迭接各方来信，不胜触目惊心，内疚神明，外惭职守，在此会长任务尚未交卸以前，汉章岂能逃责？"宋还公开表示，将竭尽全力"就最短期内偕本会同仁，开诚布公，速谋解决，藉卸仔肩，以明素志"。至于各种"是是非非，听之公论"，个人在所不惜。最后则表明个人心迹云："嗣后汉章对于商会事务，负疚已深，不敢再为担任。"③也就是说他本人绝不再继续出任总商会会长一职。

宋汉章回沪之后，即与副会长方椒伯一起连日"到会办事"，使总商会会务得以恢复。同时，宋还以个人名义致函因选举纷争而宣布告退之多位会员，诚恳表示道歉，请打消退志。该函向这些会员说明其"适因事繁，不克踵谒"，不仅检讨自己"于会务无涓埃

---

① 《冯少山致韩省长电》，《申报》1924年8月9日，第13版。
② 《商会风潮平议》，《申报》1924年7月27日，第4版。
③ 《宋汉章启事》，《申报》1924年8月10日，第1版。

之补，而有邱山之损"，并且态度坚决地表示一定会在"任务未交卸之前，解决因选举而引起之重大纠纷"①。另外，宋还逐日面约各会董到会，商议解决方法。"会董中大半已赞成宋君之意，愿以会务为前提，牺牲意见，继续投票，一俟其余数人同意后即可举行。"②与此同时，原居间调停者乘此时机加紧进行调和，上海县商会也曾"表示调解之意，务期选举问题，早为结束，沪地商业枢纽，得以进行勿坠"。报载该会会长姚紫若（公鹤）先前曾为选长风潮致函总商会全体会员，力劝双方"推开板壁说亮话"③，随后又曾向双方接洽多次，双方"业已谅解"④。至此，拥傅派似乎也不好意思再一意孤行坚持先解决所谓法理问题再进行选举的意见，情势已趋于缓和。

8月17日，"经全体新会董推定全权代表徐庆云、朱吟江二君，连日磋商法律事实，均得适当解释，由徐朱二君协议结果，发表意见书一通，并即订定于本月二十一日下午三时开会，继续投票，已致函各新会董"。该意见书阐明"现时所最要声述者，此次争执，虽见解两不相同，而爱护本会之心，初或无二，果能各方谅解，于法律上事实或有完〔未？〕到之处，亦无不可委曲求全，一经解释，仍共策进行，益见大君子以会务为前提，而本会之声誉亦日益重矣。……为今之计，逼不得已，欲解纠纷，只有速订日期，继续投票"。总商会接受了这一建议，向新当选会董发出通告书，告知21日下午为"职员互选会长、副会长之期，继续投票"。选举

---

① 《宋汉章挽留退会会员》，《申报》1924年8月12日，第14版。
② 《总商会选长问题之近讯》，《申报》1924年8月14日，第13版。
③ 《总商会选长笔战将成尾声》，《民国日报》1924年7月22日，第10版。
④ 《县商会调解总商会选长讯》，《申报》1924年7月22日，第13版；《总商会选长风潮有谅解说》，《申报》1924年8月2日，第13版。

前一日，总商会还召集前任全体会董，"开临时会董会，结束未了事宜"①。

8月21日下午，总商会继续进行正副会长选举的会议如期顺利召开。包括宋汉章在内，新当选的27位会董出席了会议，另有8位会董因故未出席，但委托与会的会董代为投票。傅筱庵和谢天赐二人均未出席，分别指定由方椒伯、徐庆云代投。选举结果虞洽卿得19票，当选为正会长。宋汉章虽已明确表示不愿再出任会长，但仍获得15票，剩余的1票为顾馨一所得，可见宋之声望仍得到相当肯定。图谋觊觎会长职位的傅筱庵，则一票未得。副会长的选举结果是方椒伯以33票当选连任，袁履登得2票②。虞洽卿是本次选举纷争的调停人之一，他之所以能够当选，在很大程度上是得益于两派纷争。虞当选会长之后，也曾一度表示辞不就任，但随后即应允③。据说虞是"不敢开罪于傅筱庵，提交辞职书，以明心迹。28日会董临时会议上一致挽留，并推顾馨一、谢蘅牎二人为代表，持函前往敦劝，虞始见允就。……傅筱庵失败后仍不甘心，曾叫虞洽卿长子去，对虞出任会长极表愤怒。因虞洽卿在政治上要靠傅帮忙，傅才这样神气"④。

---

① 《总商会选长问题已有办法》，《民国日报》1924年8月19日，第10版。
② 上海市工商业联合会编：《上海总商会议事录》第4册，上海古籍出版社2004年版，第2160页。
③ 虞洽卿曾致函商会表示："当互选之前，曾一再声明，凡为调人，概不应选，鄙人亦调人之一，更应践守前言，为特具函，掬诚告辞。"见上海市工商业联合会等编：《上海总商会组织史资料汇编》上册，上海古籍出版社2004年版，第446页。但也有说法认为他其实是担心自己出任会长，会导致一直图谋竞争会长职位的傅筱庵不满。两年之后总商会再次改选时，傅筱庵又采取种种手段全力攫取会长职务，当时仍身为会长的虞洽卿不顾许多会董会员的强烈反对，暗中帮助傅最终达到其目的。
④ 上海市工商业联合会等编：《上海总商会组织史资料汇编》上册，上海古籍出版社2004年版，第474页。

新一届正副会长选出之后，由沪海道尹王庚廷电呈省长公署，说明选举"会场秩序整齐，毫无异议，理合将此次继续投票情形，据实电陈省长鉴核，转咨农商部，实为公便"①。9月1日，上海总商会顺利进行了新旧会长交接，本次选举纷争终于宣告结束。值得指出的是正副会长选举后，总商会即按照前述《商会法》之规定和农商部训令，任满会董可以当选，以便互选会长，但会长选举结束即告退出，不得再连任会董，结果有袁履登、荣宗敬、赵晋卿、叶惠钧等8人虽当选为新会董，但因"均为二次任满之会董，依法在会长选出后，一律退出"，依次由得票次多数者递补②。这一结果表明，本次选举第一阶段纷争中穆藕初质疑的总商会之有悖于《商会法》，应该并不是所谓严重的违法行为。

会长选举之后，对于本次选举的质疑还曾发生一个小插曲。1924年10月初，报章曾披露会员赵南公等人又具呈省长公署和农商部，"谓此次改选有种种违法证据，实与全国信仰之上海商会名誉有碍，请求下令，将本届改选根本撤销，并迅令依法重选，以维法团等情。闻农部以真相难明，拟令行江苏实业厅详细查复，以凭核办"③。随后江苏实业厅通过省长公署转咨农商部，详细说明总商会此次选举经过及情况。农商部表示："查该总商会此次选举纠纷，既经自行解决，所送职员表册，大致尚无不合。"但农商部认为赵南公以及另一会员赵耀呈文中所说商团特别会友不应拥有选举权的指控不无理由："惟商团特别会友加入投票一节，为各处商会所无。……且查该会五年所送章程，内载有此类会友，当经本部删

---

① 《王道尹呈报总商会选长文》，《申报》1924年9月2日，第15版。
② 《总商会连任会董退职者八人》，《申报》1924年8月23日，第14版。
③ 《赵南公等控总商会改选违法》，《申报》1924年10月3日，第11版。

除，并饬遵照更正送部备案各在案，何以迄未遵照办理，至今尚有此项名目？①实际上，上海总商会1916年正式印发的章程，已将原稿"各条内会友二字均即删去"，"凡会友均改为会员"，②不再有商团特别会友加入投票选举的条文。但在具体操作过程中总商会却予以灵活处理，如1918年改选时依然认定"沪北商团体操会义勇队打靶部超等毕业生，本会予以选举权，认为特别个人会友"。1920年和1922年改选时义说明"上海万国义勇军中华队五年以上称职员，本会予以选举权，认为特别个人会友"③。1924年的改选仍然如此，总商会还曾在报章登布符合此项条件的117位特别个人会友名单④。不过，究竟商团特别会友有多少人真正参加了总商会选举还很难说。尤其此次改选，总商会发出的选举票计会员516张，商团特别会友117张，共计633张，"检票结果，实投四百三十七票，内无效票一纸"⑤，亦即拥有选举权的196人实际未参与投票。估计这其中有不少人系商团特别会友，万国商团华队公会后曾致函总商会主动表示将放弃选举权，不参与选举，改为颁发荣誉证书⑥。总商会在会董常会上对此案进行了讨论，确定"华队特别个

---

① 《总商会选举解决后之部饬查复》，《申报》1924年11月2日，第15版。
② 上海市工商业联合会等编：《上海总商会组织史资料汇编》上册，上海古籍出版社2004年版，第169页。
③ 上海市工商业联合会等编：《上海总商会组织史资料汇编》上册，上海古籍出版社2004年版，第262、303页。
④ 《商团华队有总商会选举权之队员》，《申报》1924年6月4日，第13版。
⑤ 《总商会初选揭晓》，《申报》1924年6月16日，第13版。
⑥ 据《申报》报道称："万国商团华队公会以上海总商会对于该公会称职五年以上之队员，给予选举权，以示优异，但此项资格，年多一年，苟无限制，则将来总商会之选举权，该公会有举足轻重之势，按之该公会重服务而轻权利之旨，不甚吻合，故拟将此项选举权奉还商会，改请发给证书，以资信守。昨已秉此意旨，函商会矣。"见《商团华队还商会选举权》，《申报》1924年7月11日，第13版。

人会友请给证书案，决由会给发褒荣状"①，在此后的总商会会员录中也不再有商团特别会友。

纵观1924年的此次选举纷争，可以看出在近代中国首创投票选举职员这一先进制度的上海总商会，在1920年新形势下的选举实践操作过程中，较诸以往可谓出现了前所未有的新变化。

据李达嘉先生的详细考察，无论是清末的上海商务总会还是民初的上海总商会，"历届被举为总理、协理或会长、副会长者，几乎都辞不愿就"。原因之一是这些商界领袖营业繁忙，无暇分身；其二是政局动荡，战乱频仍，使得商会领导人难于处事②。由于"商会会长有义务而无权利，被举者无不推让，从未闻有争夺者"③。但是，至1924年上海总商会改选时却发生了延续近两个月的选举纷争，这在总商会的选举历史上可谓一大变化。如果说第一阶段的纷争还只是穆藕初与总商会之间就相关法理问题反复进行辩论，并非权力争夺，也未造成什么负面影响，相反还具有某种正面意义；那么第二阶段的纷争则可以说是打着维护法理的旗号，争夺会长席位的权力之争，对总商会的社会形象与会务进行，均产生了较为严重的负面影响。

在这次选举中出现的权力纷争，主要也不是以往相关论著一贯注重的所谓总商会内部不同籍贯之帮派间的权力之争，而是带有不同政治色彩的派别之间的权力争斗。从此次纷争两派成员的省籍看，宋汉章和傅筱庵均同为浙江籍，而拥宋派和拥傅派成员的籍贯

---

① 《总商会昨日之议董会》，《民国日报》1924年8月21日，第10版。
② 李达嘉：《上海商会领导层更迭问题的再思考》，《"中央研究院"近代史研究所集刊》第49期，2005年9月出版，第51、61、62页。
③ 《尊重商会体面之电稿》，《申报》1916年9月9日，第10版。

则较为复杂，双方都是既有浙江籍又有广东籍和其他省籍的会董会员，显然不能说是商会内部某一省籍成员与另一省籍成员之间相互争夺权力。由于1920年以后近代中国政治更趋动荡，各派政治势力和军事力量纷起，总商会的许多活跃人物也与不同政治派发生关系，甚至与地方军事力量也不无关联。各政治派别和军事力量希望拉拢总商会领袖扩大在经济领域的影响，或者是支持与其联系紧密者登上总商会领导人宝座，商会内部的某些成员同样也图谋借助这一外部力量，并通过其他种种方式甚至是不法手段，攫取会长、副会长职务，藉此获得一己之私利。商界人士姚公鹤即曾一针见血地指出："夫会长为义务职，不应有争夺之价值，不应争夺而必须争夺，则必其有作用可知，作用如何，以公鹤所见及者言之，（一）藉此可以巴结政府。（二）藉此可以联合各业。质言之，谄上骄下四字而已。"[①] 所以，在此之后上海总商会正副会长和会董当选后辞不应选的事例已不多见，与之相反的是争夺会长职位的情形开始出现，选举风潮也随之时有发生。

在当时的上海总商会内部，傅筱庵是较为善于经营政治资本的人物之一，与地方政治派别和军阀势力均保持着比较密切的联系，在商会内部也扶植了一些亲信。当此次上海总商会改选时，傅即希望借助外部势力的支持，通过商会内部亲信制造选举纷争，以荣膺会长一职。沪军使何丰林"曾向新会董打过招呼，希选傅为会长，现因此事与军事无关，不便擅作主张，致函嘱王道尹查照办

---

① 《姚公鹤为总商会选潮致总商会全体会员函》，《民国日报》1924年7月22日，第10版。

理"①。由此即不难理解道尹王庚廷在选举纷争中种种偏袒拥傅派的言行,以及拥宋派对其多有不满并予以强烈指责的缘由。由于拥宋派的坚决反对,以及随着选举纷争的发展,总商会内部乃至社会舆论对拥傅派的不满渐占上风,傅筱庵才不得不暂予收手,未能如愿当上会长。

在近代中国,一些商会发生选举风潮而自身难以解决时,通常都会呈请地方官员乃至农商部等各级官厅出面调解,而官厅有时也确实能够发挥其独特作用,提出为纷争双方所能接受的解决方案,最终使商会改选纷争得以平息。例如1933年6月成都商会按照《商会法》中执行委员每两年改选半数,不得连任的规定,进行改选,具体操作办法是在15名现任执行委员中以抽签方式抽出7人退职,另选他人替补。但身为执委兼主席的王剑鸣却经人提议将名签取出不抽,也即继续担任执委。随后即有许多会员和同业公会指责此系违法行为,商会则多方辩驳,形成持续近半年之久的改选纠纷,最终由成都市政府确定以召开会员代表大会的方式,选出临时委员,"代行商会职权",并在一定时限内重新进行执监委员改选②。又如1934年天津商会发生严重改选纠纷,50余个同业公会对天津商会之不满达到无以复加的程度,强烈要求商会全体职员立即辞职,实行"根本改选",天津商会则指责各同业公会对改选之筹备工作不予配合,致使改选不断延误。在纷争中双方也是互相攻击,各不相让,陷于僵持局面。最后,由天津党政当局依照国民党中央新颁发

---

① 上海市工商业联合会等编:《上海总商会组织史资料汇编》上册,上海古籍出版社2004年版,第473页。
② 李柏槐:《现代性制度外衣下的传统组织——民国时期成都工商同业公会研究》,四川大学出版社2006年版,第5章第2节。

的人民团体整理办法第二项之规定，对天津商会进行整理，并以此解决了改选纠纷①。但在上海总商会的此次改选纷争中，双方虽都曾向各级官厅呈报纷争缘由并提出自己的诉求，省长公署和实业厅也下达了批复，但却对解决这场纷争于事无补。因此，这场纷争的最终解决，并非由官厅提出方案，而是上海总商会内部调停的结果。换言之，在解决总商会的这场纷争中官厅并未发挥明显的作用。

综上所述，在新的社会环境下总商会选举什么样的人担任会长较诸以往显得更为重要。如同《申报》发表的"时论"所言："在在商言商之时代，所计议者，但为商务，故选任得失，亦止关于商业，至近日进言政治，则人选为尤重，得人不特于商业可图发展，且于政治可以攻错，失人甚或假公共名义，以便私图，即幸身之阶，亦较昔之夤缘为易，其牺牲或由商会而及国民，可不慎之又慎耶。"②依此而论，这次总商会选举纷争正是关涉会长人选的一场重要斗争，也与总商会随后的发展走向紧密相关，傅筱庵觊觎会长一职并暗使手段制造选举纷争，被不少会董、会员认为绝非合适的会长人选，因而坚决对其予以反对。宋汉章虽未继续当选连任会长，事实上他本人也多次表示不愿连任，但拥宋派仍在很大程度上达到了目的，因而这场选举纷争也并非完全没有正面意义。

最后需要指出的是，傅筱庵此次虽未能如愿坐上总商会会长交椅，但并未放弃这一图谋，两年后再次改选时，他又卷土重来并暗

---

① 有关此次天津商会改选纠纷的整个过程以及天津党政当局出面解决纠纷的详细情况，请参阅拙文《1934年天津商会改选纠纷与地方政府应对之策》，《武汉大学学报》（人文科学版）2015年第1期。

② 《商会风潮平议》，《申报》1924年7月27日，第4版。

中提前准备好舞弊方法，使自己的更多亲信当选为会董，随后又全然不顾各方反对之声，在军阀孙传芳的帮助下终于如愿以偿地当选为总商会会长。但为时不久北伐军攻克上海，即以勾结和支持军阀孙传芳的罪名对傅筱庵予以通缉。

第十章　上海总商会第二次换届改选风潮

上海商会自清末成立之初即率先制定并实行投票选举职员制度,在当时发挥了不可忽视的重要示范作用,其他许多商会都参考借鉴并引用了这一制度。中华民国建立之后,上海商会又率先改名为总商会,每次正常换届都继续采取投票选举的方式产生正副会长和会董,而且能够平稳顺利地进行,基本上没有发生选举纠纷。

及至20世纪20年代,上海总商会却在1924年和1926年换届改选时连续出现两次选举纷争。1924年改选纷争的第一阶段,是穆藕初与总商会之间就已经连任两届之任满会董是否仍具有选举权和被选举权的论辩,其性质属于法理之争;第二阶段则是"拥傅(筱庵)派"和"拥宋(汉章)派"之间围绕会长职位的争权与维权之争,经"拥宋派"的全力抵制,傅筱庵(名宗耀)攫取总商会会长职务的图谋暂未得逞。1926年上海总商会的改选风潮,仍然是因傅筱庵觊觎总商会会长一职所引发,在很大程度上可以说是1924年改选纷争的延续。时人即已意识到:"上海总商会之选举风潮,及于今已两度矣,虽峰峦蜿蜒,事隔两年,而实一脉相承者也。"①只不过1926年的纷争双方不再是"拥宋"和"拥傅"两派,而是变成"拥傅派"和"反傅派"。两派之间的纷争更为激烈,其结果也完全不同,傅筱庵在地方官厅和军阀孙传芳的支持下,最终如愿以偿当选为总商会会长。

一、"以违法之人解决违法之事"

按照《商会法》中会长和会董任期均为二年的规定,1926年5月上海总商会迎来了又一次换届改选。经会董常会讨论,总商会决定于该月21日登报发布选举通告,6月1日分发选举票,16日开票,17日通知当选会董,7月5日当选会董互选会长,10日交替。②与以往总商会改选所不同的是,此次改选自表面观之程序依旧,但却从一开始即酝酿着激烈的纷争,不久更发展为上海总商会历史上仅有的一次十分令人瞩目的选举风潮,引起社会舆论的普遍关注。

追溯上海总商会此次选举风潮的缘由,不能不提及该会1924年进行的上届改选。由于拥宋派的坚决反对,傅筱庵在上次改选时最终未能当选为会长,只是继续担任会董,而在两派中担任调停人的虞洽卿则被选为会长。但傅筱庵攫取会长一职的图谋始终并未放弃,而且此一欲望似乎更趋强烈。在1926年总商会改选时,傅与其亲信即提前精心筹划,暗中动用各种手段,志在必得。而傅与

---

① 慎予:《沪总商会选举风潮所感》,《民国日报》1926年6月29日,第1版。原载于《国闻周报》,本书所引系《民国日报》转载的该文。
② 《总商会定期改选》,《申报》1926年5月19日,第13版。

其亲信的这些暗中活动及其目的，早已为反傅派人士所知悉。因宋汉章在上次改选时即一再表明不愿再任会长之心迹，此次改选更是如此，故而已不再是傅的强劲对手，但上届改选拥宋派中的活跃人物，包括霍守华、冯少山、赵南公、石芝坤、陈翊庭等人，则仍然是坚定不移的"反傅派"。他们密切注意拥傅派的相关动向，并且随时予以防范和反击。这样，上海总商会本次改选风潮也就在所难免。

在总商会向拥有选举权之各会员分发选举票和会员录之后，反傅派即从会员名录中敏锐地察觉到隐约存在着某种舞弊现象，并向总商会提出疑问。例如"所发会员名录，仅载所业之商号，或所代表之机关，而对于会员资格则多不表明，甚至有确无法定之会员资格，而居然入会为会员，行使选举权者"。之所以出现这种情况，显而易见是拥傅派接受上届改选未达目的之教训，为了保证傅筱庵此次能够当选会长，预选即安排许多并不真正具备会员资格但却是傅的亲信好友者，以种种方式和手段加入总商会成为会员，得以参加选举，首先使更多拥傅派成员当选为会董，随后即可顺利地选举傅为会长。反傅派中的冯少山等人发现这一情况后，立即"备函诘询"，要求总商会对会员慎重"审查资格，以免流弊"。但总商会却"置之不答，办理选举，投票开匦，一意孤行，毫无顾忌"[①]。

1926年6月16日会董选举开票，高度警觉的反傅派成员更发现有各种选举舞弊嫌疑，并提出质问。是日开票前，与会者公推闻兰亭、陈翊庭、赵南公、冯少山等12人为检票员和唱票员，启封开匦"检得选举票共三百九十四张，内有未书选举人姓名选举票七张，

---

① 《会员冯少山等呈京宁沪当局文》，《申报》1926年6月19日，第13版。

并逾期迟到选举票一张，涂改票六张，由会长请众公决，对于是项选举票，作为有效无效。经众讨论，以本会选举法为双记名联选选举法，选举票上未书明选举人姓名，不能作为有效，逾期投到之选举票，亦不能作为有效。议决：以上八张及涂改六票，共十四票，概作无效"。选举票检毕后，由唱票员分甲乙两组唱名，检票员记录票数，结果又发现其他问题，引起争执。"故当选人姓名票数，未便发表"，由会长虞洽卿加封签字，留俟次日再请沪海道尹审查，并召集会董开会研究解决办法①。

不难预料，在总商会次日召开的会董会议上将无可避免地出现较为激烈的争议。会议开始时会长虞洽卿发言称"昨日选举手续，尚未结束，因留俟今日重请道尹莅会监视（实际上道尹傅疆仍未莅会，只派代表盛开伟出席——引者注），共同研究，兹将所选名单，先行唱读"。然所选名单唱读至一半，反傅派中的赵南公即予打断，提出"昨日选举结果，于当选票中发生疑问，当选名单尚未确定，请会长暂缓唱读"。接着又有冯少山质问："昨天选举，发生疑义，且会员中有关于本届选举之质问函件到会，未见答复，请言理由。"拥傅派中的厉树雄则发言称：本人系检票员之一，关于涂改等废票，"昨日均经共同检出，选举毫无疑问"。随后，作为检票人之一的反傅派成员陈翊庭提出本次选举中还存在更为严重的舞弊现象："即有一信壳中发现每叠十余张，总计投同名之票一百五十二张，上开被选人名完全相同，惟前后位置颠倒。尚有同样性质之票七张，已居废票之列。故欲解决此事，应将此一百五十二张选票检查，是否出自各投票会员之本意。"另外，

---

① 《总商会昨日选举会董》，《申报》1926年6月17日，第13版。

"盖票上被选人名用墨笔书写，而选举人具名则有用钢笔者，此尤为疑窦"。石芝坤还指出："本商会会员五百余人，而本届选举结果，有一公司当选独占十余人，岂本会七十余业代表，均无当选资格？如此情形，成何商会！"反傅派成员的接连质问，使会场"秩序稍乱"，厉树雄似乎无言以对，只能声称："选举如有疑问，但在开票以前不声明，担任检票员时又不声明，揭晓以后声明，是已失时机。"随后的讨论中，"有主即检查者，有谓检查费时者"，虞洽卿提议"可否明日邀齐检票员再行检视？"最后议决于19日下午开会重行讨论①。

这里需要补充说明的是：1916年2月北京政府公布的《商会法施行细则》规定，各商会每届选举时，须"请所在地地方最高行政长官或地方行政长官派员届时莅视，即日当众开票"②。上海总商会本次选举因出现争议，无法即日当众开票。作为沪海道尹委派之委员盛开伟出席了会董选举会，后又参加了总商会于次日举行的会董会议。据《申报》报道，在两派出现纷争时盛当场表示："现在选票已投，一人投数票，自为全国商会不应有之例。在法既每人只可投一票，可否请检票员检明当选人中之选票，是否有一人连投二票者，按本届选举至七月一日始发生效力。如昨投之票，检出有一人连投两票之事实，尽可电京请示，容在法律上是否应作有效。倘谓无效，则重行选举尽可。"③此说与反傅派之要求不谋而合，拥傅派自会有所不满。次日，该报又登载道尹公署更正函，指明前

---

① 《总商会选举会董发生问题》，《申报》1926年6月18日，第13版。
② 上海市工商业联合会等编：《上海总商会组织史资料汇编》上册，上海古籍出版社2004年版，第205页。
③ 《总商会选举会董发生问题》，《申报》1926年6月18日，第13版。

日报道盛之发言与其实际所讲内容不符，而更正的发言内容则明显反差甚大，已与反傅派的主张毫无关联①。官厅之实际态度究竟如何，此时尚显得较为诡异。有报道称："闻官厅方面以为此事应纯粹从法律方面研究，求一解决，以杜争端。"②然而从实际情况看，官厅更多的是偏袒拥傅派一方，到纷争后期则更是公开支持傅筱庵。

6月16日，会董选举开票出现问题之后，反傅派成员就已连续在报章发表致总商会以及各级官厅函电，很快使选举纷争越出总商会而为社会各方所知，并在很大程度上使之变成为一个社会公共事件。例如冯少山、沈承福、赵南公联合署名致电农商部、苏浙皖闽赣五省联军总司令孙传芳以及江苏各级官厅，直指"上海总商会本届改选，会员资格多与商会法第六条规定不符，虽经会员事前诘问，并不答复，仍敢继续进行选举，群情愤激，封票待决，请依法纠正"③。除此之外，三人还曾联名呈文京宁沪当局，要求"彻查会员资格，取消不法选举，令饬依法重选"④。另一反傅派会员霍守华则公开发表致总商会会长函，阐明"本会系纯粹商业团体所组织，关于会员资格，国家有明令规定，所以防把持杜流弊也"。该函还严厉指责总商会对于会员资格不予审核，会长难辞其咎，特别是"选举未开始以前，赵委员南公、陈委员沧来即曾奉函贵会长，声明斯旨，不图贵会长置之不理，遂使此次选举演成空前之怪剧，腾笑中外，坠失本会信用，莫此为甚。……此次选举，贵会长违法

---

① 《总商会选举发生问题后消息》，《申报》1926年6月19日，第13版。
② 《总商会选举发生问题后消息》，《申报》1926年6月19日，第13版。
③ 《会员冯少山等筱电》，《申报》1926年6月18日，第13版。
④ 《会员冯少山等呈京宁沪当局文》，《申报》1926年6月19日，第13版。

处分，亦断难辞咎"①。

时任会长的虞洽卿，是上届总商会改选时作为拥傅派和拥宋派的居间调停人，在两派争持不下而得以出任会长一职。当选之后，由于担心得罪傅筱庵，也曾一度表示辞不就任，但随后即应允。据当时担任总商会秘书与会董会议记录员的孙筹成忆述：虞是因为"不敢开罪于傅筱庵，提交辞职书，以明心迹。28日会董临时会议上一致挽留，并推顾馨一、谢蘅牕二人为代表，持函前往敦劝，虞始见允就。……傅筱庵失败后仍不甘心，曾叫虞洽卿长子去，对虞出任会长极表愤怒。因虞洽卿在政治上要靠傅帮忙，傅才这样神气"②。赵南公事后也曾披露说："虞上次当选遭傅筱庵之忌，而且经济上又需傅的帮助，怎敢开罪？因此虞曾向傅表明，只做两年，决不连任。"③此次改选傅筱庵野心勃勃意欲登上总商会会长宝座，虞洽卿自然不会从中作梗，并且还会暗中提供帮助。

正因如此，在反傅派的一片反对声中，19日下午总商会召开会董会议之后，应拥傅派的要求和虞洽卿的支持，总商会仍正式公布了本次会董选举的结果。据《申报》报道，出席这次会议的会董仅10余人，虞洽卿首先报告了16日开票及次日讨论情形，并宣布各会员对于选举问题之来函，应如何办理，请讨论议决。结果"佥以选举手续，应行办理结束，告一段落，至会员资格问题，既已有会员电部请示，官厅自有办法"。虞洽卿即"以此意用投子法付表决，全体投白子通过，选举票则由道尹代表加封签字，以昭着重，一面

---

① 《会员霍守华致会长函》，《申报》1926年6月19日，第13版。
② 上海市工商业联合会等编：《上海总商会组织史资料汇编》上册，上海古籍出版社2004年版，第474页。
③ 上海市工商业联合会等编：《上海总商会组织史资料汇编》上册，上海古籍出版社2004年版，第527页。

正式公布，一面由会备函，通知各当选人查照"①。这一结果似乎已在反傅派预料之中，会前霍守华在致总商会函中即曾指出："报载贵会长主张，此次选举争执，拟交明日董事会解决，此诚大惑不解者也。商会为我商人最高机关，中外观瞻所系，而公等儿戏若此，蹂躏若此，真可为我商人痛哭者也。贵会长、会董，既处于违法地位，以违法之人解决违法之事，天下宁有是理？"②"以违法之人解决违法之事"，可谓反傅派对拥傅派控制下之总商会的一个有力指控。随后，尽管总商会置反对之声于不顾，正式公布了会董选举结果，但反傅派也绝不会就此罢休，仍然继续坚决予以抵制和反对。

二、反傅派否认违法选举结果

从总商会公布的当选会董名单不难看出，傅筱庵的亲信好友以及与其有密切经济往来关系的支持者占居了相当大的比例。据了解个中人际关系内情的总商会人士透露，新当选的这届会董，除傅筱庵本人之外，"大多是傅所控制的招商局、中国通商银行、汉冶萍公司的代表；另一部分人和傅所经营的企业银贷有关系，还有傅的亲朋子侄，如朱葆三的儿子朱子衡，傅本人的侄子傅瑞铨。纵观三十五个会董中，只有五六人与傅平时关系不深"③。如果由这些会董互选会长，傅筱庵当选会长可谓毫无悬念。

---

① 《总商会选举会董名单已公布》，《申报》1926年6月20日，第13版。
② 《会员霍守华致会长函》，《申报》1926年6月19日，第13版。
③ 上海市工商业联合会等编：《上海总商会组织史资料汇编》上册，上海古籍出版社2004年版，第529页。

因此，反傅派认为总商会在选举舞弊未查实解决之前，即正式公布当选会董名单，确认选举有效，是又一违反法规的武断专横行径，应该坚决予以否认。根据《商会法施行细则》规定，会董选举之后，即由商会通知各当选人并送达就任声明书，由当选会董在半月之内填写送交商会，如果"逾十五日未有就任之声明时，得以票数次多者递补"①。另外，上海总商会还向选举中得票次多数之候补会董发函，"俾便遇缺推补"。在当选会董中，上届纷争中的拥宋反傅派成员只有宋汉章、叶惠钧，二人均未填写就任声明书，以示否认。在候补会董名单中有霍守华、石芝坤、冯少山等少数反傅派成员，他们收到总商会的告知函之后，认为此次选举违法，"绝不敢违背国家法令，收受此等违法函件"，遂联名将总商会"违法函件"退回，并指出会长、会董"视商会如私产，等法律于弁髦……一再违法妄为，无理可喻"②。

与此同时，担任选举检票、唱票员的赵南公、陈翊庭、陈沧来、冯少山四人联名在报章发表《告总商会全体会员书》，详述16日选举存在的种种舞弊情形，在17日会董会议议无结果的情况下，即力主非经"验明该票是否合法，不能公布人名及票数"。至19日总商会又开会董会，"竟拒绝检票唱票员加入，南公等当面质问虞会长"，最初得到的答复是："议决案未邀检票唱票员到场，不能揭封，未经揭封验明，当然不能公布。"但实际结果却完全与之相反，"讵意散会后，虞会长报告人名已由会董会议决公布矣"。如此行为，"乃会长及道尹代表于前项重要弊端，一概抹煞，竟敢

---

① 上海市工商业联合会等编：《上海总商会组织史资料汇编》上册，上海古籍出版社2004年版，第205页。
② 《总商会选举纠纷之电函》，《申报》1926年6月22日，第13版。

武断专横，恬然公布，则是会长、会董与道尹代表串通一气，尤无可讳"。这份告全体会员书还严正指出："似此憨不畏法，其侮辱我商会犹小，因之而侮辱我全埠商民，并影响于商埠前途之进展，其为害不可胜言。……现在人名虽经违法公布，南公等以其手续未完，始终不能认为有效。"①

同一天，报章也发表了拥傅派中担任选举检票唱票员的陈良玉、刘万青、厉万雄、张彝仲联名告全体会员书，以说明相关事项，但其文字并非从正面回答或解释反傅派提出的选举舞弊问题，而是简单粗暴地予以抵赖或否认。如对会员资格问题仍老调重弹，"认为开匦揭晓当选名单后，此层已属过去问题"，事后追究无效；对选举票上被选人姓名相同问题，则声称"以选票上填写何人，全属投票者良心上之选择"，也无可追究；另外，对于有关一信封内有十余张选举票问题，更是强词夺理地认为"选举既毕，各信封已毁，无从验视，所提疑问不能成立"②。这显然是无理地予以抵赖。由于双方之检票唱票员各执一词，"前语既如彼，后说又如此，令人如坠五里雾中"，遂有会员要求总商会必须予以严查："日来正因选举事，闹到通国皆知，……万不容两说并存，淆人闻听，以造成有意破坏本会之嫌疑。"③但在拥傅派主导下的总商会，始终拒绝查核有舞弊嫌疑的选举票。

稍后，反傅派仍不停地继续函电各级官厅，并在报章发表许多指控文字，所列举之选举舞弊现象开始直指相关具体人物，而不像

---

① 《上海总商会第六届检票唱票员详告全体会员》，《申报》1926年6月22日，第1版。
② 《上海总商会第六届选举检票唱票员陈良玉等敬告全体会员》，《申报》1926年6月22日，第1版。
③ 《总商会选举风潮之文字战》，《民国日报》1926年6月23日，第1版。

之前那样只是笼统而言。例如石芝坤、陈仁业公开发表的致各级官厅呈诉文中，谈及会员中多有不合商会法第六条所规定资格之人非法入会，并行使选举权，就明确地指出"如陈良玉、谢永森等，据会员录所载，既非独立经营之工商业，又非身为经理人，揆之商会法规定，均无入会为会员之资格。讵皆行使选举权，或竟居然当选为会董，宁非怪象！"而陈、谢二人也正是这场选举风潮中拥傅派成员的得力干将。又如谈及本次选举有一人具有多个选举权这一违反商会法规定的情形时，也明确列出"傅筱庵、荣宗敬、沈润挹等二十一人（详会员录），俱以其具有数个之资格，而持有数纸之选举票，行使数个之选举权。按之上述商会法第二十一条一人一权之规定，实属大相违背。此种会员资格不当，自应亟予剔除。此种选举，根本违法，自应归于无效"①。另有霍守华致农商部、五省联军总司令孙传芳、省长公署、实业厅的长篇电文，也分别详细列举了选举舞弊之具体情况以及相关人物，并阐明"现上海总商会会董敢于故违法令，皆由于个人舞弊把持之所为，设非迅予彻底改善，以后纠纷，不知伊于胡底"②。

由于反傅派检票员和唱票员发表的《告全体会员书》中，详细列举了会长虞洽卿处理和应对反傅派质问的答词，将虞公开推向了选举风潮的前台，随后虞也不得不在报上发表启事，声称"昨读赵南公等诸君敬告全体会员广告，历述鄙人各种答词。查是日鄙人与赵君等系属私人谈话，所言亦仅止研究商会法第六条及本会章程，且声明历届选举均照会章办理，并未有自认违法自行检举之话。至

---

① 《石芝坤等为总商会选举之呈诉》，《申报》1926年6月20日，第13版。
② 《总商会选潮昨讯·霍守华之电呈》，《申报》1926年6月25日，第13版。

是日决定移交会董会办理，亦未有邀集检票唱票员之议"①。虞在启事中显然是全盘否认反傅派的指控，这势必激起反傅派的愤怒。数日之后，赵南公、冯少山即在《申报》广告栏刊登题为《告虞洽卿并请国人公判》一文。该文说明虞之启事仅云"研究商会法"第六条，又云依照会章办理，"是虞君此种声明，不敢云依照商会法者，即无异自认违法也。不知会章第十条中已载明合于商会法第六条资格字样，是虞君不但违法，而且不啻自白违章，更为实践自行检举之一证也"。该文还指明6月18日沪上各报记载总商会选举会董问题各节，以及近日报载冯少山等晤揭道尹谈话一则，"可见当日确有邀集检唱票员之议决，乃虞君违背当日大会议决案，悍然公布封票待决之被选人名，反诿以私人谈话，证以各报喧载及傅道尹之言，其狡黠实无可掩饰矣"②。

不难看出，此文用词激烈，毫不留情，最后甚至还提出"希国人公判，并希虞君改过自新是幸"，这对年事已高且原本在上海工商界享有声望的虞洽卿而言，可谓一沉重打击。在反傅派看来，当时身为会长的虞洽卿实际上已成为拥傅派阵营中的重要成员，而且利用职务之便为傅筱庵攫取新会长宝座提供种种便利，当然必须予以揭露和抨击。而拥傅派则自然会保护这位在任会长。于是，由拥傅派亲信控制的上海煤业公所、上海烟业公所等团体，随后也在报上发表启事，对反傅派予以反击并为虞洽卿辩护。该启事声称"虞君旅沪经商四十余年，德行事业，有口皆碑，中外交称"；在会长任内"遭时多故，尽瘁图维，保安弭患，厥功尤伟"。赵南公、冯

---

① 《虞洽卿启事》，《申报》1926年6月22日，第1版。
② 《告虞洽卿并请国人公判》，《申报》1926年6月25日，第1版。

少山二人"因选举争议，横加攻击，一则曰'狡黠'，再则曰'改过自新'"，实乃牵强附会的"无端诬蔑"①。

由于各种指控并无成效，反傅派眼看难以有效地阻止总商会违法选举之继续进行，霍守华、赵南公、冯少山等多人又联名在报章广告栏连日刊登《对于上海总商会违法选举之痛言》（简称《痛言》）一文。该文首先说明："吾人此次反对上海总商会会董会公布封票待决之选举者，非对人问题，乃尊法问题。不知者目吾人反对为迂，非迂也！我国十五年来陷于黑暗之纷扰者，皆因视法律于弁髦，我商场自互市后，屡遭外人之欺侮者，亦因不知法律为何物。何幸我商人尚有不绝如缕之商会法，宜如何遵守而维护之，以为商人之保障矧处。"在阐明法律的重要性之后，该文大声疾呼：对于此次总商会之违法选举，"如不依法纠正，恐自此届至第七届乃至无尽届，皆不能依法选举。上海如此，各省亦不妨尤而效之，则商会法根本必由此推翻，全国商人人格必从此破产，外侮必从此加甚"。最后，反傅派表达其决心："同人等惟有坚持到底，至世界真无法律可讲之日为止。身可碎而法不可破，头可断而正义不可灭。"②显而易见，与以往所不同的是，该文主要从法律之重要以及违法之恶劣后果等方面，阐述上海总商会违法选举必须予以制止，否则将后患无穷。同时，表达了即使"身可碎""头可断"也要坚持到底的信念。

与上届选举纷争有所不同的是，此次换届改选由于傅筱庵及其亲信事前即精心筹划，可谓蓄谋已久，志在必得，故而在本次风

---

① 《上海商业十团体为虞洽卿先生表白启事》，《申报》1926年6月28日，第2版。
② 《对于上海总商会违法选举之痛言》，《申报》1926年6月29日，第2版。

潮中拥傅派的势力要大得多，反傅派每有行动，拥傅派也都能及时地予以应对和反攻。就在反傅派刊登这篇《痛言》不久，拥傅派中的会员陆少莲即在报章广告栏也发表《敬告各会员书》，声称"连日见报载对于上海总商会选举痛言之广告，阅之不胜骇异"，并将引发此次选举风潮之责任归诸反傅派，认为对于选举争执，"今于官厅已有表示之后，而霍冯等五六会员，仍以违法字样逐日宣于报纸，坚持少数之主观，淆惑社会之听闻，用意所在，实难索解"①。

尽管如此，反傅派的持续坚决反对，使总商会选举风潮发展成为社会公共事件之后，仍引起了更多人士的关注与评论。总商会会员中似乎并无明显拥傅反傅立场的一些会员，多表示解决此次选举风潮应尊重法律，依法办理。如署名陈泽民、陈良槐、陆凤竹的5名会员致函总商会，指出："自民国十三年会董谢蘅牕对于宋汉章会员会董资格，提出疑问后，始知法律之重要。本年会员冯少山、赵南公等呈诉此次改选违法，实为十三年知有法律之余波。十三年之法律问题，未经正确之解决，故今日之法律点，愈争而愈剧烈。今若仍未得正当之结局，则异日之争点行将循环不已，卒恐实弹荷枪者守其门，谄外媚官者主其事，以真正之民意机关，一变而为争权夺利之渊薮。"②此外，社会人士或团体也纷纷表示对总商会之前途深感忧虑。上海商学公会副会长朱燮臣在报上发表的致总商会一函，颇能代表时人心声，转引如下：

  本会为沪上商业最高法定机关，中外观瞻所系，选举会董何

---

① 《为总商会选举问题敬告各会员》，《申报》1926年7月8日，第2版。
② 《陈泽民等致总商会函》，《民国日报》1926年7月2日，第2版。

等重要，须得名望素孚，方可为群商领袖。不料两届选举，迭生争执，昔日无此风潮，今日演成笑柄，不论其舞弊之有无，必物腐而后虫生。今检票员等既如是声嘶力竭而反对，终有不满人意之处，既生争执，何勿召集大会，乃竟取决会董会，不知会董犹会员也，若无会员，安能成会，无会员每年输缴会费，会中何以开支。会员为会中主体，苟大事不决者，当决诸全体会员，诉诸官厅，犹其次也，况会董乎。……若卑鄙龌龊，以千方百计，运动当选，利用商会名义，藉以接近官僚，招摇过市，自以为无上尊荣，岂知尽挹两江之水，终不能洗其羞。所以洁身自好者，即被举为会董，甚有耻与为伍，告退惟恐不遑。窃叹中华民国，为一班无耻议员贿选总统，腐败至于斯极。今以纯洁之商会，设亦蹈此覆辙，运动会董，竞争会长，使商会之名誉，一落千丈，实为可痛。且又连带询及会员不止一省，今见产生新会董中，某省一府，竟占过半数。何各省人才寥落，而该豪杰如是之多也。不幸别省尚有数人占其位置，否则纯清一色，上海之总商会，即可易名为该府之旅沪同乡会也。①

这封公开函的字里行间，也应该并无明显拥傅或反傅之立场，可以说是反映了局外人对选举风潮的看法。其一是认为总商会两届选举接连发生争执，必有其故，自身应予检讨；其二是商会内部遇有重大争执，不应由会董议决，而应召集全体会员大会讨论决定；其三是经运动当选，并借以接近官僚，是不齿之行为，商会绝不应似议员贿选总统，成为笑柄；其四是新当选会董中籍贯为浙江镇海

---

① 《总商会选潮昨讯·朱燮臣之意见》，《申报》1926年6月25日，第14版。

一府者超过半数，实在令人不可思议。而浙江镇海也正是傅筱庵的籍贯所在地，何以出现这种反常的结果也就不难理解了。

上海各马路商界联合会是五四运动之后，由各街道中小商人发起成立的商人团体，数量众多，后共同组成上海各马路商界总联合会，成为总商会之外另一十分活跃的重要商人团体。上海总商会的这场选举风潮日趋激烈，自然也会引起各路商联会的关注。上海各马路商界联席会曾专门召集紧急会议，"议决对于此次风潮不作左右袒，应电请行政长官莅沪查办，并请全沪商家共起纠正"。会议之后，商联会还致电农商部、孙传芳以及江苏省各级官厅，阐明"上海总商会为我五十余万商民之领袖机关，未便听其藏污纳垢，贻笑友邦。应请大部钧座迅赐遴派大员，莅沪彻查选票，核对笔迹，审查会员资格。否则商民对于总商会此次所选断难承认"①。五马路商界联合会会长王汉良也曾致函总商会，表明"际兹五卅之交涉未了，沪廨之会议方开，在在需国民之外交为后盾，贵会领袖群商，集观瞻于中外，乃介此千钧一发时期，竟以选举发生争执，殊非幸事。……慎勿使风潮扩大，聚讼延长，贻人诟病，致碍国民外交之进行"②。

上海南北市报关公所也曾致函总商会会长，表示"选举会董，外间啧有烦言，空穴来风，要非无因。敝所同人，不能无疑"。该函特别指出总商会"本届选举结果，银行公司之当选会董者，竟有十人以上之多，大多团体，悉皆被摈于会董之外。各业有各业商业关系，如此难免隔膜，选举不能普及，无怪外间有操纵垄断之

---

① 《总商会选潮昨闻》，《申报》1926年6月24日，第13版。
② 《总商会选举风潮之文字战》，《民国日报》1926年6月23日，第1版。

嫌"①。连上海留日学会也曾就总商会选举风潮发布通电,该电鉴于上海总商会为商业之枢纽,商人之领袖,故而对选举风潮十分关注,并提出此次风潮既由舞弊而起,总商会应定期邀集各团体各机关代表,约定地点,公开检验,有无舞弊之票,当不难水落石出;另照农商部解释,一公司不能有二人入会,为彻查真相计,应会同各团体各机关代表,检查会员中有无一公司加入多人之会员。"如此,则事实了然,反对者无所肆其技,舞弊者无所遁其迹矣。"②上海蜀商公益会会员李晴帆则是针对总商会的选举风潮,向蜀商公益会提出"请将该会出席总商会之四代表,暂行撤回,待选举风潮解决后,再行加入"③。甚或连外地商人也不乏关注者,如赣商吕静斋曾致电农商部和江苏省长公署,表示"此次改选风潮紧急,物议沸腾,难免不为铜臭所操纵。金钱万恶,闻者发指。且传闻有并非商人,亦滥厕其间,致令选举发生障碍,贻全国商界羞。……务乞派员监视,以绝弊害,而重选政"④。综上可知,经由反傅派的坚持抵制,上海总商会选举风潮在当时已产生了一定的社会影响。

三、官厅干预与反傅派无奈结局

局外之人或团体对这场选举争执虽一般并不明显抱持其立场,

---

① 《南北市报关公所致上海总商会会长函》,《申报》1926年6月19日,第13版。
② 《总商会选举争执昨闻》,《申报》1926年6月26日,第13版。
③ 《总商会选潮昨闻》,《申报》1926年6月24日,第13版。
④ 《赣商吕静斋致京宁当局电》,《申报》1926年6月19日,第13版。

只是希望上海总商会不要因风潮而使声誉受到影响，尤其总商会此前曾是公开"反对贿选总统之一，自身地位，不得蹈其覆辙，为世界人类所不齿"①。但从多数函电内容和文字看还是更有利于反傅派，只是在当时的情况下同样也难以产生实际作用和影响。与上届总商会选举纷争中各级官厅尚未直接公开出面干预的情形明显不同，此次选举风潮发生之后，各级官厅乃至苏浙皖闽赣五省联军总司令孙传芳日益明显偏向拥傅派一方，直至最后甚至对本次选举风潮的结局产生了决定性影响。

　　风潮发生之初，除沪海道尹之外，各级官厅支持傅筱庵的态度尚不很明显。特别是江苏省实业厅收到冯少山、霍守华、石芝坤等反傅派成员指控总商会选举违法的函电之后，厅长徐兰墅先是致电沪海道尹傅疆："查该会改选向例应请贵道派员监视，此次想亦照办。希即就近查明实情，依法处理。"紧接着又发第二电，强调必须按《商会法》之规定审核会员资格是否合法，并具体说明："查民国八年九月奉农商部令选举商会会员资格，必须按照商会法第六条所规定方为合选。如有不合法定资格者，不得稍涉通融，致滋流弊。又同一商店中只可择一为会员，不能同时有二人并列为会员。以上二项有不合者，应由该厅长随时指驳，饬令再选等因，当经分别函令在案。该总商会此次改选，会员是否合法，选举是否按照《商会法》第二十一条、第二十二条及施行细则第五条之规定办理？贵道尹既已派员到场监视，当能深悉实情，希即查照，并案办理见复，实纫公谊。"②严格审核会员是否具有合法资格，以及一

---

① 《赣商吕静斋致京宁当局电》，《申报》1926年6月19日，第13版。
② 《总商会选举纠纷之电函》，《申报》1926年6月22日，第13版。

商店只能有一名会员，一人不能充任多个商店的会员而拥有多个选举权，这些正是反傅派针对总商会选举违法而反复提出的处理要求，其法律依据同样也是商会法的相关条文。然而，尽管实业厅长也致电对此予以强调，但道尹公署的回复却只说总商会选举时派员监视，不过循例举行，责任仅为视察当时的情形，与验封开匦录唱之手续，对于争执之孰是孰非，该署立于第三者之地位，现各方已将相关情形呈报军民两长，当有相当之解决①，而对审核会员资格是否合法等却不予理会，也从未见道尹要求总商会照此办理，而当时被拥傅派主导的总商会实际上也根本不愿按此办理，否则舞弊行为就会暴露无遗。

上海总商会在一片反对之声中正式公布新当选的会董名单，反傅派也随之加大对总商会违法之举的指控力度，因此才会有江苏实业厅致沪海道第二电要求审核会员资格。但五省联军总司令孙传芳在此关键时刻公开出面支持傅筱庵，使这场选举风潮的发展走向出现了较大逆转，也在很大程度上影响到各级官厅的态度。6月25日《申报》报道了这一消息："总商会此次选举，前由会董会议决，依照选举程序，由会通知当选人，并于翌日电呈部省各官厅备案。兹闻已接南京孙总司（令）电复云：翌电悉。当选人业经依法通知，办理甚是，俟声明就任，即行册报，特复。"②在当时军阀割据混战的特殊历史时期，手握军权者对地方行政事务具有极大的发言权和影响力，甚至可以根据自己的意愿另立中央和地方政府。故而孙传芳的公开表态，对拥傅派自然是最为有力的支持，各级官厅

---

① 《总商会选潮昨讯》，《申报》1926年6月25日，第13版。
② 《总商会选潮昨讯》，《申报》1926年6月25日，第13版。

也不敢与其相违。紧随其后，江苏省长公署也下达第3587号批示：
"查该商会此次选举会董，既系依据部准章程办理，并无不合，自应将当选人依法通知，以免会务停顿。业经会同孙总司令分饬实业厅长、沪海道尹，迅令该商会遵照办理矣，仰即知照。"① 无奈之下，江苏省实业厅不得不转发孙传芳和省长公署的批示，也不再要求沪海道尹以核查会员资格的方式解决这场风波，但实业厅同时仍按照程序"转电农商部核示"②，而没有随声附和孙传芳的旨意，这在当时也算是实业厅长徐兰墅不错的应对态度。而农商部对于上海总商会的选举风潮，始终也未明确提出具体解决方案，只是笼统地回复江苏省长公署和实业厅请对选举争执予以核查，照章处理，其后实际上也默认了此次违法选举③。

军阀孙传芳之所以公开支持傅筱庵并非无缘无故，因傅深知握有军权的孙是当地一言九鼎的举足轻重人物，早就千方百计地予以巴结，获其欢心与支持。据总商会秘书孙寿成描述："孙是傅的支持者，上次赴南通贺张謇寿，傅特将招商局最好的轮船，送孙前往，并亲自陪同，竭力奉承，在船内两人谈得甚投机。孙知傅欲做总商会会长，自然帮忙。"④ 在得到孙传芳支持之后，傅筱庵后又曾直接致电孙，为石芝坤、霍守华等人指控其一人具有数个会员资格、行使数个选举权进行辩解，请求孙对石、霍等人的指控"电

---

① 《总商会选举案之督长令批》，《申报》1926年7月3日，第13版。
② 《总商会选举争执昨闻》，《申报》1926年6月26日，第13版。
③ 例如农商部曾批复冯少山等人有关"会员资格与法不符，请依法纠正"的电呈，即是"已据情令行江苏实业厅查明核办"。见《农商部对冯少山呈文之批示》，《申报》1926年7月4日，第13版。
④ 上海市工商业联合会等编：《上海总商会组织史资料汇编》上册，上海古籍出版社2004年版，第528页。

呈严予驳斥，以重公权，而儆诬指"。孙传芳立即顺应其意发布联帅仁字第545号训令，肆意曲解商会法相关条文之规定，完全按照傅筱庵的解释，认定傅"以法人个人各有资格，当然得各别行使选举权"，并"分别函行省署实业厅查照饬遵"。不久，孙传芳又发联帅仁字第546号训令，再次重申总商会会董"既经依法选举，自应依法通知当选人，以符法规而免停顿，断不容少数人违法把持"①。孙传芳作为一介军阀，完全将中央政府制定的商会法以及总商会章程置于脑后，不仅随意解释商会法规，而且公开支持违法的傅筱庵，也自有其个人目的。正如有学者所言：当时的各派军阀"都缺乏绝对的政治权威，因此，无论在财政或外交上，与有实力之商人或其他社团精英结盟，都有其现实的策略意义"②。孙传芳支持傅筱庵登上总商会会长宝座，无疑也是出于这样的目的。时人也曾指出："联军司令是军事首长，商会章程是根据政府所颁之商会法而订定，早经呈请各级官厅备案。联军司令竟以一人之命令而变更法律，显然另有作用。"③

在获得军阀孙传芳支持的"尚方宝剑"以及各级官厅转发之选举继续进行的训令之后，拥傅派主导的总商会更加无视反傅派的继续反对与抗议之声，决定于7月8日召集当选会董互选会长副会长。在当时的特殊情形之下，所谓会长选举只不过是走过场而已，其结果早已人所共知。傅筱庵在选举前曾假心假意地表示并

---

① 上海市工商业联合会等编：《上海总商会组织史资料汇编》上册，上海古籍出版社2004年版，第496、497页。
② 冯筱才：《政商中国：虞洽卿与他的时代》，社会科学文献出版社2013年版，第92—93页。
③ 上海市工商业联合会等编：《上海总商会组织史资料汇编》上册，上海古籍出版社2004年版，第528页。

无出任会长之意,据上海《民国日报》的一则报道称:"本埠有傅筱庵将继任虞洽卿为总商会会长之谣传,有人趋询其意见,据云:渠即当选后,无论如何决不愿就商会会长之职,因渠雅不愿舍现在之清闲,而就繁重之职也。惟异日苟以私人资格,为总商会帮忙,则当尽力以趋。"①随后的事实表明,这只不过是傅筱庵掩人耳目的手段而已。

7月8日下午的选举会,到场的有新当选会董32人,投票结果是傅筱庵得21票,虞洽卿得8票,另有3人各得1票,傅当选为会长,袁履登获16票当选为副会长②。会长选出之后,各方针对这一结果会有什么反应?《民国日报》发表的一则评论称:"总商会的会长,已经选出来了。选出来的会长是否就职?和其余反对者的如何应付?都是我们可以等着看的事。"③毫无疑问,拥傅派对此结果当然是喜不自胜,奔走相告表示祝贺。孙传芳也马上电贺傅袁二人当选正副会长:"藉悉上海总商会选举,两君已当选正副会长,嘉讯传来,曷胜忻慰。"并声称"两君才识优瞻,必能为商民谋乐利之方,为地方求整理之术,因革损益,是在匡筹,祛弊刷新,尚资伟画"④。傅筱庵本人在选举前虽曾表示即使当选也不会就任,并在当选之后也曾致函总商会表示自己"才识疏庸,现任各事,已觉不堪繁剧,何可滥竽公职,致滋贻误,辱承会董诸公谬相期许,

---

① 《总商会已定八日互选》,《民国日报》1926年7月6日,第1版。
② 《本会本届互选会长纪录》,《上海总商会月报》第6卷,第7号,"会务记载",1926年7月,第1页;另见《总商会昨日互选会长揭晓》,《申报》1926年7月9日,第13版。
③ 《时评》,《民国日报》1926年7月9日,第2版。
④ 《总商会选长之余闻》,《民国日报》1926年7月20日,第1版。

殊难应命，为此具函恳辞，务祈另选贤能，以重会务"①。但傅之此举，显然不同于以往上海总商会历届许多当选会长真心不愿就任的情形，只不过是故作姿态、沽名钓誉，因而在总商会予以挽留后，傅即表示应允。7月20日，总商会举行了新旧会长交接仪式。傅在交接仪式上又装模作样地以新任会长身份致辞曰："宗耀自问庸愚，识见经验，均极浅薄，辱承会董诸公谬爱，选举为本会会长……只得暂时承乏，以一月为期。"②然而一月之后，根本未见其有辞职之表示。其实，傅筱庵主要只是想出任会长，对总商会的具体会务并不热心。据总商会秘书孙筹成忆述：傅就任会长之后，实际上是"由袁副会长逐日莅会处理会务，因方椒伯曾任两届副会长，熟悉会务，仍请其每日莅会襄助。……自是以后，会内一切公文，均由袁副会长签阅，遇有不明了或重要公文，则与方前副会长商讨决定，再送招商局由傅过目"③。

总商会正副会长选举前后，反傅派仍继续延续了一段时间的抵制和抗议活动。据《民国日报》登载的一则远东社记者采访冯少山之报道，似乎反傅派的抵制决心仍然很坚定：记者"问：阁下对于选举案最近主张如何？答：选举无论如何，应依法律解决。问：但已选出之会董将实行互选会长，阁下对之如何？答：如非法选出会长，决难承认，同人等决依法起诉"④。针对省长公署第3587号批示，冯少山等呈电阐明"省长为地方最高长官，应如何一秉大公，

---

① 上海市工商业联合会编：《上海总商会议事录》第5册，上海古籍出版社2006年版，第2364页。
② 《会务记载》，《上海总商会月报》第6卷，第7号，1926年7月，第2页。
③ 上海市工商业联合会等编：《上海总商会组织史资料汇编》上册，上海古籍出版社2004年版，第528页。
④ 《总商会选举问题》，《民国日报》1926年6月29日，第2版。

派员查办，是否违法舞弊，不难复按，若仅凭一面之词，使此次违法舞弊与反对违法舞弊者，是非莫白，何以服人心而伸公理？"①在知悉孙传芳和省长公署、道尹公署均公开支持拥傅派的不利情势，反傅派随后改为主要向实业厅和农商部进行呈控。冯少山等人致实业厅电指出："查上海总商会会员多与法定之资格不符，事实显明，证据如铁，复按名录，真相立见，断非办理此次选举者所能一手掩尽，敢请维护法律，迅赐派员彻查，秉公办理。"②实业厅先前虽曾赞同反傅派提出的处理选举争执的方案，但此时却处于无可奈何之困境，根本不敢违抗孙传芳的旨意，致使反傅派对实业厅也啧有烦言。稍后，霍守华曾致电农商部，强调"上海总商会此次改选，一招商局列会员十八人，一通商银行列会员六人，是否与商会法第六条之规定，及大部八年九月一商店同时不得列二会员之命令相符？江苏实业厅居主管官厅地位，事前既不指驳改正，事后复不查明核办，竟任该商会非法通知互选，显系蔑视法令，放弃职权，迫请电令依法纠正，不胜待命之至"③。但在孙传芳以武力作后盾的强力高压之下，农商部同样也束手无策。时人即已看出个中奥妙："傅有联军司令孙传芳作后台，沪海道尹仰承孙之旨意，农商部和实业厅亦不敢违抗，只好装聋作哑了。"④

电呈实业厅和农商部均无效果，而且总商会已经选出了正副会长，但反傅派仍不甘就此失败，也不愿接受这一残酷的现实。赵南公、冯少山二人又按预定方案向上海地方审判厅提起诉讼，请求

---

① 《冯少山等电请查办总商会选举案》，《申报》1926年7月3日，第13版。
② 《冯少山等致实业厅电》，《申报》1926年7月5日，第13版。
③ 《总商会选举问题昨讯》，《申报》1926年7月7日，第13版。
④ 上海市工商业联合会等编：《上海总商会组织史资料汇编》上册，上海古籍出版社2004年版，第528页。

依法判令改正再选。起诉书更为详细地列举了总商会会员录中大量不符合商会法资格规定的会员,如合帮分帮会员职业栏,无资格记载者19人,内概称船业、五金业、丝业、盐业、汇业、烟商者多名,又有只称刘尊堂、刘景德堂者,又有只称某某账房,只称某洋行、某公司华经理(即买办)者,均与商会法第六条不符。其职业栏内载招商局、通商银行、上海物品证券交易所、华安合群保险公司、中国银行、裕通面粉厂、三北公司、泰和洋行、怡和洋行、交通银行各列会员2人以上,轮船招商总局、通商银行、内洋轮船招商局均由会员1人揽有3个选举权。又上海绍酒公所、上海卷烟同业公会、四明船业公所亦由一会员揽有3个选举权。其他以1人揽2个以上之选举权者,尚有16人,皆与商会法不符。"即以此等诸点,按民诉条例第十六条第二项及二十二条诸规定,提起诉讼,请厅判令剔除违法逾额及不合格之会员,并撤销第六届违法选举会董及互选会长"。但审判厅的判令却再次使反傅派大失所望,其驳斥理由为:选举诉讼必与选举法中有明文规定,法院方得依民诉程序予以受理,"至商会法及其施行细则均无选举诉讼之明文,自不能适用民诉程序办理。原告等以上海总商会选举会董有违法情事,向厅提起选举诉讼,于法并无依据,难以受理,依民诉条例第二百九十条第一款,予以驳斥"[①]。至此,反傅派已是无计可施,尽管极不情愿但也只能在万般无奈中吞下失败的苦果。

1926年的上海总商会改选纷争,是发生在近代中国特殊历史时期的一场选举风潮。当时的中国,仍然处于政治动荡、军阀混战、政府缺位的年代。在新成立的国民政府势力所及之广东等南方

---

① 《总商会讼案地方厅不受理》,《民国日报》1926年7月22日,第1版。

省份，社会各阶级各阶层已经开始感受到国民革命运动的洗礼与冲击，革命成了时代话语的主旋律。随之而起的商民运动，经国民党的大力推动而在工商界产生了前所未有的影响，旨在动员广大中小商人参加革命，并在适当时候取代商会的新商人团体——商民协会纷纷建立，与商会发生了日益激烈的矛盾和冲突，商会面临被取消的生存危机。而在国民政府北伐军势力未及的其他省区，则基本上依然延续袁世凯死后形成的军阀纷争、四分五裂的局面。这些地区的商会虽暂时尚未遭遇生存危机，但有的也出现了过去从未有过的非常态变化，陷于另外的危机之中，并且难以通过常规方式顺利解决所发生的危机。上海总商会在1924年发生改选纷争和1926年出现选举风潮，尤其是后者，称得上是当时此类事件中较为典型的例子。

　　揆诸史实，上海商会在清末的1904年正式成立时即开始实施具有近代特征的投票选举制度，无论是清末还是民初，其后20年间每届改选基本上都是按章进行，不仅无人采取各种不法手段竞争会长职务，而且新当选的正副会长大都力辞不就[①]。1916年的沪上报章评论也有称："商会会长一席，缘有义务而无权利也，故每届选举，大都辞不肯就。"[②]然而及至20世纪20年代中期，上海总商会这一延续多年的传统开始发生显著变化，由于傅筱庵一直觊觎会长职位，导致总商会连续两届改选都发生了较为严重的争执。如果说1924年改选时傅尚未做好充分准备，也未得到军阀和各级官厅的公开支持，加之总商会内部反对派力量较强，使其一时未能如

---

① 有关详情可参阅李达嘉：《上海商会领导层更迭问题的再思考》，《"中央研究院"近代史研究所集刊》第49期，2005年9月出版，第61—62页。
② 《权利义务》，《申报》1916年9月9日，第11版。

愿，那么在1926年改选时，傅与其亲信事先即多方运作，不惜以违反《商会法》和总商会会章的手段，终于达到了不可告人的目的，可谓"开商会未有之恶例，势必留商会之羞，并贻新任职员之大污点"①，同时也在上海总商会的选举发展史上留下了不光彩的一页。

傅筱庵之争夺总商会会长职务，一方面是缘于其个人权力欲望，以便藉此成为各业领袖，提升其社会地位与声望，跻身沪上社会名流之列，能够以受人尊重的总商会会长身份与各方酬酢交际和联络接洽，这无疑也有利于自己的商业经营，能够获取更多的利润，因而对傅而言具有政治和经济双重动因②。在1924年上海总商会发生第一次选举纷争时，商界人士姚公即曾一针见血地指出："夫会长为义务职，不应有争夺之价值，不应争夺而必须争夺，则必其有作用可知，作用如何，以公鹤所见及者言之，（一）藉此可以巴结政府。（二）藉此可以联合各业。质言之，谄上骄下四字而已。"③另一方面，选举风潮的发生同时也受到当时政治与社会环境的影响，各派军阀之争权夺地无不需要利用有政治资本和经济实力者给予支持，傅筱庵因个人具有权力欲望，又具备一定经济实力，自然会得到军阀孙传芳的恣惠，从而敢于违背商会法规采取种种手段攫取总商会会长职务。

---

① 《陈泽民等致总商会函》，《民国日报》1926年7月2日，第2版。
② 《民国日报》曾转载《字林西报》一篇有关总商会选举风潮的文章，其中还透露"现选举发生争执，已早在我人意料中，盖一方反对他方当选为会长会董等职，恐其不能代表全上海华人商务之利益，其中更有不可告人之私事。闻选举案与江南制造局管理权，颇有关系，因该局现由商会代为保管，若何派人物在会中占势力，即可操该局之管理实权，故吾人不得目选举问题，纯为商务上之利益，实则含有多少政治上之意味"。见《总商会选举争潮未已》，《民国日报》1926年6月22日，第1版。
③ 《姚公鹤为总商会选潮致总商会全体会员函》，《民国日报》1924年7月22日，第10版。

正因如此，1924年和1926年上海总商会的两次选举均出现纷争，在很大程度上可以说是当时政治动荡、军阀混战、社会失序在商会内部的具体反映，也是那个特殊时代的产物。《申报》评论亦称受此影响"社会将成政局化"："以前竞争之烈，无过于政局中人。盖以政局中之得失，关系较其他为大，不惜尽其力量，以与人相角也。今则政局已成缟末，而政局以外之各事各业，亦未始无名利权势之可得。故所谓一般社会，亦渐接政局之踵，而有竞争剧烈之势。机巧之多，倾轧之甚，一一悉如政局中人。不数年后，我恐政局与社会，人将等量而齐观焉。"①当时的中国连总统都可通过贿选获取，更何况总商会会长选举出现非常态化意外现象，当然不足为怪②。此外，在上海总商会出现选举风潮之际，沪上其他商人团体同时也发生各种风潮，表明总商会选举风潮并非完全属于意外事件，而是反映商人团体普遍受到当时政治和社会因素的影响，出现派系之间互相争夺权力与内部分裂情形。《民国日报》的时评对这一现象不无感慨："这几天，上海的团体算是多事了，有总商会的选举风潮，有纳税华人会的调查选人风潮，更忽然惹出一个商界总联合会的风潮，最可怪的，一条几分钟可以跑得完的马路突然发生两个名义完全相同的会，这种'双包案'，太嫌滑稽。"③商界中也有人士指出："今日之中国，极形紊乱之中国也。军阀则穷

---

① 《政局与社会》，《申报》1926年8月10日，第4版。
② 李达嘉援引国民党上海特别市党部商人部工作报告中的描述，指出上海总商会这两次选举纷争的双方，各自还有一定的政治背景，傅筱庵、方椒伯的政治背景为旧交通系，反傅派中霍守华、冯少山的背景为政学系，因而两次选举纷争在某种程度上也受到政治派系和政治立场的影响。见李达嘉：《上海商会领导层更迭问题的再思考》，《"中央研究院"近代史研究所集刊》第49期，2005年9月出版，第86页。
③ 《时评》，《民国日报》1926年6月26日，第2版。

兵黩武，政客则挑拨是非，中国之赖以维持者，其惟我商人团结一致，努力商战。"① 而在南京国民政府成立之后的10年间，近代中国进入一个相对稳定的历史时期，政府不再缺位，除偏僻地区外一般军阀已无如此显著的影响力，所以上海总商会的选举也再未出现类似的不正常情况。

由于上海总商会的本次选举风潮发生于特殊的历史时期，以至于各方面对于这一风潮的应对处置，也包括对于这场风潮的最终结局，我们都很难用常规思维方式予以评论。从表面上看，在这场选举风潮中双方争执的焦点问题并不复杂，拥傅派所采用的手段也并不高明，只不过是在改选之前让许多不具备资格者加入总商会成为会员，拥有更多的选举权，同时在选举时通过舞弊方式获取更多选票，使傅筱庵的亲信好友及其支持者占居当选会董的多数，然后在会董互选会长时自然能够顺利推选傅筱庵为会长。当时，有关商会的法规应该是比较健全的，不仅有1915年民国北京政府颁布的《商会法》和1916年农商部制定的《商会法施行细则》，而且还有上海总商会自订的章程，其中对会员资格条件以及选举具体事项均有明确清晰的规定。如果是在常规情形下，拥傅派在选举中采用的种种手段，只要对照《商会法》及其施行细则和上海总商会的章程，即可明确定性为违法的舞弊行为而予以制止。但在当时特殊的历史条件下，连国家大法都往往成为一纸空文，《商会法》及其施行细则与上海总商会章程，当然更不在拥傅派和军阀孙传芳的眼中。尤其军阀掌握了军权，控制了地盘，在其地盘之内即拥有了肆意解释法律的权力，可公然置相关法规于不顾，而各级地方官厅对此也只能

---

① 《王汉良请商界团结》，《民国日报》1926年6月27日，第1版。

退避三舍，无可置喙。所以，在当时相关法律规章虽较健全但却不起作用的特殊历史条件下，上海总商会的这场选举风潮根本不可能由官厅依法进行处置，而是由军阀孙传芳一言九鼎加以裁定。傅筱庵之觊觎总商会会长宝座能够取得成功，毫无疑问也是受益于当时这种特殊的政治社会环境。

在上海总商会的这场选举风潮中，傅筱庵以非法手段争夺会长职务的行径，也曾受到总商会内部反傅派的坚决反对和抵制。但反傅派的力量十分有限，远远不及1924年选举纷争中反傅之"拥宋派"那样的实力，因而无法再次成功阻止傅筱庵攫取会长一职。在这场风潮中反傅派的活跃中坚人物，只有冯少山、霍守华、赵南公、石之坤等五六人，与拥傅派人数之多相比较，可以说完全不对等。仅新当选的会董中，拥傅者即达到20余人。① 尽管时论有称"风潮内幕，在沪上已为公开之秘密，风雨满城，知总商会者，无不知其底蕴"②，但更多的总商会会员在这场选举风潮中并没有公开表明反傅的态度，甚至传闻透露有不轨之人借军阀支持攫取会长职务之后，仍然没有更多会员出面予以阻止，这一情形在当时即受到批评。署名余鹏的作者为此曾在报上公开发表《告总商会会员书》，照录如下：

---

① 1927年4月底，国民党中央政治会议上海临时分会向总商会下达的训令指出："傅宗耀（筱庵）以通商银行经理、招商轮船局董事之资格，当选为会长，而同时以通商银行职员资格之会员当选为会董者五人，以招商局职员资格之会员当选为会董者三人，是通商、招商二处之人，已占会董全数四分之一。至傅氏兄弟叔侄同时当选为会董者计三人，与傅宗耀有营业关系或在傅氏手下服务，而同时当选为会董者计二十三人，居会董总额三分之二强。显见傅宗耀结合私人，包揽会务，非亟彻底澄清，不足以谋商界之福利。"见上海市档案馆编：《1927年的上海商业联合会》，上海人民出版社1983年版，第20页。
② 慎予：《沪总商会选举风潮所感》，《民国日报》1926年6月29日，第1版。

总商会会员诸先生公鉴：此届总商会选举之争执，为法律之争，若取商会法及总商会会长[员]录一相对照，即可明悉，无庸哓哓。即进而论事实，则此届会董之人选，报章讥弹，书不胜书，有目共睹，亦无庸多赘。惟护法者、护人者，虽有二方，合计不过十余，而五百余之会员，乃均噤若寒蝉，莫敢一声，此诚可怪而可叹者。夫两方意见，已尽登诸报端，诸君岂无耳目，有所知而不敢言，有其责而自放弃，听大局之败坏，此不能为诸君恕者也。况上海总商会为全国领袖，中外观瞻，今仍因选举而有违法之争论，贻笑外人，遗羞国家，虽非会员，亦且愤激，诸君岂能无动于中耶？尤可痛者，风闻有人利用军阀，不恤破坏国家大法，以谋造成御用之总商会，此则尤可惊痛者。以前总商会之送往迎来，已久为人所诟病，今更藉军阀之势力，入主会务，则将来之会务，岂堪问哉？况此恶例一开，则财阀可以二万元包办三百个不讲资格之价值六十五两之会员，以指挥商会，军阀则可以任意以命令变更法律，指派商会职员，而此商会将成何景象耶？主权在于诸君，诸君倘竟装痴作聋，则破坏法律、破坏商会之责，诸君亦当分任也。①

这篇告总商会会员书刊发在国民党机关报《民国日报》上，从中可以看出当时国民党对傅筱庵勾结军阀孙传芳攫取会长行径的态度，其刊发时间是总商会选举会长的前一日，很显然是希望号召总商会广大会员能够出面阻止傅筱庵达到目的，但却同样未

---

① 《余鹏忠告总商会会员》，《民国日报》1926年7月7日，第2版。

能产生效果。

除此之外，因受到当时特殊历史环境的制约，反傅派始终都无法找到能够有效制止傅筱庵违法竞选总商会会长的途径与方式。在近代中国，各地商会选举发生纠纷之后，大多都是层层上报各级官厅，通常情况下官厅也能够依据相关法规提出解决方案，使纠纷获得调解。而在此次选举风潮中，反傅派同样也只能是反复向各级官厅进行申诉，指控傅筱庵的种种违法竞选行为，同时在报章发文予以揭露，但由于军阀孙传芳的强行干预，使各级官厅无法按常态那样发挥作用与影响，江苏省实业厅起初曾表示要按反傅派要求，以《商会法》为依据对会员资格、一人不能拥有数个选举权等进行审查，但在军阀孙传芳公开支持傅筱庵之后即不得不予以放弃，可谓明显反映了当时的这一特殊情形。在傅筱庵已经如愿当选为会长之后，反傅派还想最后一搏，向上海地方审判厅提起诉讼，这一方式虽然在近代中国商会的选举争执中尚属仅见，但同样也未达到预想的结果。

最后应该指出的是，傅筱庵虽然在上海总商会的此次换届改选中采取违法舞弊的手段，并通过军阀孙传芳的支持如愿当上了会长，随后在会长任上对孙竭力予以报效[1]，但好景并不长，1927年北伐军攻克上海之后，国民党中央政治会议上海临时分会即以勾结和支持军阀孙传芳的罪名下令对傅筱庵予以通缉："上海总商会现任非法会长傅宗耀，助逆扶乱，挟会营私，前经结合私人，以非

---

[1] 孙传芳部与北伐军交战时，傅曾卖力为其募款筹饷，并调集招商局9艘轮船提供军运，后又以上海总商会名义发电呼吁"和平"，请孙"保境安民"，实则反对国民革命军北伐。见上海市工商业联合会编：《上海总商会议事录》（五），上海古籍出版社2004年版，第2372页。

法选举之手续，把持上海总商会，藉以献媚军阀，迨本军北伐之时，傅逆曾以多数金钱，供给敌饷，复将众商血本组织之招商轮船多数船舶，为孙逆运输之用，阻挠义师，确凿有据。而本军到沪之后，胆敢阳示归顺，阴谋反对，不独投机，实为叛逆，不亟予严缉惩治，无以昭垂炯戒。为此，令仰迅予缉拿傅宗耀，押解戒严司令部迅办，毋得延误。"①总商会也从是日起，"停止办公，静待接收"②。傅当时虽在日本人帮助下得以脱身，但抗战时期上海沦陷后，又因投靠日本出任伪上海市市长，沦为大汉奸而被刺杀。历史再次证明，以违法舞弊和不义手段达到目的者，最终并无好下场。

---

① 《缉拿傅宗耀之通令》，《申报》1927年4月27日，第9版。
② 上海市工商业联合会等编：《上海总商会组织史资料汇编》上册，上海古籍出版社2004年版，第529页。

第十一章　抗战胜利后重建全国商会联合会

抗战期间，在日本帝国主义疯狂侵略下，国土大片沦陷，交通中断，经济衰败，战事频繁，全国商会联合会不仅自身会务受到严重影响，而且更不可能开展大规模全国性活动，无形中不得不陷入停顿，名存实亡。到抗战末期，尤其是抗战胜利后，面临恢复经济发展、重建国家的紧迫任务，急切需要重新建立全国商会联合会。在重建全国商联会的过程中，上海市商会同样也发挥了十分重要的引领作用。

从抗战末期的1944年到战后的1946年，中华民国商会联合会的重建并非一帆风顺，而是经历了一个较长的酝酿等备过程。之所以经历了这样一个较长的过程，在抗战未结束前主要是受战争仍继续进行的影响，而且大片沦陷区尚未光复，因而重建全国商会联合会存在诸多不便之处。抗战胜利后，又出现了极为严重的经济危机，原沦陷区最初都忙于接收伪商会以重建新的商会，重建的各地商会随即又穷于应付所在地区的工商困境，全国商会联合会的重建也被迫暂时搁置。但许多商会很快意识到全国性商会组织的重建，对于应付经济危机，保护广大工商业者的利益，具有极为重要的作用与影响，于是不久即将重建中华民国商会联合会又提上了议事日程，并使之付诸实现。

一、重建中华民国商联会筹备会的召开

中华民国商会联合会的重建并非始于抗战胜利之后，而是在抗战结束前的1944年即开始酝酿，虽直至抗战胜利也一直没能付诸实现，但却使全国商联会的重建提上了议事日程，并于1946年5月举行了中华民国商会联合会扩大筹备会。

受多年残酷战争的严重影响，先前成立的中华民国全国商会联合会已经不复存在。"自'九一八'以还，东北诸省处在敌人之下，冀北以至长江流域，亦因敌骑纵横，商联会无从召开大会。"[①]至1944年5月，由上海市商会、四川省商会联合会、贵州省商会联合会、重庆市商会等联合发起，向国民政府呈请成立新的中华民国商会联合会，并提出先行设立筹备处。此举获得国民政府大力支持，行政院表示：社会总动员以及经济统制等重要事项，"实有赖于各地工商团体组织之普遍发展及健全，在战时协助推行管制法令，稳定经济，平抑物价，在战后即为国家实施经济之基层机构"，并要求社会部"依法定程序进行组织"[②]。奉社会部核准并

---

① 《访商联会诸代表》，《申报》1946年5月11日，第1版。
② 郑成林：《抗战后中华民国商会联合会简论》，《华中师范大学学报》2006年第5期，第81页。

派组织指导员，各发起单位的代表于同年6月6日开会议定，推举上海市商会的王晓籁以及重庆、贵州等商会的周懋植、王秉钧、陈职民、韩光琦5人担任筹备员，王、周2人为召集人，借重庆市商会的会所为临时办公地点，"正式开始筹备工作"①。

经过一段时间的筹备，初定于1944年10月1日召开中华民国商会联合会成立大会。"嗣以贵阳军事紧迫，决定展期为卅四年十一月一日，又以抗战胜利，本会筹备会亟须还都，正值胜利之初，工商界忙于复员，而收复区域各省市原依战时权宜办法产生之会员代表，亟应依法推选，经奉社会部令饬于还都后再行定期举行。"随后，"社会部复为充实本会力量，罗致全国工商界优秀人才起见"，又"分电各省商联会及院辖市商会各派代表一人，参加筹备工作，定期举行扩大筹备会议"②。

中华民国商会联合会筹备处设立之后，除了从事全国商联会的筹备成立工作之外，还曾开展过其他一些相关活动。例如1944年11月10日至18日，国际商会美国分会、全美商会、全美工业家协会、全美对外贸易理事会联合发起召集国际商业会议，"讨论有关各国本身及国际商业利益之各种经济问题，以求建立一种国际商业之优良基础"，邀请中华民国商会联合会和中国工业协会共同推举从事于民营商业之代表出席本次会议。两会"以此会召开之意义重大，关系世界经济之兴衰"，共同推定卢作孚、范旭东、陈光甫、张嘉璈等5人为代表，赴美出席会议。"在会议期间，我国代表建议，

---

① 骆清华：《中华民国商会联合会筹备经过及其使命》，《商业月报》第22卷，第8号，1946年12月，第2页。
② 骆清华：《中华民国商会联合会筹备经过及其使命》，《商业月报》第22卷，第8号，1946年12月，第2页。

颇多为大会采纳。"①

　　1946年3月，中华民国商会联合会筹备处迁至南京办公。原定当年4月28日召开扩大筹备会议。"适因政府定于五月五日举行还都典礼，因念本会为全国性职业团体之集合，尤宜于还都后召开，用昭隆重。兼之各方代表以交通不便，启行在途，尚未抵京，乃临时展期至五月六日开会。"②参加扩大筹备会的代表，按照修正商会法第38条"中华民国商会联合会及隶属行政院之商会为会员"的规定，所有各省商会联合会及院辖市商会均应参加全国商联会的筹备组织。扩大筹备会召开前，经检附登记表格函请各会员查照填报，计有正式组织而向筹备会登记之会员，只有上海、重庆两市商会和15省商会联合会，其余各省市商会因抗战期间，沦陷区域无正式组织，未及参加为筹备会员。但至扩大筹备会召开时，又增加了南京、北平、天津、青岛等四市商会以及12省商会联合会，共计33个单位，"已达到全国省份及院辖市总数之过半数，此可见胜利后全国各省市商业组织恢复之努力，及其参加本会筹备工作之热忱"。因此，"扩大筹备会议之成绩，颇得各方之赞许"③。

　　5月5日下午，中华民国商会联合会筹备会在南京先举行了谈话会，各省市代表30余人出席。谈话会商议确定次日上午8时全体代表敬谒中山陵，然后召开预备会，11时举行本市新闻记者招待会，下午3时扩大筹备会正式开幕及选举主席团。另还讨论聘请商界具

---

① 骆清华：《中华民国商会联合会筹备经过及其使命》，《商业月报》第22卷，第8号，1946年12月，第3页。
② 骆清华：《中华民国商会联合会筹备经过及其使命》，《商业月报》第22卷，第8号，1946年12月，第2页。
③ 骆清华：《中华民国商会联合会筹备经过及其使命》，《商业月报》第22卷，第8号，1946年12月，第3页。

有资望之人士钱新之、杜月笙、刘鸿生等25人为大会顾问，并请出席国民大会各省市商界代表于该会开会期间列席全国商联会扩大筹备会议①。6日上午谒陵后，出席中华民国商联会扩大筹备会议的各省代表40余人即举行了预备会，推举王晓籁、陈苍柏、陈职民等7人为大会主席团，骆清华、陈芸田为团体组织提案审查召集人，潘仰山、林君杨为工商业务组提案审查召集人，陆小波、鲁鸿儒为特种组织提案审查召集人。11时如期召开记者招待会，先由"王晓籁主席报告会议目的，在加强工商界联系，以期增加生产，解决经济困难"；继由陈芸田报告："一、工商界在抗战期中所受痛苦，对于国家之贡献；二、请舆论界对工商事业多多指导，加速经济复员"；随后又有数省代表"报告各该地工商情况"②。

6日下午，中华民国商会联合会扩大筹备会在南京市商会大礼堂正式开幕。到会的有各省商联会、市商会代表，以及行政院、中央组织部、社会部、农林部、经济部暨南京市党部、市政府社会局等党政官员，共计百余人。王晓籁率先报告了商联会筹备情形，接着由行政院副院长翁文灏致辞："略谓中国天然资源丰富，目前民不聊生之现状，欲加以改善，必先提倡生产，故本人希望各代表同心一意，统盘筹划，不要因各自为政，组织纷歧，而分散力量。"组织部长陈立夫的致辞表示了两点希望，一为"扩大筹备会筹备时间不要太长，最好能于本年底前正式成立"；二为"多用时间讨论会之本身问题，少用时间讨论工商问题，因目前正欲健全组织也"。社会部长谷正纲致辞时也希望积极设法使各工商界优秀分子

---

① 《全国商联筹备会在京举行谈话会》，《申报》1946年5月6日，第1版。
② 《全国商联会筹备会昨日在首都揭幕》，《中央日报》（重庆）1946年5月7日，第2版。

入会，以充实领导，全国商联会筹备会应"健全各市商会及各同业公会，以健全自身之基础"，另外，"全国商联会应于本年底以前正式成立，以应客观需要"①。由上可知，当时政府各相关部门主管官员也都希望中华民国商会联合会能够尽快成立，以便在恢复和重建社会经济中发挥作用。

本次扩大筹备会议的会期原定为3天，但因需提案增多不得不延期，总共会期为5天。上海市商会的骆清华在《中华民国商会联合会筹备经过及其使命》一文中称，大会计讨论提案180件，其中关于团体组织案43件，关于工商业务案96件，特种提案35件，另临时动议6案。"提案中以挽救当前工商危机者居多，占提案总数百分之五十以上。所有提案均经由各组审查委员会审查后，提付大会讨论议决议。"②另据会议结束后王晓籁在记者招待会上报告："大会原定四十三单位，到达者为三十一个代表，共到四十余人，讨论提案一百六十余件，会期自六日至十日止，结果极为圆满。此次为全会之筹备会议，全会可望于秋冬之间召开。"③两人所述大会讨论的提案总数略有出入，但这并不影响对此次扩大筹备会成绩的评估。除确定了中华民国商会联合会成立大会召开的时间之外，王晓籁在记者招待会上还概括地报告了本次筹备大会取得的成绩，包括对物价问题拟出了若干解决方案，提交政府参酌；做出了召开全国经济会议之决定，同时聘请专家参与研究；东北战事，请政府采取切实措施予以解决；另有提倡节约、提高商业道德等决议。筹

---

① 《商联会扩大筹备会昨日举行首次大会》，《中央日报》（南京）1946年5月7日，第4版。
② 骆清华：《中华民国商会联合会筹备经过及其使命》，《商业月报》第22卷，第8号，1946年12月，第2页。
③ 《商联筹备会圆满闭幕》，《申报》1946年5月12日，第4版。

备大会还作出决议,"推举代表将大会决议案,分向财政、经济等部请愿"。12日午后王晓籁等5人面谒财政部长,提出如下要求:请减免战时过分利得税,豁免收复区1945年度所得税,减低营业税率,并简化征收手续及免除统税印照办法;对现有钱庄从宽管制,简化收复区钱庄登记手续;特许各省成立工商贸易银行等,"当经俞财长圆满答复"。

筹备大会结束后,以中华民国商会联合会筹备会名义发表了致全国通电,称"本会议于还都翌日集会首都,适值东北情势日趋紧张,各省市交通迭遭破坏,因之物价腾涌,民不聊生,初不料胜利昭宣之后,转使人民如水益深,如火益热,谁实为之?孰令致之?"对此,该通电认为"中共方面似不能不尸其咎"。通电还向国民政府提出了如下建议:"国家主权不容放弃,忍辱五载,血战八年,牺牲生命何只万亿。大战之后,宜事休养,何堪以一党之争,使生民重遭涂炭,此应请中共方面幡然改图者一也。……政府本和平建国之精神,为息事宁人之举措,似宜贯彻始终,永图和协,此应请政府毅力主持者二也。"最后则表示:"代表等来自四方,深知民间疾苦,睹国事之纠纷,念沦胥而悚惧,不得不披沥陈辞,为民请命。"① 这一态度和要求,比较典型地反映了商人害怕战乱和动荡影响经济发展、损害自身利益的特点。

10日下午,全体与会代表应邀赴行政院出席宋子文院长举行的招待茶会。宋在致辞时指出:关于国营与民营事业,政府主张凡非人民力量所能举办者,给由国家经营,现在之国营事业,将来当陆续改归民营;关于劳资问题,政府当在合法合理原则下,秉公处

---

① 《通电全文》,《中央日报》(南京)1946年5月12日,第4版。

理，凡双方合法利益，政府必予保障，劳动纪律必须维持，生产秩序力求安定。王晓籁代表全体出席者致答谢辞："对宋院长之招待，表示感谢，并说明此次全国商联会议为战后全国性团体之首次集会，台湾、东北及西北、西南边远各地，均有代表参加，凡所决议，均系详慎研讨之结果，希望政府尽量采纳施行，使此次会议将有圆满结果。"接着，"骆清华等多人对现行税则及丝茶出口等问题，亦发表意见。最后，宋院长表示对各代表所陈意见当郑重考虑，尽量采纳"①。

5月11日下午，蒋介石在国民政府又专设招待茶会，邀请全体代表出席，这一消息在前一天的《中央日报》等报上即有预告。在招待茶会上，上海代表王晓籁、浙江代表陈勤士等先后致辞，蒋介石也发表了训词，全文如下：

> 全国商联会在京举行筹备会议，就我们中国商业的前途而论，实在是一件大事。将来商联会成立之后，我们全国经济界有了一个总枢纽，对于以后商业的繁荣，工业的发展，那有莫大的裨益。大家都知道，我们要发展商业有一个先决的条件，就是要安定地方，发展交通。目前我们中国经济衰落，商业凋残，主要的原因，就是因为交通不能恢复，地方的秩序不能安定。刚才山东、河南两省代表陈述当地人民因为地方不安，交通梗阻，以致在生活上和经济上受到无穷的痛苦和损失，这是本席时刻关心的。不过，这是一个政治问题，政府一定尽其力量，以求得到政治的解

---

① 《主席明午招待商联会各代表》，《中央日报》（南京）1946年5月10日，第4版。

决,促成全国的安定和统一。同时,希望商业界各位领袖,共同一致,协助政府来谋中国经济的繁荣和复兴。惟有经济能够复兴,人民的生活才能提高,国家也才能进入富强康乐的境地。①

本次扩大筹备会议还受到舆论界的关注与重视。9日中午,上海商报出版社在都城饭店宴请全体与会代表,应邀出席的还有中央组织部长陈立夫、社会部次长洪兰友、宣传部副部长许孝炎、文运会主委张道藩暨南京市商会代表共计60余人。潘公展、骆清华先后报告《商报》复刊经过,及今后之使命在沟通全国工商界意见,作政府施政之参考②。《申报》记者对出席会议的重庆、上海、天津、南京、台湾等地代表进行了专访,并予以较大篇幅做详细报道。这篇报道历数战后出现的各种危机,认为在此情形下,"首都正在召开着一个全国性的商会扩大筹备会,该会是全国数千乃至数万个有组织的公会组合而成,今日这一个会的召集,无疑地对于中国经济前途,具有一种重大的意义。……这一次的大会,有东北的代表及海外的代表参加,正象征着国家的统一现象。但这次大会还不过是一个筹备会,却已经足够使我们兴奋的了"。该报道还乐观地表示:"出席这次全国商联会筹备会的代表,会毕后分回各地,将努力驾驶组织,期能于秋后召开全国商联会之正式大会,发挥组织的力量,无疑地将使中国工商业步入健全发展之境,未来的国家经济基础,也可因此而日趋巩固。"③

---

① 《主席昨设茶会招待商联代表》,《中央日报》(南京)1946年5月12日,第4版。
② 《本报讯》,《中央日报》(南京)1946年5月10日,第4版。
③ 《访商联会诸代表》,《申报》1946年5月11日,第1版。

总体而言，此次中华民国商会联合会扩大筹备会议基本上达到了预期的目的，是比较成功的。而上海市商会王晓籁、骆清华所发挥的重要作用，则是有目共睹。筹备会议结束后，"该会暂假南京市商会办公，惟该会秘书长石善生，则因事不克兼顾，呈请辞职，业已照准，遗缺已请上海商会代表骆清华兼任"①。至此，历经两年之久的中华民国商会联合会的重建，在战后重重困难的环境下已完成了最重要的一个步骤，可谓万事俱备，只欠东风，待当年秋冬之际召开正式成立大会即可大功告成。

二、中华民国商联会成立大会的举行

按照中华民国商会联合会扩大筹备会议的安排，全国商联会的正式成立大会将在1946年的秋冬之际召开，实际上距5月筹备会闭幕仅数月时间。为此，筹备会不得不加紧努力从事各项筹备工作，最终使中华民国商联会的正式成立大会如期于当年的11月1日隆重举行。

中华民国商联会正式成立大会的举行，受到报刊舆论界更为广泛的关注。在大会开幕之前，各大报纸即开始进行报道。例如《中央日报》10月28日在报道中称："全国商联会会期日近，各地代表，昨日向大会秘书处报到者，已达一百十六人，贵州、四川、云南及重庆等省市代表，已有电致京，明日由渝搭中航公司专机飞京。嫩江省、安东省及加拿大温加华华商等商会代表，因交通及

---

① 《商联代表陆续离京》，《中央日报》（南京）1946年5月14日，第4版。

时间问题，未能出席，已电会知照。又各代表此次来京，多随带本省土产样品，以备于大会期间，陈列会场，供与会代表欣赏参考。至昨日止，大会秘书处已接获青海、西康、甘肃等省之名产多种。"①30日，该报又报道了大连、重庆、湖北、西康、甘肃、福建、天津、广东、台湾等省市代表到会报到情形，并说明"截至昨日止，该会共收到提案已达二百一十一件"②。北平《华北日报》也报道全国商会联合会将于11月1日召开成立大会，"全国出席单位，共四十四个，其中省商会三十五个，行政院直辖市商会八个，及伦敦海外华商会一个，每一个单位代表十一人，全部代表可能达四百人"③。

上海《商报》更是以较大篇幅连日在头版报道中华民国商联会成立大会即将召开的消息与各项预备工作，称"全国商联大会揭幕在即，各项筹备工作加紧进行。该会秘书处日前起已延长办公时间，由晨以迄深晚，工作殊为紧张"。该报的报道还说明："此次国内外重视之全国商联大会在京举行首次大会，中枢当局，各院部会首长等，均极为关注。财经两部并向该会负责方面各致提议，商请官商合作，并请转向大会垂询谋救国内经济之道，以冀确收

---

① 《商联会会期日近》，《中央日报》（南京）1946年10月28日，第4版。抗战胜利后，民国政府将东北地区划成九个行省，分别为辽宁省、安东省、辽北省、吉林省、松江省、合江省、黑龙江省、嫩江省、兴安省，即把原来的东三省每一个省分成三个省（安东省、辽北省原为辽宁省的一部分；松江省、合江省原为吉林省的一部分；嫩江省、兴安省原为黑龙江省的一部分），时称"东北九省"，并有"东北九省流通券"。除设置九个省外，在东北还设有三个直辖市，直属于行政院，分别是沈阳市、大连市和哈尔滨市。

② 《商联代表陆续报到》，《中央日报》（南京）1946年10月30日，第6版。

③ 《全国商会联合会下月一日在京成立》，《华北日报》（北平）1946年10月23日，第2版。实际上出席成立大会的海外华商会代表并不止伦敦一处，越南、菲律宾、暹罗、墨西哥华商会都派出代表参加。

实效,完成建国大业。"①另外,该报的报道还认为:"中华民国商联会筹备工作,已臻圆满阶段","此次商联大会,象征全国工商界之空前团结,实为划时代之创举,其历史意义开建国以来人民团体集合之新纪录。政府当局,对此次全国商联会之成立,极为重视,盖欲使国家工业化建设之大道,必须透过依法组成之全国商联会统一领导各省市商业团体,俾共聚一堂之四百余全国工商经济界领袖,今后秉承国策,襄赞经建大计"②。不仅如此,自全国商联会开幕至闭会期间,《商报》还特地增加多个版面创设"中华民国商会联合会成立大会特刊"。就连一些地方性报纸也对中华民国商会联合会即将召开进行了报道,例如宝鸡《通俗日报》发表的报道称:"全国商会联合会将于下月一日成立",出席成立大会的代表"可能达四百人",是战后全国工商界的一次空前盛会③。

由于出席全国商联会的代表人数众多,达到300余人,加之在南京正好同时还将举行国大代表会议和全国卫生行政会议,导致旅馆和饭店的住宿异常紧张。尤其国大代表先期预订了较大的一些旅馆,全国商联会的"二百余位代表都没有好旅馆住,而且不能住于一个旅馆,一切接洽,都感觉不便"。大会主席王晓籁和秘书长骆清华"见了各代表,第一句就说'旅馆不好,使各位远道而来,不能安定,殊觉抱歉'"④。尽管如此,这并没有影响全国商联会成立大会的如期举行。另据中华民国商会联合会筹备会副主任王绎斋透露:本次全国商联会"经呈准社会、经济两部,定于本年十一月

---

① 《全国商联加紧筹备》,《商报》1946年10月29日,第1版。
② 《全国商联意义重大》,《商报》1946年10月30日,第1版。
③ 《全国商会联合会定下月一日成立》,《通俗日报》(宝鸡)1946年10月23日,第4版。
④ 《花絮来自商联会》,《商报》1946年11月1日,第7版。

一日召开成立大会,关于大会经费方面,经多次呈请接洽,今社、经两部各允补助二千五百万元;关于各代表来京交通问题,亦经呈请社会、交通部饬电所属有关机关,尽量予以便利;其他大会会场洽定在公余联欢社;而最感困难者,端属各代表住宿问题,南京自国府还都后,本已人满为患,适值国民大会亦将定期召集,各旅社愈形拥挤,经一月之奔走洽定,得勉留若干房间,俾各代表有安身之地,自然难免招待不周"①。

1946年10月31日上午,中华民国商联会全体代表240余人首先祭谒中山陵,发表了谒陵告文。时值蒋介石60岁寿辰,全体代表随后前往祝寿,因前日蒋氏夫妇已赴无锡度假避寿,代表们只能在励志社和新生活运动促进总会设立的祝寿堂,呈献寿屏一幅,并以中华民国商会联合会全体同人名义发表致"主席寿颂",对蒋大加颂扬②。下午2时,商联会筹备会主任王晓籁、副主任王绛斋、周懋植和秘书长骆清华出席记者招待会,到会各报记者30余人。王晓籁"报告筹备经过甚详,并对各地代表不远千万里而来之精神,表示赞佩。继由王绛斋致辞,其大意为商联会成立,系我国商人史无前例之盛举,除表示欣慰外,并盼舆论界多加报道,多予协助。旋由骆清华报告各地出席代表对政府信赖之热忱,并谓商联会系我国唯一根据法令所产生之商民团体,故各地代表热烈来京参加大会之情形,实令人非常兴奋,估计此次各地代表来京所耗费用,当在二十亿以上"③。下午3时,全国商联会召开预备会,一致通过大会议事

---

① 王绛斋:《本会筹备经过及未来之希望》,《商报》1946年11月1日,第10版。
② 《商联同人恭献主席寿颂》,《商报》1946年10月31日,第1版。
③ 《商联大会今晨开幕》,《中央日报》(南京)1946年11月1日,第6版。

规则及议事日程，并选举王晓籁等15人为大会主席团。据报道，预备会在"和谐的气氛中开始，主席王晓籁先生说：今日全国商联大会，终于在千辛万苦中筹备完竣，显示了全国商民空前大团结"，其喜悦之情溢于言表。同时，"劳苦功高的骆秘书长清华先生眼看他亲手筹备的全国商联会，终于从千头万绪中完竣筹备工作，包罗国内外各地区各民族工商界代表的商联会，将于明日正式成立，因此也特别显得高兴，虽然体弱有病，仍然力疾从公，坐在主席的旁边，协助主持预备会"①。

11月1日上午9时，中华民国商会联合会成立大会在南京公余联欢社中正堂正式开幕。会场内外经过布置，"装点成青白红三色交织，喜气洋溢"。会场外的马路口，"盖了一座松柏彩牌楼，红布横幅题'中华民国商会联合会成立大会'十三字，旁边对联一副，上款是'集全国工商把握时机共谋出路'，下款为'尽大家心力把握时机共谋出路'"。会场里面"是戏院建筑，有舞台，有正厅，有月楼，主席台在台上，正厅是代表席，月楼是旁听席，四百多座位不多不少，挤得暖烘烘的"②。

出席大会开幕式的党政要员有组织部长陈立夫、经济部长王云五、社会部长谷正纲、农林部长周贻春、侨委会委员长陈树人、秘书长邵力子以及南京市党政机关代表30余人，"商联会全体出席代表三百廿一人，均准时到会，全国各地商界俊彦济济一堂，盛况空前"。大会主席王晓籁致开会辞，"略谓今日为商联会成立大会揭幕日，本会是全国工商界综合性之组织，此种组织在我国历史上，

---

① 《大会侧写》，《商报》1946年11月4日，第9版。
② 《大会侧写》，《商报》1946年11月4日，第9版。

尚属创举。本会自三十三年五月开始筹备,终因抗战期内,未能如期进行,迄胜利还都以后,方于今年五月中召开扩大筹备会议,经五月之共同努力,今日遂告正式成立。吾人对于各地代表热烈参加大会,尤其对于台湾、东北及边疆、海外代表之不辞艰辛,不远万里而来之热情,更倍觉无限兴奋。而在扩大筹备会期内,得承经济部、社会部、组织部等主管机关予以扶导,尤深感激"①。随后,由王晓籁宣读蒋介石训词,全文如下:

> 全国商会联合会筹备会王主任晓籁、王副主任绎斋并转各代表公鉴:贵会于本年十一月一日召开成立大会,集全国各省市工商业代表于一堂,检讨得失,谋当前之对策,以收集思广益之效,询属盛举。兹愿举数事,与诸君共同勖勉。国父在实业计划中曾经指示,欲维护世界和平,应由防止商业战争,进而根绝武力战争,并谓吾especially以国际共助中国之发展,以免将来之贸易战争。今日之世界大势,虽在不断演进之中,而国父之宝训,依然为适时之南针,深望吾国工商界体承此意,认清现势,以求发展,俾成为国际商业竞争中之安定力量,以增益民族历史之光荣。抗战胜利,方及一载,由于物力艰难,致工商业不能蔚呈勃兴之景象,今后应若何策进,当必在诸君精思熟虑之中。即如物价之如何稳定,使其不致影响社会生活;游资之如何运用,使其倾注于生产事业;尤其国产之如何提倡,使其达于给足之境界;至于外货销场之如何节制,使其以有济无,庶收调节物资之功,而不致妨碍我工商业之展布。凡此诸端,皆政府所夙夜筹维者,

---

① 《全国商联会昨揭幕》,《中央日报》(南京)1946年11月2日,第6版。

但欲获致满意之成果，尚有赖于社会力量为之助扶，诸君为工商界表率，及此嘉会，盼能尽情研讨，发挥卓识远见，俾工商业及时振兴，以裨助建国之有成，至所殷望。①

蒋介石身为国民政府主席，其训词虽在较大程度上属官样文章，但也透露出借助全国商联会恢复经济发展和重建国家的希望。除蒋氏之外，行政院长宋子文、组织部长陈立夫、经济部长王云五等高官，也都为全国商联会致长篇训词。宋氏并未参会，其在训词中表示："中华民国商会联合会举行成立大会于首都，子文以公务羁身，未克躬与盛会，深以为憾。……商联会诸君均系各地工商领袖，对工商界当前疾苦，观感自甚深切，如能利用此宝贵时机，各以明敏之觉察，共作严密之研讨，以期产生具体方案，提供施政南针，则政府自必竭尽能力，以副诸君殷切之期望。"②陈立夫的训词强调全国商联会成立于战后特殊历史时期，意义重大，"无论在全国各地商界同胞，或是在政府方面，是不能没有这一个全国性的组织——全国商会联合会的存在。这一个组织是全国各地商会的总枢纽，全国千百万商界同胞的精神总汇。没有它，各地商会便只是散漫零星的小单位，各处商民的利益也无法取得一致有效的保障，更不容易彼此观摩以求事务上的进步。今天，全国商会联合会成立，证明了中国商业史已创立了新纪元，划了一个时代，更充分表

---

① 《国民政府蒋主席训词》，《中华民国商会全国联合会纪念刊》，中华民国商会全国联合会1948年印行，"成立大会"，第6页。1948年1月，中华民国商会联合会奉民国政府社会部令，改名为中华民国商会全国联合会。因该纪念刊编于1948年，故使用改后的名称，而非成立时的中华民国商会联合会之名。
② 《行政院宋院长子文训词》，《中华民国商会全国联合会纪念刊》，中华民国商会全国联合会1948年印行，"成立大会"，第6页。

现今日中国商界的进步现象,代表全国商界精神上的大团结。"①王云五在训词中也阐明:"今天中华民国商会联合会举行成立大会,实在是中国工商业发展史上最值得纪念的一日,商联会是全国工商团体的精神中枢,在今日所谓'组织经济'的时代,其重要性自不待言。"身为经济部长的王氏还对全国商联会的特殊性及其功能提出了特别期望:"全国商联会既由各省商联会及市商会联合而成,其任务当然以商会法为依据,然有进者,则一省一市商联会或商会所注重者,限于一省一市工商业之公共福利,而全国商联会则须高瞻远瞩顾及全国工商业之公共福利,此应特别注意者一。又全国商联会之成立,适在久经战事,复员伊始,经济剧烈变动之时,则全国商联会所负之责任,自不得不超过其在平时之任务,此应特别注意者二。"②显而易见,各位部长的训词都高度肯定了中华民国商联会成立的重要意义与作用,并对全国商联会寄予了很高的期望。同时,也体现了当时国民党中央和国民政府各部门对恢复和发展经济都比较重视。

国民党中央和国民政府要员对全国商联会如此重视,并联袂出席商联会的开幕式,对于提高商联会的地位与影响也不无帮助。就参加成立大会的全国工商界代表而言,既是一种莫大的鼓舞,也加强了工商界对国民党和国民政府所抱的期望与幻想。为此,中华民国商联会成立大会开幕后,专门向蒋介石发出一份致敬电,电文如下:

---

① 《中央党部组织部陈部长立夫训词》,《中华民国商会全国联合会纪念刊》,中华民国商会全国联合会1948年印行,"成立大会",第7页。
② 《经济部王部长云五训词》,《中华民国商会全国联合会纪念刊》,中华民国商会全国联合会1948年印行,"成立大会",第9页。

本会今日举行成立大会，全体出席代表金以抗战胜利，时逾一载，国内秩序，迄未恢复，各地交通阻塞，物价飞腾，经济恢复，无从推进，民生疾苦，有增无减，不惟影响国际地位，抑且阻碍建国大业，切望各党各派暨社会贤达，体念抗战八年之庞大损失，为整个民族前途着想，捐除成见，共谋国事，实现和平统一。本会代表来自全国各省市，远及边疆海外，爱国情殷，望治必切，一致拥护钧座本年十月十七日谕告八项原则，并请如期召开国民大会，制定宪法，还政于民，建设三民主义新中国，奠定国家治平富强之基础。①

　　简而言之，中华民国商会联合会的这份致敬电主要表达了两层含义，一是陈述抗战胜利后已逾一年，但经济危机日益严重，各类物资短缺，物价不断上涨，民生疾苦日见深重，其所言当属实情，这也是广大工商业者深感无可奈何的紧迫困境。其二是表达对蒋介石的拥戴之情，急切盼望蒋介石能够领导国民党和国民政府采取一系列政经措施，既使广大工商业者尽快解除困境，也使国家臻于富强，但这在当时只能是一厢情愿的美好愿望，根本无法实现。

　　中华民国商联会成立大会的开幕典礼颇为隆重，时长近两个小时，至11时许方告结束，随后全体代表与党政各机关要员、各界来宾摄影留念。据报道开幕礼程序如下：一、典礼开始，二、奏乐，三、主席团就位，四、全体肃立，五、奏国歌，六、向国、党旗暨

---

① 《上蒋主席致敬电》，《中华民国商会全国联合会纪念刊》，中华民国商会全国联合会1948年印行，"成立大会"，第12页。

国父遗像行三鞠躬礼，七、主席恭读国父遗嘱，八、主席致开会辞，九、宣读国民政府主席训词，十、党政机关首长训词，十一、来宾致辞，十二、奏乐，十三、摄影，十四、礼成。当日中午，经济部在中央饭店设宴款待全体与会代表。下午三时，全国商联会召开第一次大会，主席王晓籁"报告各地出席单位，原定国内四十三单位，国外十单位，此次实到四十三单位，代表人数为三百廿一人，早已超过法定人数"。贵州商会联合会代表提议，"请规定商联会成立日为商人节，经全体出席代表一致通过。旋由上海代表骆清华、福建代表严焰、浙江代表朱惠清、西康代表孙汝坚、天津代表陈锡三等，相继报告各地工商情形甚详，迄六时散会，由上海商报出版社邀请全体出席赴中央餐室欢宴"①。

　　根据会议日程的初步安排，中华民国商联会成立大会从10月31日召开预备会至11月5日的第一届理监事第一次联席会议结束止，会期总共6天。如果从11月1日正式开幕计算，则为5天。后延期1天，正式会期为6天。因11月3日周日休会1天，实际上开会仍为5天。大会提案组分成八个组，根据《商报》的报道，截至大会开幕时的统计，共有提案211件。其中第一组工商法令类16件，第二组工矿类21件，第三组商业类12件，第四组输出贸易类9件，第五组金融类27件，第六组交通运输类16件，第七组捐税类70件，第八组工商组织类40件②。实际上，大会开幕后各商会参会代表补交的提案不断增加，会后统计的提案总数是504件，"其中关于工商法令者十九件，工矿者六十二件，商业者四〇件，输出贸易者十六件，

---

① 《全国商联会昨揭幕》，《中央日报》（南京）1946年11月2日，第6版。
② 《中华民国商会联合会成立大会提案全文汇志》，《商报》1946年11月1日，第8版。

金融者七九件，交通运输者四六件，捐税者一一〇件，工商组织者九二件，临时动议四〇件"。从各类提案的数量看，涉及捐税者最多，表明各商会对捐税问题极为重视，另一方面也说明当时各种苛捐杂税对工商业者的影响最大。当时的记载也称："提案中以挽救工商危机及捐税者居多，几占提案总数三分之一。所有提案，均经由各组审查委员会审查后，提付大会讨论决议。"①

大会还讨论通过了《中华民国商会联合会章程》，并选举了第一届理事和监事。该会章程规定："本章程依据修正商会法、修正商会法施行细则及有关法令订定之"；"本会定名为中华民国商会联合会"，"以图谋全国工商业及对外贸易之发展，增进全国工商业公共之福利及协助推行政府经济政策为宗旨"，"本会事务所设于首都"②。这一宗旨与民国元年成立的中华全国商会联合会所定"协谋全国商务之发达，辅助中央商政之进行"的宗旨相比较，实际上并无明显差别。但中华全国商会联合会成立后，南省与北省商会之间曾为商联会事务所设于何处发生争议。南省商会认为上海是全国工商贸易中心和金融中心，全国商联会事务所理应设在上海，但北省商会代表大多不赞同"总处设在上海"，认为北京是全国的首都，"凡有直接政府事件，就近地核办"，较诸上海更为便利。经沟通协商南北省商会均做出某些妥协，勉强达成一致意见，在北京设立全国商联会总处，在上海设立商联会总事务所，"第暂时牌子，上海是中华全国商会联合会总事务所，北京是中华全国商

---

① 《中华民国商会全国联合会纪念刊》，中华民国商会全国联合会1948年印行，"成立大会"，第5页。
② 《中华民国商会联合会章程》，天津市档案馆等编：《天津商会档案汇编（1945—1950）》，天津人民出版社1998年版，第141页。

会联合会,各省是中华全国商会联合会某省事务所"①。尽管达成了这种妥协意见,但作为全国性商人团体的中华全国商会联合会,在北京和上海分设两个总部,实际上并非正常现象,对于其后全国商联会的运行也不无影响。战后重建的中华民国商会联合会,则宣布将事务所永久设于都城南京一地,并没有再度出现类似争议。商联会筹备会副主任王绎斋曾说明"本会会所永久设在政府所在地之首都",而未设于工商贸易中心的原因,虽然此前"有持本会宜在通商巨埠,易于为功之说",但此说"未能彻底明了本会之任务,要知本会为全国性之商联会,不当偏于一地,通商巨埠之工商事项,自有当地之商会任之,不当以一地赅括全国,而致事权有所旁落"②。不过,中华民国商联会新当选的常务理事在首次常会上经过讨论,决定商联会事务所暂设于南京市商会内,另在上海设立办事处③。

关于中华民国商会联合会的具体职责与任务,其章程规定了如下数项:一、关于全国各省商会联合会及院辖市商会暨旅外华商商会之联络及指导事项;二、筹议全国工商业之改良及发展事项;三、关于全国工商业之征询及通报事项;四、关于国际贸易之介绍及指导事项;五、关于工商业之调处及公断事项;六、关于工商业之证明事项;七、关于工商业之调查统计及编纂事项;八、关于筹办工商展览会、工商业学校及合于第三条所揭宗旨之其他事业;九、遇有工商业困难情事,有维持及请政府维持之责任。这些职责

---

① 请参见拙文《清末民初中华全国商会联合会的筹设与成立》,《史学月刊》2019年第3期,第58页。
② 王绎斋:《本会筹备经过及未来之希望》,《商报》1946年11月1日,第10版。
③ 《商联会首次常会决在沪设办事处》,《商报》1946年11月9日,第1版。

与任务，也与此前的中华全国商会联合会大体相同。

根据《中华民国商会联合会章程》的相关规定，各省商会联合会及院辖市商会暨旅外华商商会，均应加入该会为会员；会员得举派代表（以不逾11人为限）出席全国商联会会员大会，称为会员代表，会员代表以中华民国人民年在20岁以上者为限。会员大会分定期会议和临时会议两种，均由理事会召集之。"定期会议每年开会一次，临时会议于理事会认为必要，或经会员代表五分之一以上之请求，或监事会函请召集时召集之"。中华民国商联会设理事31人，监事11人，"由会员大会就代表中无记名连举法选任之，以得票最多数者为当选。选举前项理事、监事时，应另选举候补理事15人，候补监事5人，遇有缺乏依照递补，以补足前任任期为限"。"理事及监事均为无给职"，任期4年，每2年改选半数。此外，设常务理事5人，常务监事3人，"由理事会、监事会分别就理事监事中用无记名连选法互选之，以得票最多数者为当选"；设理事长1人，"由理事会就当选之常务理事中用无记名单记法选任之，以得票满投票人之半数者为当选。若一次不得选出，应就得票最多数之二人决选之"。除理事会和监事会之外，"本会为推动会务起见，得设各种特种委员会，其组织另定之"①。

中华民国商联会在6天会期内，总共召开7次大会，讨论通过了467件议案，"对如何挽救全国工商危机，并协助政府致力经建大业，均有重大决议"②。最后一次大会选举了理事31人，监事11人。在选举理事过程中曾发生一个小插曲，选举开始时江西省商

---

① 《中华民国商会联合会章程》，天津市档案馆等编：《天津商会档案汇编（1945—1950）》，天津人民出版社1998年版，第142—144页。
② 《全国商联成立大会宣告圆满闭幕》，《商报》1946年11月7日，第1版。

联会代表余鹤年起立询问:"上海市商会代表骆清华在本会筹备期间兼任秘书长,劳苦功高,众所周知,何以此次候选人名单上,未见骆氏名字?"骆清华本人急忙解释说:"本人因体弱事繁,不能再加职务,早于本月一日在报端声明结束任务,乐观厥成,为唯一愿望,决不愿膺选理监事或其他任何职务,并已获得沪市商会代表之,一致推举王晓籁君为本单位候选人。"尽管如此,选举结果是"骆氏仍以八十七权当选理事"①。骆清华再次提出请辞理事职,被全体代表一致挽留。

11月6日下午,大会举行闭幕式,蒋介石亲自出席闭幕式并致训词,声称"我国商业过去之所以不奠立基础,多由于缺乏健全之组织,因无组织,故无正确之调查统计,以为缴纳捐税之依据,以致轻重不均,商业发展颇阻碍。希望今后建立现代化之商业组织,注重精确之调查与统计,以谋商业之健全与发展"②。最后,仍由王晓籁致大会闭幕词。

值得一提的是,"此次全国商联会成立大会,将如何挽救全国工商危机,列为重大议题之一。六日大会通过代表九十一人连署之挽救全国工商危机案一件,附具方案,切中时弊,蔚为大会之重大收获"。6日下午蒋介石"躬临大会致辞时,全体代表即将此项方案呈献,以供俯采,而苏民困。大会主席团推王晓籁氏面呈此项方案,主席接受时频频颔首,对工商危机极表关怀,且正谋挽救之策"③。这件提案就确立经济政策提出了5条建议,对如何改善金融措施提出了6项办法,就贸易及外汇问题提出了6条建议,对捐税及

---

① 《骆清华氏请辞理事》,《商报》1946年11月7日,第1版。
② 《主席训词》,《商报》1946年11月7日,第1版。
③ 《面呈提案》,《商报》1946年11月7日,第1版。

其他事项提出了两项要求，"以上建议，拟请政府一一采纳实施，并希政府举行全国经济会议，由政府主管院部邀集专家学者与本会代表共同参加，俾促成战后新经济政策之实施，以完成经济建设，安定人民生计"①。这件挽救全国工商危机案反映了广大工商者的心声，也是社会各界的共同愿望。舆论有称："其内容对目前工商经济财政的分析，肯切基要，而所提方案，皆为确实可行确能生效者，堪称我国目前的'经济法典'。"同时还指出："工商业的要求，决不是为工商业的局部利益或片面利益，而是为整个经济建国的利益，更是国家财政的利益。"②

此外关于交通运输问题的解决，大会通过了审查委员会的综合报告。该报告强调："交通建设，乃为今日复兴建国首要之图。"抗战期间，交通损毁极其严重，战后为应付复员输运，"不免有移东补西之紧急措施，忽略内地各省人民之供求。此种困难情形，乃系不可讳言之事实。是政府对于今日交通建设政策，亟应及时检讨，不宜一误再误，仅作头痛医头，脚痛医脚之措置，置人民福利于不顾"。报告还指出："建国与交通，时至今日，不可分离，政府似应与全国从事交通事业之工商领袖，及交通技术专家，举行全国交通会议，分门别类，遵奉国父遗教，研讨今后交通建设之具体方案，按期推行，无远弗届，俾全国交通事业，得能有精密详细之计划，而方克完成建国之大业。"③这份报告既对存在的交通问题及产生原因有分析论证，又就如何解决这些问题提出了具体可行的

---

① 《挽救工商危机决议案》，《商报》1946年11月7日，第1版。
② 《工商业正当要求》，《商报》1946年11月7日，第2版。
③ 《大会通过交通运输审查委员会综合报告全文》，《商报》1946年11月7日，第8版。

建议，并要求政府召集交通运输界人士和相关专家举行全国交通会议，在当时可谓切中了症结。

关于输出贸易问题，大会通过的审查委员会综合报告认为，目前输出贸易严重受阻，主要原因是外汇调整与国内物价未能匹配，各地运输滞阻，营运失调，影响成本，出口业未能获得低利贷款，受高利贷压迫与亏累。为此，向政府提出同时采取治标与治本的双重举措，促进输出贸易的发展。治标举措包括调整汇率，补贴出口外汇，放宽贴现抵押，减低利率；大宗特产应请政府普遍收购外销，藉以振兴国内农业；调整内河船舶，切实指拨吨位，以畅外运；免除出口商品货物税。治本之举措，主要为请政府早日召开全国经济会议，确定经济政策，颁示贸易方针；请政府实行保护政策，采用有计划之保育关税政策，改订进口税率及现行进出口贸易暂行办法；加强同业组织兴办联营业务，筹设物资贸易公司，或综合性之企业组织，或全国对外贸易机构；联合海外侨胞扩充国外市场；沟通中外商情，研究商品改良；创设商业学院，培养贸易专才。①

大会结束后，全国商联会公开发表了《成立大会宣言》（简称《宣言》）。这篇《宣言》首先历数当时工商界普遍面临的痛苦："一为高利贷之压迫"，"二为舶来品之倾销"，"三为一般营业之萧条"，"四为捐税之繁重"，"五为运输之阻塞"，"六为工资之高昂"，"七为动力机械与技术人员之痛感不足"。由此可知，"吾国工商业刻正处于水深火热之中，其机运已面临危殆，实属一发千钧，挽救不能再缓"。宣言还阐明：本次大会"经研究其

---

① 《输出贸易审查综合报告全文》，《商报》1946年11月7日，第8版。

症结所由来,虽原因不止一端,但一致认为吾国目前缺乏具体之经济政府作为当局施政之南针,致使一切财政金融措施俱与经济建设失却联系,终至矛盾百出,危机日深,实为其主要原因"。接着,说明"大会针对时弊,乃有下列诸项决议",亦即代表全国工商界向政府提出如下请求:一、"请政府从速确定经济政策";二、"请政府改善金融措施";三、"请政府确定保护贸易政策";四、"疏畅交通运输,推进省际贸易";五、"此外如请求政府废除新增货物税,简化征税手续,禁止不法苛征,公平处理敌伪产业,并妥善配售敌伪工厂等,俱属亟切需要之设施,亦请政府早日注意,力图挽救"。最后,对于全国商联会今后之使命及工作方针,宣言指明主要为拥护国策,解释法令,领导全国工商界人士奉行政府经济措施;报道工商界疾苦,转陈政府,请示改善,使下情得以上达,免除政府与民众间之隔阂;在全国经济中心设立工商经济调查研究机关,罗致海内外经济专家与本会人士,共同合作,使本会能成为工商界之参谋本部;沟通政府与各地工商界力量,共同协力实现各项标本兼治之方案,挽救经济危机[①]。

中华全国商会联合会在民国元年成立后,曾以《中华全国商会联合会会报》作为会报,但后来停刊。及至南京国民政府建立,全国商联会改名为中华民国商会联合会,1933年决定创办《实业季报》为会刊。王介安为该报撰写的序指出:"今年是国货年,及此次全国商联会创办《实业季报》,以唤起民众提倡实业,乃根本振兴国货之良法,与往年之国货节不同,愿我同胞注意之。……

---

① 《成立大会宣言》,《中华民国商会全国联合会纪念刊》,中华民国商会全国联合会1948年印行,"成立大会",第11页。

此次《实业季报》之效力及希望,度必有倍徙于往日者也。"①中华民国商联会重建之后,因当时各方面均处于困境,一时难以创办会刊。据《商报》报道:在商联会最后一次大会上,河南省商会联合会代表提出有关确立工商言论、沟通工商消息、强化工商团结临时动议案,其案由阐明:"本届成立大会,每内外工商俊彦在交通困难场合下,热烈前来参加,足见工商界团结力量之坚强。此种盛况空前绝后,吾人欲经常保持此一强固力量,非有舆论机构作为吾人之园地及喉舌不可。《商报》自复刊以来,所发言论,均能击中时弊,而于工商疾苦之抉发,不遗余力,其他如工商法令之解释,商事智识之介绍,各地行市搜集,尤称特色。而对此次代表大会之贡献,更足称道,为此拟提请大会通过议案,商请《商报》作为本会会务公报,俾强化海内外工商界之团结,藉以发挥工商舆论。"与会代表"经热烈讨论后,一致通过,商请本报为商联会会务公报"②。按照该提案所附三项具体办法,嗣后全国商联会所有公告,除具有机密性外,均交由该报专栏登载,各省商联会、市商会有重要通告以及呼吁文电,也均在该报发表;为使各地市况以及工商动态尽量沟通交流,各地商会均设法协助并强化该报通讯机构,设立特约记者;为使各商会、同业公会与会员间打成一片,由地省市县镇商会代理分销,俾每一工商机构均能因阅该报而了解商会会务状况。

《商报》系1921年1月在上海创设的以报道工商消息、反映工商业者愿望为目标的民营大报之一,最初曾是上海"工商团体唯一

---

① 王介安:《实业季报序》,《实业季报》第1卷,第1期,1933年9月1日。
② 《一致通过临时动议定本报为会务公报》,《商报》1946年11月7日,第1版。

之言论机关",由商报社出版发行,在工商界有较大影响。但该报曾经由于种种原因数度停刊,特别是抗战期间被迫停刊多时,后于1946年5月复刊,日出一报,发行份数超过了4万。王晓籁时任商报社董事,骆清华任社长,在人事上与全国商联会有着较密切的关系。复刊后的《商报》力求"风行全宇,普及遐迩,立工商界正确舆论,以为国家施政决策参考"①。在全国商联会成立大会举行期间,该报"增出特刊,义务登载大会各项议案,为工商服务,节省大会经费不少,而于宣传工商界团结事业,厥功尤伟"。为此,大会一致鼓掌通过"请秘书处专函致谢"②。这样,全国商联会即在不用另行增加人力和财力负担的情况下,相当于拥有了自己的机关报。

11月7日,中华民国商联会召开第一次理监事联席会议。首先举行理监事就职典礼。全体理监事郑重宣誓:"余谨以至诚,实行三民主义,遵守国家法令,忠心努力于本职,如有违背誓言,愿受严厉之制裁。"③随后选举常务理事、常务监事和理事长,王晓籁、王绎斋、傅汝霖、姬奠川、李荐廷5人当选为常务理事,赵文翰、陈职民、陈肇基3人当选为常务监事,王晓籁以全票当选为中华民国商联会理事长。第一次理监事联席会议还讨论通过了"请求豁免卅四年所利得税案,决议由常务理事代表该会,明日向财政部请愿交涉,兹将结果向下届联席会议报告"④。

据当时报章报道,次日下午全体理事和监事一起赴财政部进

① 《第八组提案原文》,《商报》1946年11月7日,第12版。
② 《一致通过临时动议定本报为会务公报》,《商报》1946年11月7日,第1版。
③ 《全国商联首届理监会议》,《商报》1946年11月8日,第1版。
④ 《全国商联首届理监会议》,《商报》1946年11月8日,第1版。

行了请愿交涉，提出如下四项要求"请行政院及财政部核办"：一、请求豁免卅四年（1945）度所利得税；二、请废除非常时期过分所利得税；三、请将营业税继续按战前税率征收；四、其他如印花税率之改革、货物印照税之免贴、所得税之改善及其他苛捐杂税之减免。由于财政部长俞鸿钧"因公赴沪"，由次长出面会见请愿之全体理监事。"首由理事长王晓籁氏发言，谓此次商联开会，各地工商代表都申述痛苦，而人所最感痛苦者，莫如卅四年度所利得税。"随后，四川、浙江、青岛、宁夏、山西、贵州等地代表做简短阐述。"最后，由徐次长答复：谓政府对工商界痛苦，已有深切了解。今日聆悉各点，当转报部长。但减税有关政府预算，恐不易达到。在战时，政府藉税收来支持，完成抗战。战后，因尚未完全复员，政府仍不得不要求工商界帮助，渡过目前难关，只要时事安定，情形即可好转。至于各级税率，有不法情事，自当迅查严办，随时纠正。"①商联会新当选的全体理监事向行政院、财政部请愿，就税收问题提出了一系列具体要求，可谓充分反映了广大工商业者的切实愿望，值得充分肯定。但财政次长的当面答复，却预示着这些要求都难以付诸实现。11月9日上午，商联会召开第二次全体理监事会议，修正通过事务所组织规程，决定组织国内外工商考察团，并临时动议"在未得政府批复以前，通告全国各省市商会，对卅四年度所利得税暂缓缴付"②。

11月8日，中华民国商联会成立大会筹备会举行末次会议，"以成立大会已圆满成立，筹备会及大会工作，已告完成"，假南

---

① 《商联会全体理监事分向财部、政院请愿》，《商报》1946年11月9日，第1版。
② 《商联会理监会决组织考察团》，《商报》1946年11月10日，第1版。

京市商会筹备会会址召开商联会筹备会结束会,"并着手准备交接事宜"①。至此,全国商联会筹备会可谓圆满完成了历史使命。

三、重建中华民国商联会的意义与作用

与此前中华全国商会联合会诞生于民国肇建之初相比较,中华民国商会联合会重建于抗战胜利后的特殊历史时期,其意义和作用自然明显有所不同。战后的中国,一方面是艰苦抗战八年(如采用新说则为14年)最终取得胜利,面对这来之不易的胜利,举国同庆,一片欢腾;另一方面由于受多年严酷战争的摧残,各方面损失惨重,百孔千疮,尤其经济衰败,民生凋敝,积重难返。战后在欢庆胜利的同时,经济危机日益彰显,成为中国亟待解决的最大难题。在此情况下中华民国商会联合会得以重建,广大工商业者和社会各界都寄厚望于全国商联会能在解救经济危机方面发挥重要作用,因而对全国商联会重建的意义给予了高度肯定。舆论指出:全国商联会"聚全国工商界领袖于一堂,研讨当前经济危机,共谋各区域间的密切联系,并谋协助政府完成经济建设大计,使命既至为重大,各方瞩□尤殷"。②但是,重建的中华民国商联会实际上并不能真正承受这一重负和使命,其意义和作用也随着时间的流逝而在工商界和各界人士的视野中日益淡薄。

起初,对于中华民国商会联合会成立的意义,舆论界给予了很

---

① 《筹备委员今开结束会议》,《商报》1946年11月8日,第1版。
② 《全国商联会的重要议题》,《商报》1946年11月4日,第2版。

高的评价。比较有代表性的是在全国商联会开幕的11月1日,《商报》专门发表了一篇题为《谨祝全国商联会成功》的社论,首先指出"中华民国全国商会联合会今日正式成立,举行第一次大会,这是我国历史上异常值得纪念的盛会。这样全国性的商联会,曾经筹备过、进行过若干次,都未能成功,惟有这一次是完全成功了",其意义自然十分重要。抗战胜利后,新经济和新国家建设开始,工商界责任重大,只有联合起来才能达到目的。"全国商联会的筹备及其成立,就是基于这一需要和信念,所以这是我国工商界基层,自下而上自动组织的成功的全国性工商团体组织,此全国商联会之重要意义一也。"经济建设离不开政府与工商界之间的紧密合作,出席全国商联会成立大会的代表们将向政府提出诸多建议,甚或有所议论和批判,"全国商联会的意见与政府现行政策及措施,有所出入,有所歧异,只是表示其爱护政府之切,全国工商界是以商联会这一形态,一致拥护政府,此全国商联会之重要意义二也"。与此相应,"全国商联会是一个全国性的组织,是一个永久性的组织,更是一种无比的潜力,政府能吸收它的团体力量及其中的个人力量,善待之优为之,此全国商联会之重要意义三也"。因此,"商联会由全国工商诸领袖的积极紧张筹备而成功地成立,其真正成功与国家的真正成功,是合二而一的"[①]。这篇社论虽过高地评价了中华民国商联会成立的意义,但却在很大程度上如实反映了当时舆论界和工商界的思想认识。

中华民国商会联合会成立大会召开之后,陆续收到各省商会联合会和相关团体、个人发来的许多贺电,也充分肯定了中华民国

———————
① 《谨祝全国商联会成功》,《商报》1946年11月1日,第2版。

商联会成立的意义。各省商会联合会在贺电中都盼望全国商联会更好地联结全国各地商会，"努力同心，作经济之枢机，上可辅助国家，完成建国大业，下可裨益工商，树立经济基础，任务虽艰，观成有日，鸿模在望，燕贺弥殷。"社会各界的贺电不仅对全国商联会的成立表示热烈祝贺，而且表达了对全国商联会的极大期望。例如中国工商协会表示："贵会成立，冶全国企业家与专家于一炉，创划时代之建树，集国内五族代表于一堂，树全国大团结之象征，扶植工商，协成经建，建国大业，实深利赖。"中国进出口贸易协会的贺电阐明："胜利以还，对外贸易仍处极度困难之中，敝会怵于进出口贸易之盛衰，同为社会经济荣枯所系，深期贵会成立，联合全国商业团体，沟通官民意见，吁请当局予对外贸易更多之鼓励。敝会忝属贸易团体，愿随贵会之后，竭尽绵薄，共策进行。"上海市参议会的贺电也不无赞美之词，称全国商联会的隆重成立，"丰财和众，振敝起衰，萃海宇之群英，决惠通之策划，行见乐群敬业，立模范于贸迁，庶几步凌欧美，耀光晖于瀛海"。全国性人民团体联谊会的贺电同样也不乏赞誉期待之意，称"昨共嵩呼，幸一人之有庆，今看飙举，赞大业于中兴。既瑞应之克承，盛会直空千古，复兴猷之丕建，群贤齐集八方。工商之迈进可期，社会之繁荣在迩，昂瞻乔采，敬致贺忱"。[①]透过这些贺电，可以看出社会各界对中华民国商会联合会成立的重要意义均给予了高度肯定，同时也对全国商联会所应发挥的重要功能与作用抱持很高的期待。

中华民国商会联合会成立大会发表的宣言，当然也会充分肯定

---

① 本段所引之贺电载《中华民国商会全国联合会纪念刊》，中华民国商会全国联合会1948年印行，"成立大会"，第12、13页。

本次会议召开和全国商联会成立的重要意义:"查此次到会代表,除因有特殊情形不及派员出席者外,计有五十一单位正式选派代表来会参加,或远自边陲,关山跋涉;或来自战区,冒险到京;更有海外侨胞,远道来集。间有不待通知,即自动派员前来参加者。论地域不分东西南北中外,论会员包括汉满蒙回藏五族,其情绪之热烈,意态之诚挚,不仅为大会生色,亦并令社会人士感奋兴起。盖此次盛会,于显示全国工商界人士之精诚团结外,抑亦表示全国人民之伟大向心力,其意义实至深长。"①上述文字所说应该多系实情,全国商联会成立大会在并非完好的环境下召开,代表们前来出席会议也需要克服各种困难,但最终却仍有如此之多的海内外商会代表参加了此次成立大会,确实体现了全国工商界精诚团结与重建经济的勇气及决心。

中华民国商会联合会秘书长骆清华在接受《商报》记者采访时,也曾谈及战后全国商联会重建的意义,转引如下:

> 商联会之组织,北洋政府时代亦曾有之,先后在北平、上海、汉口等地集会,但当时尚无商会法之依据,其组织并无完密之层次系统,省市县镇各区域凡有商会之组织者,均可参加,华侨集中地之商会,亦得自由加入,故机构散漫,其力量亦随聚散为消长。此次之中华民国商联会之成立,始为依法组成之第一个全国商联会。溯自国民政府奠都南京后,先后颁布商会法及同业公会法,全国商联会本应早日完成组织,但其间十年内,国内未

---

① 《成立大会宣言》,《中华民国商会全国联合会纪念刊》,中华民国商会全国联合会1948年印行,"成立大会",第10页。

靖，战乱迭起，而至民廿六年，抗战军兴，交通梗阻，全国商业机构，迟迟未能产生。迨民卅三年六月，社会部在陪都重庆召集渝蓉陕沪等商会代表，成立全国商联会筹备处，卅三年十二月及卅四年十一月，曾两度筹开大会，皆因内地交通困难，未能如愿召开。①

上引骆清华所说其实并不完全确切，民国元年中华全国商会联合会成立之际，的确没有商会法之依据，因为当时的政府尚未制定颁行商会法。但1914年北洋政府即颁布了商会法，由于该法未将全国商会联合会列入其中，使刚刚成立数年的全国商联会处于非法状态，为此全国商联会领导各地商会进行了持续近两年之久的抗争，最终迫使北洋政府对商会法进行修订，全国商会联合会被列入修订之商会法中而获得合法地位，南京国民政府成立后颁布的新商会法，也承认全国商会联合会为合法商业团体②。因此，骆清华称战后成立的中华民国商会联合会"始为依法组成之第一个全国商联会"，是与史实存在出入的。确切说来，中华民国商会联合会的成立，应该是全国商会联合会在战后特殊历史时期的恢复重建，但这也并非意味着全国商会联合会的重建在当时就没有积极意义。

骆清华还曾阐明中华民国商联会的历史使命，主要包括对内和对外两个方面的内容："对内为使各从事工商业之个人及团体之正当权益得所保障与增进，对外为代表全国商业在国际上取得

---

① 《骆清华谈筹备经过》，《商报》1946年10月30日，第1版。
② 有关详细经过请参阅拙著《转型时期的社会与国家——以近代中国商会为主体的历史透视》（修订本），社会科学文献出版社2018年版，第440—445页。

及扩展其权益。"骆氏认为:"中华民国商会联合会之产生,乃适应时代之要求及符合全国工商界之期望。抗战期间,全国工商界多已出钱出力,克尽国民之职责,今虽抗战胜利,各国对华不平等条约亦已废除,然环顾国内国外,忧患危惧,不尽感触。今各省商会几已完全恢复,且进而组立本会,足征吾人复兴商业,努力全国经济建设之热忱。前举本会之使命,不过其荦荦大者,至盼本会会员同舟共济,一德一心,俾本会和组织臻于健全,以达成其光荣之使命。"[①]很显然,中华民国商联会的领导人也对商联会的意义与作用给予了充分肯定。

中华民国商联会开幕的当天,原筹备会主任和成立大会主席王晓籁曾在报上发表《我对于全国商联会的期望》,该文首先表示:"国人瞩目所望之全国商联会,得于今天在京开幕,实使我们感到无限欣慰和兴奋。抗战胜利以来,全国商界能共聚一堂,实是难得机会,尤其是此次大会,海内外商界贤达,不辞劳苦,远道而来,尤为难能可贵。"接着,他详细阐明工商界面临的经济危机日益严重,已达到极危险之程度。"很显然的,当前的经济危机是相当严重的。它并不是局限于一个部门,或一个地区,而是工业、商业、金融各部门的密切联系和互助推动。如果把它的特征归纳起来,那就可看出下面几个特点",即工商业不景气、农村破产、财政困绌、工潮蔓延、外货倾销。不过,王晓籁认为"危机是可以解救和克服的,我们有充分信心和毅力,我们实用不着悲观"。尤其中华民国商联会现今"得能成立,将来对于富国强民,必由经济生

---

① 骆清华:《中华民国商会联合会筹备经过及其使命》,《商业月报》第22卷,第8号,1946年12月,第3页。

产做起，国内酌盈济虚，国外贸通有无，并有严密的组织，确实的统计，然后可以收到实效。胜利既已到手，富强之资，是在全民。吾商人为小民之一，应负重大责任，以臻国家于富强康乐。余虽年迈，尚有精力，得追随全国工商人士，尽力以赴之"①。中华民国商联会经过近两年的筹备终于正式建立，这对一直负责筹备工作的王晓籁乃至全国工商界而言，确实值得庆贺，当然也会充满了期待和信心。

中华民国商联会筹备会副主任王绎斋也认为，重建的全国商联会会所"永久设在政府所在地之首都"，与政府主管机关可建立密切联系，不会再如同过去那样与中央政府脱节，导致"若有若无，致被人视为无足重轻"。同时，全国商联会"与各省市商会呵成一气，而收臂指之效"②，当可更加充分地发挥其应有的重要功能与作用。全国商联会筹备会另一位副主任周懋植则指出："全国商会联合经过长期的筹备，今已正式成立。这个全国性的商业团体，对自身、对国家及对国际，都有许多任重道远的事业，等待去做。同时，集合各地商业的合作力量，能够也应该做得很好。"③此外，社会各界人士也充分肯定中华民国商联会成立的意义与作用。例如近代会计界著名人士潘序伦指出："而今胜利瞬已逾年，但生产之亟等扩增，物价之亟待稳定，节制奢侈以抑浪费，奖励出口以襄外汇，凡此种种，均有待于工商团体之努力推行。兹幸全国性的最高商业组织已告成立，将来统一推动政府法令，在政府立场，诚有寄

---

① 王晓籁：《我对于全国商联会的期望》，《商报》1946年11月1日，第9版。
② 王绎斋：《本会筹备经过及未来之希望》，《商报》1946年11月1日，第10版。
③ 周懋植：《全国商联与战后工商复兴》，《商报》1946年11月1日，第11版。

予无限量之期望者。"① 邮务界陆京士也发表感慨称："全国商会联合会举行成立大会于首都，集全国工商界领袖于一堂，完成全国性工商业团体整合之组织，盛况空前，举国瞩望。际兹经济危机日趋严重之时，我全国工商界领袖集会商讨挽救之道，并谋协助政府完成经济建设大计，其意义尤为重大。"②

其实，当时不仅仅是工商界和社会各界人士，甚至包括蒋介石在内的国民党和国民政府党政要员同样也盼望重建的全国商联会能够在解救经济危机以及其他方面发挥重要作用。11月4日，蒋介石亲自"召见大会主席团及秘书长骆清华，由谷部长正纲陪同前往，主席于接见时，曾详询工商业概况及此次大会开会情形，嗣由王晓籁氏详述各代表意见及对主席敬仰之意，并谓各代表远道而来，均盼能晋谒主席，报告各该地工商经济情况及请示，旋获主席允准于六日莅临大会致训。是日，主席准时莅会，作简短训词"③。可见蒋介石对中华民国商会联合会的成立确实非常重视。报刊舆论的明显感受是："政府当局对全国商联会成立大会，极为重视，深盼能藉此次全国三百余各地工商代表之集会，能襄助政府，改善经济政策，渡过当前危机。"④ 经济部长王云五先在全国商联会成立大会开幕式所致训词中表达了这一愿望，后又曾为祝贺商联会成立而专门题词，期待商联会"振兴商业丕焕鸿猷，民受其利国蒙其

---

① 潘序伦：《对于全国性最高商业团体之期望》，《商报》1946年11月1日，第10版。
② 陆京士：《全国商联会成立大会献辞》，《商报》1946年11月3日，第9版。
③ 《成立大会宣言》，《中华民国商会全国联合会纪念刊》，中华民国商会全国联合会1948年印行，"成立大会"，第5页。
④ 《经济部三提案》，《商报》1946年11月3日，第1版。

麻"①。经济部还向大会特交三份议案，分别是"发挥商业团体高度自治精神自动平抑物价案""发展国际贸易改进经营案""利导社会游资趋入正轨以挽救当前工商业危机案"，显然是希望能够借助全国商联会解决其所面临的棘手难题。报刊舆论也认为："平抑物价端赖商业团体能与政府切实合作"，平抑物价与"发展国际贸易，改进业务经营，妥善利导游资，发展生产事业"，"是挽救当前工商业危机的必要措施，亦即全国商联会各项提案的重心所在，深望全国工商界领袖在这短促的会期中，聚精会神，充分研讨，能分别确定妥善与具体的切实方案"②。但令人遗憾的是，由于各方面因素的限制，全国商联会尽管在某些方面发挥了积极的作用，但并不能像广大工商业者、社会舆论和政府部门所期待的那样，充分发挥其功能与作用，更不能从根本上解救日趋严重的经济危机。

实际上，新当选的中华民国商会联合会理事长王晓籁也意识到商联会成立的意义和作用，需要在实际效果中予以检验，而且要完全达到目标绝非易事。他在商联会成立大会闭幕后接受记者访谈时即曾表示："各方对今后会务，尤寄甚大希望，故今后对大会决议之办理及实施事宜，务必有确实效果，以满各方要求"③，但商联会要想真正发挥实际作用却面临重重困难，即使付出巨大的努力也未必有效。面对全国商联会挽救经济危机的一系列呼吁和要求，政府各相关部门一直无切实办法付诸实现，甚至声称工商界必须自己救济自己。经济部商业司司长邓翰良即曾向记者表示："工商界实已至窘境，大的城市商店倒闭，每每都百家以上，一部分的原

---

① 该题词见《商报》1946年11月1日，第10版。
② 《全国商联会的重要议题》，《商报》1946年11月4日，第2版。
③ 《王晓籁谈务求确实效果》，《商报》1946年11月8日，第1版。

因，是由于高利贷的作祟，和游资的兴风作浪，最主要的原因，则由于交通不通，货不畅其流，再加上通货仍然在膨胀的关系所致，希望工商界自己救济自己，目前大批商业贷款希望甚微。"①对于政府高官要求工商界自己救济自己的这一说法，报刊载文讽刺说："当前危机已深，别说自己救济不了自己，行见政府要救济，亦沉疴难起矣。'大批贷款'的'希望'既然'甚微'，可有甚么止痛剂、强心针之类么？"②

除战后国民党和国民政府忙于进行内战，无力重建经济，再加上其他诸多因素限制了中华民国商联会的作用之外，此一时期出现的工商分流和中国全国工业协会的成立，在某种程度上也削弱了全国商联会在整个工商界中的作用与影响。众所周知，在近代中国很长的一段时期内，都保持着工商合流的态势，工业界并无独立的全国性团体，即使是地方性的工业界团体也为数不多，全国商会联合会不仅以商业界人士为主导，实际上也含括了工业界人士，是整个工商界共同的全国性团体。因此，全国商联会在整个工商界都具有很强的号召力，具有十分显著的能量与影响。

1943年3月，中国全国工业协会在重庆成立，吴蕴初被推举为理事长，随后各省陆续设立分会。当时的工业界人士不无自豪地表示："工协的成立，在中国工业史上开创了新的纪元，实现了工商划分独立门户，肩负起建设中国新工业的伟大使命。"③自此以后，工业界拥有了自己的全国性团体，不再像以前那样依附于全

---

① 《贷款希望甚微工商界须自救》，《商报》1946年11月10日，第2版。
② 《希望之门》，《商报》1946年11月11日，第8版。
③ 《中国全国工业协会第二届会员代表大会纪要》，《工业月刊》1946年第3期，第34页。

国商联会。《中国全国工业协会成立宣言》揭橥其首要任务，即是"促成工业会法之制定"，"我国各工业同业公会，向附属于商会，按诸工业乃以生产为主旨，而商业则重在运销分配，旨趣互殊，原难合一，环观世界各工业先进国家团体，靡不有强有力之组织，乃能相互合作，而收声应气求之效。……此后允宜敦促中央提前颁布施行（工业会法），俾全国工业得于职业团体组织之下，团结一致，努力迈进，此为本会所应致力者"①。抗战胜利后，全国工业协会自渝迁沪，"积极展开工业复员工作，年余各地分会纷纷成立，阵容日渐增强，精神益见活跃。为了检讨过去，擘划将来，健全机构，加强工作"，该会也于1946年11月9日在南京召开全国工业协会第二届会员代表大会。本次大会"是胜利后全国工矿业的首次集会，意义重大，隆重热烈，盛况空前"②。

虽然商联会和工业协会这两个全国性的工商团体宗旨大体相同，相互之间并无冲突，甚至可以在多方面进行合作，但中国工业协会成立后，工业界逐渐分离出商联会，使商联会在工业界的号召力大为减弱，也必然会限制商联会原有的影响力。对此，全国商联会曾不无疑虑和担忧。在全国商联会成立大会上，上海市商会曾提出反对另组工业会案，认为"吾国工商界优秀份子本属不多，通力合作则两全其美，各树一帜则势孤力弱"③。与此同时，工业协会也意识到："全国商联会方面对于本会组织似有误解之处，其原

---

① 《中国全国工业协会成立宣言》，《广西企业季刊》第1卷，第3期，1943年，第55页。
② 《中国全国工业协会第二届会员代表大会纪要》，《工业月刊》1946年第3期，第34页。
③ 《上海市商会参加商联会提案》，上海市档案馆藏档，Q201-1-180-089。转引自李勇军《工业会的成立与商会的分流——以上海市工业会为个案》，《华中师范大学学报》2008年第5期，第88页。

因或认为本会成立后,商会会员有减少可能。"①尽管工业协会领导人做出了一些解释,并在全国商联会成立大会举行期间,由吴蕴初代表全国工业协会,会同中国工商协会理事长孔祥熙一起在南京中央饭店宴请全国商联会代表,表示商联会、工业协会、工商协会等"咸为全国性之工商团体,且皆以发展国民经济、协助建国为宗旨,此次得能欢聚一堂,实为国内工商界罕见之盛举。……深愿商联会予以合作,俾秉承国策,配合运用,完成经建大计"②。但实际情况却不可避免地会出现商联会所担心的结果。至1947年10月国民政府颁布《工业会法》,随后各地工业会和全国工业总会成立,工业界也拥有了自己的职业团体,工商分流更为明显。"工业会成立后,商会的最高工商社团法人地位受到了挑战。更严重的是,各工业同业公会脱离商会而加入工业会,不仅削弱了商会的组织基础,还使商会的会费收入大量减少。"③随后,即出现商会与工业会争夺工业同业公会会员的纠纷,以至于有些地区的工业同业公会既是商会会员,也是工业会会员。上海市商会为此而不得不强调:各工商"同业公会加入其他团体,以联合会及商会为限",因"同业公会为法人,应受其拘束"④。类似情形以前从未发生过,当然会对各地商会和全国商联会的运行与活动产生不小的影响。

最后需要阐明的是,由于受到自身权力极为有限的制约,重

---

① 天津市档案馆等编:《天津商会档案汇编(1945—1950)》,天津人民出版社1998年版,第272页。
② 《大会零闻》,《商报》1946年11月5日,第1版。
③ 李勇军:《工业会的成立与商会的分流——以上海市工业会为个案》,《华中师范大学学报》2008年第5期,第90页。
④ 《公会加入其他团体以联合会及商会为限》,《商报》1947年9月13日,第3版。

建的全国商联会面对工商业者的急切吁求，也深感心有余而力不足，无法满足工商各业的要求。以上海染织业要求发还劫余纱布案为例，该业一再向各政府相关部门吁请发还，以勉强维持同业生产，但始终无果。"当局对此，欲驳固自觉无理，发还则又觉不舍，故大拖延推诿，出尔反尔，宁失信于各业。"全国商联会成立大会即将召开时，上海染织业重燃希望，期盼通过全国商联会达到其合理要求。商联会开幕后，该业同业公会踊跃致电庆贺，"日来公会同人相聚，每有所谈，必及商联会，而每谈商联会，必及'劫余纱布'一案"。上海商会也代该业向大会提交"请求政府发还劫余纱布一案"，阐明"纱布之被劫而应还原主者，在法理人情两方面，都不容取巧邀功"，其最低之要求，乃是"请政府作价发还，至于价之高下，以及价款之是否必为现款，则朝野如能相见以诚，当无不可商量者"①。虽然商联会讨论通过了这一提案，但其自身并无权力解决此事，只能转呈政府，劫余纱布的发还仍旧一拖再拖，使上海染织业陷入了绝望境地。又如上节提及的商联会新当选的全体理监事向行政院、财政部请愿，要求豁免1945年度所利得税，并通告全国各省市商会暂缓缴付，但政府规定逾期申报即予处罚。"（一）到期尚未申报单位，依法送法院惩办，照规定除处以二万五千元加100倍处罚外，并按实际情形，径行决定其应纳税额，限期缴清。（二）凡申报逾期者，则以各该业标准计税办法，并核加其应纳税额百分之十作为罚款。"②对此处罚规定，广大工商业者和全国商联会均感到愤怒，但却又无可奈何。上海有一家药

---

① 《欢忭中的痛苦》，《商报》1946年11月5日，第12版。
② 《逾期申报所利得税规定处罚办法两项》，《申报》1947年9月4日，第4版。

厂，在战后克服重重困难好不容易得以开工生产，但1946年年终结账，"计亏折国币四千一百九十九万余元，已将损益计算书请公会转报，讵料昨接直接税局送来标新字第八〇八所利得税查定通知书，着令自接到通知后十五日内，缴纳所得税国币六千六百五十万另五千四百廿八元，暨一份利得税国币七千四百五十五万八千二百元，吓得该厂经理面如土色，准备关门大吉"①。

尽管如此，经上海市商会引领和全国商会的配合支持，中华民国商联会成立大会顺利举行，宣告全国商联会历经近两年的艰辛筹备，终于得以重建，这在当时的历史条件下仍具有重要意义和作用。重建的全国商联会不仅由上海市商会的王晓籁出任理事长，而且担任秘书长要职者也是上海市商会的骆清华，仍然使上海商会起着不可或缺的主导作用。

---

① 《经理面如土色蚀本仍要缴税》，《申报》1947年9月5日，第4版。

附录一 "二十世纪中国商界第一伟人"

1906年,东吴人士王大纶为苏绍柄辑《山钟集》题写"二十世纪中国商界第一伟人曾公少卿象赞"云:"芸芸黄胄,睡狮未醒,一声霹雳,唤起国魂;海外同胞,孰出水火,公怒奋髯,是诚在我;登高而呼,遐迩景从,爱国保种,有感遂通;无怨不誓,无德不报,岂曰闭关,匪同易暴;欲斫则祈,缕缕血诚,公死不死,千位化身;前仆后继,此议不奇,民气大伸,龙旗风飐;胚胎立宪,组织合群,大同文轨,斯火挃轮;斗南一人,锡予多福,刻石国耻,饮食必祝;五洲丝绢,千里香熏,镕金艗象,视若贞珉。"① 曾少卿(名曾铸)何许人也?身为一介商董竟然享有"伟人"之称,并且还冠为"第一",这在中国近代史上可谓独一无二的至高荣誉。之所以如此,与其发起和领导抵制美货运动密切相关。

---

① 王大纶:《二十世纪中国商界第一伟人曾公少卿象赞》,苏绍柄编:《山钟集》,上海鸿文书局1906年版,扉页。

爆发于1905年的抵制美货运动，又称"抵制禁约"或"中美工约风潮"，是中国人民以抵制美货的方式，抗议美国强迫清政府续订虐待华人苛约的一场斗争，也是中国近代史上声势浩大、规模空前的全国性反帝爱国运动。从外交史视角看，以抵制美货的斗争方式，抗议美国强迫中国续订华工禁约，又是具有重要意义的近代商民外交的发轫。这场运动历来受到近代史研究者的重视，除发表了许多专题论文之外，相关论著和教材也都会有所论及，台湾学者张存武著《光绪卅一年中美工约风潮》、旅美学者王冠华著《寻求正义：1905—1906年的抵制美货运动》，分别是不同时期研究这场爱国运动的代表作。

稍加翻检即不难发现，抵制美货运动期间的报章以及时人编辑的相关书籍，都以大量篇幅提及曾铸，并且充满了钦佩赞誉之词。但以往的论著，尤其是论述近代商会的著作和论文，几乎都会强调上海商务总会是这场运动的发起者和领导者，然而对上海商务总会如何发起并领导这场运动的具体史实却语焉不详[1]，尤其是严重忽略了曾铸在抵制美货运动中发挥的重要作用，乃至对曾铸的评价也不无偏颇。有鉴于此，本章拟依据相关史实考察和分析曾铸在抵制美货运动中的表现与作用，对一些传统的观点与结论略予辨析，阐明曾铸获得"二十世纪中国商界第一伟人"誉称之由来。[2]

---

[1] 少数论著如徐鼎新、钱小明著《上海总商会史（1912—1929）》（上海社会科学院出版社1991年版）说明了上海商务总会在抵制美货运动中的不足，对曾铸的积极作用与影响有所肯定，但同时也认为其存在明显缺陷。
[2] 迄今为止，专门叙述曾铸与抵制美货运动的文章只有邓绍根著《曾铸与1905年的抵制美货爱国运动》（《福建史志》2000年第3期），该文对曾铸在抵制美货运动中的表现与作用均给予了肯定，但篇幅太小，叙述过于简略，对许多相关问题都没有展开释论。

一、曾铸的家世与生平

曾铸，字少卿。原籍福建同安。生年无记载，卒年1908年5月25日，享年60岁。据此推算其生年应为1848年。长期以来，有关曾铸家世与生平仅《同安县志》和《上海县续志》有非常简略的介绍，但均未记其生卒年。所以相关论著对其生平也都只能三言两语带过，有的甚至连曾铸在发起抵制美货运动时的年龄也弄错。最近，笔者发现了一些新的史料线索。一是裕即书庄在清末发行的石印线装本小书《曾少卿》，此书似乎只在坊间流传，上海的主要图书馆均未见收藏，其内容包括绪言、临终报告、像赞、上书、信牍、本埠外埠来函、往还信札等，但其中也缺乏介绍其家世与生平的详细传记，所记内容在其他书籍中大多均能查到，因此史料价值并不高。二是从上海通志馆于20世纪三四十年代搜辑未整理的人物传记史料中，找到一份用毛笔手写的线装本《少卿府君行述》，系由曾铸之女曾泽新与子曾泽霖姐弟两人，在《上海县续志》人物录的基础上，增添许多相关内容于1919年合撰而成，估计未曾印行，现藏上海市历史博物馆。这份史料较为珍贵，相比较而言对曾铸家世与生平的记载最详细。但即使补充了上述新史料，我们也只能说对曾铸的家世与生平有稍多一些了解，仍无法做出深入细致的评述。

众所周知，开埠通商之后的上海，迅速崛起成为中国第一大都市。上海不仅是资本主义商业产生最早的城市，而且也是近代工商业最为发达的通商大埠，被誉为"东方的巴黎"和"东方明珠"。

全国各地勇于开拓进取的商人，纷纷赴沪经商，成为定居上海的新商业移民。曾铸出身于商人世家。其父也系"贸迁来沪"，因"秉性仁爱，旅沪同乡有事，恒乐赞助。乡人德之，公举董事沪南泉漳会馆"；其后之"泉漳别墅，规模宏敞，厦屋渠渠"，也系由曾铸之父督建。曾铸之母则"治家有道，训子有方，恭俭慈爱，敦睦邻里"①。可见曾铸家境不错，父母为人处事仁爱有加，这对其顺利成长应不无裨益。

曾铸之母生有二子，其为次子。《上海县续志》记载曾铸年少时即"涉猎群籍，间作画，菰芦秋雁，涉笔成趣"②。由于恰逢乱世，少年时代的曾铸未能正常入塾就读，14岁即开始学习经商。尽管他"幼而歧嶷"，且家境较好，无奈"值洪杨之乱，奔走避难，无暇读书，年十四从苏太翁子明公学贾"。不过，曾铸继承了父母的优良品质，"终日勤劳，黎明即起，习字日以千计，笔法苍劲，自成一家，兼嗜画芦雁，栩栩如生。商余手不释卷，博览群书，若宿儒焉"③。

19岁的曾铸出任祥泰商行经理，20岁成婚。夫人马氏"淑顺而好洁，虽家有庸仆，而事必躬亲，性聪颖，幼逢世乱未尝读书，而诗书诸子，均能览之"，相继生有一女一子。曾铸不仅家世优裕，而且自己学习经商也十分顺利，很快即升任经理，并娶得贤妻，享有一子一女，家庭可谓幸福美满。但几年之后，却"经商失败，备

---

① 曾泽新、曾泽霖：《少卿府君行述》（手稿），1919年，上海历史博物馆藏。本资料由上海市社会科学院历史研究所徐涛先生提供收藏之线索及原件照片，谨致谢忱。
② 吴馨等修，姚文枬纂：《上海县续志》，1918年版，第18卷，第47页。
③ 曾泽新、曾泽霖：《少卿府君行述》（手稿），1919年，上海历史博物馆藏。

历艰辛"。其子女在府君行述中称:"府君以营业失败,必中负疚,看破尘世,拟投方外,遇某寺僧见之惊曰:君乃救世之星佛。不敢容也,劝之归。乃隐居南乡,奋志攻书。母针黹伴读,午夜不辍。府君尝叹曰:若余者,何乃潦倒若此乎!母慰之曰:有志如君,岂久困者。"随后,"适有乡人集资经商,聘府君理其事",遂又步入商场①。

重返商场的曾铸不久又遭遇家庭不幸,其贤惠之妻"起病至殁仅七日"。曾铸"内助乏人,又见儿女啼哭,悲不能胜"。其年幼的子女"因无人媷育,乃寄居外家"。在此情形下,"继娶沈夫人,五月而卒",可谓接连遭遇不幸也。"复继娶叶夫人,性忠厚好善,维无所出"。这样,在接连经历了丧妻之痛后,曾家才终于逐渐转入正轨,直至女儿出嫁,儿子娶媳,喜得一孙。与此同时,曾铸也经商致富,"于嘉定购良田千亩,建瑞芝义庄"。②庚子年,"初定襄吕海寰、盛宣怀仿行西人红十字会,旋往南洋群岛运米平粜",在沪上商界声名渐起,成为著名南洋贸易大商家福裕南号(后改名为德发行)的经理。除从事南洋贸易外,曾铸还相继投资上海的保险业、江苏镇江的造纸业和江西景德镇的制瓷业。甲辰年间,"南市总工程局向由官办,巡警道袁树勋改归绅办,铸多所规划,实树地方自治先声,尤以鸦片不除,中国无由争存,乃创设振武宗社,劝导自禁,一时支社踵起,报戒者达数万人。"另还"设商团公会,保卫地方,捐资三万金创办贫儿院,奉旨嘉奖并颁

---

① 曾泽新、曾泽霖:《少卿府君行述》(手稿),1919年,上海历史博物馆藏。
② 曾泽新、曾泽霖:《少卿府君行述》(手稿),1919年,上海历史博物馆藏。

御书广学流慈额"。此时的曾铸,已成为旅沪福建商帮的领袖和上海知名商董。因乐善好施,"历年各处水灾,慨捐巨款,叠奖一品封典花翎候选道"①。

曾铸虽"绝少游戏事",但"至悲极乐极,亦能一歌一泣"。他与当时的上海名伶孙菊仙、潘月樵等常有过往,"彼等得府君提倡,身价顿增十倍,改良新剧,实因此起点也"。曾铸还爱好西乐,"尝资派高生寿田、冯生亚雄出洋留学,今春申浦上得聆一小部份管弦声者,府君有以致之也"。另据其子女忆述,曾铸"治家俭,训子严"②。《上海县续志》人物录也记载其"遇事进止,胸自定衡。当道尝委监督江南彩票,铸以秕政,辞不与闻。江浙铁路借款事起,铸致书英使,争请转圜"③。

此外,曾铸还具备一个明显特点,即"声带宏亮,有演说才。前清末叶风气虽开,各地皆有演说,然聚众数千人,而能全体一致鼓掌如雷者,要推府君之演说为最。盖府君理直气壮,精神贯注,字字真切,语语忠诚,为人所难能也"④。正因如此,其在抵制美货运动集会上屡次发表演说,都受到与会者欢迎和称赞,具有很强的号召力和影响力。

前曾提及,曾铸成为寓沪福建商帮领袖和知名商董后,一直热心于地方慈善与公益事业,尤为关心国家和民族命运,为此积极参

---

① 吴馨等修、姚文枬纂:《上海县续志》,1918年版,第18卷,第47页;曾泽新、曾泽霖:《少卿府君行述》(手稿),1919年,上海历史博物馆藏。
② 曾泽新、曾泽霖:《少卿府君行述》(手稿),1919年,上海历史博物馆藏。
③ 吴馨等修,姚文枬纂:《上海县续志》,1918年版,第18卷,第47页。
④ 曾泽新、曾泽霖:《少卿府君行述》(手稿),1919年,上海历史博物馆藏。

与各项相关活动，多方奔走，不辞辛劳，结果"久病积劳，忧时愤世，遂于光绪戊申四月二十六日在嘉定瑞芝义庄逝世，享年六十"（有的论著称曾铸在抵制美货运动期间已年近七旬，误也）。曾铸在后半生严格自律，"三十岁后足不入妓院，口不尝市脯，一切商界无谓之周旋，概行谢绝"。其子女回忆："府君四十岁后，继母多病，侍奉无人，有人以纳妾劝者，府君以有子对婉辞却之，故四十至六十，二十年间实行独宿主义，精神异常旺健，非奔走美约，热心过度，决不致伤及肝胃。"其晚年"商业虽发达，然绝对不营投机事业，故所入有限。生平除捐助施与之外，一不求书画古董，二不置金珠钻石，三不御轻裘肥马，四不喜赌博游戏"①。但对于慈善公益和地方公共事务却积极参与，并慷慨捐助，为人称道。不过，曾铸一生所从事的最为重要、影响最大并流传青史的活动，无疑是在1905年发起轰轰烈烈的抵制美货运动。

二、曾铸与抵制美货运动的发起

以往的相关论著之所以普遍认为上海商务总会是抵制美货运动的发动者，主要因为发起这场运动的首次会议，是在上海商务总会的会所举行的，并且误以为是上海商务总会主动召集各业商董举行了这次重要会议。②据《申报》报道：1905年5月10日，沪上各业商

---

① 曾泽新、曾泽霖：《少卿府君行述》（手稿），1919年，上海历史博物馆藏。
② 包括笔者以前发表的相关论文和出版的著作，在论及上海商会与抵制美货运动时也持同样的观点。另外，在抵货运动时期少数人也有类似说法。

董于午后"在美租界靶子路商会互筹抵制之法,由曾君少卿、戈君朋云登坛演说,大致美如坚持此约,则中国商民均相戒不用美货,以为抵制。继而公拟电致外务部……又电至各口商务局"。"至致商部一电,则由杨杏诚(士琦)参议主稿,参议当时以为宜秘,盖犹循向来中国官场轨范也。"①这篇报道的内容较为简略,只说明曾、弋两人在会上发表了演说以及向清政府外务部和各省商务局发出通电,但并未介绍两人演说的详细具体内容,也没有指明通电系由何人领衔发出,而且所说致电各省商务局和密电商部等与实际情况不无出入。实际上,并未致电各省商务局,致商部电也并非密电,而是公开通电。

苏绍柄汇编的抵制禁约史料《山钟集》对这次会议有较详细记载:"光绪三十一年四月初七日,上海各帮商董因美禁华工事,特开商务总会集议对付之策。未刻,到会者源源不绝。迨座客已满,由曾君登坛演说,激昂慷慨,语语动人。"曾铸在演说中"提议抵制之法,大旨谓以两月为期,如美国不允将苛例删改而强我续约,则我华人当合全国誓不运销美货以为抵制。其陈说办法甚为中肯,时在座绅商无一人不举手赞成。随后公议电稿,禀请外务部坚拒签约,并请南北洋大臣鼎力主持,电部抗阻。又遍电各省商会,请为传谕各商,协力举行抵制办法"。②该记载未提及戈朋云也曾登坛演说,只说明曾铸在会上发表演说,具体提出以两月为期,如果美国不允删改虐待华工的苛约,即"合全国誓不运销美货以为抵制",得到全体与会者大力支持,更为突出地体现了曾铸个人的重

---

① 《纪沪上绅商公筹抵制美禁华工新约事》,《申报》1905年5月11日,第2版。
② 《开会抵制》,苏绍柄编:《山钟集》,上海鸿文书局1906年版,第11页。

要作用。另外，本次会议议定向外务部、南北洋大臣发出通电，同时还通电各省商会请予响应。从后来的实际情况看，这个记载是较为可信的。

正是因为这次发起抵制美货的重要会议在上海商务总会会所举行，而且在当时为数众多的商人团体中，也只有商务总会具有号召各业商董的影响力，故而在当时即有"经沪总商会集议，禁约不改，相戒不用美货，众论佥同"①，以及"此议创于上海商会，各省风从响应"之说②。另还有人致函曾铸，认为"近日报章登有各埠实行不买美货之事，此举倡自上海，发于商务总会，而领袖于执事"③。对于这些说法，上海商务总会也未曾予以否认，而且该会后来也曾经多次召集各业商董商议抵制美货的具体事宜，并且与美国领事和公使进行交涉。另外，上海商务总会还曾表示愿与学界紧密合作，共同开展抵制行动。例如该会曾复函沪学会称："顷奉公函，以美设苛例，群议抵制，贵会拟举代表人，以期通力协助等情。查敝商会前经两次集议，深虞能力薄弱，极愿同志襄助。兹承明示，具证诸君子热心毅力，至为佩欣，容候随时奉约，藉聆大教，以匡敝会所不逮。"④因此，上海商务总会在抵制美货运动中确实发挥了一定的积极作用。但是，却并非如以往论著所说："上海商务总会作为运动的实际领导机构，最早行动起来，于5月10日

---

① 《寓沪粤人抵制美禁华工各电》，《申报》1905年5月15日，第3版。
② 《粤督岑复美领事照会》，民任社主人编：《中国抵制禁约记》，上海民任社1905年版，第59页。
③ 《郑宪成等致曾少卿函》，《申报》1905年6月20日，第2版。
④ 《商务总会复沪学会函》，《申报》1905年6月8日，第2版。

召开各帮商董参加的特别大会。"①

如果细加考察,不难发现上海商务总会的领导人在最先发起抵制美货的集会上并未起主导作用,并因此而受到外界批评和指责,相反是曾铸个人扮演了不可缺少的重要角色,且赢得社会各界普遍称誉:"公此次首倡义举,抵制美约,凡属同胞,莫不钦仰。"②当时,担任上海商务总会第一届总理的是宁波帮著名商董严信厚,担任第一届协理的是粤籍著名买办商人徐润,宁波帮的另一商董周晋镳担任坐办。绝大多数论著称曾铸是上海商务总会第一届议董,但由于上海商会档案中并未保存第一届议董名单,其他史籍也均无记载,所以无从查考。在清末和民国时期历任上海商会要职的赵晋卿,后来在回忆中谈及商务总会第一届议董名单,有祝兰舫、干兰坪、郁屏翰、朱志尧、谢纶辉、周舜卿等11人,其中并无曾铸③。另有论著虽说曾铸是代表南货行和上海福建商帮的议董,但也认为"在1905年抵制运动中崭露头角的曾少卿,这时只是上海商务总会中一名普通的成员"④。按照惯例,商务总会召集的会议一般都是由总理或协理主持,并且先由主持者阐明召集此会的缘由与目的,但查检各种记录本次会议的史料,均未记载商务总会的总理或协理主持了这次会议并发言。因此,这次重要会议是否由上海商务总会

---

① 马方方:《1905年抵制美货运动的新视角——近代商人人格特点简析》,《史学月刊》2004年第9期,第60页。
② 《吴研人致曾少卿函》,民任社主人编:《中国抵制禁约记》,上海民任社1905年版,第39页。
③ 《赵晋卿口述》(1957年11月11日口述),上海市工商业联合会档案史料室藏。转引自上海市工商业联合会等编:《上海总商会组织史资料汇编》上册,上海古籍出版社2004年版,第96页。
④ [美]王冠华著,刘甜甜译:《寻求正义:1905—1906年的抵制美货运动》,江苏人民出版社2008年版,第112页。

主动发起并邀集各业商董出席，抑或是各业商董自行联合发起而假上海商务总会会所举行，尚需仔细斟酌。

就目前可见史料看，认为是由上海商务总会发起举行这次会议的说法显得比较勉强。曾铸在上外务部书中曾说明约集各业商董召开本次会议的缘由："窃铸等前因美定新约，禁止华工，波及士商，苛虐情形，惨无人理。梁使拒不签约，美遣专使直与宪部交涉。事关国体民生，铸等不忍恝视，又恐力不能争，为此邀集各帮商董，于四月初七日特开大会议，定不用美货以相抵制。"① 显而易见，其中并未提及是由上海商务总会邀请各业商董举行这次会议，而是曾铸等商董鉴于当时各方面情形，决心起而抗争，但又担心人少力薄，遂邀集各帮商董共同在商务总会聚议，希望得到各业支持采取一致行动。尽管此系曾铸个人之言，但各方面记载这次会议的史料均未提及商务总会是主动发起者，其领导人也未在会上发表过任何言论，与曾铸所说并无矛盾之处，从而表明曾铸之说应非虚言。如果上海商务总会并不是这次会议的发起者，那么长期以来相关论著所说上海商务总会是抵制美货运动的发动者这一结论也就难以成立。进而言之，这种长期沿袭的结论不仅夸大了上海商务总会在抵制美货运动中的作用，也抹杀了曾铸个人发挥的重要作用与影响。确切而言，曾铸应该是抵制美货运动的主要发起者，而且时人也普遍认为曾铸是这场运动的首倡者，认为"吾公登高一呼，全国响应，凡有血气，义愤同深"②。在当时的历史条件下，一场全

---

① 《上外务部书一》，苏绍柄编：《山钟集》，上海鸿文书局1906年版，第29页。
② 《银炉代表施子文、杨涣文、殷诗棋、谢廷灿等上曾少卿书》，《时报》1905年8月16日，第7版。

国规模的反帝爱国运动系由一介商董所发起,似乎是不可思议的事情,然而这正是曾铸在抵制美货运动期间以及后来一直广受称赞而声誉鹊起,被誉为"二十世纪中国商界第一伟人"的主要原因。

除此之外,还有一个非常值得注意的细节,也可从另一方面佐证上海商务总会并非召集这次会议以及抵制美货运动的发起者和领导者,并证明曾铸个人的重要作用。在清末,上海商务总会无论是发起召开商法讨论会,还是号召商人参加国会请愿运动,都是由该会署名向全国商会发出通告,而发起抵制美货运动的通电却并非由上海商务总会署名。在本次会议之后向外务部、商部、南北洋大臣和各埠商会发出之各通电,全部都是由曾铸个人领衔。禀外务部、商部的公电全文如下:"美例虐待华旅,由工及商,梁使不肯签约,闻美直向大部交涉,事关国体民生,吁恳峻拒画押,以伸国权而保商利,并告以舆情不服,众商拟相戒不用美货,暗相抵制。美念通商利益,必能就我范围。务乞坚持,大局幸甚。沪商曾铸等公禀。"禀南北洋大臣的公电内容相似,只是文字略有不同。其内容为:"美例虐待华旅,由工及商,闻美使要外部续约,事关国体民生,切恳电部劝阻画押,以伸国权而保商利,大局幸甚。沪商曾铸等公禀。"致全国21埠商会的公电则主要是发布通告,请各商会积极响应:"商会鉴:美例苛禁华工,波及士商游历,现梁使不肯签约,闻美直向外部交涉,现沪商已合词吁恳外部暂缓签约,并拟相戒不用美货,暗相抵制,祈传谕各商知之。沪商曾铸等公启。"[①]

由上可知,以往许多相关论著认为上述各电均由上海商务总

---

① 以上各电载苏绍柄编《山钟集》,上海鸿文书局1906年版,第27—28页。

会发出的说法并不确切①。也有论者意识到商务总会领导人未领衔发电,这种现象不合常理。"照常理度之,既然以商会名义集议此事,本当由商会总理领衔为顺。"②但如通过考察之后,知道这次会议并非以上海商务总会的名义召集,也就不难理解商会领导人何以未领衔发电。当时的商界人士曾对上海商务总会的这种表现提出过批评:"查四月初七日商会决议办法,传电各处,理应署上海商会四字,乃既问领衔,众有难色,曾少卿义愤激发,遂慨然独当发起之任,于是海内外函电交驰,皆知有少卿而不知有诸公。"③实际上曾铸并非想出风头争当领衔之人,而是在商务总会总、协理和议董疑虑重重的情形之下,才主动"独当发起之任",从而使电文得以顺利发出,由此进一步体现了曾铸的作用与影响。不过,由曾铸领衔发出的各电,经由与会商董讨论通过,除说明"相戒不用美货,暗相抵制"之外,还特别强调了商界发起抵制美货运动的目的是"伸国权而保商利",表明当时的商人已经意识到国家权益的保全与商家个人利益的得失紧密相连,商人能否生存发展与整个国家的存亡不可分离,从而将维护国家主权和维持个人生计密切结合在一起,体现出商人近代思想意识的增强。"伸国权而保商利",既是此次抵制美货运动的目标,同时也可以说是近代商民外交的响亮口号。

如果说抵制美货运动开启了近代商民外交之先河,那么曾铸

---

① 许多论著都特别强调上海商务总会发出抵制美货通电的重要作用与影响,有的还将此作为标题。例如王冠华《爱国运动中的"合理"私利:1905年抵货运动夭折的原因》(《历史研究》1999年第1期)第三节的标题即是"上海总商会通电抵制美货"。
② 耿云志:《1905年反美爱国运动中的资产阶级》,《近代史研究》1985年第1期,第260页。
③ 《上商务总会书》,《申报》1905年8月16日,第11版。

则称得上是肇始近代商民外交的第一人。他不仅在发起抵制美货运动的首次会议上扮演了不可或缺的重要角色,而且随后也在许多重要环节发挥了积极推动作用。5月14日,沪上福建帮商董在泉漳会馆集议,仍主要由曾铸发表演说,阐明"美定苛例,非出其上之意。盖美之悍然不顾公理者,以徇工党之请也。然工人所作,端赖行销,一旦华商不买美货,则所出之货,定必滞销。滞销即有碍工作,如此则所以害人者,适以害己。我华人转有所不忍,为今之计,先体朝廷与美敦睦之谊,后尽华商与美交易之情,婉曲告知寓华美商,此次华商与美停交,实出万不得已,请其电达政府,挽回定例。如其不听,二个月后一律不买美货。演说毕,众皆拍手赞成,当即传电通商二十一埠,一律照办"①。很显然,曾铸已注意到当时美国实施的虐待华工之策,主要系由工党推动,其实际后果是害人害己,而抵制美货实乃迫不得已的应对之策。曾铸还在演说中提出五条具体抵制办法,分别为:美来各货一概不用,机器等一应在内;美船揽载,华人不应装货,各埠一律;美人所设学堂,华人子弟不应入堂读书;美人所开之行,华人不应聘为买办及通译等;美人住宅所雇佣工,劝令停歇,庖御等人一概在内。"演说毕,众皆拍手赞成,当即传电通商二十一埠,一律照办。"②

不仅如此,抵制美货运动兴起之后,全国各大小城镇与运动发起地上海之间,函电纷驰,遥相呼应,而担当联络人这一重要角色者也主要是曾铸。自从抵制美货的通电发出之后,各地商会和商人纷纷复电表示响应。值得注意的另一细节是,这些回电注明的

---

① 《建帮集议抵制工约》,《新闻报》1905年5月15日,第8版。
② 《纪闽人在泉漳会馆议抵制美禁华工》,《申报》1905年5月15日,第3版。

"启者"多是上海商会曾铸。也即回电虽然大多是发给上海商务总会,但具体接收人却不是商会的总、协理,而是曾铸,这种情况也极其少见。之所以如此,自然是因为发起抵制美货的通电是由曾铸领衔,而不是上海商务总会的总、协理具名,各地回电自然也致送曾铸,只是在前面加上了上海商会之名。例如浙省商会的复电是:"商会曾少卿观察鉴:会议签允不定美货电悉,已一律传知各商矣。"又如绍兴士商复电:"商会曾观察诸君鉴:两电均悉,一一照行。"①甚至连同乡京官也致电曾铸,告知"各埠聚争美约,极为政府及各国重视,办法宜截清界限,议约归官,抵制在商。美使如不践约改良,实行前议,弗懈众志"②。实际上当时的曾铸并不是上海商务总会的重要领导人物,这种情况不仅在此前而且在后来均属例外,因为外埠商会发给上海商务总会的函电,接收人都是上海商会的主要领导人,不会是普通商董,这个细节也进一步体现出曾铸个人在抵制美货运动中的重要作用与影响。

此外,各地商会和商人向上海方面了解运动进展和协同进行办法,大多也是向曾铸致电咨询。如汉口商会电:"商会曾少翁电悉。不定美货,各帮许允,详细章程,乞函示。"庐州商会公电:"总商会曾君少卿等鉴:庐州商会成于廿六日,开第一次大会,抵制美约事,由会员提议,全体赞成,诸希详告遵行。"③作为抵制美货运动的主要联络人,曾铸也不断复函复电各地商会商人。据民国《上海县续志》人物录有关曾铸的记载:"甲辰之岁,美虐华

---

① 《浙省商会致上海商会电》《绍兴士商复电》,民任社主人编《中国抵制禁约记》,上海民任社1905年版,第24、25页。
② 《同乡京官致曾少卿电》,《申报》1905年6月3日,第2版。
③ 《汉口商会复电》《庐州商会公电》,民任社主人编《中国抵制禁约记》,上海民任社1905年版,第25、26页。

工,倡议抵制,全国响应,往来函牍多至二十万言。"①在抵制美货运动期间,曾铸还与清政府外务部等衙门以及地方官府也多有沟通联络,曾经数次上书外务部禀告与美国领事和公使的交涉经过。这期间可谓曾铸一生中最为紧张繁忙的阶段,乃至因此而积劳成疾。因此,国内社会各界无不视曾铸为抵制禁约运动的领袖,认为"执事于禁约一事,领袖其间,爱国之忱,尤为士民所钦仰"②。

另外,海外华商中的有识之士也均视曾铸为发起和领导抵制美货运动的领袖,不仅对他给予很高的评价,而且主动寄来经费以表支持。但曾铸多次明确表示所需经费自行承担,请海内外志士毋庸汇款,并将收到的款项予以退还。他曾在致檀香山会馆函中说明:"顷接赛会公司方郡守六交到电洋三千元,以为抵制办事之用,祗聆传示,钦佩不胜。惟兹事所需,鄙人前已声叙,不烦二人,故不敢照收。除将原洋三千元仍交方君电还外,登报鸣谢,并志海外同胞公谊。"③同时,曾铸还在报上刊登致海外各埠函,说明"叠承海外各埠汇寄款项,以为拒约办事之用,但敝处一切用费,皆系自备,故来款悉交由原人汇回,特此鸣谢,以志高谊"④。可知曾铸担当抵制美货运动的发起人和联络人,不仅付出了大量时间与精力,而且还自行承担相关费用,谢绝热心人士的捐款,确实令人尊

---

① 吴馨等修,姚文枏纂:《上海县续志》,1918年版,第18卷,第47页。
② 《杭州士民致曾少卿函》,《申报》1905年6月24日,第2版。
③ 《曾少卿复檀香山会馆函》,《时报》1905年8月14日,第7版。
④ 《曾铸复海外各埠函》,《时报》1905年8月14日,第7版。

重与敬佩。①

　　上海商务总会领导人之所以没有积极主动地承担发起抵制美货运动重任，也没有勇气公开署名向外务部、商部以及全国各埠发布抵制通电，主要是因为商务总会的不少议董长期以经营美货业务为主，而抵制美货将使其经济利益遭受巨大损失。虽然在当时工商各界民族主义和爱国思想高涨的氛围下，商务总会的这些议董对抵制美货不仅未予反对而且表示赞成，但其内心仍一直充满民族大义与自身经济利益得失的纠结，直至两月限期届临在商务总会讨论正式实施"不用美货"行动的会议上，依然反复纠缠于所谓"不用美货"与"不定美货"的争论，无非是想使此前已经购进之美货能够得以继续销售，从而尽量减少经济损失。受此影响，上海商务总会自然很难成为抵制美货运动的发起者和领导者，而由勇于担当的曾铸一人义无反顾地肩负了重任。难能可贵的是，曾铸本人却并不认为抵制美货运动系由其一己之力所能发起，反复强调是商务总会及其众多议董之鼎力所为。他曾针对外间各种批评商务总会的议论与说法公开发布一函，解释抵制运动的具体发起情况。全文如下：

　　　　赐书诸君鉴：工约问题发起以来，接奉本埠外埠来书，日

---

① 有学者认为曾铸拒绝接受捐款，"此事处理颇有不当"。因为"这一运动既然是整个阶级，甚至整个民族的运动，作为领袖人物，就当处处着眼于调动整个阶级整个民族的积极性，加强整个阶级整个民族的联系纽带。……曾氏的处理不当，不但妨碍了这种有效联系的确立和加强，而且对他个人来说也是有害无益的"（耿云志：《1905年反美爱国运动中的资产阶级》，《近代史研究》1985年第1期，第264页）。这似乎有点夸大曾铸拒绝捐款的消极影响，至于对其本人的有害无益，倒是增加了个人的经济负担，但从后来许多指责曾铸的言论看，如果他接受了捐款很可能也会成为被攻击的口实。还有一种说法是曾铸将捐款如数退回，无形中也就推卸了组织运动的责任，此说则似乎令人有些费解。

必一二十起。毁者固不乏人,而誉者实居多数,功归一人,仆实耻之。日来有多数来函,指摘宁帮商董,不遗余力,仆之过也。市名掠美,君子不为。仆诚不肖,亦尝奉教。君子乃掠美不彰,如奉教何。按此事发起,厥维商会,而商会商董,宁人又居多数,如严君筱舫、周君金箴、朱君葆三、苏君葆笙、李君云书等是也。当发起时,仆与诸君商而后行,所以领衔发电,仆居首名者,不过为人所举耳,初无彼此之意存乎其间,外间不察,遽加訾议,仆实愧之。愧名实不副,有负奉教也。闻之居名求实,实则如此,而名竟如彼,若不亟为声叙,以告同胞,仆将得罪名教。阅某某来书,旁敲侧击,八面盘旋,万一我不登报,而本人送登,是则仆不特得罪名教,且恐或有人从而播弄,仆一人不足惜,其如合群公事何?严君等素明大义,事不为嫌,而空穴来风,或有影响,敬告同胞,畴昔之事,仆不过因人成事,誉固不敢,当毁亦有所不受。事已大定,此后为所当为,人人各行其是,尽其天职,即所以符人格,如此可也。①

此函表明,由于宁波帮商董控制的上海商务总会在最初发起抵制美货运动时的表现不是很积极,引起外界许多批评和指责,而对曾铸则赞誉有加,由此也导致部分宁波帮商董对曾铸心存不满。因此,曾铸在公开函中竭力说明抵制运动非其一人所能发动,"此事发起,厥维商会",且其个人之所作所为,事前均与主持商会的宁波帮商董"商而后行"。至于领衔发电,则不过是受人推举,不能

---

① 《曾少卿复本埠外埠函》,民任社主人编《中国抵制禁约记》,上海民任社1905年版,第36—37页。

掠众意之美，并为引起外间对宁帮商董的批评深感愧疚。可以说，这封公开函体现了曾铸谦虚磊落的人格与品行。其实，在当时的历史环境下领衔发电是需要勇气的，曾铸后来曾描述："当四月初七之在商会集议也，决议相戒不用美货，众议既同，传电各埠。杨京卿谓传电必需领衔，请问谁愿领衔者。各董逡巡却顾，重有难色。仆激于义愤，挺身捶胸而前，谓杨京卿曰：此公益事，并无风险。即有风险，亦不过得罪美人，为美枪毙耳。为天下公益死，死得其所，由我领衔可也。众皆拍手赞成。"①如此勇气与精神，不能不令人赞叹。

三、曾铸及沪商与美国公使、总领事的交锋

曾铸个人以及和沪上商董一起与美国新任驻华公使、驻沪总领事的直接交锋，在中国近代史上从无先例，可以反映近代早期商人外交的具体情况②。而在此过程中，曾铸同样也发挥了令人瞩目的作用。

自上海商人发起抵制美货运动之后，全国各地积极响应，报章舆论也大加赞扬，很快就产生了显著影响。《申报》发表的文章阐明："商会各董已于前日集议，力筹抵制之法，次日广帮各商又会议于广肇公所，未几建帮各商又集议于泉漳会馆，此外如公忠会、

---

① 《曾少卿留别天下同胞》，《时报》1905年8月11日，第3版。
② 有关抵制美货运动肇始近代国民外交（商人外交）的详细论述，请参见贾中福《近代国民外交视角下的1905年抵制美货运动》（《贵州社会科学》2005年第4期），本文在这方面不再展开阐述。

人镜社亦皆定期演说，以谋抵制之法。……记者观于此事，不禁深喜吾中国之民气尚能如此固结，如此发达，当亦通商互市以来，绝无仅有之伟大举动也。"而民气之发扬光大，足使外人知晓：我国"政府可欺而吾民不可欺，政府可诱而吾民不可诱，政府可胁而吾民不可胁。压力愈深，则反动力愈大。倘逼迫过甚，其起而反对者，必于彼有大不利"①。美国新任驻沪总领事也深知其影响，为了防止抵制美货运动蔓延，匆忙照会上海道，"大略谓：在沪华商集约抵制敝国禁止华工续约一事，多有误会，望贵道约日传集各帮领袖至洋务局，本代总领事当亲莅明白示，如有函禀，亦愿代达本国政府，万勿徒事纷扰，致碍大局"②。与此同时，美国驻华公使也照会清政府外务部，要求"设法禁阻"商人抵制美货行动。③

5月21日，美总领事劳治思邀请上海商务总会严信厚、徐润、周晋镳、李云书、曾少卿、邵琴涛等商董在总领事署洽谈，美国新任驻华公使柔克义也到场。这是上海商务总会商董与美国公使和总领事之间的第一次直接交锋，柔克义首先假惺惺地表示："外间近日颇有敝国续定苛约，腾为口实者，然其实并无此事。本政府拟定续约，极欲改良，务使两国均沾利益，外间所说似有误会。按续约须由下议院议准，然后签允，为时当在六个月后。今议抵制，殊非其时，且敝国与贵国睦谊最敦，商情亦素所最洽，一旦不用美货，于两国交情或有关碍。"面对这种说辞，曾铸当即予以反驳："续约改良，众所愿闻，然旧约有苛待明文，而流弊如此。至两国交谊，则诚如贵公使所云，久为敝国上下所公认，然贵国所以不以平

---

① 《论中国民气有发达之机》，《申报》1905年5月17日，第2版。
② 《美总领事自请区示华工禁约事》，《申报》1905年5月19日，第2版。
③ 《外部婉复柔公使禁阻抵制华工禁约》，《申报》1905年6月14日，第2版。

等相待者，盖非本意，工党为之。仆于书肆购得《华工禁约记》，特专呈阅，所有历届约章，以及种种苛待，言之极详，窃愿贵公使一为浏览。"对于曾铸的当面诘问，柔克义不得不再次表示："禁约改良，容当商榷，不过稍待时日，而不用美货之说，贵商董当体两国政府平日交谊，劝谕众人千万不可纷扰。"洋布业商董苏葆森指出："贵国洋布，仆销最多，各货有定至年底者，贵公使顷言签约尚待六个月后，当非虚语。然贵国一日不定约，即华人一日不定心，不必不用美货，即此逐步减销，于仆即大有不便，何能待至六个月？"上海商务总会座办周晋镳最后阐明："贵国本文明国，所以不满人意，授人口实者，不过偏护工党耳，诚如公使所云，完全文明贵国，当为天下公认。"① 相比较而言，曾铸的言辞最激烈，态度也最坚决。外国公使和总领事与中国商董像这样直接面谈交涉中美两国续约的外交事宜，可谓前无先例，体现了商人影响力的极大增强。近代中国的商民外交也由此而发端。

当日下午，针对与美国公使的交涉，上海商务总会"集本埠绅董再议美国华工禁约，到者约二百人"。先由方守六演说在美了解之相关情形，痛陈"美例日苛，我让一步，彼即进一步，此约原为限制华工而设，今乃波及一切华人，若此次不争，后果不堪设想，望同志诸公坚持到底，不可错过机会"。继由曾铸演说，除报告上午与美国公使交涉经过外，特别阐明"中国向来与外国交涉，均不令民间与知，此约无论迟早，倘我政府贸然遽行画押，则民间必实受其害。故吾人必须向此层留意，设法预为防备"。这番演说揭示了清朝封建专制统治者在外交上长期存在的弊端，并阐明需对

---

① 《美员邀集华董会议华工禁约》，《申报》1905年5月22日，第3—4版。

美国公使所说预加防范。张少塘随后在演说中提出："美约关涉工商，政府当将此事始末宣布，各工商同筹抵制之策，提议宜电美国询悉此届续约实在办法情形。"曾铸遂又再次登台，"问众意宜否发电，座中无不举手赞成"。最后，与会者纷纷表示一定要"坚持初议，众志成城，万勿虎头蛇尾，使外人此后愈轻我国"。①不难发现，几乎在所有抵制禁约集会上，曾铸都是最为积极活跃的一分子，发挥了十分重要的作用。对于曾铸以及上海商董的上述抵制行动，旅美华商不无感激之情，致电表示："抵制事请力持到底，美洲十万同胞叩谢！"②

美国驻沪总领事在与商董会谈之后，又按驻华公使之意，函达上海商务总会并致送有关续约之华文略说，声称美国政府对于续约所拟订之复文，"其大旨悉本中政府之意而行，惟于其中最关要紧与夫互益之处，稍加修改，实乃不外彼此易于办理之一法也。……缘彼此均系实心办理，只有相好而无相尤，又何必多所议论。惟期底于速成，既不失两国之荣誉，又多为国人所欢迎。现在该约甫经商议，按照定例，其所有详细条款，虽未便向诸君尽情倾吐，然实可预卜，其中决无或明或暗欲阻挡有合例之华工等人重回美境之一说"③。这显然是企图采用哄骗手段，阻止中国人民开展抵制美货运动，曾铸等多数商董当然不会受此蒙骗。

为使外务部及时了解沪商与美公使和总领事交涉的相关具体情况，不被即将到京的柔克义之言辞迷惑，坚持官民合力抵制，曾铸还急忙上书外务部，说明："查柔克义即日来京，深恐到部晤商，

---

① 《商会再议美禁华工事》，《申报》1905年5月22日，第4版。
② 《旅美华商电请坚持抵制美约》，《申报》1905年5月23日，第3版。
③ 《美总领事致商会函并华文略说》，《申报》1905年5月24日，第3—4版。

又作权词，转多周折，为特赶将铸等与美使柔克义问答情形，及美使译送华文略说，汇缮清折，连同美领事原函两封，一并呈请俯赐鉴核，以便美使到时，相机对付，若不就我范围，铸等已与所说过二个月后不用美货，万不能候至六月以后，务求据情力争。"曾铸预想到柔克义到京之后，势必会以种种理由拒绝中国提出的改约要求，向外务部表示"设或美使与铸等所说到京不认"，需有应对之策，可由"铸等抄送各日报，分别刊登，布告各埠商董，以期合群抵制。美势虽强，当亦稍知转主。至美使到京，务求促令赶紧改良，并明言此次约本必须寄予沪商公阅，方能由部画押，美使迫于公论，并经宪部一再磋商，当不至如前梗议"①。从上书内容看，曾铸显然是希望能够得到外务部支持，达到全国商人抵制禁约的目的。不出曾铸之所料，柔克义到京后即以种种花言巧语要求外务部阻止商人不用美货，但外务部回复照会表示"华商建不购美货之议，诚非无因"，委婉地拒绝了柔克义的要求。

但此后不久，报载沪上商董公宴美国新任总领事等人，互议美约。从相关报道中并未看到曾铸参加了这次宴请，但因有商董向美总领事表示："商董等今惟恪遵贵公使明教，静候二月后改良可也。"②结果外间生出种种传闻，以致曾铸也受到连累。"有谓受美甘言所饴者，有谓中美缓兵之计者"，曾铸甚至收到"某君来函，竟有苟非受人贿托，当不遽变初心之语，为之错愕"。为此，曾铸不得不登报申明："工约不改良，士商不优待，铸将何以自明？此问题不能不预为声叙。美使柔君二月以后，如果不践所约，

---

① 《上外部书一》，苏绍柄编：《山钟集》，上海鸿文书局1906年版，第30页。
② 《记本埠商董公宴美国官商互议美约》，《申报》1905年5月27日，第4版。

惟有照行前议，专设总会，联络各埠，实行抵制各法。上海应用会费不烦二人，如变初心，有如曒日。"①稍后，曾铸又在报上发布复杭州士民函，对抵制禁约的相关具体情况予以解释，并重申"万众一心，实行抵制"的坚决态度。②由此可知，曾铸以极大的勇气首倡抵制美货，为之辛劳奔走，与各方斡旋，虽受到广泛赞誉，但同时也蒙受了一些不白之冤，还要面对美方的巨大压力，处境十分艰难。

尽管如此，曾铸仍不改初衷，勉力继续坚持。但至7月上旬，报章又登载坊间传闻曾铸已同意展期6个月实行不用美货，称"上海商会诸董有再展四个月，俟六个月期满实行之说，并闻已商之曾少卿，业经定议"。展缓六月实行不用美货，原系美国公使柔克义与上海商董交涉时提出的要求，因而这一传闻再度引发对曾铸的非议，并且沸沸扬扬蔓延至全国各地，外埠士商也不断致电或致函向曾铸提出质疑。有的甚至发出诘问："曾系发起抵制禁约之人，忽变其初心，迁延期间，所闻如确，曾将何以对各埠热诚志士哉？"③面对这一不实传闻，已经心力交瘁的曾铸不得不再次在报章登载公开函，表示"报载有鄙人已允展期不用美货异闻一则，不胜诧异"，并阐明"二月之约乃鄙人于四月十八日在美署与美使柔君等而订，虽美使有二月不及、缓六月之说，鄙人并未允许。而不用美货之议，风传海内外，众意佥同，正在盼候期届实行抵制"。这封公开函还透露："上月杪忽有当道电阻开会之事，要知不用美货乃人人自有之权，与国际毫无关涉，然则政府虽欲阻止，恐亦无

---

① 《曾少卿复本埠外埠函》，《申报》1905年6月21日，第2版。
② 《曾少卿复杭州士民函》，《申报》1905年6月24日，第2版。
③ 《曾少卿已允展期不用美货之异闻》，《申报》1905年7月6日，第2版。

从措辞。阻止之道，充其量不过阻止开会而已，不能强令人人定用美货也。"面对压力的曾铸最后在公开函中"敬告海内外同胞，六月十八两月期满，鄙人当函致美署，声明期届，一面登报广告实行不用美货之议吁，初心未变，阻力忽来，我同胞有何善策以济吾，穷子日望之"。报章在发表这封公开函时，所附编者按语称："曾君已允展期不用美货之说，昨已传遍官商，本馆既有所闻，不得不记之于报，以为天下怪诧之事，竟有如是者。兹得曾君来函，始知展缓不用美货限期，曾君未曾允许。窃意曾君当集议此事时激昂慷慨，颇具血诚，想断不致遽易初衷，忽置同胞于不顾，海内志士，幸勿灰心，请随曾君之设施，实行抵拒之政策。"①

屡屡出现的这些有损曾铸声誉的传闻和谣言，再次表明曾铸当时所面临的困难与压力，而在各种困难与压力面前坚持不改初衷，更体现了曾铸值得称赞的坚韧品质。因此，这封公开函见报后，本埠外埠人士又纷纷致函曾铸表达敬仰之情，认为"非具真识力，不敢发是言，非有真热诚，亦不能道是语，捧读一过，不禁为我同胞薰沐顶祝也"②。有的表示："读公声明未允展限广告，有初心未改，阻力忽来等语，不禁感慨系之"，希望全体同胞"坚忍持之，始终成之，无负我公提倡万难之意"③。还有的说明："日前《申报》忽有展限不用美货之妄说，不知所言何来，殊足以摇惑人心，消沮士气，幸经执事连日遍登广告，切实辨明，曷胜欣佩。"④这些言论，对于当时的曾铸来说无疑是莫大的安慰与鼓励。

---

① 《曾少卿声明未允展期不用美货来函》，《申报》1905年7月7日，第2版。
② 《粤东陈柱朝致曾少卿函》，《申报》1905年7月10日，第2版。
③ 《寓宁波旧贯同乡陈寿衡上曾少卿书》，《时报》1905年7月19日，第3版。
④ 《本埠陈仲明致曾少卿函》，《时报》1905年7月24日，第3版。

7月10日曾铸致函美总领事劳治思，说明"改良工约一事，自与贵国公使暨贵总领事面订后，日接各埠函电，多所责备，曾择要钞登日报，想早鉴及。现在二月之约将届，若不开示改良办法，仆又将受各埠士商责备。查买卖交易，本应两厢情愿，如果工约不满敝国士商之意，因而不买贵国之货，不独贵国不能过问，即敝国政府亦断不能强令购买，盖买与不买人人自有权。……请贵国公使迅示改良办法，以便电传各埠力劝照常交易，如其不然，惟有各行其是"①。但劳治思只是答复"即电达柔公使，一俟接到复电即行奉闻"②。稍后，上海道在商务总会的催促之下，也向美总领事询问禁约改良之切实证据。劳治思在回复中仍以美国议院正值停议期，需至年底开议，坚持要求以六月为限，并说"彼此立约，本有欲使此后更加亲睦"，如"十八日停用美货之说果确，该会求速而反以致缓，因事既决裂，该约成立之期转未可必。希即……仍照前议，以待新约之成，如必欲强而致之，则非本总领事所敢预知也"③。美国公使柔克义则仍试图通过向中国政府施加压力，阻止实施不用美货，"照会外部请电致各省督抚，一体禁阻"。外务部照复："商民合群抵制并非无因，实非寻常聚众会议者可比，未便压制禁阻，惟有婉为劝导之一法。"④

7月20日，曾铸提出的二月限期届临。上海商务总会召集各业商董举行大会，"钱业董事谢君谓不用美货可展缓四个月，而不定美货则从今日始，庶几已定之美货仍可销行等语，大众不以此说为

---

① 《曾少卿致领事劳治师君函》，《时报》1905年7月11日，第3版。
② 《美总领事罗志思君复曾少卿函》，《申报》1905年7月17日，第2版。
③ 《美总领事函复沪道声明美约将来必能改良》，《申报》1905年7月20日，第2版。
④ 《外务部照复美使之得体》，《时报》1905年7月13日，第3版。

然"。见此情形，曾铸即"登台演说开会宗旨及与外人交际之事，并勉诸华人努力合办，以实行抵制"，使大会转为讨论实行不用美货之主题。接着，"由戈君朋云演说美虐华人之可愤，后由叶君浩吾演说不用美货、不定美货宜合力并办"。其间有邬姓商董"演说不定美货之难，未及五六语即为众人所斥退"。最后，"各帮签名毕，即拟定通告全国三十五埠电稿，遂散会"①。至此，抵制美货的行动正式开始实施。

可以看出，在二月限期届临上海商务总会举行的这次大会上，有部分商董对于是否按期实行不用美货持不同态度。而17日沪学会召集的各界公议实行不用美货特别大会上，则并无任何不同的声音出现。全体与会者群情激昂，态度坚决，认为"不用美货，系我人自主之权，无论美人不能干预，政府亦不能禁止，故此为至容易之事，无须商量者。又痛言天下只有自立，决无依赖他人之道。……在座一律举手，决议即日不用美货，并助各商业共筹处置现存美货之善后办法，拟稿送由商务总会电致外部、商部及各埠"②。在上海商务总会举行的大会上则相继有商董提出将不用美货期限再展缓四月，或将不定美货与不用美货分开进行，使"已定之美货仍可销行"，只是在曾铸发言以后，得到绝大多数商董支持，大会才通过了即日不用美货决议。

就在上海商务总会召集各业商董举行大会的当日上午，曾铸曾再次与美总领事劳治思当面进行了会晤与交涉，从中可以明显看出曾铸的态度一如既往，并无改变。但有的论著却认为这次面谈是

---

① 《上海商务总会之大决议》，《时报》1905年7月21日，第3版。
② 《公议实行不用美货之特别大会》，《申报》1905年7月20日，第2版。

曾铸为了寻求妥协,实乃误解曾铸之意。会谈中劳治思一开始仍然强硬坚持应以六月为限,声称"敝国开会时在十月,刻非其时,奈何强人所难?"曾铸回复:"事有常变,不能概论。即如四月十八日贵署之会,是日适逢礼拜,仆于礼拜向不办公,所以违而应招者,亦以事关重大,不敢不到。譬如贵国属岛有人袭取,必候开会定议乎?抑即遣兵轮乎?"劳治思强词夺理地说:"此乃警事,与和约事不同。"曾铸答曰:"寻常和约,静候开会是也。此次之事,岂寻常乎?政府不能争,民人起争之。按照约满年限,应于上年开议矣,何必今日。"面对曾铸的驳问和坚决态度,劳治思只好转而说明:"此事敝国近已改良,况昨日敝公使来电,亦欲早日定妥。"①曾铸遂要求劳治思"写一凭字与我,当为传知",劳称不便写此凭字,请求曾铸"劝商民弗与敝国为难,静候政府办理"。并说"换约有非他人所能参预者,本领事深恐牵动大局,有碍邦交,故不惮言之谆谆"。所谓"牵动大局,有碍邦交",是美国公使和总领事一以贯之的恫吓之词,曾铸针锋相对地阐明:"此次之事,办法文明,不愁牵动。此非一人私言,不见各国报章乎,堪称抵制文明,亦既报不一报矣。至于换约静候政府,此言是也。然而不用美货,人各有权,不特贵国不能干预,即敝国政府亦不能勉强,所谓人人自有权也。"此番答词可谓有理有据,不卑不亢,充分显示了曾铸对外交涉的能力与胆量。最后,无可奈何的劳治思只能对曾铸说:"此事君能发起,必能收拾。"曾铸回答:"火点而

---

① 柔克义致劳治思电文内容为:"不用美货,仅损美商,而商人在美已严加抗议此禁约,近更为此事出力。本署现与外部商订约稿,亟望早日定妥。"见《纪曾少卿与美总领事罗志思面商工约事》,《申报》1905年7月21日,第2—3版。

即扑易也,一经燎原,收拾不易。且近来敝国商民颇饶热力,极讲合群,恐非空泛之言,所能排解。"①从上述面晤交涉的全程显然看不出曾铸有任何妥协之意。

综上所述,作为一介商董的曾铸,在与美国公使和驻沪总领事交涉的整个过程中,虽然不断受到美方的威胁,也曾被传闻与谣言中伤,但他始终旗帜鲜明地站在中国人民的立场上,态度坚决地主张"伸国权而保商利",强烈要求美国政府删除华工禁约中的虐待华人条款。尽管多次交涉并没有取得预期成效,但仍不乏意义,不仅体现了曾铸个人非凡的能力与影响,也开创了近代中国商民外交的先河。报章刊登了上述曾铸与劳治思会晤交涉的详细情况,有识之士阅后十分感慨,特地致函曾铸表示:"阅报载公与美领事问答,□言皆有物,无一不为海内苍生计,有此胆识真无伦矣。"②还有的称赞曾铸"不辞嫌怨,不避艰险,数与美领事磋商辨难,不激不随,不亢不卑,深合文明办法,早为各国所公许"③。

四、曾铸发表《留别天下同胞书》及时人评价

不用美货自7月20日正式实施之后,整个抵制行动很快即发展至高潮。"海内外通商各埠,内地城乡僻壤,凡商界学界女界工界,闻风兴起,接踵开会,国民合群,于斯为烈。尤难者戒用美

---

① 《纪曾少卿与美总领事罗志思面商工约事》,《申报》1905年7月21日,第2—3版。
② 《上海有热血同志致曾少卿函》,《时报》1905年7月24日,第3版。
③ 《苏州方义教代江苏方义教代江苏全省同胞》,苏绍柄编:《山钟集》,上海鸿文书局1906年版,第442页。

货，万众一心，电费会资不惜巨帑，文明抵制，照耀环球。"①《申报》几乎每日都刊登"汇纪各埠抵制华工禁约事"和"汇录抵制禁约致曾少卿各函电"，延续长达近一个月。在此期间，曾铸作为这场运动的发起者和联络者也更为繁忙，达至应接不暇的程度。但8月11日曾铸突然在上海各大报同时发表《留别天下同胞书》，引起全国舆论高度关注。以往有些论著认为，这是曾铸受到生命威胁而不得不退出抵制美货运动的告别书，体现了商人乃至民族资产阶级的妥协性和软弱性。其实，这种传统结论也是很值得推敲的。

曾铸确实在《留别天下同胞书》中坦陈自己遭遇了生命威胁："初八日得某某密函，有谓某等闭门私议，已定害公之策。大旨不外运动当道，恐吓政府，有虽糜巨万，在所不惜之语，并引林文忠已事为证。函凡千二百言，有谓运动各领事，谓华人团体若成，势将不利各国，若不猛予力压，欧西之人窃恐不能安居中土。……初九日有素不相识之客二人来一见，请问叩其来意，除大旨与初八函告近似外，详言某等私议图害情形，历历如绘。……二君将行力劝暂时走避，若不走避，万难免祸，并谓公一身关系全体，不可轻于一掷。言次泪随声下，仆亦为之酸鼻。"何人在当时甘冒天下之大不韪而欲谋害曾铸，至今我们仍无从知晓。但可以肯定的是，曾铸并非畏死之人，更未因此而退缩。他坚决地表示自己当初领衔发电时，即已昭告"为天下公益死，死得其所"，"既以一死许之，今日从而避之，有此理乎？且仆一人畏死，更惹全球轻视，谓中国人性质不过畏死而已。轻视如故，残贼如故，奴隶如故，牛马如故，固不消说，而仆遂为天下罪人矣"。此时曾铸仍坚定地向国人

---

① 《开会抵制》，苏绍柄编：《山钟集》，上海鸿文书局1906年版，第13页。

阐明："死于美人，死于业美货者，皆仆正当死法，虽死犹生，死无遗憾。所不能无耿耿者，仆死之后，我同胞既畏外人恫吓，又畏政府压制，团体因而解散，此后二万万方里任人分割，四万万同胞听人残贼，既无复成人格之一日，又无挽回国势之一日，此则九泉有知，死有余痛者。"他还向国人发出呼吁："所愿曾少卿死后，千万曾少卿相继而起，挽回国势，争成人格，外人不敢轻视我，残贼我，奴隶我，牛马我，有与列强并峙大地之一日，则仆虽死之日，犹生之年。"最后，曾铸告诫国人："抵制办法，仍以人人不用美货为宗旨，千万不可暴动，若贻各国以不文明口实，则我死亦不瞑目也。"[①]通观留别书全文，丝毫感受不到曾铸有担心自己生命危险之虞，相反处处显露出死而无憾的坚定决心。为了表明死不足惧，曾铸还将自己"每日起居谨为死我诸君告"：10点前在寓，10点后到华兴公司，12点回寓，下午2至3点出门候客，4点到丝业会馆，5点到商会。

《留别天下同胞书》发表以后，曾铸的声誉并没有因此受到不良影响。"中国各埠志士，来函慰藉者，日必数百起，皆国民精神热血之所萃。"[②]全国各地的有识之士，无人批评曾铸临阵退缩，更无人指责曾铸是胆小畏死之人，而是对其赞誉有加。"昨阅日报，得公留别天下同胞一书，觉字字从侠肠流出，笔笔出热血写成，慷慨激昂，竟不觉五体投地。呜呼曾公！人谁无死，或重于泰山，或轻于鸿毛。公为天下公益死，亦复何憾？况乎死生有命，若不当死，虽鼎镬在前，刀锯在后，不能我害；若其当死，虽处广厦

[①] 《曾少卿留别天下同胞》，《时报》1905年8月11日，第3版。
[②] 民任社主人编：《中国抵制禁约记》，上海民任社1905年版，第51页。

之中,重祸之上,左扁鹊而右和缓,亦难幸免。……自留别同胞一书出,而天下之志士愿为公死者有人,愿继公起者有人。"①秀水女士陈月娥援古人生挽之例,为曾铸写道:"为四百兆民作牺牲公自大名垂宇宙,冠十二万年立功德谁能后起继先生。"②接着有男士表示:"昨阅日报,见挽公之联起点于女界,我辈男子可不发一言乎?"随后,报载生挽诗联接连而出,总计多达百余首。例如:"从廿世纪初建立大猷救困扶危勋业直同三不朽,合卅五埠力结成团体舍生取义姓名应播万斯年。"又如:"抵制为华工协力合群与四百兆同胞争成人格,图谋凭若辈甘心待死俾五大洲翘首共仰公名。"③这些评价虽不无溢美之词,但却都是对曾铸发表《留别天下同胞书》的高度肯定。

众多慰藉来函大都首先是强烈谴责威胁谋害曾铸之人。有的指出:"读《留别天下同胞书》,为之肃然起敬。夫抵制美约,戒用美货,公以热血苦心,为天下倡。不意事至今日,竟有因此而欲中伤公者。此等人全无心肝,甘心媚外,我辈羞与立于天之下地之上。"④有的正告欲谋害曾铸之人:"即杀尽我四万万同胞,亦不能改变初心,反而思之其尚有一点之天良存乎否乎!"⑤还有的则发出警告:"欲祸人者,一旦败露,国人将共死之,不足祸人,而适以祸己也。"⑥很显然,对于向曾铸发出死亡威胁者,社会各界

---

① 《何君卓焘上曾少卿书》,《时报》1905年8月17日,第7版。
② 《女志士生挽曾少卿》,《申报》1905年8月13日,第3版。
③ 《汇录抵制美约来往各函》,《申报》1905年8月16日,第2版。《山钟集》第522页所收录相同生挽联的文字略有不同。
④ 《寓南通州徐子美、诸真长、陈南琴上曾书》,民任社主人编《中国抵制禁约记》,上海民任社1905年版,第50页。
⑤ 《欲谋害曾少卿者鉴》,《申报》1905年8月16日,第11版。
⑥ 《玉峰睡狮上曾少卿书》,《申报》1905年8月19日,第3版。

均表示愤怒与谴责。

其次是对曾铸大加赞扬，高度肯定其言行。有的认为"吾中国何幸，得此磊磊落落，光明俊伟，有生不恋，视死如归之烈士"①。还有的表示："读阁下留别书，淋漓慷慨，不禁为我中国前途贺也。"②文明拒约社18位发起人发表《敬告天下同胞》，阐明："曾公欲牺牲一身，以救同胞，设有不测，我辈誓继公志，不死不休，愿我四万万同胞，宁学曾公死，毋学奸商生。"③更有人指出，曾铸"登高一呼，为天下先，此岂非我朝二百余年将转环之气数乎！此事关系不特专为抵美，即将来我国立宪改良，亦兆于此"④。显而易见，这些评价对曾铸发起抵制美货的作用与影响较诸一般人都看得更高更远。

再次是对曾铸给予大力支持与声援，表示将坚持斗争到底。绍兴士商致函表示："读留别书愤甚，抵制美约为吾人固有天职，今公只身犯难，果不测，吾绍誓更坚持，公勉之。"⑤有的阐明："公死海内外同胞未必尽死，人心一日不死，美约一日不改，则前仆后起，必有继公者。某等虽无公之才望，亦愿牺牲其躯壳，憔悴其笔舌，尽力之所能及，以补公志之未竟。"⑥还有的则表示："曾少卿虽死，必有继曾少卿而起者。不用美货，国人皆公认实行矣。曾少卿死，而不用美货者固在；曾少卿死，而国人不用美货之

---

① 《华亭杨锡章上曾书》，民任社主人编《中国抵制禁约记》，上海民任社1905年版，第50页。
② 《香山学界中人徐奇来函》，《时报》1905年8月13日，第7版。
③ 《敬告天下同胞》，《时报》1905年8月13日，第7版。
④ 《盛鉴秋致曾书》，《时报》1905年8月13日，第7版。
⑤ 《绍兴士商致商会函》，《时报》1905年8月16日，第7版。
⑥ 《寓南通州徐子美、诸真长、陈南琴上曾书》，民任社主人编《中国抵制禁约记》，上海民任社1905年版，第50页。

心益坚。"①令人感慨的是上海女学会金丽娟等10名女士也联名上书曾铸，表达钦佩与声援之意："乃前报忽有留别同胞一书书，读之不胜愤懑。公之高义，愈令人钦佩不已。丽娟等虽为女界中人，亦知天职之当尽。万一事不测，务必坚持公训，以继公志。"②

这些来函使曾铸深感欣慰，并为此公开发表一份致同胞书，表示："读赐书为之狂喜，喜同胞进步，近来有如此其速也。仆未必死，即死矣，人人求已，何患国势不张？若如人后所云，仆不愿闻，请观留别书不必与死我者为难语，便知仆意。此两日日接百函，函皆带血，呜呼！曾少卿可以死矣，万一不死，美约改良而后，尚当汇刊来函，以志热诚。"③需要指出的是，曾铸在《留别天下同胞书》中并未流露出退隐之意，而且在此之后他实际上也并没有完全退出抵制美货运动。紧接着，他又就中外日报馆围绕不用美货提出的诸多质疑在报上予以详细答复，并说明"贵报为不定美货事，予发起人三日限答，仆将就死，尚有何言以答明询乎？然三日未死，则不敢故违雅令"④。此时的曾铸面临着更多来自美国和清政府的双重压力。美国公使柔克义将曾铸视同眼中钉，称之为"首创抵制"的祸首，一再强硬要求中国政府"将其革惩"⑤。外务部一方面迫于美使压力，另一方面也担心抵制美约激成民变，接连两次电令两江总督周馥对曾铸予以惩处。周馥深知曾铸当时威

---

① 《玉峰睡狮上曾少卿书》，《申报》1905年8月19日，第3版。
② 《珠家阁女学会金丽娟等十人上曾少卿书》，《申报》1905年8月22日，第3版。
③ 《曾少卿复本埠同胞书》，《时报》1905年8月6日，第7版。
④ 《曾少卿遵限答中外日报馆书》，《时报》1905年8月12日，第2版。
⑤ 《美使柔克义致外务部照会》，清外务部档案，中美关系卷，第3322号。转引自徐鼎新、钱小明：《上海总商会史（1912—1929）》，上海社会科学院出版社1991年版，第81页。

望极高，且民众愤激，如对其予以惩处将会产生相反效果，遂致函外务部表示："查曾少卿为人，急公好义，众望素孚，此次相戒不用美货，众人公共决议，渠不过为发电主名，若遽革惩，恐众怒难犯，转致滋生他变。……若如柔使所请，徒用压力革究一二人，于事无济。柔使曾久处华，情形较熟，谅能深悉也。"①由于周馥并未按照外务部之意革惩曾铸，报章称其"深知大体"。实际上周馥是不愿因惩处曾铸背负骂名，暗中电令上海道袁树勋设法迫使曾铸离开上海。袁则认为曾既不惧死，何患其他。"美领事初欲拿办，嗣以公论所在，未敢肆意。且曾早辨一死，安肯以避祸贻笑于人。若劝令他去以为保全，无论曾少卿不肯行，就令勉承宪意，流言蜂起，转为震动"，唯有"示之镇静，上下相喻于无言，实为两全之策"②。

不容否认，此后的曾铸不再像从前那样极其活跃，抵制美货运动也慢慢地趋向于低潮。曾铸后来曾解释说："抵制美约，由鄙人领衔，振臂一呼，全球震动。迨夫八月，戛然中止。外人不察，有谓虎头蛇尾者，有谓为德不卒者，皆非知我者也。按当时鄙人适为商会总理，商会隶属商部，遵奉谕旨，分所应尔。"③这种解释显然无法令人满意，体现了曾铸存在的某些不足。但也要看到，在此之后他同样每日收到海内外各埠众多函电，并予以回复。直至同年12月，曾铸仍为抵制美约事致函美总领事劳治思："叠接金山等埠来电，以贵国提议工约，侧闻仍有不能满意之处，电请一体力争前

---

① 《江督致外务部函稿》，《时报》1905年9月12日，第2版。
② 清外务部档案，光绪卅一年九月十九日收南洋大臣周函。转引自张存武：《光绪卅一年中美工约风潮》，"中央研究院"近代史研究所1982年版，第210页。
③ 《曾少卿又倡抵制英货》，《振华五日大事记》，1907年第50期，第38页。

来，除转电各埠外，所有菲律宾、檀香山两岛新入贵国版图，前未列入工约，是为至要，万一不能俯听，工约即由敝国政府签允，人人亦不公认，迨至相戒不用美货六字，因此人人抱定，转非贵国商家之利。……务希赶急电知贵政府，以免事后为难。贵国工党固可畏，敝国众志亦宜审，此正贵领事今日之责。"①与此同时，曾铸还致电外务部表示："工约近将提议，众意菲、檀两岛前未入约，今应不入议内，铸已据情函告美领，如办不到，大部即徇美请，人人亦不公认，相戒不用美货六字，势必坚持到底，恐于政体有关，为亟电禀。"②其态度同样比较坚决，表明曾铸并非不再与闻抵制美约运动。

1905年11月上海商务总会领导人的换届改选结果，可以说是上海工商界对曾铸在抵制美货运动中突出表现给予的最为客观的高度评价。由于宁波商帮在上海工商界无论实力还是影响均最为雄厚，因而上海商务总会自成立之后，在清末历届当选总理者均为宁波帮商董，唯独1905年这一届是例外。11月14日，"商会邀集各帮商董用秘密投票法公举总理、协理，二点钟各董齐集，照式秘密投票，由商部王丞堂丹揆监视开筒。曾君少卿得二十六票，举为总理，朱君葆三得二十票，举为协理。举既定，曾君起而言曰：猥承公举，敢不仰承众意，第才非肆应，识欠明通，近已勉从邑绅雅令，办理总工程局，正虞陨越，何敢再总理商会？力辞不就。王丞堂曰：照章经众举定，不得辞让"③。曾铸遂不得不遵从众商之意，勉为应允。随后王丞堂禀报商部："上海商会开第一次特会，实行投票公

---

① 《曾少卿致美总领事劳君函》，《时报》1905年12月8日，第2版。
② 《曾少卿电禀外部》，《时报》1905年12月9日，第2版。
③ 《商会公举总、协理》，《时报》1905年11月15日，第2版。

举候选道曾铸为总理，三品衔候补道朱佩珍为协理，群情悦服，请凭电札委饬遵。"商部很快"准予札委，以资董率"，并强调"上海为通商巨埠，商务甚繁，所有该埠商务总会总、协理等，关系綦重"①。可以毫不夸张地说，如果不是因为发起和领导抵制美货运动，身为福建帮商董的曾铸不可能高票当选上海商务总会总理。

1905年10月，上海城厢内外总工程局正式成立，成为清末民初上海最重要的商办地方自治机构。曾铸并非主要发起人之一，但却当选为4位办事总董之一。该局设领袖总董1人，办事总董4人，议事经董33人。"办事总董必须声望素著，操守可信，识见明通，才具开展"②，其中常川驻局办事总董2人，常川到局办事总董2人，是具体负责总工程局日常事务的主要领导人。曾铸能够当选为该局办事总董，自然也与其发起和领导抵制美货运动获得极高社会声誉紧密相关。

继抵制美货运动之后，中国人民还曾掀起大规模收回利权运动。在这场运动中，已身患疾病的曾铸又为反对英国强行攫取江浙铁路修筑权，向英使提出抵制英货之警告。据记载："上海曾君少卿以江浙、西江二事，日前致请愿书于英使云：鄙人有疾，静养乡居，忽忽六个月。医者云肝疾忌触气，勿阅报章，以故不闻外事，亦六个月。近日肝气略平，稍能起坐，闷坐无聊，命从者购取报章，一为披览，乃知外间有江浙路款勒借事，西江警权争竞事，是非曲直，报章已详载言之，无俟鄙人喋喋。特是鄙人亦中国一

---

① 上海市工商业联合会等编：《上海总商会组织史资料汇编》上册，上海古籍出版社2004年版，第100页。
② 《上海城厢内外总工程局章程》，杨逸纂《上海市自治志》，民国四年（1915）铅印本，"规则规约章程甲编"，第1页。

分子，语云天下兴亡，匹夫有责。鄙人虽病，一息尚存，何敢放弃？……鄙人请援照前年抵制美约例，传电各埠，内地则相戒不用英货，口岸则相戒不装英载。"请愿书还说明："今鄙人交卸总理，业已年余，不为公仆，还我国民资格，作文明抵制，不涉国际，不关交涉，敝政府虽专制，其能强令人人必用英货、必装英载乎？"①可见曾铸并未因发表《留别天下同胞书》而不再顾及"伸国权而保商利"之职责。英使深知曾铸发起抵制洋货的号召力，急忙要求清政府外务部予以阻止。外务部也担心抵制英货一发而不可控，要求各级官府严禁抵制行动。

1908年，60岁的曾铸因病去世，各地各界均表示哀悼，并再次对曾铸给予极高评价。诸多挽联情深意切，令人十分感慨。例如："精魂一缕返长空，黄海风云惨澹中，百万华工齐下泪，同声一哭大洋东。"又如："驰驱顾盼马群空，提出华工水火中，虽死其身犹不死，环球名誉贯西东。"②上海裕记书庄编辑的《曾少卿》一书"序言"，称该书为各界应阅之书，盖因"曾少卿曾从人读僧，是僧界中不可少之书也；曾少卿商人也，时入官为卿，又为官场中不可少之书也；曾少卿为人乐善好施，创设贫儿院，即号曰悲航道人无不可也；商为国耻，倡议抵约，即尊之医国上卿，亦无不可；其平日清闲一室而劳苦中心，忘情身家而致意民物，诚哉二十世纪商界中一绝大伟人也"③。随后数年每逢曾铸忌日，仍多有纪念活动。如1910年上海贫儿院举办纪念会，来宾千余人，叶惠钧等

---

① 《曾少卿又倡抵制英货》，《振华五日大事记》，1907年第50期，第37—39页。
② 《吊商界伟人曾公少卿》，《重庆商会公报》，1908年第105期，"文苑"，第1页。
③ 《曾少卿》，上海裕记书庄1908年版，第1页。

人发表演说:"曾公创办此院之时,受几多困苦,受几多磨折,维公能百折不回,乃成其志。逢公忌诞纪念以祭之,祭昔日之曾公有穷尽,祭今日之曾公无穷尽也;祭一曾公穷尽,祭数曾公无穷尽也。公一商人,以深远之眼光,具宏大之魄力,为吾辈吐气,作有形之保商不足,更作无形之保商。拒约而后,更创此院,其意将化尽商界之盗贼也。……公身虽死,公心其不死。"[1]1911年举办曾铸逝世三周年纪念活动,民立中学、幼童学校、南市商团公会、商余学会等均致祭文,上海自治公所、商务分会发表的祭文称:"公之生平,其志愿在宏济万物,造福民生。恫欧氛之日逼,感国事而奋身,溯抵制美货之役,激于义愤,同胞亿兆,一呼百应。乙丙之际,自治草创,维公提倡协助,扶颠济险,而排众喙之猖猖。凡夫鸦片之禁,米价之平,均有赖于擘画。故至今食公之惠者,抚念畴昔,莫不感激而嗟呻。"[2]言虽简短,但却概括了曾铸一生的主要贡献。1909年,上海有识之士还决定集资铸造曾铸铜像。据《图画日报》载:"上海已故商董曾少卿君,因抵制美货一事,得享盛名,而商界及各项慈善事业,亦热心提倡,无役不从。殁后数年,流风未泯,兹由沪上同人纠集巨资,倩沪南求新厂铸就紫铜质之遗像,约长六尺。闻造成后,安置于贫儿院前,以传流后世,永为纪念。"[3]最终历经坎坷,曾铸铜像于1925年铸成后在贫儿院举行安置仪式。

透过抵制美货运动可知,20世纪初随着民族资本主义的发展,

---

[1] 《今日为曾公少卿开第二周年纪念会于上海贫儿院》,《上海贫儿院月报》,第5号,宣统二年五月二十五日(1910年7月1日),第3页。
[2] 《自治公所、商务分会董祭文》,《上海贫儿院月报》,第17号,宣统三年五月二十五日(1911年6月21日),第3页。
[3] 《曾少卿铜像巍巍》,《图画日报》,1909年第1号,第12页。

新兴商人和知识分子群体开始以全新的姿态登上了社会舞台,展现出前所未有的号召力和影响力。正如《时报》论说所称:"以美禁华工续约一节,上下内外,群相告语,亟筹所以抵制之策。或议不用美货,或议华人不为美用,于是开演说会者有之,设美货陈列所者有之,是为中国民族主义发达之第三期。凡此结种种之社会,筹种种之方法,发起之人,与表同情之人,大抵皆商界中人也,学界中人也。未尝身经海外而亲受其虐待也,于华工禁约无急切之利害也,而愿云合响应,风起水涌,协力同心,如出一辙者,无他,皆由个人主义、家族主义渐进而为民族主义之明证也。"①曾铸在这场反帝爱国民族主义运动中,发挥了倡导者、联络者甚至是领导者的重要作用,堪称这一时期新兴商人群体最杰出的代表,足以名垂青史。

以历史的眼光客观地看,曾铸在抵制美货运动中的言行与影响无疑应该值得充分肯定,但当时的中国能够出现曾铸这样的"二十世纪中国商界第一伟人",在很大程度上也是时势造英雄的结果。如果不是19世纪末20世纪初中国面临空前严重的民族危机,促使社会各阶层救亡图存的民族主义爱国思想普遍高涨,曾铸的倡导也不可能获得如此广泛的响应,更谈不上迅速发展成为一场全国规模的反帝爱国运动。其实,类似这样一场大规模的民族主义运动,由一位年近六旬的商董承担发起、联络和领导重任,这并非完全合理之历史现象。尤其是当时上海商务总会已经成立,作为近代新式商人社团的商会,在各方面都具有传统商人组织所不具备的优势与能量,理应成为这场运动的发起者和领导者,而不应由曾铸一人勉

---

① 《论中国民气之可用》,《时报》1905年7月15日,第2版。

为其难。尽管曾铸具有超乎常人的勇气与毅力，但一个人的力量和能力毕竟是有限的，何况他还只是一介商人而并非政治家，也不是社会活动家，我们无法要求他做到如同有论者所说的那样，在运动中建立统一的组织系统和有力的领导机构，避免运动的分散性和自发性缺陷。"由于在一些重大问题上与当时上海商务总会的主要领导人并不完全协调一致，以致他只能以个人或连同一批'沪商'出面发出函电，表示政见主张，而不能名正言顺地使用'上海商务总会'的名义"①，这常常使曾铸感到无所依靠而力不从心。此外，过分地要求曾铸在整个运动中不管面临何种困难和压力，都应始终如一，态度坚决地全力以赴，不能有任何妥协动摇的表现，这是否是对历史人物不切实际的苛求，抑或是一种政治道德和民族道义的绑架？时人即已意识到曾铸的难处，向其表示："此次抵制禁约，海内同胞，闻风响应，非阁下提倡之力不及此。然绝大问题，惟阁下一人独任，不无偏劳，弟爱莫能助，尤觉怀惭。"②既然时人都能够以惭愧之心对曾铸表示理解，今人又为何要苛求历史人物，而不给予历史的同情？

推而论之，对于整个商人群体尤其是一些大商人，在抵制美货运动中的表现也应予以恰如其分的肯定，而不应只是简单地批评其软弱妥协，一味谴责他们没有将这场运动最后坚持到底，直至完全达到预期的目标。对于商人的切身利害得失与正常生活的维系，

---

① 徐鼎新、钱小明：《上海总商会史（1912—1929）》，上海社会科学院出版社1991年版，第84页。
② 《祝兰芳致曾少卿函》，《时报》1905年7月26日，第3版。

是否也应予以适当考虑①？同样，时论对此也有一定的认识，认为"各埠商人，群以不卖美货为抵制，而商务总会各大商，且肯以不定美货为抵制，斯诚难之又难者矣。何谓难之又难，盖其受之利害有大小也，虽然抵制禁约，为华人者，人人有应尽之义务也，非可使商务总会诸公独为其难也，非可使签约不定美货诸公，独捐其大利而受大害也，皆当各尽其能力而分任"②。然而，以往的论著却对此大都置之不论，只是简单地予以批评和指责，这恐怕也值得再予斟酌。

---

① 笔者所见只有个别学者曾指出：在爱国运动中应该允许有"合理"的私利行为，抵制美货运动的失败责任不应仅归于那些大商人，"从决定抵货的那一刻起，运动便迫使一小部分人牺牲自己眼前的利益去承担全民族的久远的历史责任。结果自然是不难预料的"。见王冠华：《爱国运动中的"合理"私利：1905年抵货运动夭折的原因》，《历史研究》1999年第1期，第20页。
② 《论十八日商务总会各大商签允不定美货事》，《时报》1905年7月23日，第2版。

附录二 抗战期间一位上海商人的日常生活

本章主旨是依据日记考察上海"钱业巨子"秦润卿在抗战时期的日常生活，由于秦的个人特殊性使其很难具有多少代表性和普遍意义，只能提供一项个案研究。但此项个案研究并非没有学术价值，它不仅可以一定程度上弥补学术界探讨抗战时期上层商人日常生活的不足，而且对于具体了解日本帝国主义发动侵华战争给不同阶层的中国人民所带来的灾难，同时对于综合研究抗战时期不同阶层和个人的生活样态也不无裨益。

一、秦润卿其人及其日记

秦润卿（1877—1966），名祖泽，字润卿，晚年号抹云老人，浙江慈溪慈城（今宁波市江北区慈城镇）人。秦家早年家境尚可，但经"洪杨之役,先人遗产,荡然无存",只能"勉强度日"。①因此,秦润卿出生于一个普通的家庭,家境非但并不富裕,甚至还陷于贫困。其子女在回忆文章中曾说明:父亲出生于"一个贫苦的家庭里"。秦润卿的父亲曾由族人介绍在宁波招商局和上海新康洋行担任会计,但因病去世较早,仅依靠母亲"克勤克俭勉撑家务,以刺绣所入抚养一子二女"②。秦润卿作为家中唯一的儿子,8岁时开始断断续续入读私塾,尽管"天资颖异,学业成绩每冠其侪辈",但后来却无法继续读书,只能在15岁时经表叔林韶斋介绍,到上海协源(后相继改为豫源、福源)钱庄当学徒。

秦润卿出生于这样的家庭,这对其日后的勤奋与克俭影响至深。尤其长年目睹母亲为维持家庭生计,终日辛苦劳作,仍无法保证家人一日三餐,由此深知生活之艰辛不易。他曾回忆年少时家中"告贷不得,无以为炊,余年少无知,饥甚,呼母曰,人家饭熟矣,何余家不举火?"此时母亲常常只能想方设法四处求人借点食物让其暂时充饥,而其他家人则"皆忍饥至晚"。在晚年的回忆中秦润卿对这一印象极为深刻,"余书至此,不禁泪下涔涔已!"③当学徒期间,他一直吃苦耐劳,勤奋好学,"行有余力,晨则习字,晚则学算,不稍怠忽"④,深受东家赏识。学徒期满后仍一如既往,踏实上进,先后出任账房(会计)、信房(文书)、跑街

---

① 秦润卿:《抹云楼家言》,孙善根、谢振声编注:《秦润卿文存》,香港凌天出版社2014年版,第176页。
② 秦则贤:《先严润卿公事略》,宁波市政协文史委员会编:《钱业巨擘秦润卿》,中国文史出版社2010年版,第3页。
③ 秦润卿:《抹云楼家言》,孙善根、谢振声编注:《秦润卿文存》,香港凌天出版社2014年版,第177页。
④ 秦润卿:《抹云楼家言》,孙善根、谢振声编注:《秦润卿文存》,香港凌天出版社2014年版,第177页。

（信贷），皆恪尽职守，信誉卓著。于是，1906年协源钱庄改组为豫源钱庄时，即升任经理。民国八年，豫源改名为福源，秦润卿在上海钱业已经小有名气，不仅继续担任福源钱庄的经理，而且还兼任福康、顺康两个钱庄的监理。

身任经理和监理的秦润卿不仅踏实勤奋、稳健能干、业绩显著，而且洁身自好、乐于助人、信誉日隆，受到同业广泛称赞。1920年，已经声望卓著的秦润卿被一致推举出任上海钱业公会会长，并兼任上海总商会副会长，成为上海钱业领袖和整个工商界名副其实的著名人物。与此同时，他还曾相继兼任上海工部局华董、中央银行监事、上海交通银行经理、四明银行常务董事、垦业银行董事长等职。经商之余，秦润卿还热心从事公益和慈善事业。1915年与李寿山、王荣卿等人在家乡集资创办普迪学校，后又参与资助创办私立效时中学和县立慈溪初级中学，担任效时中学校董会主席，与陈嘉庚、胡文虎一起被誉为"办学三贤"。除了在家乡捐资兴学，秦润卿还曾修建了一座名为"抹云楼"的藏书楼，后成为公益性图书馆。另还发起在上海钱业会馆创办修能学社，三年后相继改为钱业公学、上海钱业中小学，出任校董会董事长。

除此之外，秦润卿对地方慈善事业也极为热心，在故里赢得了"邑中善人"称号。具有慈善性质的保黎医院，由他和旅沪同乡任士刚等组成的董事会提供经费，抗战期间更完全赖其筹款得以艰难维持；另还担任慈城云华堂董事，于1922年创办云华孤儿院，并相继出任宁波佛教孤儿院、四明孤儿院、鄞奉公益医院、宁波七邑教养所的董事。在上海，秦润卿也担任四明公所和四明医院董事，并被推举为宁波旅沪同乡会永久会董。

由于秦润卿是钱业领袖，长期担任上海钱业公会会长（总董、主席）要职，同时又热心于慈善公益事业，不仅资助创办各类学校，兼任校董会校董或主席，而且在其他许多公益团体或机构中也担任重要职务，事务庞杂，应酬繁多，所以其日常生活十分充实忙碌。尽管如此，秦润卿却有坚持写日记的习惯。由孙善根整理编注、凌天出版社2015年出版的《秦润卿日记》，分为上下两卷，共计约60万字，时间自1936年1月1日至1950年12月31日。据介绍，秦润卿日记原件计15册，每年1册，系用小楷书写。因秦润卿喜好被苏轼称为"山抹微云秦学士"的北宋著名词人秦观的诗词，而且与之同姓，故晚年自号"抹云老人"，由其所建藏书楼也命名"抹云楼"。"该日记估计是1952年秦将其与抹云楼藏书及其所属财产一并捐赠给浙江省人民政府，后转存于浙江省图书馆。由于其日记以《抹云楼日记》命名，故少有人注意，一直在那里静静地躺了半个多世纪。现经其后人授权，整理公布，以为学术研究者及相关爱好者之参考。"①

秦润卿在70余年的生涯里经历了多次战乱与变革，其中包括两次日本帝国主义发动的侵华战争，所见所闻在日记中多有记载。1938年5月31日的日记中即说明："战事开始以来近一年，忆余自十五岁到沪，迄今四十有七年，其中，如甲午中日战争、庚子拳匪之乱，日俄战争，辛亥国体变更，迭次内战，欧洲大战，九一八、一二八之战，各处损失均无此次之巨，将来尚有经过疫疠之丛生，水旱之遍灾，人民饥饿之载道，此种现象乃战后必有。"②秦润卿

---

① 孙善根编注：《秦润卿日记》上卷，香港凌天出版社2015年版，"整理说明"，第18页。凌天出版社2014年出版的《秦润卿文存》收录了秦润卿1936年这一年的日记。
② 孙善根编注：《秦润卿日记》上卷，香港凌天出版社2015年版，第116页。

日记的内容虽较为简约，但其时间段贯穿整个抗日战争时期，是考察这位上层商董在抗战期间日常生活的第一手史料。其多年挚友陈谦夫（1880—1945），系民初慈溪著名教育家和慈善家，曾在1944年4月即阅读过秦的日记，并连续数日在自己的日记中写下读后感："晨起阅润公昔年日记，多有令人钦佩之处"；"晚餐后读润公日记，津津有味，使余不忍释手也"；"晨起阅润公廿九年日记毕，见其待人接物，多足法者，钦羡久之"。①

通过考察和分析秦润卿的日记，不仅可以较为深入地了解其内心在抗战期间之所思所想，以及他和家人在抗战时期的日常生活状况，而且还能够从一个上层商董的独特视角，观察抗战时期上海和宁波经济与社会的发展变化。正如这部日记的整理者孙善根所说的那样：秦氏"日记内容涉及诸多方面，包含的历史信息相当丰富，具有较高的史料价值。特别是提供了这一时期上海社会经济情状与一个商人在乱世中如何处世的第一手史料。同时作为一个著名商人，秦在日记中对当局的经济政策与各类人物特别是商界社会生态以及这一阶段的经济变动情况与商界动向多有记载与评述，对上海乃至家乡宁波社会情状也多有涉及"。另外，"日记中折射的一个近代中国商人亦新亦旧的社会面貌可谓栩栩如生"，因而"从中可以了解一个现代商人悲天悯人的社会情怀及其从商人向现代慈善家转型的心路历程"②。

---

① 孙善根：《钱业巨子：秦润卿传》，中国社会科学出版社2007年版，第189、190页。
② 孙善根编注：《秦润卿日记》上卷，香港凌天出版社2015年版，"整理说明"，第17、18页。

二、抗战前期的忧愁、感叹与无奈

面临持续多年的大规模战争，社会各阶层人士的日常生活或多或少都会受到直接与间接影响，整体生活水平一般都会下降，有的甚至颠沛流离、家破人亡。但对于不同地区和不同阶层的人士而言，战争对其日常生活所带来的具体影响仍会有所差异，由此导致不同阶层的人对战争危害的感悟也有所不同。普通贫穷百姓的直观感受可能更多的是生活物资供应日益紧张，物价不断上涨，收入则越来越低，生活难以为继。家境宽裕的中上层人士，尽管在这方面也会有强烈感受，但日常生活尚可维持，不致因此而断炊。而拥有爱国之心的人士，除上述日常生活也会受到多方影响外，还会因担忧国家和民族的危亡，处于身体与心理双重煎熬的生活状态之中。那么，秦润卿作为一位生活在上海这个特殊地区的上层商人，在抗战期间的日常生活又会受到哪些影响？进而给他带来哪些忧愁、感叹与无奈呢？

秦润卿居于上海，在抗战初期的四年多时间里，并没有直接遭受日本帝国主义的侵略与统治，但他的生活仍然因为日本侵略以及担忧国家命运而产生了极大的忧愁。在1936年至1937年7月7日的日记中，我们几乎看不到秦润卿有担忧国家和民族命运的记载。但从"七七事变"的次日起，秦的日记中即开始连续记载日本侵略与中日交涉的内容。当时战争局势的发展走向尚不明朗，但日记中已日益体现出秦的深切忧虑。1937年7月8日的日记只在最后写了"日军丰台与我军冲突，开枪用炮，双方甚烈"。而随后近10天的日记，则都是首先写日军侵略中国的战事，其他事项一概置后，由此可见其关切程度之变化。

　　从日记中不难看出，7月9日的日记未记其他内容，全部都与抗战相关，可知秦润卿对日本侵略之高度关注。此外，他还意识到中国已遭遇空前危机，政府与民众须作长期抗战准备，尤其是"国家当此国难严重之际，人民不得不作卧薪尝胆之预备"，"现今家与国站在一线中，人民须一致团结，协力对外，使敌人有所畏惧，即牺牲亦所愿也"①。作为一介商民在当时能够有这样的认识，充分体现了秦润卿超出一己私利而关心国家和民族命运的殷切情怀。

　　从日记中还可以明显发现，在随后的日子里秦润卿一直都十分关注中日两国政府之间的交涉。忧虑战事的发展与国家的命运，已成为其日常生活中的一项重要内容。7月20日的日记记载了国民政府提出的大纲四条：主权领土完整不受侵害、冀察行政组织不容改变、中央所派官吏不能任人要求撤换、二十九军驻地不受约束。由此虽感"和平不无希望"，但却特别强调"人民应一致御侮，责无旁贷矣"。稍后几日的日记则几乎是日日感叹形势严重，"时局甚悲观""时局和平绝望"。7月28日的日记载"报传我军克复丰廊，人心喜极放炮"，但秦却"殊觉嫌早"。不过，在对时局日益悲观和绝望的同时，秦润卿对抗战的胜利也仍抱有希望。7月30日的日记称："苟一致精诚团结，人民与政府站在一条线上，不难获到最后胜利。"②

　　继平津失守之后，8月13日淞沪战事爆发，包括秦润卿在内的

---

① 孙善根编注：《秦润卿日记》上卷，香港凌天出版社2015年版，第89、90页。
② 孙善根编注：《秦润卿日记》上卷，香港凌天出版社2015年版，第92页。

上海各界人士开始直接面临严酷的战争，日常生活中也随之更加剧了忧愁、感慨与无奈。秦在日记中记录了战争对民众日常生活的严重影响：战事爆发前夕"人民迁移租界，途为之塞"（8月12日）；沪战爆发后"租界难民甚众，极凄惨"（8月13日）；"炮声、空战日夜不绝，人心恐慌"（8月16日）；"宁波路一带银行纷迁法租界，其实流弹到处皆有，亦非安乐土也"（8月18日）；"有炮弹降落先施公司门口，死伤二百余人。予车甫过十分钟，可谓幸矣"（8月23日）；"昨今日机在北新泾掷弹，炸伤乡民数百，又在松江相近炸伤湖绍难民船数艘，真不顾道德也"（9月6日）。淞沪战事持续近三个月，中国军队最终被迫撤退。秦润卿日记中的记载表明，在炮火纷飞的恶劣环境之下，无论是上层人士还是下层民众的日常生活都受到严重影响，甚至随时遭受飞来的横祸，被炮弹炸死炸伤，即使是在租界中也可能遭遇流弹。秦润卿本人就曾陷于险境，在其刚刚经过先施百货公司不久，该处即落下炮弹，炸死炸伤二百余人。

至1937年底，日本帝国主义不断扩大侵华战争，江苏苏州、常熟、无锡和安徽芜湖等地失守，更多国土相继沦陷，都城南京告急，国民政府被迫决定迁都重庆。12月13日南京也被日军攻陷，蒋介石于当日发表宣言，声明国军退出南京"不影响抵抗日本侵略的既定国策，更加强全国继续抗战的决心"；[1]并在两日后又发布《告全国国民书》，阐明"敌武力终有穷时，最后胜利，必属于我，所谓当坚决抱定抗战必胜之信心者此也"[2]。尽管如此，从秦

---

[1] 《蒋委员长宣言》，《大公报》（汉口），1937年12月14日，第3版。
[2] 《蒋委员长告国民书》，《大公报》（汉口），1937年12月17日，第2版。

润卿日记中似乎很难看到胜利的希望,只有更多的忧愁。12月28日记载:"济南又告失陷,青岛危急。种种悲观,欲哭无泪。"该年最后一天的日记,更以"悲哉悲哉"四字而告终:"今庚结束,金融界独受其亏,盖物质损伤、货物滞销、账面呆滞,将来间接皆在金融界,无可避免也。若此景象,为从来未有。当战事破坏到何地步,皆未可知。正是今日只知今日事,悲哉悲哉。"①

在如此悲观氛围之下,新年元旦中的秦润卿也难有好心情。其当天日记的开篇文字即是"元旦休业。国难如此,在悲怆中过去,惟醉生梦死者流往娱乐场甚众"②。1938年1月31日是"春节",本应在欢乐愉快中度过,但秦润卿日记所载却是"今庚在强颜苦笑中过去,无喜可道,回忆亿万难民饱尝颠沛流离之苦,均局促于收容所中,真觉啼笑皆非"。很显然,秦润卿的忧愁与无奈主要是缘于同胞受难和国家危亡,并不是自己个人和家庭遭受战争的诸多影响,由此进一步体现出其爱国的思想与情怀。正因如此,他特别反感在国难当头之际,"醉生梦死者流往娱乐场甚众",在大年初二的日记中写下"各业皆亏,意兴索然,金融业尤甚,职员家家减少,失业众多。环顾游嬉场中均告客满,此种人不知国家、家庭之苦楚,真后苦未艾也"③。可以说,这种挥之不去的忧愁与无奈,一直伴随着抗战时期秦润卿的日常生活之中,成为他在精神和心理上的一个巨大压力。

物价不断上涨,生活日益艰难,是抗战时期民众日常生活面临的最大难题。作为上层商人的秦润卿,其家庭虽然不至于因此而揭

---

① 孙善根编注:《秦润卿日记》上卷,香港凌天出版社2015年版,第111页。
② 孙善根编注:《秦润卿日记》上卷,香港凌天出版社2015年版,第112页。
③ 孙善根编注:《秦润卿日记》上卷,香港凌天出版社2015年版,第116页。

不开锅,但同样也会深切感受到物资短缺和物价猛涨给生活带来的压力,并导致日常生活水平下降。在秦润卿的日记中,常会看到记载这一时期通货膨胀和物价上涨越来越严重的文字以及对家庭日常生活的严重影响,其感叹、悲观与无奈之情跃然纸上。例如1937年11月15日记:"惟菜蔬奇贵,买米拥挤";17日又记:"市面除日用品外均摒住,百物昂贵,难民众多,后顾茫茫,焦灼之极";18日再记:"家眷到沪后,米竟无买处,承文卿让一石。长此以往,危至极矣"。① 可见,当时的物资紧张和物价上涨给秦润卿这样的上层商人家庭的日常生活同样也造成了极大影响,并使他陷于前所未有的焦灼和无奈状态。

更为严重的是,这样的状态随着战争的延续恶化,对包括秦润卿在内的各阶层民众日常生活的影响也旷日持久。而且至1938年初春,在战争阴霾下气候时令也显反常,秦润卿于当年3月7日的日记中记载"昨雷今雪,气候迥异";3月9日又记"大雪纷舞,终日未息,彼苍不降于冬偏沛于春,似不合时宜"。② 数十年所罕见之春季大雪,显然并非瑞雪兆丰年之迹象。紧随其后,"市上恐慌又起",政府于3月14日"宣布统制外汇,法币照常通行",秦润卿意识到"将后之物价不免步涨,生活之难又紧一步矣"。③ 与一般贫穷百姓日常生活所受影响有所不同的是,秦润卿还感受到有钱人家遭受战争的特别拖累。他在日记中写道:"战启后,凡有钱者,买外汇,购货物,藏现金,易钞票,日夜彷徨,几至寝食不安,身体反形瘦弱,有钱之累,其情可悯。曾文正公尝言,处乱世之际银

---

① 孙善根编注:《秦润卿日记》上卷,香港凌天出版社2015年版,第106页。
② 孙善根编注:《秦润卿日记》上卷,香港凌天出版社2015年版,第120页。
③ 孙善根编注:《秦润卿日记》上卷,香港凌天出版社2015年版,第121页。

钱愈少愈可免祸，旨哉斯言。"①此虽富人之忧，但也反映了这场战争几乎给所有人的日常生活都造成了极大的影响。

至1939年，中国经济日益衰败，通货膨胀和物价上涨也更加严重。秦润卿在日记中对此不无忧虑。是年6月8日的日记中载："昨外汇停止供给，八便士限价，各种外币奇缩，金价到二千四百元，物价亦步增，陷受通货膨胀之苦矣。"次日又记："今日先令六便士半，美洋十二元七角五分，足赤二千四百六十元，均开埠以来新纪录。然而小民受物价之昂，无不吃苦连天。"②7月，物价上涨仍不断屡创新高。"外汇步缩，百货飞涨，金价到四千元，开新纪录。市面混乱，人心惶惶，非一时能定。"当时的《申报》曾登载60年前沪上白米、食盐、面粉、砂糖、鹅、鸭、牛肉、酱油、豆油、火腿的价格，秦润卿看后感慨万千，在1939年7月9日的日记中予以照录，并无奈地表示"上列物价，与日下相较，固不可以道里计"③。随后"物价仍涨不已"，不仅"米价飞涨"，而且"棺材照普通价须增一倍之价格，生者死者均有为难也"。④无论穷者富者，其日常生活显然都会因此而受到严重影响，大户人家同样也有难言之隐。正如秦润卿所说："即是我家而论，大有居大不易之叹。"⑤

1942年4月，"上海物价飞涨，国米每担四百元，煤每吨七百元，煤球每担三十元，猪肉每斤九元，生油每斤八元五角，肥皂每

---

① 孙善根编注：《秦润卿日记》上卷，香港凌天出版社2015年版，第125页。
② 孙善根编注：《秦润卿日记》上卷，香港凌天出版社2015年版，第181页。
③ 孙善根编注：《秦润卿日记》上卷，香港凌天出版社2015年版，第186—187页。
④ 孙善根编注：《秦润卿日记》上卷，香港凌天出版社2015年版，第195页。
⑤ 孙善根编注：《秦润卿日记》上卷，香港凌天出版社2015年版，第194页。

块三元,火柴每小盒八角,蔬菜每斤四角,鱼类每斤三元,各种粗布每尺三元,鞋每双三十余元"。作为上层商人的秦润卿,也感叹"若此价目,何以度日"。①由于物价上涨,小民维持生计日难,上海又不断发生富家之人遭绑架勒索事件,甚至连法院院长也被绑架,致使富裕之家皆人心惶惶。此前秦润卿在1940年9月的日记中即曾记载"近日租界绑案日有",12月17日的日记中又云:"伯元来,谈近来为防绑案,有一月未曾到行,渠所剩只产业股票,现金缺,欲不得不作预防。"为此而再次感叹:"当此之世,银钱愈少愈可免祸。"②该年最后一天的日记,文字凄然悲观,其中"物价无不高涨七八倍","每日冻毙不断,长此以往,必有崩溃之一日也,言之寒心"等记载,无不反映秦润卿的悲叹与无奈心情。

由上可知,抗战期间秦润卿家庭的日常生活也受到不小影响。由于生活物资供应紧张,尤其大米奇缺,即使富裕人家有钱也无处购米,故一日三餐不得不改为两粥一饭。从秦润卿1941年12月16日日记可知,该日他"往四明医院议事,因近来购米不易,全院改为二粥一饭,藉此节省,我家拟亦照此办理"。由于"汽油无处设法,今日起亦停用汽车"。③与此同时,富户人家的祭祀活动也因物价上涨受影响,秦润卿在日记中称:"明年壬午岁起,除扫墓照簿承办外,其余祭祀,一律改用素菜,俟物价低落再行恢复原状。盖物价奇高,不得不暂行改革也。"2月1日秦家举办祭祀,也是"完全素菜,用去二百元,其价昂可知"。④

---

① 孙善根编注:《秦润卿日记》上卷,香港凌天出版社2015年版,第305页。
② 孙善根编注:《秦润卿日记》上卷,香港凌天出版社2015年版,第250页。
③ 孙善根编注:《秦润卿日记》上卷,香港凌天出版社2015年版,第294页。
④ 孙善根编注:《秦润卿日记》上卷,香港凌天出版社2015年版,第298、299页。

不仅如此，子女不肖也是导致抗战期间秦润卿日常生活中深感无奈与自责的烦心之事。在其日记中，有关这方面的文字记载随处可见，感慨、伤心、担忧、无奈之情溢于言表。秦润卿育有二女五子，次女早逝。据其自述："余向来专管公事，对于家务不免放任"，结果"所生五子皆不听话，不知前世作为冤孽，非不教训，实系听后即忘，真无可如何，愧甚"。①抗战期间，其五子均已成年，均贪图享受，甚至染上不良习气，成为公子哥式的纨绔子弟，为此常给秦润卿带来诸多烦恼与忧愁。可以说，国忧家愁在很大程度上是抗战时期秦润卿日常生活中无法摆脱的困扰。

秦润卿曾感叹"我生五男均不知苦辣，自惭德薄，可悲也夫"。对于自己的五个儿子，他在日记中曾分别做出评价，无一满意。"余五子皆不肖，长，昏愦糊涂；次，骄奢淫逸；三，才疏敢傲；四，庸愚浪漫；五，性躁浮动。均难期振作，将来必败门楣。"②其中长子颂如（别名履平），作为大哥不仅没有起到好的表率作用，反而最使秦润卿头痛。"颂儿去岁（1937年——引者）往杭就太阳职，曾函致元泰赵舜惠君，托彼招呼。岂知渠临行时向元泰借洋三百元，今元泰有函致彼催索。余既介绍在前，不能置诸不问，代其还脱。生儿不肖，到处削面子，叹痛之至。"③由于长子向亲友借款拖欠不还之事，屡屡发生，债务缠身，甚至被人诉追于法院，使秦润卿颜面尽失，极为震怒。秦润卿在1938年7月9日的日记中记载："接陈霆瑞来函，谓颂儿该张少卿洋三千元，托其

---

① 孙善根编注：《秦润卿日记》上卷，香港凌天出版社2015年版，第24、15页。
② 孙善根编注：《秦润卿日记》上卷，香港凌天出版社2015年版，第127页。
③ 孙善根编注：《秦润卿日记》上卷，香港凌天出版社2015年版，第118页。引文中的"就太阳职"，系指到宁波太阳保险公司分行任职。

诉追。承其美意，嘱调解。但颂如负债累累，终日糊涂，非重罚不可。当函复准其依法办理，不必顾忌余面子，出此不肖，夫复何言。"①随后，秦润卿不得已而在报上刊登启事，敬告各亲友不再向其长子借款。当日的日记中也惭愧地记录了如下文字："颂儿在外专向亲友借贷，滥发支票，调换现币，亲友被骗，不知凡几，殊深痛恨。今日登报敬告，免人受累，生子不肖，惭愧之至。"不料登报后颂如不仅不思悔过，"竟敢迁怒于母，演成种种不法"，并"常在中央旅馆盘桓，每至深夜始归，屡诫不听"。秦润卿对其无可奈何，只能感叹"枭性难改，决无好结果"。②

更令秦润卿烦恼的是长子颂如后来还"嗜好鸦片，品格愈卑"，遂强行令其在怡和医院戒烟，时间长达近一月，花去350余元。但在1943年又复吸，"品行更劣"。为此，秦润卿在日记中屡屡自责子不教父之过，"我家如颂、式、绳三儿，专为用钱，不事生产，在外东骗西借，荒唐之极。颂更吃鸦片，尤属不可收拾。近日，向母借钱不遂，竟敢谩骂。禽鸟尚知返哺，真与禽兽不如矣。自惭失德，愧对于世"。③

次子式如（别名履中）与其兄颇为相似，抗战初期因"无事可谋"，秦润卿提议"往读法政，将来可留噉饭地步"，却遭其拒绝。这位公子哥既无职业，又喜享受，唯有四处借债。结果秦家长子和次子均由于"在外负债甚多，先后由法院查封器具，败坏门楣，耻莫甚焉"。四子曾如（别名履正）同样不争气，原本已有妻

---

① 孙善根编注：《秦润卿日记》上卷，香港凌天出版社2015年版，第137—138页。
② 孙善根编注：《秦润卿日记》上卷，香港凌天出版社2015年版，第139—140页。
③ 孙善根编注：《秦润卿日记》上卷，香港凌天出版社2015年版，第192页。

子儿女,却又不顾父亲反对纳一舞女为妾,并于1938年11月惹上更麻烦的官司。据秦润卿日记透露:"四儿在外游荡,屡戒不听,近被人控告强奸未成年子女,有犯刑章,迭次来寓拘捕,适早返里,未曾获到。此种人咎有应得,余决不设法,将来通缉坐牢,余亦听其自然。"五子耿如(别名履直),"近来颇信邪说,屡诫不悛,愤极重责",[1]同样不能令秦润卿省心。

如前所述,秦润卿并非出生于富裕之家,而且在父亲去世后家境趋于贫困,不得已而在十余岁即赴上海为徒,通过自己长期吃苦耐劳努力奋斗,最终成为钱业巨子。秦润卿的一生可谓是成功者的典范,但他却始终因儿之不肖而感到万分惭愧,日记透露他有时甚至羞愧得希望自己能够一死了之:"近来家境不顺,儿辈均不争气,贻笑于世,惭愧交深,致身体不舒服。夜间少寐,每遇走路,似有身重足轻之态,恐血压较高,有中风之预兆。当兹时世,能死便是福。"[2]1938年12月2日是秦润卿与发妻结婚40周年纪念日,但在他当天的日记中看不出有丝毫喜悦之情,只是写下了这样的文字:"余自戊戌今日,结婚正值四十年,其中沧桑,不知变更多少,夫妇虽仍健在,奈儿辈均属不肖,既不能光大门楣,又不能于社会谋福利,虚度光阴,有负于世。"[3]一位在外人看来无疑是值得尊敬羡慕的典型成功者,但日记所反映出的秦润卿内心世界却常常充满了惭愧与自责,这种表面光鲜生活笼罩下的背后酸楚,恐怕只有秦润卿本人的体会最为深切。

---

[1] 孙善根编注:《秦润卿日记》上卷,香港凌天出版社2015年版,第152页。
[2] 孙善根编注:《秦润卿日记》上卷,香港凌天出版社2015年版,第141页。
[3] 孙善根编注:《秦润卿日记》上卷,香港凌天出版社2015年版,第155页。

三、抗战前期的忙碌、应酬与悠闲

战争给国人的日常生活造成极大影响，处于水深火热之中的民众遭受着各种磨难，但仍须在煎熬中继续生存下去。秦润卿是上层商人，其日常生活当然不同于一般下层民众，他十分关心国家和民族命运，积极投身于支持抗战的活动。另外，他除了要勉力维持一个大户人家的日常生活，还需致力于钱庄的经营业务，同时又身兼许多社会团体和慈善公益机构的重要职务。从日记中即不难发现，在抗战期间尤其是上海处于"孤岛"时期，秦润卿仍参与了不少社会活动，而且各类应酬繁多，日常生活也依然显得非常忙碌。

秦润卿作为一个爱国的上层商董，在工商界拥有较高的地位与声望，积极参与支持抗战的各项活动，自然不足为奇。自1931年"九一八"事变发生后，身为钱业公会主席的秦润卿积极推动上海银行公会和钱业公会在《申报》发表通电，呼吁"警讯传来，日军竟甘冒大不韪，进袭辽宁各处，全市震动，悲愤曷极。窃思时至今日，再不努力图存，国将不国，遑论其他"[1]。随后又主持召开钱业公会执委会，议决对日经济绝交具体办法。同时，他还积极参与上海地方维持会的抗日救亡活动，并担任该会理事，呼吁募集救国捐支持十九路军抵抗日军；同年3月，又参与发起成立阵亡将士遗族抚育会，出任该会保管委员。[2]

---

[1]《银钱业电请息争对外》，《申报》1931年9月22日，第13版。
[2] 孙善根：《钱业巨子：秦润卿传》，中国社会科学出版社2007年版，第169—170页。

"七七事变"发生后，日本帝国主义发动全面侵华战争，中国陷于更深的民族危机。随着战局的发展，尽管秦润卿充满了忧愁与无奈，但积极投身于各项支持抗战活动，在此后的几年里这成为其日常生活中的重要内容之一。1937年7月下旬，上海各界爱国人士成立抗敌后援会，秦润卿不仅是发起者之一，还被推举为后援会征募组主任。他在当天的日记中写道："沪市抗敌后援会征募组成立，予推列为主任，事关民族存亡，勉为之。"稍后，国民政府发行救国公债5亿元，组织劝募委员会，秦润卿也应邀入会，并在日记中表示："事关国家兴亡，不得不尽力为之。"①从日记中还可看出，在此之后秦润卿常常都是整日或半日参与各项相关活动。例如8月3日，"午后，开筹募组会议。夜，往地方协会，八时回来"。8月10日，"二时，出席市商会召集同业公会开会，并播音为筹募救国捐事。五时，出席地方协会理事会"。8月27日，"十时，筹募救国公债开议。四时，往同乡公会商议救济事宜"。②由上可知，秦润卿出席各团体组织的支持抗战活动的会议十分频繁，尤其是利用其在工商界中的声望为筹募救国公债多方奔走，发挥了重要的作用与影响。在他的动员和组织之下，钱业曾一次性认购国债多达190万元。

　　不可否认，在抗战时期的绅富阶层中虽不乏秦润卿这样的爱国人士，但同时也有依然沉迷于花天酒地者，或者是面临物价高涨、生活困难而不愿慷慨认购救国公债者。对于那些国难当头仍然流连

---

① 孙善根编注：《秦润卿日记》上卷，香港凌天出版社2015年版，第92、96页。
② 孙善根编注：《秦润卿日记》上卷，香港凌天出版社2015年版，第92、93、95页。

娱乐场所而享受纸醉金迷生活的人，秦润卿感到十分痛惜和愤恨，常常在日记中予以抨击。1938年4月25日的日记中说："近来正当营业均甚清淡，惟娱乐场生意独好，醉生梦死之人何其多耶。"10月19日的日记又写道："战事广州吃紧，武汉危急，上海一班民众尚醉生梦死，或往娱乐场征逐，或将资金购买外汇，不胜浩叹。"对于这种现象秦润卿非常痛愤，直言"娱乐场中处处均告客满，人民不知国难，实属全无心肝"；"人民少爱国思想，只顾自己，皮之不存，毛将焉附？"①令秦润卿尤为痛心的是那些绅富一边继续享受奢侈的生活，一边却对认购救国公债毫不关心。虽然秦润卿为劝募救国公债四处奔走，竭尽全力，但有时仍然成效不著，使其忍不住在日记中写下这样的文字："劝募公债开会，绅富应者寥寥。……当此国家存亡之秋，有钱者尚不觉悟，殊堪痛哭。"②

坚持参与救助难民和继续从事各项慈善公益活动，是秦润卿在抗战期间日常生活中的另一项主要内容。秦润卿乐善好施，无论在家乡还是在上海都一贯热心资助慈善公益事业。他不仅在许多慈善公益团体中担任重要职务，而且还是宁波同乡会永久董事，因此日常在这方面的事务也较多。特别是抗战期间难民与日俱增，难民救助随之成为这一时期慈善事业的重要内容。

秦润卿对难民十分关心，日记中时常记录沪上难民情况，并深表同情。1937年11月9日记："西南一带火烧甚旺，难民众多，观之伤心。"11月14日记："南市火烧未息，难民共有五六万人，若

---

① 孙善根编注：《秦润卿日记》上卷，香港凌天出版社2015年版，第127、149、168、219页。
② 孙善根编注：《秦润卿日记》上卷，香港凌天出版社2015年版，第102页。

再延长，吾侪亦属难民矣。"①他主持创办钱业公学，在校舍建成之后适逢难民人数日增，遂毅然在该处设立难民收容所，将新建校舍"借与难民居住"。上海各界人士发起成立难民救济协会，秦润卿积极参与其事，并担任理事，被推选负责最为重要也最为困难的财务组工作，他深感"责任重，学识浅，深虑陨越"。在此之后，秦润卿为筹募难民救济款四处努力，费尽周折。1938年10月，"上海尚存难民十一万名，每月经费需二十五万元，捐款已成强弩之末"。针对这一情况，秦润卿向难民救济协会提议："拟各界抽薪百分之一，再请店方捐百分之一，以谓劳资合作。数目不大，轻而易举，然全埠合计起来却亦可观。想能推行，惟手续繁多，幸尽义务，人亦不少。"该办法试行后对于缓解难民救济款的短缺不无成效。至当年12月初，难民救济协会"已收捐款二十余万，各界帮助甚踊跃，上级办事人员均尽义务，中外理事办事亦甚出力"。②不过，由于难民人数太多，救助经费一直严重缺乏，单纯依靠民间力量难以维持，不得不采取消极办法，由难民救济协会发给补贴予以遣散。秦润卿积极参与的民间救济难民之举，虽不能从根本上解决难题，但对于缓解广大难民迫在眉睫的食宿生存之苦仍产生了一定作用。在此之后难民救济协会也并未因此而解散，仍继续开展救济难民活动，秦的日记中也多有出席难民救济协会理事会的记载。

从日记中获知，1941年5月和7月，秦润卿家中接连遭遇不幸。宁波失陷后，地方秩序混乱，富豪之家多遭抢劫，秦润卿老家也被

---

① 孙善根编注：《秦润卿日记》上卷，香港凌天出版社2015年版，第105—106页。
② 孙善根编注：《秦润卿日记》上卷，香港凌天出版社2015年版，第150、154页。

抢,而且"我家及绅伯家物件抢劫最巨",损失惨重,"宅中细软被劫一空"。随后,"先母颜太君墓穴被掘开,棺材亦损坏。现在时势,匪徒猖獗异常,然墓旁尚雇人日夜看守……匪徒来者均带手枪,众寡不敌,仍有此失,痛深极矣"。①但是,家遇不幸并未影响秦润卿继续从事慈善救济活动。在此之后,他仍然一如既往地热心于难民救济等慈善公益事业。"七七事变"后战事日趋激烈,"甬籍难民极众,同乡会办理救济事宜,需款甚殷,不得不分头劝募,余忝任筹募主任,殊为胆寒。"②由于受到战争的多方影响,在当时的条件下承担劝募慈善基金重任较诸平时可谓难上加难,所以秦润卿才会感到"殊为胆寒"。尽管如此,他一方面身体力行做出表率,先于他人积极踊跃捐款,另一方面也利用个人的声望与影响,努力获得更多人支持,争取更多的慈善资金。据其1937年8月21日的日记透露,在出任筹募主任一职的两天之后,他即捐出数笔款项用于慈善公益,包括"救国捐一千元,宁波同乡会救难民捐一千元,江阴花山造井捐三百四十元"。③

作为同乡会的募款主任,秦润卿最为担心的还是难以筹集到款项,无法及时开展各项救济活动。1939年5月20日,秦润卿"至同乡会,参与征求会总揭晓,结果共得六万另"。这一结果似乎超出了他的预料,感到"际此国难严重之候,有此结果,非常欣慰"。④在此之后日军对宁波和慈溪的空袭日益频繁,造成的损失和人员伤亡也更为惨重。秦润卿闻讯坐立不安,6月17日晚出席

---

① 孙善根编注:《秦润卿日记》上卷,香港凌天出版社2015年版,第269、276页。
② 孙善根编注:《秦润卿日记》上卷,香港凌天出版社2015年版,第94页。
③ 孙善根编注:《秦润卿日记》上卷,香港凌天出版社2015年版,第94页。
④ 孙善根编注:《秦润卿日记》上卷,香港凌天出版社2015年版,第178页。

"宁波同乡会执监会会议，甬灾救济会，慈溪部分派拨二千元。夜，写周聘三函，托其调查被灾情形，然后再定办法，将洋汇往，藉尽义务而已"。7月初，在收到周聘三报告灾情信函之后，秦润卿立即慷慨地"汇去赈灾、平粜各洋三千元"[1]。

1938年4月以后，日军开始不断派军机向宁波投放炸弹，家乡的情形也日益危急，使秦润卿甚为担忧。至1939年4月宁波粮食供应越来越紧张，亟须设法从外地转运大米。秦润卿在日记中说："宁波缺米，同乡会开会讨论，拟先定西贡米五万石，设法运往。"同月底，日军又向宁波投弹，"毁屋二百余间，死伤百余人"。宁波旅沪同乡会紧急商议之后，"派德平船前往救济，医生十余人，看护三十余人，药品万元"，另募款"共得一万二千元"[2]。1940年4月宁波再现米荒，"宁属既无余积，各处又严禁出境，以致城乡米店存底日减，不敷分配，乡民往往徒步数十里，竟不能得到一日之粮。甚至薯丝糠秕，亦视同觅宝，此种惨状，实未前闻"。获悉这一情形，宁波旅沪同乡会"决想办法，以救危急"。秦润卿先前曾担心，召集的募捐会议"不知届时有几人可到也"，结果"慈城区同乡开会，到二十人，集捐七千余元，筹办洋米，转慈办平粜，调查赤贫户口入手起，配一月约千包，僧多粥少，聊尽心意而已"。半月之后又实施新的举措，"宁波同乡会执监会议，决定装洋米五万担，直放宁波办平粜，即成立劝募委员会，分头接洽捐款"。虞洽卿、秦润卿等宁波同乡会的头面人物不

---

[1] 孙善根编注：《秦润卿日记》上卷，香港凌天出版社2015年版，第182、185页。

[2] 孙善根编注：《秦润卿日记》上卷，香港凌天出版社2015年版，第174—175页。

辞辛劳，连续多日"分往同乡各帮领袖处劝捐"。数日后秦润卿在日记中说："与洽老奔走多处，成绩尚好。"6月7日，"同乡会开平粜大会，到者数百人，集款八十万，可谓热心踊跃矣"。至7月间，"同乡会捐款已实收一百十五万元，上海同乡募捐此次最为踊跃，足见甬人好义，可称首屈一指矣"。①

秦润卿也常感抗战时期开展慈善救济之不易，但却又只能勉为其难。他在1939年10月1日的日记中就曾这样写道："同乡会来函，嘱再劝募难民捐款，但同乡会名义，余担募捐总队长以来，先战时同乡难民捐款十六万，后难民救济会，次甬灾救护会五万元，征求会六万元，再加募捐，真难为力矣。"尽管感到困难，但他并未停止资助家乡的慈善公益事业。一个月以后，"慈溪日报取去补助费四十余元，云华常费六十元，保黎费三十元，体仁常费一百元，普迪常费四十元，家乡之义务不得不尽"。仅过半月，又是"体仁堂施粥达三千余元"，秦润卿也再次在日记里写下了"家乡义举实不易办"的字句。仅截至1941年1月，在抗战期间他的捐款已为数甚巨，"各赈名下前后已四万余元"。②综上所述，抗战期间秦润卿为救济难民和家乡慈善可谓呕心沥血，几乎是每日不停地奔走呼吁，其作用与影响十分显著。作为一个上层商董，在面临民族危亡以及家庭生活同样受到严重影响的情况下，却能有如此非同常人的担当和表现，无疑应该给予充分肯定。

不难看出，与一般人在抗战时期的日常生活相比较，秦润卿

---

① 孙善根编注：《秦润卿日记》上卷，香港凌天出版社2015年版，第222、223、225、227、228、231—232页。
② 孙善根编注：《秦润卿日记》上卷，香港凌天出版社2015年版，第196、199、214、254页。

的不同之处是仍十分忙碌。除了上述参与支持抗战的各项活动和从事慈善公益事业之外，在抗战期间尤其是上海处于"孤岛"时期，秦润卿出席各种会议也特别多，这几乎成为他日常生活的另一种常态。在日记中，秦润卿一般都会写下他当天出席的会议，从中可以发现他经常是同一天出席了多个会议。有时因接连开会，延至很晚都不能回家吃饭，"到九时，忍饥回庄"①。除出席民间团体举行的会议，官方举办的一些活动与会议他也需要参加，包括多次出席代理市长举行的茶话会、谈话会，以及市政府参议会，并连续多日参加参议会审查预算②。

秦润卿一生均无进入新式学堂就读的经历，只是在少年时期读过数年私塾，但他却十分喜爱购置图书，并在繁忙的日常生活中长期保持读书的习惯。其后人在回忆录中曾说："祖父自奉克俭，一生无其他嗜好，但嗜书成癖。"③秦润卿喜欢购书之爱好，透过其日记一览无遗。每当购得一部有价值的好书，他都会将喜悦之情在当天的日记里记录下来。经过日积月累，秦润卿的藏书已达相当规模，并建立了名为"抹云楼"的藏书楼。尤其是在1936年收购同里冯氏醉经阁流散之书，还受到宁波当地报纸《时事公报》关注，刊发"冯氏醉经阁珍藏由抹云楼价买收藏"的消息："近闻该氏（秦润卿）为保存文粹起见，已将冯氏醉经阁已售与书贾，在运送出境途中为县政府截获之珍籍五千余本，业已向县政府全部收买，计价

---

① 孙善根编注：《秦润卿日记》上卷，香港凌天出版社2015年版，第93、94、95、97页。
② 孙善根编注：《秦润卿日记》上卷，香港凌天出版社2015年版，第85页。
③ 匡宗、亢宗、启宗等：《钱业领袖邑中善人——缅怀先祖父秦公润卿的一生》，宁波市政协文史委员会编：《钱业巨擘秦润卿》，第222页。

一千一百元。故该楼书籍,益觉琳琅满目,美不胜收。"①抗战爆发后,秦润卿为保存"抹云楼"近4万册藏书,曾费力将其运至乡间隐匿,使之基本完好无损。战后又请专人运回,整理上架,并成立抹云楼图书保管委员会,于1947年元旦开始对外开放,供大众阅览。

秦润卿不仅爱好购书藏书,而且勤于读书看报。即使是在战火纷飞、生活艰难的抗战时期,每日早晚休闲时的阅读也仍然是秦润卿日常生活中的内容之一。他曾自述职业以外之兴趣爱好,除"平时多事劳动,强其筋骨,以符运动之旨。公暇浏览载籍,修养身心,藉得开卷有益之助,他若教育公益等事,力所能及,勉力为之。一事即成,亦感兴趣。至于声色之娱,博弈之戏,素非所好,非矫情也,聊适我心而已"②。通过日记可以发现,秦润卿的日常生活起居较有规律,一般是清晨6时起床,洗漱后阅读报纸约一小时,晚上就寝时间在日记中很少见有记载,只偶尔看到"十时寝"文字,但就寝之前他通常都会读书,而且会在当天的日记中记下所读书目,这也表明他的日记是在每日入睡之前所写。

秦润卿阅读的书籍种类较多,比较喜欢的《曾文正公全集》他常常爱不释手,对曾国藩的为官为人、待人接物以及教养子女之道,颇为钦佩。他不仅自己经常阅读曾国藩集,而且自1938年7月5日始,"每日令匡孙录《曾文正公家书》一则"。抗战期间秦润卿喜读之书还有《剑南诗稿》,有时接连10余日每晚必读,并且过一

---

① 谢振声:《秦润卿与近代宁波文教事业——以普迪小学和抹云楼图书馆为例》,孙善根、谢振声编注:《秦润卿文存》,第34页。
② 秦润卿:《我的兴趣》,《东方杂志》第33卷,第1号。另见孙善根、谢振声编注:《秦润卿文存》,第198页。

段时间之后又反复连续阅读。该诗稿共计85卷，收诗9 000余首，作者系南宋大诗人陆游。诗中大量反映宋金交战时期，战争给社会带来的影响、南宋的屈辱以及民众生活的困苦，其题材与抗战颇为相似，因而受到秦润卿的格外关注。另还有《约园杂著》（作者张寿镛，字咏霓，别署约园，民国时期的教育家、财政学家）、《随园诗话》（作者袁枚，清代诗人、诗论家）等书。从日记的记载中还发现秦润卿对梁启超、章太炎的著作也有阅读兴趣，读过《欧游心影录》之后特地做出说明：该书"系梁任公前次欧战后往游时记，载地方情形甚详。想此次大战后，其痛苦情况，更觉不堪。兵凶战危，古有明训"。在阅读了《西溟文集》之后，他也在日记中写道："集有升十六复斋公诔一篇，说述公隐居不仕，极崇仰。"

另外，在阅读了其他一些书籍后，他常常在日记中写下几句简明扼要的读后感。例如读了杨毓城的《微想录》，他特别指出书中"有一段欲救中国须创立新伦理，爱别为二，曰亲伦，曰友伦，此两伦中又各别为三，属于亲伦者曰夫妻、曰父子、曰兄弟，属于友伦者曰东伙、曰长属、曰师生，虽属倒置，事却实情"。又如浏览《约园演讲集》后，他也特别称赞作者张寿镛说："此公在政界称理财好手，现刻书，任校长，对于国学亦有根蒂，可谓识时人杰。"秦润卿对清末民初的著名实业家张謇也深感敬佩，他在《啬翁自订年谱》一书的读后感中说道："由农家子卒成大魁，又兼实业大家，一生在困苦艰难中奋斗，非偶然也。"①

阅读书报在抗战期间秦润卿的日常生活中，从某种意义上讲

---

① 孙善根编注：《秦润卿日记》上卷，香港凌天出版社2015年版，第302、261、277、273、198页。

可以说是一种休闲的内容。之所以在抗战的特殊历史环境下坚持阅读，是由于在此之前他已经养成了这一习惯，只不过在抗战期间得以延续。加之他非常关心国家危亡与抗战发展进程，希望通过阅看报纸了解相关情况。在日记中我们会常常看到他记载的通过阅报所知中日战事进展，当得知又有某城某地失陷的消息时即会感到忧虑，而当获知抗战将士英勇抵抗并击退日军进攻以及其他有利于抗战的讯息时，则会感到高兴与兴奋，进而表示"我虽失地近十省，然抗战仍力，不难得到最后胜利"[①]。当然，秦润卿在抗战期间能够保持读书看报的习惯，也是由于他的家境比较宽裕，当时虽受战争影响物资供应紧张，物价上涨，家庭开支随之大大增加，生活水平也较诸战前有所下降，但秦家尚不致因此而像贫困家庭那样无法生存，故而秦润卿能够在日常生活中有条不紊地继续保持读书看报的习惯。

另外，秦润卿是上海工商界的头面人物之一，而且人缘好、关系广，即使是抗战时期在其日常生活中也多有与各类人的交谊活动，包括祝寿和婚丧嫁娶之类的人情往来，这些既是私人应酬，也可以说是某种休闲活动。在秦润卿的日记中，记载了被许多人邀请吃饭以及"招饮"的内容，有时甚至是一日多处多次，似乎有应接不暇之感。至于参加祝寿与婚丧嫁娶活动，也为数甚多。有时接连数日，都在忙于出席类似活动。例如1937年7月14日，"往新亚道贺刘鸿生娶媳、颜福庆嫁女喜"；次日"范少谷之叔与陈姓订婚，前往参与之"；再次日，"应徐佩潢招饮于华安八楼"。仅隔一日，又"在寓恭祭先妣颜太君九十冥诞，率子孙遥祝暖寿"，"承

---

① 孙善根编注：《秦润卿日记》上卷，香港凌天出版社2015年版，第148页。

亲友均来，不得不设筵招待"。再隔一日，"往朱博泉家祝伊母七十寿"；次日"晚刘署长招饮"①。抗战时期仍有如此频繁的应酬，恐怕除了类似于秦润卿这样的上层商董，一般普通人即使是在平日也不会出现。

不过，有些应酬在秦润卿看来也是身不由己，不得不参加。甚至在参加之后，对于某些大户人家在国难当头、人民困苦之际，仍然奢侈挥霍、追求豪华场面的举动并不赞同，进而在日记中予以批评。例如1938年4月22日赴"陆宅吊丧，陆捕房一探长，排场之阔绰，无异巨绅，世道如斯，殊深感慨"②。1940年3月31日，"晨荆山、振南来，旋往吊汤也钦丧。午，父执李兰谷招饮，家做潮州菜，鱼麦潮茶皆特殊风味。夜，子奇招饮蜀腴，座中方氏叔侄兄弟、李氏昆仲及西人家属共三席，费洋五万余元。正是富贵一席酒，穷汉半年粮，洵不诬也"③。是日秦润卿从早到晚有三场应酬，全天在外吃饭，但他晚上归家后却并无喜悦之情，而是感慨富裕人家的奢侈生活与贫困家庭的艰难生活形成鲜明对照。

透过其日记的另一发现，是抗战期间为教育孙辈而每周定期至沪上老宅"课孙"，向孙辈进行演讲或谈话，也是秦润卿日常生活中的另一项内容。前曾述及，由于五个儿子在秦润卿看来都不成器，甚至其中多有败家之子，他为此而常常感到自责，但又无可奈何。于是，为避免重蹈覆辙，抗战期间秦润卿十分重视对孙辈们的家庭教育。1937年冬，由于日军轰炸日见频繁，秦润卿就将家乡慈

---

① 孙善根编注：《秦润卿日记》上卷，香港凌天出版社2015年版，第90、91页。
② 孙善根编注：《秦润卿日记》上卷，香港凌天出版社2015年版，第126页。
③ 孙善根编注：《秦润卿日记》上卷，香港凌天出版社2015年版，第218页。

溪的所有家人全部接至上海租界的老宅居住。自1939年开始，他在百忙之中抽出时间亲自为孙辈讲授各种道德修养和为人处世的道理。当年元旦日记中有记："以后拟每星期谈话一次，能否有效，姑我行我素。"①

每次演讲或谈话之后，秦润卿都会在当天的日记中记录所讲之题目，从中可以看出其具体内容。1月8日的首次谈话，题为"人必自侮而后人侮之"，随后所讲之"有志气有恒心""人与禽兽何异"等题，内容均涉及为人之品德修养与有志者事竟成的道理。讲谈数次之后即产生一定效果，秦润卿在日记中称："长孙每星期所讲颇能领会，殊可喜也。"②稍后演讲的题目，内容涉及更多方面。值得注意的是，时当国家有难，民族危亡，秦润卿的"课孙"演讲中也有"国民精神总动员意义"这样的题目，另还有"现在非常时期，凡百事件均须当二作用意义"，可知他虽注重以传统经典伦理"课孙"，同时也不忽略抗战这一特殊历史时期的时事教育。如果碰上自己星期日有事无法亲自演讲谈话，他也会邀请他人代劳，以保持每周一次不中断。例如1939年6月25日"余因同业有事商量，星期日课孙之举，请荆山代庖"。又如7月14日，"室人病稍痊，余打第一次防疫针。老宅请杨、潘二君补习诸孙"。③半年多以后，"课孙"之举虽有一定效果，但秦润卿并不满意。他在日记中说："半年以来，品行一项，只启宗甲等，午刻，奖吃大菜一次。默诵朱子家训以开宗为最熟，一字不错，余平平。"遂再次强

---

① 孙善根编注：《秦润卿日记》上卷，香港凌天出版社2015年版，第160页。
② 孙善根编注：《秦润卿日记》上卷，香港凌天出版社2015年版，第162页。
③ 孙善根编注：《秦润卿日记》上卷，香港凌天出版社2015年版，第183、187页。

调："余谓子弟品行第一，学问次之，告诫家人留意及之。"①

除"课孙"之举，秦润卿还采取其他一些措施，包括为孙辈各设教育储金，以资助孙辈读至大学毕业止，并成立基金保管委员会"共同保管之"。为规范运作，他明确规定"余之教育金，定以限制：（一）学费，（二）膳食费，（三）杂费，（四）书籍费，均需要收条发票。奖金：如品行甲等以上，学业八十分以上，给以奖品或现金。留级以一次为限，如再不升级，停止供给"②。奖励的现金为洋300元，这在当时应该称得上是不小的奖励力度。从后来孙辈们的最终发展结果看，秦润卿的"课孙"举措还是较有成效的。在其孙辈中成才者为数不少，例如1948年长孙"匡宗燕京大学已录取，文学院第一名"，不料数日之后又获通知，"长孙匡宗清华又录取，决计改读清华"。1950年，"阅报知次孙亢虎已录取浙大文学系，三孙启宗已录取复旦理化系，前者年二十，后者年十八，尚属差强人意"。③次年，开宗也考入了清华大学机械系。这与秦润卿在抗战时期坚持进行的家庭教育无疑有着密切的关系。

四、抗战后期的变化与消极应对

抗战期间，具有爱国之心的秦润卿对于那些投靠汪伪政权和日本傀儡政府者，无论是朋友还是同乡，都不顾情面断绝往来，并

---

① 孙善根编注：《秦润卿日记》上卷，香港凌天出版社2015年版，第187页。
② 孙善根编注：《秦润卿日记》下卷，香港凌天出版社2015年版，第57页。
③ 孙善根编注：《秦润卿日记》下卷，香港凌天出版社2015年版，第226、227、299页。

且予以谴责。例如曾经担任过上海总商会会长的傅筱庵，与秦润卿既是老友又是宁波同乡，原本过往甚密。日军占领上海后，傅筱庵出任伪上海特别市政府市长，秦润卿在日记中表达了对傅的极度轻蔑，认为这是宁波人的耻辱。"此公年将古稀，尚欲演此丑剧，不知如何心肝，足为甬人羞。"①傅筱庵后来"曾以同乡关系邀请秦润卿出任市府参议，秦坚辞不受。次年10月，傅筱庵组织'国庆大典'，邀其出席，秦又借故避席"②。由此体现了抗战时期秦润卿的民族气节。1938年12月底，汪精卫发表所谓中日和议意见，秦润卿也在1939年元旦的日记里说："报载汪先生发表中日和议意见：（一）为善邻友好；（二）共同防共；（三）经济提携。此三点骤观之，条件松泛，细绎之，足可亡国，故官场皆反对此议。"次日闻讯国民党中央决定开除汪精卫党籍，他则在日记中欣慰地写道："汪精卫已经中央开除党籍，并撤销各职权。政府已议决，仍继续抗战。"③

1941年12月太平洋战争爆发，日军侵入上海租界，宣告上海"孤岛"这一特殊历史时期结束，并成为整个抗战时期秦润卿日常生活的一个转折点。但他起初似乎并未意识到这一事件的严重性，只是在日军侵入租界这天的日记中说："日军进驻公共租界，秩序甚好，市尚安定。洋商银行、官办银行未开，华商银行、钱庄照常开门。"隔了一天之后又在日记中称："市面仍定，租界秩序甚好，人心渐安。"④

---

① 孙善根编注：《秦润卿日记》上卷，香港凌天出版社2015年版，第149页。
② 孙善根著：《钱业巨子：秦润卿传》，中国社会科学出版社2007年版，第182页。
③ 孙善根编注：《秦润卿日记》上卷，香港凌天出版社2015年版，第160页。
④ 孙善根编注：《秦润卿日记》上卷，香港凌天出版社2015年版，第293页。

不过，秦润卿随后不久即意识到环境改变，抗战形势更为严峻，自己的人生也面临考验。《秦润卿文存》一书附录的"秦润卿年表"称，时年65岁的秦润卿毅然"拒绝汪伪政府聘任，蓄须明志，辞去本兼各职"。①其孙辈在回忆录中也说："1941年日军侵占上海租界后，祖父蓄须明志，以年迈体弱为由，坚决不受汪伪政府的聘任，辞去本兼各职，保持了崇高的民族气节。"②《钱业巨子：秦润卿传》一书引用汪仁泽采访秦氏后人所写文章中的如下这段文字，进一步描述了秦润卿当时的表现："次年（指1942年）初，传出消息，日伪将胁迫秦润卿、冯炳南、袁履登等人，筹组维持会和伪上海市商会。秦闻讯后，即同冯炳南匿居安路寺路（今南京西路）静安寺附近两座由客户抵押给福源钱庄的空屋内。秦仅带一仆人，平时极少和外间往来……使日伪方面无法挟持他出任伪职，乃得保持了民族气节。直到1942年7月，袁履登聘任上海市商会理事长后，秦才开始露面，但仍托言年迈多病，深居简出。"③

日军侵入上海租界后，秦润卿"蓄须明志"应并非为虚，《钱业巨子：秦润卿传》一书不仅以此为标题介绍秦氏在这一时期的活动史实，而且还配有当时秦蓄须拍摄的照片。但有关秦"辞去本兼各职"，拒绝在伪上海市商会任职的说法，应并非完全如此。首先，说1942年初秦润卿等人被胁迫筹组伪上海市商会的时间不确切。1942年6月28日的日记称："报载市商会整理，推余为常务理

---

① 孙善根、谢振声编注：《秦润卿文存》，香港凌天出版社2014年版，"秦润卿年表"，第213页。
② 匡宗、亢宗、启宗等：《钱业领袖邑中善人——缅怀先祖父秦公润卿的一生》，宁波市政协文史委员会编：《钱业巨擘秦润卿》，第15页。
③ 汪仁泽：《钱业领袖秦润卿》，原载《近代传鉴》，第143页。转引自孙善根：《钱业巨子：秦润卿传》，中国社会科学出版社2007年版，第186—187页。

事,奈近来精神衰惫,时有头晕之症,万难担任也。"①从这段文字可知,秦润卿从报章获悉自己被推举为伪上海市商会常务理事,已是当年的6月底,而不是汪仁泽采访秦氏后人所写文章中说的1942年初。当时的秦润卿因身体不佳,经常发作头晕之症,认为自己"万难担任也"。其次,在半月之后即7月16日的日记里,又明确记有"往市商会就理事职"的文字。这表明秦润卿本人虽很不情愿担任此职,但迫于无奈还是就任了这一职务。在随后的日记中,也有多次前往出席市商会理事会的记录。9月18日的日记还感慨地说:"市商会常务会议出席,各业团体尚未入会居其多数,以致事务寥寥,徒存其名而已。"②由于《秦润卿日记》上下卷出版于2015年,2014年出版的《秦润卿文存》一书,只收录了秦润卿1936年这一年的日记,因此,持以上不确之说法者很可能并未看到日记中秦润卿本人对此事的明确记载,故而出现了偏差。

秦润卿曾经担任过伪上海市商会的常务理事,从表面上看这似乎是他抗战期间不太光彩的一面,其实也并不影响我们对他在整个抗战时期的表现做出客观如实的评价。或许是由于秦润卿在"孤岛"时期参加支持抗战的活动十分踊跃,日军侵占租界之后将相关人员列为"肃正会名册一本,内列海上闻人不少,余亦在其内"。秦润卿并不知晓自己也列入了该名册,后"承郑炽范关照,偕往金门饭店与兵曹长渡井说明情况"③。

这一时期,秦润卿实际上也并没有完全辞去本兼各职,只是辞去了部分职务。对于市商会常务理事一职,他在1944年初确曾提

---

① 孙善根编注:《秦润卿日记》上卷,香港凌天出版社2015年版,第312页。
② 孙善根编注:《秦润卿日记》上卷,香港凌天出版社2015年版,第318页。
③ 孙善根编注:《秦润卿日记》下卷,香港凌天出版社2015年版,第1页。

出过辞职要求,但在当年6月"改选又蒙签留",虽感到"现今时势,实非老朽可以对付矣",但也只得继续留任。当时,秦润卿本人确实不愿再兼任多项职务,并主动提出辞职。1943年5月,福源、福康、顺康三钱庄改组成立股份有限公司,"余之总经理亦今日解除,改任常务董事矣"。接着,"垦业银行董事会,余之总经理兼职,今日亦向该会辞职,承董会诸君谅解,准允年终交替。又钱库常务委员一职照章不能充任,亦函请解除,如是职任稍轻,或能多活几年"。[1]但有些职务秦润卿却无法完全推辞,如在钱庄虽不再任总经理,却仍然留任常务董事一职,"不得不勉力承之"[2]。另外,对于在同乡会以及其他慈善公益团体中的兼职,秦润卿也因无法辞去而继续担任。与此同时,秦润卿在此期日常生活中似乎也并没有完全深居简出,只不过与"孤岛"时期相比较有所不同。最明显的差别是由于形势和环境改变,日军侵占了租界,包括秦润卿在内的所有人都无法再继续公开参与各项支持抗战的活动。但从日记的记载可以看出,这期间秦润卿仍然参与了不少社会活动,包括出席商会理事会、各公司董事会和各慈善公益团体的诸多会议,并经常到四明医院、钱业公学考察议事。

不过,私人应酬和悠闲甚至家庭娱乐活动在这一时期秦润卿的日常生活中明显有所增加,这显然与环境改变密切相关,同时也由于秦润卿年事已高辞去了部分职务,不再像过去那样忙碌,有了更多的休闲时间。从日记中即可看出,这一时期秦润卿邀请朋友聚餐以及被"招饮"的次数明显多于抗战初期,在很长一段时间内几

---

[1] 孙善根编注:《秦润卿日记》下卷,香港凌天出版社2015年版,第15页。
[2] 孙善根编注:《秦润卿日记》下卷,香港凌天出版社2015年版,第54页。

乎是隔日即有一次，非常频繁。有时还"邀诸儿诸孙在寓午餐，极热闹"①。另外，读书时间和阅读的书目也显著增加，成为他打发闲暇时光的一种主要生活方式，并从中生发出诸多感慨。其日记有谓："夜阅《胡文忠公集》，有吾辈不必世故太深，天下惟世故深误国耳。一部《水浒》教坏天下强有力而不逞之民，一部《红楼梦》教坏天下之堂官掌印司官督抚司道首府及一切□人，专意揣摩迎合，吃醋捣鬼，当痛除此习，独行其志，阴阳怕懵懂，不必计及一切。官场如斯，生意场中何独不然，诚阅世之座右铭。"②

值得注意的是，1943年下半年至1944年初，他断断续续一直在研读《史记》，并在日记中写下了许多读后感想。例如读《淮阴侯列传》之感："淮阴侯，汉功高，世人皆知，亦被贪字，卒致灭族。"读《滑稽列传》之感："史公一书，上下千古、三代礼乐、刘项战争、律历天官、文词事业，无所不有，乃忽有调笑嬉戏之文，另有一种笔意。"其中有的读后感可以说体现了秦润卿个人的某种见解，如阅读了《龟策列传》之后，他在日记中指出："通篇褚先生笔，不是太史公笔，盖前用对语，俊妙风韵，已开魏晋之风，至宋元王一段全用古语，文字奇深。"③另外，在这一时期他所阅书目也更加丰富，除一直喜爱的《剑南诗稿》《曾文正公全集》等书之外，还包括《清邃堂诗集》《胡文忠公文集》《张苍水集》《玩鹿亭稿》《养心亭集》《碧川文选》《赵宝峰集》《杨文懿集》《纪文达笔记》《庸闲斋笔记》《人范须知》等，因书目数

---

① 孙善根编注：《秦润卿日记》下卷，香港凌天出版社2015年版，第25页。
② 孙善根编注：《秦润卿日记》下卷，香港凌天出版社2015年版，第50页。
③ 孙善根编注：《秦润卿日记》下卷，香港凌天出版社2015年版，第28、28、29页。

量太多，这里无法一一列举。甚至日本人写的著作也在其阅读范围，例如在读了日人石川著《我爱好的生活》一书后，他也在日记里写下读后感："此人系辛苦出身，后出版杂著立于社会上，其中如不借债、不慕荣利、先公后私，劳苦为先等，与余意旨相合，读之甚快。"①

抗战初期，由于秦润卿兼职太多，各种事务十分繁忙，在其日常生活中几乎看不到娱乐活动的内容。同时，他对国难当头上海各娱乐场所灯红酒绿、人满为患的畸形现象非常反感，自然也不会出入这些场合。在这一时期，秦润卿虽仍不会到那些公开的娱乐场所消磨时光，但却有了一些家庭式的休闲娱乐活动。例如"与家人作方城战""与家人打牌四圈""宿庄中，与庄友打牌八圈""在均泰打牌八圈"之类的记载，在日记中常常可见。因日常生活中的闲暇时间增多，他日记中所记内容也与过去略微有所不同，特别是记载家庭生活中发生的事件所占比例明显增加。家中养的猫死后，他也感到非常伤感和怜惜，在当天的日记中写道："我家蓄猫一只，勤捕鼠，极尽职，五年来深资得力，讵被野猫咬伤头部，延至今日毙去，惜哉！"②通常而言，如果是爱猫之人，并有写日记的习惯，在其日记中往往会看到有关猫的记载，如果是作家甚至会以猫为题材撰写作品。如老舍的散文《猫》和钱锺书的小说《猫》，张爱玲小说《小艾》《等》也有较大篇幅对猫的描写。但通观秦润卿的全部日记，却唯独只有这一次提到家中的猫，可见他并非爱猫者。这天的日记之所以会提到猫，除了因猫去世之外，恐怕也与当

---

① 孙善根编注：《秦润卿日记》下卷，香港凌天出版社2015年版，第18页。
② 孙善根编注：《秦润卿日记》下卷，香港凌天出版社2015年版，第49页。

时秦润卿的心情以及闲暇期间无事可记有一定关系。

由于抗战后期物价继续不断上涨,给绝大多数人的家庭生活带来影响,即使像秦润卿这样的富裕大户也不例外。他常常感叹物价飞涨,"米价到八千元一担,黄金每两二十万,如此之价,自有历史以来所创见"[①]。受此影响,其家庭生活水平自然也会下降,以前并不在意的一些消费开支,此时则会感到是一种较大的负担。例如"家购白煤一吨,价洋四万元,闻之咋舌"[②]。显而易见,对于类似基本家庭生活必需品的购买,秦润卿过去绝不会过问和在意,现在却是"闻之咋舌"。至于非生活必需品之类,他则主张在当时的非常时期应该尽量减少消费开支。其日记中有载:"四儿知余吃水果,买来花旗桔四只,计价洋四百八十元,此种水果非我辈所食,后宜切戒。"[③]难以想象一个堂堂大户人家,却连吃几只水果都不舍,可见当时战争对于民众生活之影响。也因此,其家人于1943年利用春假到苏州游玩的活动,更是受到秦润卿的批评。他在日记中写道:"余鉴于生活增高较巨,今年每房增加月规四百元。讵知下辈不知俭约,此次春假,效时髦行为,男女往苏州游玩,竟达七人之多,往返以资将近二千元,可谓豪也。现在时势不肯吃苦,将来之境遇必较苦于现在可无疑。"[④]由于上述原因,这期间的秦润卿似乎也比从前显得要消极懒散一些,甚至他本人也意识到这一点,1944年7月8日的日记称:"傍晚,本年第一次

[①] 孙善根编注:《秦润卿日记》下卷,香港凌天出版社2015年版,第52页。
[②] 孙善根编注:《秦润卿日记》下卷,香港凌天出版社2015年版,第44页。
[③] 孙善根编注:《秦润卿日记》下卷,香港凌天出版社2015年版,第45页。
[④] 孙善根编注:《秦润卿日记》下卷,香港凌天出版社2015年版,第11页。

洗澡，其懒可知。"①这在过去恐怕是不可想象之情形。国家和民族前途命运渺茫，个人和家庭生活每况愈下，处于如此环境下的秦润卿，只能悲观地表示："当此混乱时势，只好做一日和尚念一日经耶。"②1944年元旦写下的日记，同样也只能无可奈何地描述："驹光虚度，又是新年，战氛未息，物价猛涨，生活难过，已达极点。"③

好在一年多以后，处于穷途末路的日本帝国主义宣布投降，中国人民艰苦卓绝的抗日战争终于胜利结束，秦润卿才又逐渐恢复到比较正常的生活轨道上来。在此之后，尽管年事已高，但他又开始接连出席官方主持的一系列重要会议和活动，包括"参与英美胜利谢主典礼，仪式隆重，历二时之久"，"出席市府保卫委员会""应钱市长招饮"，"参加市政府庆祝国父诞辰，并纪念国父南京路外滩铜像奠基典礼"等。1946年元旦，秦润卿在日记中一扫心中积郁多年的阴霾，兴奋地写道："胜利后第一元旦，人民欢跃异常。市府举行团拜，十一时至十二时，市长招待中外宾客，余承邀亦参与之一。"④不仅如此，他还担任了上海市参议会议员、银行公会理事，以及新成立的一些重要社会团体的领导职务。1947年10月，秦润卿以筹备会主席身份赴南京出席全国钱业联合会会议，在"开会词"中表示："战后经济环境迥异曩昔，钱业也由合伙进而为股份有限公司之组织，一切体系制度渐趋统一，而国家政令税制之推行，全国并无例外，因此亟须有全国性之钱业联合机构，俾

---

① 孙善根编注：《秦润卿日记》下卷，香港凌天出版社2015年版，第55页。
② 孙善根编注：《秦润卿日记》下卷，香港凌天出版社2015年版，第65页。
③ 孙善根编注：《秦润卿日记》下卷，香港凌天出版社2015年版，第36页。
④ 孙善根编注：《秦润卿日记》下卷，香港凌天出版社2015年版，第106、107、108、115页。

得纠合全国同业之力量，集思广益，共同商讨如何健全组织，发展业务，配合国策，发挥使命，此即本会成立之目的也。"①按照会议日程，最后一天的大会举行了选举，已经71岁高龄的秦润卿当选为全国钱业联合会理事长。选举结果宣布后，他"坚辞不获，勉承其乏"②，又开始在全国工商界发挥重要的作用与影响。另外，经过其努力在抗战期间停刊的《钱业月报》也在1947年得以复刊。他还在复刊序中指出："今后从事斯业者，当需要专门之知识，丰富之经验与常识，刻苦耐劳之修养，先公后私之精神，方克与近代银行业并驾比肩，以钱业月报发刊之廿余年间，吾人当以过去之史实为鉴，以时代知识为本，渡过危难，发挥功能。"③

陈布雷在为秦润卿之《抹云楼家言》所写的序言中说："润卿先生以孤童自振单寒，秉其坚卓之操，而济之以忠信笃教，敬业乐群，慰然为商市魁率，朋僚景仰，譬如星辰之斗级，山岳之泰岱，自朱君葆三以后，吾郡人享名之盛，未有如先生者。"④言辞之间虽有溢美之意，但也描述了秦润卿不同于一般商人的特点。即使是在抗战期间，他的日常生活在某些方面也体现出不同于常人之处。概而言之，抗战时期的秦润卿可谓度过了他一生中较为漫长而又十分特殊的岁月。如果细加考察，又可发现以1941年12月日军侵占上海租界为转折点，秦润卿在抗战期间前后两个阶段的日常生活又呈

---

① 《主席秦润卿致开会辞》，《钱业月报》，第18卷（1947），第5期，第19页。
② 孙善根编注：《秦润卿日记》下卷，香港凌天出版社2015年版，第187页。
③ 孙善根、谢振声编注：《秦润卿文存》，香港凌天出版社2014年版，第6页。本文原载《钱业月报》，第18卷（1947）第1期。
④ 孙善根、谢振声编注：《秦润卿文存》，香港凌天出版社2014年版，第175页。

现出不同的特点。

在抗战初期阶段的几年中,秦润卿的日常生活中就已充满了前所未有的忧愁、感叹与无奈,此点似乎与一般爱国者有相似之处。他不仅在心理上承受着极大的压力,而且身体也一度出现不良状况,甚至"有中风之预兆"。但即使如此,他在日常生活中仍然积极投身于支持抗战的活动,并踊跃救助难民,继续开展各项慈善公益活动。作为一位上层商人,在国难当头之际,面临心理和身体的双重压力,能够有如此种种表现,这又是秦润卿的过人之处。尤其难能可贵的是,秦润卿对自己的这一系列所作所为,对自己为解救国家和民族危机所做的贡献很不满意,并为此而感到惭愧。他在1938年最后一天的日记中写道:"今庚全年在抗战中,将士之辛苦,难民之流离,均属不可忘之事实。吾侪在孤岛上度其优游之生活,未能与国家出钱出力,殊觉愧对。"①由此可见其爱国之心与待人律己之胸怀。

日军侵占上海租界之后,居住在租界内的国人也与其他沦陷区民众一样遭受日本帝国主义的殖民统治,秦润卿的日常生活也因此而与"孤岛"时期有所不同。在此期间,秦润卿虽然没有像以往一些论著所说的那样全部辞去本兼各职,仍兼任着上海市商会的常务理事和部分慈善公益团体的理事等职,同时也并非完全深居简出,仍继续参与慈善公益活动,但却无法再公开投入支持抗战和救济难民的活动,并辞去了包括福源、福康总经理在内的部分职务,因而在日常生活中的私人应酬和闲暇娱乐活动明显增多,只不过他并未因此感到轻松愉快,也没有减轻抗战前期即已产生的忧愁与无奈,

---

① 孙善根编注:《秦润卿日记》上卷,香港凌天出版社2015年版,第159页。

相反还因国家和民族危机的加深，以及物价上涨屡创新高，家庭生活水平进一步下降，显得更加消极忧虑和悲观无奈，在日常生活中似乎也感到前所未有的枯燥无味，从而与抗战前期的生活状况形成了比较鲜明的对比。直至抗战胜利，秦润卿才又开始出任上海市政府参议会议员和全国钱业联合会理事长等重要职务，并积极投身于各项社会活动。

综上所述，日本帝国主义发动的侵华战争无疑给中国人民造成了深重灾难，但这场灾难也是对每个中国人所具有的民族情怀、政治情操和个人品行的一次严峻考验。在这场考验中每个人所交出的答卷，透过其抗战期间的日常生活即可大致有所了解。有的人抛妻弃子，为国捐躯成为民族英雄；有的人助纣为虐，卖国求荣堕落成为汉奸；也有人依然花天酒地，过着奢侈豪华的糜烂生活，还有人虽然家庭条件比较优裕，但却尽力支持抗战和救济难民。总的来说，秦润卿作为一位著名的工商界上层人士，在抗战时期虽有过失望、消极与悲观，但却在这场严峻的考验中提交了一份令人比较满意的答卷。正因如此，上海解放后他作为特邀代表被聘为上海市第一届政协委员，随后又连任第二、三、四届政协委员。1966年，秦润卿以90岁高龄病逝于上海寓所，走完了自己经历丰富、充满成功与磨难的人生之路。

后　记

笔者在近40年研究近代中国商人与商会的历程中，先后发表了不少探讨上海商人与商会的论文，一直以来都有一个愿望，就是以这些论文为基础，再扩充相关内容，出版一部有关近代上海商人与商会的著作。但由于此前已出版有徐鼎新、钱小明著《上海总商会史（1902—1929）》和张恒忠著《上海总商会研究（1902—1929）》这两部专论上海商会史的著作，所以迟迟未着手达成该愿望。其原因自然是考虑到既已有这两部专著，还有无必要再出版一部研究上海商会的著作。

现在之所以仍然出版拙著，其一是鉴于拙著之体例和内容与这两部专著有很大不同，应该具有一定的学术价值，对于推动上海商人和商会史的发展也会有一定作用。上述两部专著都是研究上海总商会的通史性著作，拙著则是探讨近代上海商人和商会的专题研究性质的专著。专题研究的特点与优势，是可以对一些较为重要的问题进行深入细致的考察与分析，而在通史性著作中要么很少提及，要么无法用很大篇幅展开论述。当然，作为一部专题研究著作，一方面有如上所说之特点与优势，另一方面也无法避免其与生俱来的缺陷与劣势，这就是体例不系统不完整，各章之间的内容缺乏紧密的内在逻辑联系，拙著当然也不例外。另外，有些论文虽也论及上海商人与商会，但或者发表时间较早，现在看来学术价值并不大，或者已经收入此前已出版的著作当中，所以拙著并没有全部收录。

其二是最近一直处于新型冠状病毒疯狂传播的非常时期，只能闭门家中，很长一段时间无法外出，正好有空闲整理以前发表的相关论文，补写必要的一些内容，完成过去的这个愿望。笔者一直学习、工作与生活在江城武汉，2020年1月下旬春节即将来临之际，武汉即因新型冠状病毒肺炎疫情大暴发而震惊全中国乃至整个世界，继而实施了前所未有的"封城"举措。非常时期响应政府号召自行在家隔离，期盼尽快平安度过14天的病毒发作潜伏期，祈祷自己和家人都没有被感染。居家隔离期间，一边关切疫情发展走向，一边断断续续完成了拙著的整理与补写。

就在拙著初稿整理完成之际，武汉的疫情仍很严峻，"封城"尚未解除，但新上任的省市党政领导临危受命，控疫防疫举措更加得力，加之全国各地医护人员的大力增援，前一阶段的混乱无序状态已逐渐有所改善，感染病患已基本得以收治，密切接触者的隔离工作也做得更好。作为一名普通的武汉市民，与全体武汉民众一样，盼望在党和政府的强有力领导下，尽快控制疫情继续蔓延，打赢这场特殊的战争，使江城人民能够恢复正常的工作与生活。

朱 英

2020年2月25日于武汉华中师范大学

图书在版编目（CIP）数据

曲折的抗争：近代上海商会的社会活动与生存策略／朱英著．— 成都：四川人民出版社，2020.12
ISBN 978-7-220-11921-7

Ⅰ．①曲… Ⅱ．①朱… Ⅲ．①商会—研究—上海—近代 Ⅳ．①F729.5

中国版本图书馆CIP数据核字（2020）第160093号

QUZHE DE KANGZHENG
曲折的抗争
——近代上海商会的社会活动与生存策略

朱英 著

出 版 人	黄立新
策划统筹	封 龙
责任编辑	戴黎莎 唐 婧
封面设计	周伟伟
版式设计	戴雨虹
责任校对	舒晓利
责任印制	周 奇
出版发行	四川人民出版社 （成都市槐树街2号）
网 址	http://www.scpph.com
E-mail	scrmcbs@sina.com
新浪微博	@四川人民出版社
微信公众号	四川人民出版社
发行部业务电话	（028）86259624 86259453
防盗版举报电话	（028）86259624
印 刷	成都东江印务有限公司
成品尺寸	145mm×210mm
印 张	14.5
字 数	340千
版 次	2020年12月第1版
印 次	2020年12月第1次印刷
书 号	ISBN 978-7-220-11921-7
定 价	89.00元

■版权所有·侵权必究

本书若出现质量问题，请与我社发行部联系更换
电话：（028）86259453